33.322

HISTOIRE
D'ELBEUF

par H. SAINT-DENIS

TOME V
(De 1737 à 1779)

ILLUSTRÉ DE 12 PLANCHES HORS TEXTE

PAR DÉLIBÉRATION DU CONSEIL MUNICIPAL D'ELBEUF,
EN DATE DU 9 MAI 1894

Elbeuf. — Imprimerie H. Saint Denis

1898

HISTOIRE D'ELBEUF

TOME V

LE CHATEAU D'HARCOURT.
Berceau de la maison de Lorraine-Elbeuf

HISTOIRE
D'ELBEUF

par H. SAINT-DENIS

TOME V

(De 1737 à 1779)

ILLUSTRÉ DE 12 PLANCHES HORS TEXTE

PAR DÉLIBÉRATION DU CONSEIL MUNICIPAL D'ELBEUF,
EN DATE DU 9 MAI 1894

ELBEUF. — IMPRIMERIE H. SAINT-DENIS

1898

HISTOIRE D'ELBEUF

Tome Cinquième

CHAPITRE Ier
(1737)

HENRI DE LORRAINE *(suite)*. — RÈGLEMENT POUR LES TEINTURIERS EN LAINES ET EN ÉTOFFES DE LAINE. — LES BOIS DE TEINTURE. — GRÈVE DES FOULONNIERS. — ETAT DE LA MANUFACTURE D'ELBEUF. — LE DROIT ROYAL DE CONFIRMATION DES PRIVILÈGES ; RÉSISTANCE DES FABRICANTS ELBEUVIENS ; SAISIE DE DRAPS PAR LE FISC.

Le roi étant à Versailles le 15 janvier 1737 donna des Règlements pour la teinture des étoffes de laine et des laines servant à leur fabrication :

« Art. Ier. — Les teinturiers en étofes de laine, ou en laines servant à la fabrication desdites étofes, demeureront séparez en deux communautez diférentes ; dont l'une ne sera composée que de teinturiers du grand et bon teint, et l'autre de teinturiers du petit teint : Et au cas que dans quelques villes du roïaume, cette distinction n'ait pas été précédemment faite, veut et ordonne Sa Majesté qu'elle soit faite immédiatement après la publication du present réglement, et de la manière suivante.

« Art. II.—Pour parvenir à cette distinction, le juge de police des lieux où elle n'a pas été faite, choisira, entre les plus expérimentez des teinturiers, ceux qui sont plus capables de faire le grand et bon teint ; à la charge par eux de renoncer expressément au petit teint, et de faire le chef-d'œuvre du grand et bon teint, tel qu'il est prescrit par l'article XCI. du present réglement, au cas que lors de leur réception à la maîtrise, ils n'eussent fait que le chef-d'œuvre du petit teint.

« Art. III. — Permet Sa Majesté, lorsque la distinction des communautez du grand et du petit teint aura été exécutée, à ceux des teinturiers du petit teint, qui voudront passer dans la communauté du grand teint, de s'y faire recevoir ; à la charge néanmoins d'en faire, pardevant le juge de police, leur déclaration, qu'ils seront tenus de faire signifier aux deux communautez, et de faire le chef-d'œuvre du grand et bon teint, ordonné par l'article XCI. et ce, seulement dans l'espace de deux années, à compter du jour de la publication du present réglement : Et que les teinturiers du grand et bon teint, qui désireront de passer dans la communauté du petit teint, y soient admis, en faisant une semblable déclaration.

« Art. IV. — Et Sa Majesté étant informée

qu'il y a quelques villes du roïaume où les teinturiers du grand et bon teint, et ceux du petit teint, ne composent qu'une même communauté, divisée en deux branches, ordonne que cet établissement continuëra de subsister ; pourvû néanmoins que chacune des deux branches ne puisse faire que l'une des deux espéces de teinture, soit du grand ou du petit teint, comme si ces deux branches faisoient deux communautez distinctes et séparées.

« Art. V. — Les teinturiers du grand et bon teint pouront seuls, et à l'exclusion de tous autres, teindre les draps et autres étofes aïant des lisières, qui doivent par leur qualité et par leur prix, être teintes de bon teint, suivant les articles XXIV. XXV. XXVI. du present réglement, comme aussi les laines destinées à la fabrication desdites étofes : Et les teinturiers du petit teint teindront aussi seuls en petit teint, et à l'exclusion de tous autres les étofes de laine de bas prix, et qui ne peuvent être teintes qu'en petit teint, suivant l'article XXVII. du present réglement.

« Art. VI. — Les ratines, serges, camelots, ctamines, revesches, barracans et autres étofes semblables, qui, par leur qualité, doivent être teintes en bon teint, conformément aux articles XXV. et XXVI. pouront être teintes par les teinturiers en soïe, laine, fil et coton, concurremment avec les teinturiers du grand et bon teint ; à la charge néanmoins qu'en ce cas, les teinturiers en soïe, laine, fil et coton, ne pourront joüir de cette faculté qu'en renonçant, dans la forme ci-devant ordonnée, à la teinture de la soïe, de la laine filée, et du fil et coton : et après ladite renonciation, leur fait Sa Majesté très expresses inhibitions et défenses, à peine de cinq cens livres d'amende, d'avoir dans leurs magasins et boutiques, aucuns ingrédiens du petit teint ; et tant à eux qu'à tous les teinturiers du grand et bon teint, de reteindre aucunes vieilles étofes et hardes, qu'en grand et bon teint.

« Art. VII. — Veut Sa Majesté qu'en conséquence de ladite renonciation, lesdits teinturiers en soïe, laine, fil et coton, forment à l'avenir une quatrième branche, distincte et séparée des trois autres, pour ne composer ensemble qu'une seule et même communauté : Leur permet néanmoins Sa Majesté, nonobstant ladite renonciation, de pouvoir dans l'espace de deux années, à compter du jour de la publication du present réglement, retourner dans celles des branches qu'ils auront quitées, en faisant pour cet éfet les déclarations requises et nécessaires.

« Art. VIII. — Défend Sa Majesté à tout teinturier, qui aura opté pour le grand et bon teint, sous peine de cinq cens livres d'amende, et d'interdiction de la maîtrise pour toûjours, d'avoir dans le lieu de son établissement, ou autres lieux, aucun ouvroir ou boutique où il fasse travailler en petit teint : Faisant pareillement Sa Majesté défenses, sous les mêmes peines, aux teinturiers du petit teint, de faire en aucun lieu travailler en grand et bon teint.

« Art. IX. — Veut Sa Majesté que tous entrepreneurs de manufactures ou maîtres fabriquans, ausquels il est permis de faire teindre dans leur maison, les draps et étofes par eux fabriqués, et matiéres servant à la fabrication d'icelles, se conforment aux dispositions du present réglement ; et que ceux dont les étofes doivent être teintes en bon teint, n'aïent que la faculté de teindre en grand et bon teint ; et que ceux au contraire, dont les étofes, par leur qualitez, sont destinées au petit teint, ne puissent teindre qu'en petit teint ; et ce, à peine de cinq cens livres d'amende, et de privation perpétuelle de ladite faculté.

« Art. X. — En cas que dans les étofes de mélange, il puisse entrer des couleurs et nuances, non spécifiées dans le present réglement, veut Sa Majesté que toutes lesdites couleurs et nuances soient indistinctement faites avec les ingrédiens servans au grand et bon teint seulement : Et pour ôter aux fabriquans tout prétexte d'avoir chez eux aucun bois d'inde, de Brésil, et autres ingrédiens défendus par les articles XIX. et XXIII. du present réglement, veut et entend Sa Majesté que les lisières de tous les draps, tant fins que communs, soient teintes en bon teint.

« Art. XI. — Permet néanmoins Sa Majesté, à ceux des fabriquans qui ne font que des draps noirs, d'avoir chez eux du bois d'inde, conformément à l'article LIV. du present réglement : Voulant Sa Majesté que ceux des fabriquans d'étofes de couleur, qui voudront les faire teindre en noir, soient tenus de se servir des teinturiers ordinaires du petit teint, pour les noircir et achever ; et au cas que quelques-uns desdits fabriquans fissent une quantité considérable, tant de draps noirs que de draps de couleur, ils ne pouront néanmoins se servir de bois d'inde, sans une permission expresse de Sa Majesté.

« Art. XII. — Permet Sa Majesté aux marchands-magasiniers de la ville de Lille, qui sont dans l'usage et autorisez à teindre en écarlate, de continuer ladite teinture seulement, et concurremment avec les teinturiers du grand et bon teint de ladite ville ; à la charge néanmoins que les gardes et égards des teinturiers de ladite ville, pourront faire le déboüilli des écarlates teintes par lesdits marchands-magasiniers, et les dénoncer au juge des manufactures, en cas de contravention.

« Art. XIII. — Veut Sa Majesté, pour entretenir l'ordre et la discipline dans les communautez des teinturiers du grand et du petit teint, que dans les villes où il y aura plus de vingt teinturiers, il soit en la forme ordinaire, à commencer au premier décembre de la presente année, depuis ledit jour jusqu'au six du même mois, procédé à l'élection de quatre gardes, dont deux seront tirez de la communauté des teinturiers du grand teint, et deux de la communauté de ceux du petit teint, pour exercer leurs fonctions pendant deux années ; après néanmoins avoir prêté le serment ordinaire pardevant le juge de police du lieu de leur demeure.

« Art. XIV. — Ordonne Sa Majesté, que deux des quatre gardes qui auront été élûs conformément à l'article ci-dessus, sçavoir, un de la communauté du grand teint, et un de celle du petit teint, sortiront d'exercice à la fin de chaque année, et qu'ils seront remplacez par deux autres teinturiers tirez de chacune desdites deux communautez, élûs en la forme ci-dessus prescrite, pour exercer les fonctions de gardes avec les deux anciens ; lesquels seront, à la fin de la seconde année, remplacez successivement par deux sujets tirez de chacune desdites deux communautez;

ce qui sera observé d'année en année, en sorte qu'il y ait toûjours deux anciens et deux nouveaux gardes.

« Art. XV. — Dans les villes où il y aura moins de vingt teinturiers, il sera seulement élû deux gardes au lieu de quatre ; sçavoir, un garde du grand et bon teint, et un garde du petit teint : Et après une année d'exercice, l'un desdits deux gardes en sortira, et sera remplacé par un sujet tiré de la même communauté, pour continuer les fonctions de garde avec l'ancien, auquel succedera à la fin de la seconde année, un teinturier tiré de sa communauté ; et le même ordre sera suivi d'année en année. Voulant au surplus Sa Majesté, que ce qui est prescrit par l'article ci-dessus, tant pour l'élection que pour la prestation de serment des quatre gardes, soit observé dans les villes où il n'y en aura que deux.

« Art. XVI. — Seront tenus lesdits gardes de faire, au moins quatre fois l'année, et plus souvent s'il est jugé nécessaire, des visites exactes chez les maîtres desdites deux communautez, pour reconnoître s'ils se conforment aux dispositions du present réglement ; et en cas qu'il se trouvât des marchandises teintes en contravention, ou des ingrédiens défendus, ils les saisiront, ou feront saisir à leur requête, et en poursuivront la confiscation avec l'amende, pardevant les juges des manufactures.

« Art. XVII. — Enjoint Sa Majesté aux gardes-jurez des teinturiers, d'exprimer dans leurs procès-verbaux des saisies qu'ils auront faites, les motifs qui y auront donné lieu.

« Art. XVIII. — Défend Sa Majesté, aux

teinturiers du grand et du petit teint, de loger dans une même maison ; et aux teinturiers du petit teint, d'avoir chez eux des cuves de bois pour le guesde, à peine de cinq cens livres d'amende, et d'interdiction de la maîtrise pendant six mois : Leur permettant seulement d'avoir des chaudières de cuivre, suivant l'ancien usage, et des cuves ou tonnes, pour conserver le brou de noix.

« Art. XIX. — Fait Sa Majesté très expresses inhibitions et défenses aux teinturiers du grand et bon teint, de teindre, sous quelque prétexte que ce soit, en petit teint, ni de tenir dans leurs maisons, magasins ou boutiques, aucuns autres ingrédiens que les suivans ; sçavoir, pastel, voüede, graine d'écarlate ou kermès, cochenille, garance, gaude, sarette, indigo, orcanette, bois jaune, carriatour, genestrole, fenugrec, brou de noix, racine de noïer, écorce d'aune, noix de gale, sumach, couperose, alun, tartre, cendres gravelées, arseenic, agaric, soude, potasse, chaux, eaux-fortes, sel ammoniac, salpêtre, sel gemme, eaux-sures.

« Art. XX. — Lesdits teinturiers du grand et bon teint, ne pourront avoir chez eux aucun des ingrédiens suivans, sçavoir, bois d'inde ou de campêche, bois de Bresil, de Sainte-Marthe, du Japon, de Fernambouc, santal, fustel, ni aucuns bois de teinture, autres que ceux permis par l'article précédent ; tournesol, terra-merita, orseill, safran-bâtard, roucou, teinture de bourre, suïe, graine d'Avignon ; à peine pour la première fois de confiscation des drogues et de cinq cens livres d'amende ; et au cas de récidive, d'interdiction de la maîtrise pour toûjours.

« Art. XXI. — Veut Sa Majesté qu'à l'avenir, la teinture de bourre ne soit faite que par les teinturiers du petit teint, leur permettant à cet éfet, d'avoir chez eux de la garance pour garancer ladite bourre, sans qu'ils puissent néanmoins emploïer la garance à aucun autre usage, ni dans aucune autre sorte de teinture, à peine de cinq cens livres d'amende : Permet Sa Majesté aux teinturiers du grand et bon teint, qui sont actuellement dans l'usage de garancer et de fondre la bourre, de passer dans la communauté des teinturiers du petit, dans l'espace de six mois, à compter du jour de la publication du present réglement, s'ils veulent continuer le travail de la bourre ; auquel cas ils renonceront à toutes les couleurs, afectées particulièrement au bon teint.

« Art. XXII. — Les teinturiers du petit teint ne pouront, sous les mêmes peines, teindre en bon et grand teint, ni tenir chez eux aucuns des ingrédiens suivans ; sçavoir, pastel, vouëde, indigo, cochenille, graine de kermès, garance, sarette, genestrolle, fenugrec, orcanette ; Et pour ce qui concerne les autres ingrédiens, qui ne sont point énoncez au present article, ni défendus par l'article suivant, permet Sa Majesté à tous les teinturiers, tant du grand que du petit teint, d'en avoir dans leur maison, et de s'en servir, comme pouvans lesdits ingrédiens être également emploïez par les uns et les autres desdits teinturiers.

« Art. XXIII. — Défend très-expressément Sa Majesté, à tous les teinturiers en laine et étofes de laine, tant du grand que du petit teint, d'avoir en leur maison de la moulée de taillandier ou émouleur, de la limaille de fer ou de cuivre, ou de vieux sumach, et ce, sous les peines portées par l'article XX, se réservant néanmoins Sa Majesté, dans les cas où il seroit jugé nécessaire d'emploïer quelques-uns des ingrédiens dont l'usage est prohibé par les articles ci-dessus, ou d'autres dont la propriété auroit été nouvellement reconnuë, d'y pourvoir dans la suite, ainsi qu'elle avisera.

« Art. XXIV. — Les draps, ratines, pinchinats et droguets de toutes espèces, dont la couleur est mêlée, et les laines destinées pour leur fabrication, seront teintes en bon et grand teint, avant que d'être filées, avec les seuls ingrédiens prescrits par l'article XIX.

« Art. XXV. — Les draps blancs de toutes espèces, et fabriquez dans toutes les provinces du roïaume, les ratines, les serges, les molletons, camelots, peluges, et toutes autres étofes de laine, sous quelque nom qu'elles soient connuës et débitées, dont le prix excédera celui de quarante sols l'aune en blanc, seront teintes par le teinturier du grand et bon teint; sans pouvoir, sous quelque prétexte que ce soit, passer entre les mains du teinturier du petit teint, excepté les étofes destinées à être mises en noir, et qui auront reçu par le teinturier du grand et bon teint, le pied nécessaire : le tout, à peine de cinq cens livres d'amende; et en cas de récidive, d'interdiction de la maîtrise pour toûjours.

« Art. XXVI. — Les ratines, serges, camelots, étamines, revêches, barracans et autres étofes semblables, qui n'ont point de lisières, et dont le prix excéde celui de quarante sols l'aune en blanc, seront teintes de bon teint, par les teinturiers du grand et bon teint, concurremment avec ceux des teinturiers en laine, fil et coton, qui auront choisi ce genre de travail, conformément à ce qui est prescrit par les articles VI. VII. et VIII. du present réglement.

« Art. XXVII. — Les teinturiers du petit teint pouront seuls teindre en petit teint, les serges, étamines, camelots et autres étofes, dont l'aune n'est que du prix de quarante sols et au-dessous, et qui ne sont mises au foulon que pour être dégraissées et dégorgées ; sans néanmoins qu'ils puissent teindre les étofes drapées, comme les frocs qui se fabriquent à Bollebec, Bernay, Lisieux, Moüy, et autres semblables étofes, quoiqu'elles n'excèdent pas ledit prix, et qui devant être foulées, ne pouront être teintes qu'en grand et bon teint, par les teinturiers du grand et bon teint, ou par les fabriquans qui en ont obtenu la permission.

« Art. XXVIII. — Les étofes énoncées dans les articles ci-dessus, et mêmes les petites étofes au-dessous de quarante sols l'aune en blanc, qu'on voudra faire teindre en bon teint, seront teintes en la manière prescrite par les articles suivans.

« Art. XXIX. — Toutes les étofes ci-dessus ne seront mises à la teinture, qu'après avoir été sufisamment dégraissées et dégorgées ; et au cas qu'elles aïent été blanchies avec du soufre ou de la ceruse, qui empêchent la couleur de pénétrer, et d'être unie et égale, elles seront une deuxième fois dégorgées. Défend Sa Majesté, à peine de cinquante livres d'amende, aux teinturiers du grand et bon teint, de recevoir pour mettre à la teinture lesdites étofes, qu'après avoir reconnu que ce que dessus a été exactement observé.

« Art. XXX. — Défend pareillement Sa Majesté, sous les mêmes peines, ausdits teinturiers, de mettre en teinture aucunes des étofes ci-dessus, qui ne soient littées, pour les couleurs qui le doivent être, conformément à l'article XXXVII. du present réglement.

« Art. XXXI. — L'écarlate rouge, communément apellée *écarlate de Venise*, sera teinte avec la graine de kermès, sans aucun mélange de brésil, sous les peines portées par l'article XIX.

« Art. XXXII. — L'écarlate ordinaire ou couleur de feu, sera teinte de pure cochenille-mestèque, avec eau-forte, sel ammoniac, étaim fin, amidon, sans aucun mélange de terra-merita, ni de cochenille-silvestre.

« Art. XXXIII. — Les demi-écarlates ordinaires ou couleur de feu seront teintes conformément à l'article ci-dessus, en y ajoutant la garance ou la cochenille-silvestre.

« Art. XXXIV.—Les demi-écarlates rouges ou de Venise seront teintes avec le kermès et la garance, sans aucun mélange de brésil.

« Art. XXXV. — Les rouges de garance seront boüillis avec eaux sures, alun et tartre, et garancez de garance-grape, sans mélange de brésil, ni autre bois.

« Art. XXXVI. — Les cramoisis, après avoir été boüillis avec alun et tartre, seront teints en pure coche-mestèque, et rabatus avec un bain de sel ammoniac et de potasse.

« Art. XXXVII. — Les violets, pourpres, amarantes, et autres couleurs semblables, seront premièrement guesdées, c'est-à-dire teintes en bleu avec le pastel, le vouede ou l'indigo, et ensuite boüillies en alun et tartre, et passées en cochenille, sans aucun mélange de bois d'inde ni d'orseille.

« Art. XXXVIII. — Ordonne Sa Majesté, sous peine de cent livres d'amende, de litter les violets, pensées et pourpres ; et que le liteau sera mis après que les draps auront été guesdez, pour servir de preuve qu'ils l'ont été également, dans toute la longueur de la pièce, Permet aussi Sa Majesté de litter les autres couleurs, comme verts, écarlates et autres, lorsque les fabriquans le jugeront à propos, pour l'ornement de leurs draps.

« Art. XXXIX. — Défend Sa Majesté aux teinturiers du grand et bon teint, de se servir des nacarats de bourre, et des autres couleurs qui se tirent de la bourre garancée, dont Sa Majesté permet l'usage aux seuls teinturiers du petit teint, pour les étofes du prix de quarante sols l'aune en blanc, et au-dessous ; dérogeant pour cet éfet à l'article XXIX. des réglemens généraux de 1669. et aux autres articles des réglemens, tant généraux que particuliers, qui permettent d'emploïer cet ingrédient dans le bon teint.

« Art. XL. — Les teinturiers du grand et bon teint seront tenus, à peine de cent livres d'amende, de laisser une rose à toutes les étofes qu'ils teindront des couleurs énoncées dans les articles XXXVII. et XXXVIII. et de toutes les autres qui doivent recevoir d'abord un pied diférent de la couleur qu'elles auront après être achevées ; et au cas que la partie de l'étofe où sera ladite rose, ait reçu un pied diférent de celui donné au reste de l'étofe, le teinturier sera condamné à cinq cens livres d'amende, et déchû de la maîtrise, sans pouvoir y être rétabli pour quelque cause que ce soit.

« Art. XLI. — Les gris bruns, minimes, tannez, seront guesdez, boüillis, garancez et brunis : Permet Sa Majesté d'emploïer à ces sortes de couleurs, la racine de noïer et les vieux bains de cochenille.

« Art. XLII. — Les gris de perle, de castor, de souris, et autres gris clairs, tant de laines que d'étofes, seront faits avec la galle et couperose, et tous autres ingrédiens du bon teint, suivant la nuance.

« Art. XLIII. — Les couleurs de roy et de prince seront guesdées, et ensuite boüillies et garancées, tant en laines qu'en étofes, et il y sera laissé une rose, pour faire connoître s'il a été donné un pied de bleu convenable ; sans que sous les mêmes peines ci-dessus exprimées, le bois d'inde y puisse être emploïé.

« Art. XLIV. — Les bleus de toutes nuances seront faits de pure cuve de pastel, de voüede ou d'indigo, sans aucun mélange de bois d'inde ni d'orseille.

« Art. XLV. — Permet Sa Majesté aux teinturiers du grand et du bon teint, d'emploïer dans leurs cuves de pastel ou de voüede, la quantité d'indigo qu'ils jugeront à propos, soit en les posant ou en les réchauffant : dérogeant Sa Majesté à tous réglemens et déclarations à ce contraires.

« Art. XLVI. — Les verts de toute espèce seront littez, si les fabriquans le jugent à propos, conformément à l'article XXXVIII. du present réglement ; et les teinturiers seront tenus d'y laisser deux roses à chaque bout, sçavoir une bleuë et une jaune.

« Art. XLVII. — Il est aussi ordonné de laisser deux roses à chaque bout de toutes les étofes qui seront teintes des couleurs suivantes : Le violet aura une rose de guesde, et l'autre de la cochenille; le tanné ou amarante, une de bleu, et l'autre de la garance; le feüille-morte, une de jaune, et l'autre de fauve.

« XLVIII. — Les verts de toutes couleurs seront d'abord passez en cuve de pastel, de voüede ou d'indigo, ainsi qu'il est prescrit pour les bleus dans l'article XLIV. Ils seront boüillis ensuite avec alun et tartre, et jaunis avec la gaude, la sarette, la genestrolle, le fenugrec ou le bois jaune, suivant la nuance; et il est expressément défendu d'y emploïer du bois d'inde, ou aucun ingrédient de pareille espèce.

« Art. XLIX. — Il sera permis néanmoins de passer d'abord l'étofe en gaude, avant que de la mettre en bleu, pour les verts dont la nuance seroit trop dificile à faire autrement, en observant les roses prescrites par l'article ci-dessus.

« Art. L. — Les jaunes de toutes nuances et de toutes couleurs seront boüillis avec alun et tartre, et teints avec la gaude, la sarette, la genestrolle, le fenugrec, ou le bois jaune.

« Art. LI. — Les fauves ou couleurs de racine des étofes dont le prix excédera celui de quarante sols l'aune en blanc, seront teints par les teinturiers du bon teint; et ils se serviront de racine de noïer, ou de brou de noix, sans pouvoir y emploïer de suïe, qui ne sera permise que dans le petit teint, et pour les étofes de bas prix.

« Art. LII. — Les étofes destinées à être teintes en noir, et qui par leur qualité doivent être guesdées, seront premierement mises en bleu de cuve; et après avoir été bien lavées en eau claire, et dégorgées au foulon, seront remises par le teinturier du grand et bon teint, entre les mains du teinturier du petit teint, pour être noircies et achevées ; et le teinturier du petit teint observera, en les noircissant, de laisser à chaque bout de la piéce une rose bleuë, pour pouvoir juger si l'étofe a eu le pied qu'elle doit avoir, conformément au present réglement.

« Art. LIII. — Quoi que par l'article précédent il ne soit point ordonné de garancer les étofes de laine, après qu'elles ont été guesdées, permet néanmoins Sa Majesté de le faire à ceux qui le jugeront le plus convenable, soit pour la beauté, ou pour la bonté de la couleur ; bien entendu que ce ne pourra être que par le teinturier du grand et bon teint, ou par le fabriquant qui a permission de teindre en bon teint.

« Art. LIV. — Dans les villes où il n'y a pas un nombre sufisant de teinturiers du petit teint, pour noircir les étofes guesdées, et où par quelqu'autre raison, il ne sera pas praticable de faire passer les étofes guesdées, des mains des teinturiers du grand et bon teint, dans celles des teinturiers du petit teint, pour les noircir ; permet Sa Majesté, en ce cas, aux teinturiers du grand et bon teint, d'achever les noirs par eux guesdez ; et en conséquence, de tenir dans leur maison le bois d'inde ; ce qu'ils ne pourront faire néanmoins, qu'après en avoir obtenu de Sa Majesté une permission particulière : Défendant Sa Majesté aux teinturiers du bon teint, d'achever les noirs sans cette permission, à peine de cinq cens livres d'amende.

« Art. LV. — Défend Sa Majesté à tous les

teinturiers, tant du grand que du petit teint, de teindre, sous aucun prétexte, du blanc en noir aucune étofe, à peine de cens livres d'amende : ni de mettre des roses bleuës, sans que le fonds ait été guesdé, sous les peines portées par l'article XL. du present réglement.

« Art. LVI. — Les draps noirs du prix de six livres et au-dessous n'auront le pied que de bleu-turquin, au lieu du pied de bleu-pers que doivent avoir ceux d'un plus haut prix : et les étofes de trois livres et au-dessous, pouront ne l'avoir que bleu-céleste : Défendant trés-expressément Sa Majesté, sous les mêmes peines portées par l'article XL. de donner à la rose une couleur plus foncée que celle qui a été donnée au fonds de l'étofe.

« Art. LVII. — Tous les gris qui sont une nuance dérivée du noir se feront avec la noix de galle et la couperose ; et lorsqu'ils tireront sur le gris d'ardoise, gris lavandé ou gris de ramier, ils auront un pied de cuve de cochenille ou de garance, sans qu'il soit permis d'y mêler du bois d'inde.

« Art. LVIII. — Lorsqu'une étofe de couleur tachée, flambée ou autrement gâtée, sera destinée à être mise en noir, elle recevra le pied de guesde par le teinturier du grand et bon teint, qui laissera à chaque bout une rose de la couleur dont elle étoit avant que de la guesder ; et le teinturier du petit teint, à qui l'étofe sera donnée pour la noircir, sera tenu de conserver ces roses, et d'en laisser deux autres de la couleur qu'avoit l'étofe en sortant du guesde ; ce qui sera également observé à l'égard des draps, apellez vulgairement *draps-chats*, fabriquez avec les restes des chaînes et des trames des autres draps de couleur. Enjoint Sa Majesté aux fabriquans, qui teindront eux-mêmes leurs étofes, de se conformer à ce que dessus.

« Art. LIX. — Permet néanmoins Sa Majesté de teindre de blanc en noir à froid, les étamines à voile, et autres petites étofes qui ne passent point au foulon, après leur avoir donné un bain de racine de noïer, dont il demeurera une rose à chaque bout de l'étofe, afin de pouvoir juger s'il a été donné d'une hauteur convenable.

« Art. LX. — Permet aussi Sa Majesté aux teinturiers du grand et bon teint, de Reims seulement, de faire concurremment avec les teinturiers du petit teint, lesdites teintures du blanc en noir, sur un bain de racine très-foncé, et seulement pour les petites étofes de la manufacture de Reims, qui ne vont au foulon que pour être dégraissées et dégorgées.

« Art. LXI. — Fait Sa Majesté très-expresses défenses de donner aux étofes, dont la chaîne et la trame sont de laine brune, et de toutes autres couleurs, à moins qu'elles ne soient noires, la teinture ou aprest, apellée *avivage*, qui se fait avec le bois d'inde.

« Art. LXII. — Veut Sa Majesté que tous les draps et étofes qui seront teints en bon teint, soit en laine ou autrement, par les teinturiers ou par les fabriquans qui ont pouvoir de teindre, soient marquez, à chaque bout de la piéce, d'un plomb d'un pouce de diamètre ; sur l'un des côtes duquel sera le nom du teinturier, ou celui du fabricant, et celui du lieu de sa demeure ; et sur l'autre ces mots, *grand et bon teint*; à peine de confiscation desdites étofes teintes, trouvées chez les marchands, ou exposées en vente sans ce plomb et de cent cinquante livres d'amende pour chaque contravention.

« Art. LXIII. — Permet Sa Majesté aux fabriquans qui teignent leurs laines, draps et étofes, d'insérer ces mots, *grand et bon teint*, sur leur plomb ordinaire de fabrique, sans en mettre en particulier pour la teinture.

« Art. LXIV. — Toutes les étofes du prix de quarante sols et au-dessous en blanc, comme étamines, voiles, sergettes et autres, qui ne vont au foulon que pour être dégraissées et dégorgées, pourront être teintes en petit teint, conformément à l'article XXVII. Et afin que le public en ait connoissance, ordonne Sa Majesté qu'il sera mis un plomb de huit lignes de diamètre à chaque bout de l'étofe ; sur un côté duquel sera marqué le nom du teinturier, et celui du lieu de sa résidence ; et sur l'autre, ces mots, *petit teint*, sous les mêmes peines portées par l'article LXII.

« Art. LXV. — Permet Sa Majesté ausdits maîtres-fabriquans, ou teinturiers du grand et bon teint, de teindre en noir, les draps et autres étofes de laine de couleur, qui auront été tachées, flammées ou autrement endommagées dans la première teinture ; à la charge néanmoins qu'avant que d'être noircies, elles seront guesdées, et marquées d'un plomb, portant d'un côté le nom du fabriquant ou teinturier, et celui du lieu de sa demeure, et de l'autre, ces mots, *étofe reteinte en bon teint* ; et lorsque ce sera un drap-chat, il sera mis sur ce plomb *drap-chat* : Défendant Sa Majesté à tous teinturiers du grand et bon teint, ou fabriquans, d'y mettre d'autre plomb, à peine de trois cens livres d'amende.

« Art. LXVI. — Si quelque piéce aïant la

marque du grand et bon teint est, par le débouilli qui en sera fait, reconnue être de petit teint, ou mal teinte, le marchand sur lequel elle aura été saisie et confisquée, aura son recours sur le teinturier, ou le fabriquant qui l'aura teinte, tant pour la confiscation que pour l'amende et les frais ; et au cas que les draps et étofes ne se trouvent pas munis du plomb de teinture, le marchand suportera la confiscation, l'amende et les frais, sans aucun recours.

« Art. LXVII. — Ordonne Sa Majesté que dans l'espace de six mois, à compter du jour de la publication du present réglement, tous les draps et étofes qui se trouveront chez les marchands et fabriquans, seront portez au bureau de contrôle, dans les villes où il y en a d'établis, et au bureau de fabrique, dans les lieux où il n'y a point de bureau de contrôle, pour y être lesdits draps et autres étofes de laine marquez à la tête et à la queuë, d'un plomb portant d'un côté le nom de la ville, et l'année 1737, et de l'autre, ces mots, *plomb de grace de teinture*.

« Art. LXVIII. — Veut Sa Majesté qu'après l'expiration dudit délai de six mois, les coins qui auront servi à l'empreinte dudit plomb de grace, soient brisez en presence des juges des manufactures, dont il sera dressé des procès-verbaux, pour être par eux directement envoïez aux sieurs intendants et commissaires départis dans les provinces et généralitez du roiaume ; et que toutes les piéces de drap et autres étofes, qui ne se trouveront pas avoir ledit plomb de grace, ou qui ne seront pas teintes conformément au present réglement, soient saisies et confisquées, et les marchands ou fabriquans ausquels elles apartiendront, condamnez en cent livres d'amende, pour chaque piéce et pour chaque contravention.

« Art. LXIX. — Il est expressément défendu aux teinturiers du petit teint, de mettre aux étofes par eux teintes aucunes roses, si ce n'est une rose blanche, ou une du bain de racine de noïer, dans le cas porté par l'article LIX. et ce, à peine de cinquante livres d'amende.

« Art. LXX. — Veut Sa Majesté qu'après la publication du present réglement, il soit incessamment teint à Paris, en presence des gardes-jurez des drapiers, des merciers et des teinturiers, et de telle autre personne qui sera à cet éfet commise par Sa Majesté, quatorze échantillons de draps, des couleurs suivantes; sçavoir, écarlate ordinaire ou couleur de feu ; écarlate de graine ou de Venise, rouge de garance, bleu-de-roy, violet, cramoisi, couleur de rose, vert d'émeraude, ardoisé, marron, canelle ; et trois noirs, qui auront reçû un pied des trois diférens bleus, dont le premier sera pers, le second turquin, et le troisième céleste : De tous lesquels échantillons il sera coupé des morceaux, pour être envoïez dans les bureaux des communautez des teinturiers établis dans les diférentes villes et lieux du roïaume, où se teignent ces sortes d'étofes, pour servir de pièces de comparaison et d'échantillons-matrices, tant pour la beauté que pour la bonté desdites couleurs ; de la remise desquels échantillons, il sera dressé des procès-verbaux par les juges des manufactures, et mention faite sur le registre des dites communautez.

« Art. LXXI. — Veut pareillement Sa Majesté qu'il soit teint un échantillon d'étamine, ou autre étofe semblable, en noir avec un pied de racine de noïer, pour en être envoïé et déposé, dans la forme ci-dessus prescrite, des morceaux dans les villes et lieux où il sera jugé nécessaire, pour servir d'échantillon-matrice et de pièce de comparaison, pour les étofes qu'il est permis par l'article LIX. de teindre de la sorte.

« Art. LXXII. — Ordonne Sa Majesté que lors des envois des échantillons ci-dessus mentionnez, il y sera joint une pareille quantité de morceaux de la même étofe, qui auront été déboüillis, pour être déposez en même temps dans lesdits bureaux, et servir de piéces de comparaison, lors des déboüillis qui seront dans la suite ordonnez par les juges des manufactures, afin qu'il ne soit alors nécessaire de faire déboüillir des morceaux de l'échantillon-matrice.

« Art. LXXIII. — Tous les échantillons-matrices, ainsi que les morceaux qui auront été déboüillis, seront marquez d'un plomb sur un des côtez duquel seront écrits ces mots, *échantillon-matrice* ; et sur l'autre : *en exécution du réglement* de 1737, et chaque échantillon déboüilli sera marqué d'un numéro semblable à celui de l'échantillon-matrice, dont il aura été tiré ; desquels plomb et numéro il sera fait mention dans le procès-verbal ordonné par l'article LXX. ci-dessus.

« Art. LXXIV. — Le déboüilli des étofes de laine mentionnées dans le present réglement se fera en la manière prescrite par l'instruction pour le déboüilli des laines destinées à la fabrique des tapisseries du 3 mars

1733. laquelle Sa Majesté veut être exécutée en son entier ; en observant néanmoins les changemens spécifiez dans les articles suivans.

« Art. LXXV. — Les couleurs seront partagées en trois classes, ainsi qu'il est prescrit par l'instruction mentionnée ci-dessus, dont la première sera déboüillie avec l'alun de Rome, la seconde avec le savon blanc, et la troisième avec le tartre rouge.

« Art. LXXVI. — L'échantillon de l'étofe de laine dont sera fait le déboüilli n'excédera pas la grandeur de deux pouces en quarré, pour la quantité d'eau et d'ingrédiens prescrite par la susdite instruction ; et s'il étoit nécessaire d'en faire déboüillir de plus grands ou plusieurs à la fois, le poids de l'eau et des drogues sera augmenté par proportion, conformément à l'article II. de ladite instruction.

« Art. LXXVII. — Toutes les couleurs énoncées dans ladite instruction, depuis l'article VII. jusques et compris l'article XXXIV. seront déboüillies, conformément à qui y est prescrit, et de la même manière que les laines destinées à la fabrique des tapisseries.

« Art. LXXVIII. — Les étofes noires seront aussi déboüillies conformément à l'art. XXV. de ladite instruction, et ensuite confrontées avec les échantillons noirs-matrices déboüillis, envoïez de Paris ; sçavoir, les draps de cinq quarts de large, et les étofes au-dessus de six livres l'aune seront confrontez avec l'échantillon qui aura eu pour pied le bleu-pers ; les draps et étofes au-dessous de six livres jusqu'à trois livres l'aune, et les frocs de Bollebec, de Bernay, et autres de pareille qualité, seront confrontez avec l'échantillon qui aura eu pour pied le bleu de turquin ; et enfin les étofes du prix de trois livres l'aune et au-dessous, avec l'échantillon qui aura eu pour pied le bleu céleste.

« Art. LXXIX. — Les étamines à voile et autres petites étofes qu'il est permis par l'article LIX. de teindre de blanc en noir, après leur avoir seulement donné un pied de racine de noïer, seront confrontées, après avoir été déboüillies, avec l'échantillon déboüilli de pareille étofe et teint conformément à l'article LXXI.

« Art. LXXX. — Au cas que par le déboüilli qui aura été fait des étofes noires, il se trouve qu'elles ont un pied sufisant de bleu ou de racine de noïer, pour celles portées par l'article LIX. mais qu'elles ont été mal noircies, soit pour avoir par le teinturier du petit teint, épargné la noix de galle ou autrement ; le teinturier qui aura noirci lesdites étofes, sera condamné en cinquante livres d'amende pour chaque pièce, aux dépens, dommages et intérêts envers celui à qui apartiendra l'étofe, et en outre aux frais, pour réamender le noir par un autre teinturier nommé par le juge.

« Art. LXXXI. — Si après le déboüilli d'un drap ou autre étofe de laine, ordonné par le juge des manufactures, le teinturier, le marchand ou le fabriquant auquel ladite étofe apartient, prétendent que ledit déboüilli n'ait pas été bien fait, permet Sa Majesté ausdits juges, suivant l'exigence des cas, d'ordonner un second déboüilli de ladite étofe, conjointement avec un morceau de l'échantillon-matrice, de la classe dans laquelle doit être mise l'étofe, suivant sa valeur et qualité, pour sur le procès verbal dudit second déboüilli, et l'avis des experts nommez, être par lesdits juges statué ce qu'il apartiendra.

« Art. LXXXII. — Veut Sa Majesté qu'il soit observé à l'égard des étofes qui auront été brunies, ce qui est prescrit par l'article XXVI. de l'instruction ; et que ce ne soit pas sur la couleur du bain du déboüilli que l'on juge de la bonne ou mauvaise teinture de l'étofe qui aura été brunie, mais sur le pied de couleur qui restera après le déboüilli.

« Art. LXXXIII. — Toutes les amendes qui seront prononcées contre ceux qui auront contrevenu aux dispositions du present réglement seront aplicables ; sçavoir, un quart à Sa Majesté, moitié aux gardes qui auront fait faire les saisies, et l'autre quart aux pauvres de l'hôpital du lieu où les jugemens seront rendus. Enjoint Sa Majesté aux juges des manufactures, et à tous autres juges, de se conformer dans leurs jugemens, aux dispositions du present réglement, et de condamner les contrevenans aux peines qui y sont exprimées ; sans pouvoir, sous aucun prétexte, les remettre ni les modérer, à peine d'en être responsables en leur propre et privé nom.

« Art. LXXXIV. — Veut et ordonne Sa Majesté que tout ce qui est prescrit et ordonné par le present réglement, soit observé exactement, sous les peines y contenuës, tant par les teinturiers du grand et bon teint et ceux du petit teint que par les fabriquans qui ont permission de teindre ; dérogeant Sa Majesté pour ce regard seulement, à tous réglemens généraux et particuliers, qui seront exécutez en tout ce qu'ils n'ordonnent pas de contraire aux dispositions du present réglement.

« Art. LXXXV. — Nul ne sera reçû à la maîtrise du grand et bon teint qu'il n'ait fait apprentissage chez un maître teinturier en grand et bon teint, et qu'il n'ait demeuré à son service comme aprenti l'espace de quatre années et trois années en qualité de compagnon ; duquel aprentissage il sera passé brevet pardevant notaire, qui sera enregistré sur le registre de la communauté.

« Art. LXXXVI. — Aucun maître ne poura avoir plus de deux aprentis à la fois ; et huit jours au plûtard, après les quatre années d'aprentissage, le maître teinturier du grand et bon teint, sera tenu, à ses frais, de les faire procéder en presence des gardes en exercice, et deux anciens maîtres de la communauté, à une expérience de la teinture, de laquelle il sera dressé procès verbal, signé des assistans et dudit aprenti, s'ils sçavent écrire ; et si l'épreuve réüssit, l'aprenti sera en conséquence enregistré sur le livre des compagnons, dans lequel sera fait mention dudit procès verbal, et il paiera trente sols aux gardes en exercice : Si, au contraire, l'expérience se trouve défectueuse, l'aprenti sera renvoïé chez son maître, pour y continuer son aprentissage pendant un an ; après lequel, si son expérience n'a pas plus de succès, il sera réputé incapable de parvenir au compagnonage, et ne pourront lesdits maîtres, sous peine de trente livres d'amende, prendre d'autres aprentis, qu'après que ceux qui auront achevé leur tems sous eux, auront réussi dans ladite expérience de teinture, et qu'en conséquence, ils auront été enregistrez sur le livre des compagnons ou qu'ils auront été reconnus incapables d'y parvenir.

« Art. LXXXVII. — Après l'expiration des quatre années d'aprentissage, pour le petit teint, le maître de l'aprenti sera tenu de le faire procéder au chef-d'œuvre prescrit pour le petit teint, sans qu'il soit tenu de passer par les trois années de compagnonage, ni de faire l'expérience de teinture, ainsi qu'il est prescrit par l'article précédent pour le grand et bon teint.

« Art. LXXXVIII. — Si quelqu'aprenti du grand ou du petit teint, avant la fin de son aprentissage, s'absente de la maison de son maître, et quite son service sans cause légitime, jugée telle par le juge de police, le maître le fera sommer de retourner incessamment ; et ce, par un acte signifié à cet aprenti, ou au domicile par luy élû, ou à celui de ses parens, ou d'autres personnes qui l'auront cautionné ; et faute par l'aprenti d'y satisfaire, le maître le fera, un mois après ladite sommation, raïer sur le livre de la communauté ; et en conséquence, il lui sera permis de prendre un autre aprenti ; sauf à celui qui aura quité son maître, de s'obliger de nouveau avec un autre maître, pour servir sous lui pendant quatre années entières ; sans que le tems que cet aprenti aura servi sous le maître qu'il aura quité, puisse lui être compté.

« Art. LXXXIX. — Aucun maître ne poura congédier son aprenti, sans cause légitime, jugée telle par ledit juge de police, ni en prendre un autre à la place de celui qui se sera absenté, qu'après l'expiration dudit mois, à peine de trente livres d'amende ; et en cas qu'avant ledit terme expiré, il eût pris un autre aprenti, il sera tenu de le renvoïer. Si le maître s'absentoit de la ville de son domicile ou cessoit son travail, les gardes seront tenus de donner un autre maître audit aprenti, un mois après ladite absence ou cessation de travail, et il lui sera tenu compte du tems qu'il aura servi chez le premier.

« Art. XC. — Nul ne sera reçû maître teinturier du grand et bon teint, qu'il n'ait été aprenti et compagnon pendant l'espace de sept années, chez les maîtres du grand et bon teint ; ni maître teinturier du petit teint, qu'après quatre années d'aprentissage chez un maître de ladite profession ; qu'il ne soit de bonne vie et mœurs et n'ait fait chef-d'œuvre, en presence des gardes en exercice et de deux anciens maîtres de la communauté.

« Art. XCI. — Le chef-d'œuvre que les aspirants à la maîtrise du grand et bon teint, de même que les fils de maîtres seront tenus de faire, sera d'asseoir une cuve composée de pastel et d'indigo, ou de vouëde et d'indigo ; de mettre cette cuve en état et d'y teindre en bleu-pers une pièce de drap ou de serge, le tout en presence des gardes en exercice et de deux anciens maîtres de la communauté, dont il sera dressé procès verbal, signé par les assistans et l'aspirant à la maîtrise, s'ils sçavent écrire ; et ladite piéce de drap ou de serge s'étant trouvée bien teinte, l'aspirant sera reçû à la maîtrise, après avoir prêté serment pardevant le juge de police, auquel ledit procès verbal sera representé ; et les lettres de maîtrise lui seront délivrées, en païant les droits acoûtumez. S'il survenoit quelque contestation sur le succès du chef-d'œuvre, la piéce teinte en bleu-pers sera portée pardevant ledit juge, pour y être statué, ainsi qu'il apartiendra, après une visite préalable dudit chef-d'œuvre, par experts qu'il aura commis pour cet éfet.

« Art. XCII. — Le chef-d'œuvre pour le petit teint sera de noircir une piéce de drap, qui aura précédemment été guesdée par le teinturier du grand et bon teint ; et en outre de teindre deux piéces de petites étofes, dont le prix n'excédera pas quarante sols par aune, l'une en gris de castor et l'autre en pourpre, fait avec le bois d'inde et le brésil ; et lesdites trois piéces aïant été reconnues bien teintes, il en sera dressé procès verbal et l'aspirant sera reçû à la maîtrise du petit teint, en prêtant le serment pardevant le juge de police, et en païant les droits ordinaires. Les contestations sur la réussite dudit chef d'œuvre seront décidées en la manière prescrite par l'article XCI. du present réglement.

« Art. XCIII. — Les chef-d'œuvre ci-dessus ordonnez, tant pour le grand que pour le petit teint, se feront aux dépens de l'aspirant, chez un des gardes ou maîtres de la communauté, chez qui il y aura les ustensiles nécessaires ; et ledit aspirant fera à ses frais et en presence des gardes et anciens de la communauté, l'achat des ingrédiens dont il entendra se servir, lesquels seront examinez, tant par lesdits gardes que par les anciens qui doivent assister au chef-d'œuvre. Fait et arrêté au conseil roïal du commerce tenu à Versaille, le quinzième jour de janvier mil sept cens trente-sept. — Signé, ORRY ».

Le 1er février, François-Nicolas Pollet, chanoine de la Saussaye, se rendit adjudicataire, moyennant 2.350 livres par an, des revenus appartenant au chapitre de Saint Louis. L'acte fut dressé par Pierre Levalleux, notaire royal à Elbeuf.

En 1737, Thomas Béranger, administrateur de l'Hôpital général d'Elbeuf, fit construire la chapelle et transporter dans cette chapelle l'autel qui avait été placé d'abord dans le vestibule, au bout de la salle des hommes.

Par délibération du 23 février 1737, les fabricants se montrèrent favorables à un projet présenté au roi, par le sieur Pierre Pouchet, de Rouen, d'établir en Normandie un ou deux moulins pour « moudre le bois de Colliatour et autres bois de teinture ».

Ils appuyèrent cet avis des considérations suivantes : « Les bois de teinture, moulus, qu'on tire de l'étranger, étant toujours humectés d'eau, le poids s'en trouve considérablement augmenté au grand préjudice de ceux qui les emploient.

« Cette humidité faisant fermenter ces bois moulus dans les futailles où ils sont renfermés, leur donne une couleur tout autre que celle qui leur est naturelle et qui procure à ceux qui les font moudre la facilité d'en altérer impunément la qualité, en y mêlant des bois vieux, avariés ou d'une espèce différente, ce qui est cause qu'ils ne donnent qu'une teinture imparfaite.

« Il est d'expérience que les bois de Colliatour et Santal, moulus séparément, sans eau, sans aucun mélange, donnent chacun dans son espèce une fois plus de teinture, plus parfaite, plus sûre et plus solide que pareils bois qui viennent de l'étranger.

« Cependant, pour que le sieur Pouchet, entraîné par l'appât d'un gain plus considérable, ne tombe dans le cas de l'altération où sont tombés ceux qui ont fait de pareilles entreprises, les fabriquants d'Elbeuf estiment qu'il doit lui être deffendu de moudre desdits bois de Colliatour, de Santal et autres autrement que chaque espèce en particulier, sans eau et sans aucun mélange.

« Ils estiment, de plus, qu'il conviendrait de fixer le privilège à dix années, et que l'inspecteur et les gardes de la Manufacture fussent autorisés d'aller dans les moulins dudit sieur Pouchet pour y reconnaître si les engagements qu'il aura pris pour obtenir son privilège sont fidellement remplis, et qu'il leur soit permis de faire moudre en leur présence de ces mêmes bois pour servir de pièce de comparaison... »

A une plainte des marchands drapiers de ville de Paris, adressée aux fabricants d'Elbeuf, sur la cherté du transport des pièces, le bureau de notre Manufacture répondit le 1er mars, après réunion du corps de la draperie elbeuvienne et des voituriers qui avaient été convoqués pour donner des explications :

« Après leur avoir exposé vos griefs, les voituriers nous ont représenté qu'à la vérité, les draps de Louviers, qui vous étoient portés par charettes, ne vous coûtoient que 35 sols de la pièce ; mais que compensation faite du plus fort poids des draps d'Elbeuf, du droit qu'ils payent et des quatre lieues viron du plus mauvais chemin qui soit sur la route de Paris qu'ils ont à faire de plus que les voituriers de Louviers, ils ne retireroient pas de leur voiture un plus grand profit que ces derniers ; ils nous ont représenté, de plus, que dans le courant de l'été, ils étoient souvent obligez de partir sans charge complete.

« Quoyque ces raisons nous ayent paru assez concluantes en faveur des voituriers, nous les avons cependant comblés à retrancher 5 sols par pièce du prix de leur voiture, qui sera dorénavant à 50 sols de la pièce ».

Le 11 du même mois, Le Massif, subdélégué de l'intendant, écrivit au corps des fabricants d'Elbeuf qu'on travaillerait à la construction du chemin de la Barrière dès la fin du mois, pour lesquels travaux la Manufacture s'était engagée à fournir une somme de 3.000 livres. Le 21, cette somme fut imposée sur les fabricants, à raison de la quantité de balles de laine employée par chacun d'eux.

Me Nicolas de la Mare, curé de Surtauville, fieffa, le 12 mars, à Jacques Chrestien, écuyer, inspecteur des Manufactures de la généralité de Rouen, un jardin situé rue la Barrière, à Elbeuf, borné, d'un bout, par la sente tendant à la Saussaye.

Les maîtres foulonniers de Pont-St-Pierre et de Romilly, qui de tout temps travaillaient pour la fabrique d'Elbeuf, étaient alors Jean Vallet, Jacques Lancelevée, Pierre Jumelin, Louis Letellier, Adrien Barette, Pierre Chardon, Pierre Duval, Nicolas Bellisent et Claude Flamin.

Le 19 avril, ces foulonniers notifièrent, par exploit de Loir, sergent, aux manufactures de notre localité qu'ils arrêteraient leurs moulins et cesseraient tout travail si les fabricants ne leur donnaient pas d'augmentation.

On ne parut pas, d'abord, prendre au sérieux cette menace ; mais quelques jours après, on apprit, à Elbeuf, que les moulins ne fonctionnaient plus. Alors les fabricants se réu-

Année 1737 33

nirent, et, le 25 du même mois, ils délibérèrent sur la situation.

Il fut dit que cet arrêt allait causer un préjudice considérable à la Manufacture, tant par le retard des expéditions à faire qu'à cause du danger que couraient les draps de recevoir des taches, surtout ceux qui étaient entre les mains des foulonniers. Il fut décidé que l'on présenterait une requête à l'intendant pour obliger les foulonniers de continuer leur travail, par provision, jusqu'à ce qu'il fut statué, soit par l'intendant, soit par le Conseil d'Etat, sur les prétentions des mouliniers.

Louis Maille, en qualité de trésorier de l'église Saint-Jean, passa plusieurs actes devant le notaire d'Elbeuf, en avril 1737.

Le 3 mai, Marie Flambart, postulante dans le couvent des Ursulines, céda à Nicolas Louvet les droits qu'elle avait sur un immeuble situé paroisse Saint-Jean « au coin de la ruelle Marchande », qui avaient été baillés à fieffe à son père, par Alexandre Flavigny, procureur fiscal du duché.

Le 6 du même mois, André Juvel, marchand drapier, passa un acte au nom de la fabrique de la paroisse Saint-Etienne, dont il était le trésorier.

Le 8, il fut procédé à la rectification des bornes de deux héritages situés aux Rouvalets, entre Nicolas Lefebvre, drapier, et « Nicolas Dubois, sous-diacre, chanoine de la Saussaye et titulaire de la chapelle Saint Adauct et Saint Félix ».

Dans un acte passé à Rouen, le 12 mai, on trouve mentionnés « la cour des Trois Roys, paroisse Saint Etienne d'Elbeuf » et le triège « des Fossettes », paroisse Saint-Jean, près le chemin tendant d'Elbeuf à Caudebec. — Cette dernière dénomination rappelait les anciennes mares qui couvraient jadis toute cette partie d'Elbeuf.

Au 26 mai, Martin Périer, notaire royal en la vicomté de Beaumont-le-Roger, pour le siège de Saint-Melain du Bosc, demeurant à Vitotel, était enfermé dans les prisons d'Elbeuf. On le fit descendre entre deux guichets pour la vente d'une pièce de terre lui appartenant, à un bourgeois de Rouen.

L'Etat de la France nous fournit les notes qui suivent sur la fabrication drapière dans notre contrée, vers 1737 :

« La manufacture d'Elbeuf est présentement composée de 300 métiers faisant, par an, de neuf à dix mille pièces de drap de cinq quarts façon de Hollande, valant plus de 200.000 livres. Cette manufacture occupe plus de 8.000 personnes, auxquelles elle fait gagner la vie dans Elbeuf et aux environs. Il y a encore, dans le même endroit, 70 métiers de Bergame, à points de Hongrie, qui occupent de 4 à 500 personnes pendant l'année. Il y a aussi huit métiers de draperie à Orival, près Elbeuf.

« La draperie de Rouen n'est que de 125 métiers de drap façon d'Elbeuf, 3 du drap de Seau, 5 de ratine et 50 d'espagnolette, employant en tout 3.500 ouvriers ; plus de 60 métiers de bouracan, 200 métiers de petite tapisserie appelée porte de Paris, et enfin 60 métiers de Bergame, inférieure à celle d'Elbeuf. La draperie de Darnétal est de 40 métiers de drap façon d'Elbeuf, 12 du drap de Seau et 50 de droguet, appelé pinchinat, ce qui occupe plus de 3.000 ouvriers. Il y a de plus, à Louviers, 60 métiers de drap façon d'Elbeuf, qui emploient 1.900 ouvriers ; à Saint-Aubin et, depuis, à la Bouille, 23 métiers ; au Pont-de-l'Arche, 6 métiers de drap très fin, façon d'Angleterre, dont les filages sont conduits par des fileurs et des fileuses de Hollande...»

Marie Vollant, maîtresse du duc d'Elbeuf, n'avait pas cessé d'augmenter ses richesses. Le 10 juin, étant en notre bourg, elle reçut 682 pièces d'écritures concernant les baux de la seigneurie de Fumechon, qu'elle avait acquise, le 4 mars précédent, de Marie Scott de Fumechon, veuve de Jacques du Hamel, chevalier, seigneur d'Oissel, conseiller à la Cour des comptes, et de Jacques du Hamel, chevalier, seigneur de Melmont, conseiller au Parlement.

Louis-René-Langlois Chevalier, curé de la Londe, passa un acte à Elbeuf, le 21 juin, par lequel il bailla à loyer une partie des dîmes de sa paroisse, moyennant 435 livres par an.

Vers ce temps, l'intendant de la généralité de Rouen obtint un monitoire contre ceux qui, depuis plusieurs années, commettaient des vols fréquents de laines, pièces de draps et coupons de draps dans les maisons et magasins des fabricants de la manufacture de notre bourg.

Les fabricants eurent à délibérer, le 20 juillet, sur une nouvelle cause d'ennui.

Il venait d'être donné sommation à Pierre Hayet de payer, au nom de la Communauté, une somme de 12.000 livres « pour le droit de confirmation, à cause de l'avènement du Roy à la couronne, en conformité de l'arrêt du Conseil du 1er mai 1731 et autre du 24 janvier 1736, le commandement daté du 12ᵉ de ce mois ».

L'assemblée chargea les gardes de présenter les respects de la corporation soit au Conseil, « soit à Mgr l'intendant, pour demander décharge de laditte somme », parce que la Communauté avait acquitté ce droit par suite de la sommation faite à Jacques Le Roy, alors garde en charge, en date du 8 juillet 1730. La quittance donnée par le sieur Dumont, portant reçu de 431 livres 5 sols, était à la date du 31 décembre 1730.

Cette quittance et les respects de la corporation ne suffirent pas au fisc ; car, au commencement de septembre, on saisit chez Pierre Grandin une certaine quantité de draps pour payer la somme de 12.000 livres réclamée à la fabrique d'Elbeuf. A la suite de cette saisie, la corporation s'assembla et chargea, le 4 du même mois, les gardes en exercice de présenter une requête au Conseil ou à l'intendant.

Le 8 octobre, l'affaire était arrangée, car nous voyons le corps des fabricants autoriser Robert Flavigny, garde en charge, à emprunter 6.000 livres au nom de la Communauté et d'en servir l'intérêt « au prix du Roy » jusqu'au remboursement de cette somme, dont 3.000 livres devaient être employés à la réparation des chemins « et le restant à payer le droit de confirmation que l'on demande à la Communauté ».

Le lendemain 9, le sieur de la Bourdonnaye, intendant de la généralité de Rouen, écrivit à Chrestien, inspecteur des manufactures :

« En reponse à la lettre par laquelle j'ai envoyé à M. le controlleur general l'extrait du jugement rendu contre le nommé Grout, accusé de vols faits dans la manufacture d'Elbeuf, il me marque qu'il est facheux qu'il n'y ait pas eu assez de preuves pour pouvoir le condamner ; que puisque les fabriquants de cette manufacture n'estoient pas en etat d'en donner, ils ne devaient pas faire tant de bruit.

« Je vous prie, Monsieur, de voulloir bien le leur faire entendre, afin qu'à l'avenir ils soient plus réservez sur les plaintes qu'ils font à tous propos : c'est ce que porte precisement la lettre de Monseigneur le controlleur general... »

Pierre-Nicolas et Adrien-Robert de Bellemare frères, écuyers, demeurant à Thuit-Hébert, « voulant seconder le pieux dessein que damoiselle Madeleine-Elisabeth de Bellemare, leur sœur, avoit d'estre religieuse au monastaire de Ste Ursule etably au bourg d'Elbeuf », avaient permis à la jeune fille d'y entrer et, de leur consentement, elle avait pris l'habit il y avait déjà deux ans. Par acte daté du 27 août, les sieurs de Bellemare donnèrent 3.000 livres au couvent pour la dot de la jeune religieuse. — A cette époque, Robert-Léonard Cousté, chanoine de la cathédrale de Rouen, était directeur du couvent d'Elbeuf.

Une lettre de ce même mois nous fournit les noms de plusieurs chanoines de la Saussaye : de Villeneuve, doyen, Routier, Pollet, Estard, Petit, Feste, Dufay, Demirlavaud et Dubois, ce dernier sous-diacre, mais également chanoine.

Mathieu Flavigny, curé du Mesnil-sous-Verclives, habitait la paroisse Saint-Etienne d'Elbeuf.

Pierre de Rochechouart, évêque d'Evreux,

qui, deux ans auparavant, avait approuvé une nouvelle confrérie établie à Saint-Jean, fut de nouveau sollicité pour approuver celle dite du Renouvellement des vœux du Baptême, créée dans la même paroisse et qui célébrait sa fête chaque année le lundi après la Dédicace. Il y consentit ; son approbation porte la date du 10 septembre 1737.

Une pièce de cette époque mentionne Louis Dévé, vicaire de Saint-Jean, Jean-Baptiste Capplet, huissier au Châtelet de Paris, demeurant à Elbeuf, et l'auberge du *Bras d'Or*, sise paroisse Saint-Jean.

CHAPITRE II
(1738-1739)

Henri de Lorraine *(suite)*. — Expériences de teinture. — La bibliothèque du procureur fiscal. — Une disette ; sage mesure prise par les fabricants. — Les boulangers d'Elbeuf contre ceux du dehors. — Faits divers.

Le 8 janvier 1738, mourut, dans sa 72e année, Mathieu Rouvin, greffier des bois du duché d'Elbeuf, et ancien trésorier de Saint-Jean ; il fut inhumé dans l'église, en présence de Laurent Lestourmy, Pierre Dugard et Jean-Jacques Hamon, prêtres de cette paroisse, et Le Sueur, curé. — Le mois suivant, la veuve de Rouvin fut également inhumée dans l'église Saint-Jean.

A cette époque, il y avait déjà trois ans que Jean Ledoulx, curé de Saint-Etienne, était retenu au lit par la goutte, et n'avait reçu de secours, pendant cette longue maladie, que d'une seule personne, qui vint à quitter Elbeuf. Alors, son neveu, Jean-François Ledoulx, sa femme et leurs enfants, allèrent habiter avec leur oncle, mais ils firent dresser, le 5 mars, l'inventaire des meubles qu'ils apportaient au presbytère, afin de pouvoir les reprendre plus tard.

Etant à son château d'Elbeuf, le 20 mars, Henri de Lorraine fit une constitution de rente dont l'acte est ainsi conçu : « Pour la bonne amityé que notre dit seigneur porte à noble dame Marthe-Julie de Gaugy, femme civilement séparée d'avec Louis de Poterat, escuier, seigneur de Saint Sever lès Rouen et de Saint Estienne, demeurante au manoir seigneurial de Surville, et désirant ledit seigneur récompenser en la personne de ladite dame les longs services qui luy ont esté rendus par défunt Gabriel de Gaugy, escuier, son père, en qualité d'escuier de mondit seigneur, et pour luy aider à subsister avec plus d'aisance, luy a par ces présentes donné par donation entre vifs, c'est asçavoir la somme de 1.200 livres de rente viagère, à prendre sur les revenus de ladite duché d'Elbeuf... »

A l'assemblée de la Manufacture tenue le 12 avril, se trouvait « le sieur Bachou, commis par le Conseil aux expériences de teinture ».

Des députés avaient été nommés par le corps de fabrique, le 15 mars, pour travailler avec Bachou aux moyens de mettre à exécution les Règlements pour la teinture, donnés le 15 janvier 1737. Bachou désirait qu'on mît à sa disposition une teinture fournie de deux cuves pour le bleu, de mêmes construction et matière que celles alors en usage en Hollande, des chaudières et autres ustensiles nécessaires pour ses opérations ; il se chargeait de faire construire ces cuves par des ouvriers qu'il choisirait. Les fabricants prirent les dépenses à leur charge.

Cependant, comme ils craignaient que le procédé de teinture de Bachou augmentât leur prix de revient, ils demandèrent à l'intendant de déléguer un commissaire qui pût être continuellement présent aux expériences et en signer les procès-verbaux, et ensuite suivre les opérations de la fabrication du drap, car les fabricants redoutaient des inconvénients ultérieurs pour le filage, le tissage et le foulage.

Les sieurs Delaval et de Boscroger, inspecteurs des manufactures, furent désignés par l'intendant pour présider aux expériences de teinture faites d'après le nouveau Règlement. De son côté, la fabrique d'Elbeuf nomma une délégation, prise dans son sein, pour suivre les expériences; elle se composa de Jacques Henry et Louis Poullain, gardes en charge; Pierre Frontin et Nicolas Roblot, anciens gardes; Pierre Delacroix, Jacques Bourdon, Pierre Grandin, Robert Grandin, Pierre Hayet, Nicolas Lefebvre, Pierre Bourdon et Abraham Frontin, manufacturiers.

Des échantillons de draps devaient servir de type pour fabriquer un même nombre de pièces avec les laines teintes par les procédés nouveaux. Ces échantillons reçurent chacun deux cachets à la cire rouge, l'un posé par les inspecteurs et l'autre par Poullain : ce dernier large de 17 millimètres, représente un cœur percé de deux flèches et porte pour légende :
IE SVIS BLESSÉ POVR TOVIOVRS.

Ce ne fut qu'au mois de décembre de l'année suivante que le rapport sur ces expériences fut présenté aux fabricants. La conclusion fut défavorable. Par rapport aux types donnés, les pièces fabriquées avec les laines teintes par les nouveaux procédés présentaient « des nuances plus ternes, mal unies et montrant des différences de l'envers à l'endroit ; les draps plus secs, plus arides et mal purgés par le dégraissage ».

Ces pièces de drap furent mises en adjudication et vendues aux enchères ; elles trouvèrent preneurs de 12 livres 10 sols à 13 livres 10 sols l'aune.

A l'audience du tribunal d'Elbeuf, tenue le 29 avril, étaient présents : Jacques Pollet, avocat à la Cour, lieutenant du bailli ; Alexandre de Flavigny, procureur fiscal ; Jean Maigret, Louis-François Cabut, Charles-Alexandre Duruflé et Pierre-Nicolas de Flavigny, avocats ; Pierre Levalleux, tabellion ; Pierre Ferté, sergent de la haute justice ; et les sergents : Jean Bonpain, de Boscroger ; Alexandre Noel, de Boissey ; Caresme, de Gros-Theil ; et Jean Guetard, tabellion au Theil.

François Rouvin, maître drapier, nommé greffier des Eaux et forêts du duché, le 19 février précédent, fut reçu en cette qualité au bailliage d'Elbeuf le 16 avril.

Le traité passé avec Martorey et Girardin, en 1728, étant près d'arriver à expiration, les notables habitants des deux paroisses se réunirent le 11 mai, au prétoire de la haute justice, devant Jacques Pollet, lieutenant du duché, à cause de l'absence du bailli, et décidèrent de percevoir eux-mêmes les droits du tarif, à partir du 1er octobre suivant.

Le 20 mai, « M⁰ François Flavigny, chirurgien en ce bourg, pour l'execution du pieux dessin qu'avoit depuis longtemps formé feu M⁰ François Flavigny, son fils, vivant prestre, curé de Saint Christophe de Surville, de fonder en ladite eglize douze messes basses et deux services par an » versa, à Elbeuf, la somme de 600 livres au trésorier de Surville.

Une obligation souscrite à Elbeuf, le 26 mai, concerne « Mᵉ Adrien Rivette, professeur hemeritte *(sic)* au collège de Beauvais, à Paris, representé par Mᵉ Pierre Rivette, son frère, conseiller du Roy, controlleur au grenier à sel du Pont de l'Arche, demeurant à Saint Aubin jouxte Boulleng ».

Un contrat, daté du 5 juillet, nous apprend que Jacques Chrestien, écuyer, inspecteur des Manufactures de Normandie, demeurant à Rouen, mais qui possédait une habitation à Elbeuf où il résidait quand il venait dans notre bourg, avait épousé « Marie-Joseph Vollant, dame et seigneure de la terre de Fumechon », ancienne maîtresse du duc d'Elbeuf. A quelque temps de là, Chrétien alla résider dans sa seigneurie de Fumechon, où il se fixa.

Louis Flavigny, entrepreneur de la Manufacture royale des Andelys, avait épousé Madeleine Pollet, à laquelle appartenait le jardin nommé les Trois-Cornets, qu'il bailla à fieffe le 28 juillet, à Jean Carré, jardinier, moyennant 90 livres par an.

Au 6 août, Thomas Bérenger, marchand drapier, paroisse Saint-Etienne, était administrateur en charge de l'hôpital d'Elbeuf.

Pierre Dugard, prêtre sacristain de Saint-Jean, âgé de 55 ans, mourut le 8 septembre et, le lendemain, fut inhumé dans l'église, « au pied de la croix ».

En octobre, le bailli fixa le prix du pain bis à 2 sols la livre, celui du biset à 2 sols 3 deniers, et celui du pain blanc à 2 sous 9 deniers.

Le 13 novembre, à Elbeuf, « Mᵉ Nicolas

Godet, pourvu de l'office et charge de sergent royal visiteur jaugeur des rays et filets des pescheries des eaux et forests et etangs, fleuves et rivières de la province de Normandie, demeurant à Orival », constitua un procureur pour résigner sa charge entre les mains du chancelier garde des sceaux, en faveur de Jacques Tournois, organiste à Rouen.

Godet avait succédé, dans cet office, à Elie Hemery, par contrat passé devant Mᵉ Delouche, tabellion en la haute justice d'Elbeuf, au siège de Moulineaux, le 11 août 1732 ; Tournois l'acquit moyennant le prix de 4.000 livres.

Jean Bourdon, avocat à la Cour et avocat fiscal des hautes justices du duché d'Elbeuf, demeurait alors à Rouen. — A cette même époque, François Lefebvre, « esmouleur de grandes forces », de la paroisse Saint-Jean, était garant d'Antoine Bastien, fermier des aides de la généralité de Rouen

Le 14 janvier 1739, Jeanne Bourdon, veuve de Nicolas Tallon, contrôleur au grenier à sel de Pont-de-l'Arche, constitua, au nom de feue Marie Bourdon, sa sœur, une rente de 10 livres 10 sols au profit de l'hôpital, représenté au contrat par Thomas Bérenger et Jean-Baptiste Dupont, administrateurs en exercice.

Le même jour, Adrien Cudorge fut reçu, par le bailli, en qualité de prévôt de la baronnie de la Haye-du-Theil, pour percevoir les rentes et deniers dus par les tenants de cette seigneurie au duc d'Elbeuf.

Jacques Henry, l'un des deux gardes, saisit le corps de la Manufacture, le 17 janvier, d'une « mutinerie » qui s'était produite dans ses ateliers quatre jours auparavant. Huit ouvriers tondeurs étaient venus lui demander une augmentation de salaires ; il avait refusé de la leur accorder et leur avait délivré un billet de congé. Les huit ouvriers s'étaient ensuite réunis et avaient « formé cabale et, de plus, fait ligue entr'eux pour empescher les autres tondeurs de travailler, en les menaçant de rompre bras et jambes et même les tuer, et outre étaient allés chez quelques autres maistres empescher les tondeurs de prendre des ouvrages dudit sieur Henry, ce qui causait un dérangement considérable dans son commerce ». La Communauté l'autorisa à porter cette affaire, au nom de la corporation, devant l'intendant.

Jean Viel, âgé de 66 ans, ancien trésorier de Saint-Jean, mourut le 19, et fut inhumé dans l'église le lendemain.

Le bailli reçut le serment, le 21 mars, de Michel Guestard, nommé sergent à la Haye-du-Theil.

Le 3 avril, on inhuma, dans l'église Saint-Jean, Alexandre Flavigny, conseiller du roi et son ancien avocat au bailliage de Pont-de-l'Arche, et procureur fiscal du duché d'Elbeuf, décédé la veille à l'âge de 63 ans.

Pierre Levalleux, notaire royal au bourg d'Elbeuf, procéda, à partir du même jour, à l'inventaire des meubles et écritures trouvés au domicile de Flavigny père. Cet inventaire fut fait sur la réquisition de la femme Barbe Routier et d'Alexandre Flavigny, prêtre, Pierre et Antoine Flavigny, leurs enfants. Nous nous bornerons à mentionner les principaux ouvrages composant la bibliothèque du défunt, probablement la plus importante de notre bourg, à cette époque :

« Les Conférences, par Quenois, in-f° ;
« Traité de la Police, par Delamare, trois volumes in f° ;
« Journal des Audiences, cinq vol. in-f° ;
« Dictionnaire des Arrests, six vol. in-f° ;
« Journal du Palais, deux vol. in-f° ;
« Dictionnaire de Moreri, cinq vol. in-f° ;
« Dictionnaire de Tresmos *(sic)* ; — il faut probablement lire Trévoux — trois vol. in-f° ;
« Coutumier de Basnage, deux vol. in-f° ;
« Coutume, de Berauli, in-f° ;
« Histoire de France, de Daniel, dix volumes in-4° ;
« Conférences, de Bornier, deux vol. in-4° ;
« Recueil des Edits, trois vol. in-4° ;
« Esprit de la Coutume, in-4° ;
« Style civil et criminel, de Goret, deux volumes in-4° ;
« Plaidoyers, de Lemaistre, in-4° ;
« Coutume, de Penel, in-4° ;
« Procez verbaux, in-4° ;
« Harangues sur toutes sortes de sujets, in-4° ;
« Lettres patentes, in-4° ;
« Histoire ecclésiastique, par Fleury, trente vol. in 12 ;
« Recueil des manufactures, trois vol. in-12 ;
« Code des chasses, deux vol. in-12 ;
« Maximes du Droit Canon, in-12 ;
« Chimie, de Lhemery, in-8° ;
« Règlement des tailles, in-12 ;
« Traité des hypothèques, in-12 ;
« Recueil des Edits, in-8° ;
« Mariage avenant des filles, in-12 ;
« Constitutions de Port Royal, in-12 ;
« Ordonnances des Aydes et des gabelles, deux vol. in-18 ;

« Prolegomesnes de l'Ecriture sainte, trois vol, in-4º ;

« Bible latine, in-4º ;

« Histoire des Conciles, in-4º » ;

Et une douzaine d'autres ouvrages dont les titres ne sont pas indiqués.

Le 17 avril, fut dressé le contrat de mariage de Jacques Pollet, fils de Jacques, lieutenant général du duché, qui devait épouser Marie Anne Flavigny, fille de François, chirurgien, et de Marguerite Capplet. Le futur était neveu de François-Nicolas Pollet, chanoine de la Saussaye ; il avait reçu 5.000 livres de son père pour s'établir fabricant ; sa future lui apportait 6.000 livres en écus.

Notre province traversait alors une de ces disettes si communes au XVIIIº siècle. Le 20 mai, Jacques Pollet, lieutenant général du duché, se présenta dans une réunion générale des fabricants et leur dit que, la veille, il s'était livré à une perquisition chez tous les marchands de grains d'Elbeuf et qu'il n'y avait trouvé en tout que trois muids de blé, alors qu'il n'en fallait pas moins de quatorze muids par semaine pour subvenir aux besoins de la population. Il ajouta qu'il avait fait tout ce qu'il avait pu pour en obtenir à Rouen, mais que ses demandes avaient été infructueuses.

Cette nouvelle causa une vive émotion dans l'assemblée, car le manque de pain pouvait avoir des conséquences très graves, Pollet invita la corporation à délibérer séance tenante et à prendre des mesures pour conjurer le danger.

A l'unanimité, les fabricants déclarèrent qu'on ne saurait trop s'intéresser à cette grosse question et pour parer au « manquement total de blé », la Communauté donna mandat à douze de ses membres, tous anciens gardes, et à chacun d'eux en particulier, « de faire, avec telles personnes qu'ils aviseront bien estre, tels traités qu'ils jugeraient à propos pour faire acheter en Angleterre 50 muids de blé, pour le compte et au risque d'icelle Communauté », laquelle s'engageait à rembourser les acheteurs « solidairement et un seul pour le tout » des sommes qu'ils auraient avancées au marchand de Rouen chargé de faire venir ces blés d'Angleterre, de lui payer sa commission, les intérêts des avances et autres frais.

Mais comme, dirent les fabricants, « le secours que nous nous proposons de tirer de l'étranger est encore éloigné et qu'il peut arriver qu'il se passera plus d'un mois ou six semaines avant que nous puissions l'avoir, et que le besoin que nous avons est des plus pressants, et qu'il convient tirer des secours prompts, ladite Communauté authorise de plus les délégués à tirer du blé d'ailleurs, à son compte et à ses risques, et de faire pour ce des emprunts jusqu'à la somme de 12.000 livres, desquels emprunts la Communauté leur porte toute garantie et d'en faire elle-même le remboursement aux prêteurs au cas que les fonds ne rentrassent pas dans leur entier... »

Douze fabricants furent autorisés à faire des achats de blé, pour le compte de la Communauté. Ils ne firent ratifier cette décision que beaucoup plus tard, le 8 septembre 1740, par une assemblée générale des habitants d'Elbeuf.

En conséquence de la délibération du 20 mai, ils achetèrent à Andely 100 sacs de blé de pays au prix de 28 livres le sac, et au Havre 420 autres sacs de blé soi-disant étranger au prix de 20 fr. le sac.

Mais les belles prévisions de la récolte de 1739 amenèrent une diminution du prix du blé, de sorte que l'approvisionnement de prévoyance causa une perte considérable sur la revente faite aux boulangers d'Elbeuf. Cette perte s'élevait à 3.632 livres 13 sols ; elle fut couverte, du consentement des habitants et par l'approbation de l'intendant, au moyen des deniers restant du bail fait à Martorey et Girardin, anciens adjudicataires du tarif.

Nicolas-Thomas Flavigny, d'Elbeuf, fils de Nicolas, était alors établi à Cadix (Espagne), où il faisait un important commerce. Il vint passer quelque temps dans notre bourg, où, le 13 juin, il donna ses pouvoirs à Pierre Hayet, frère de sa mère, pour gérer les biens qu'il possédait en Normandie.

Les Ursulines reçurent, le 22 juillet, de Jacques Bourdon, conseiller au bailliage de Rouen, stipulant pour son père Jean Bourdon, avocat au Parlement et avocat fiscal des hautes justices d'Elbeuf, une partie de la dot de Louise-Marguerite Bourdon, sœur de Jacques, religieuse au monastère de notre bourg, dont la supérieure était toujours Angélique Auber dite de Sainte-Catherine.

Pendant le mois de juillet, il fut procédé au sondage de la Seine devant le port d'Elbeuf ; la dépense se chiffra par 64 livres.

En ce même mois, devant le tribunal de notre bourg, se déroula un procès intenté par Louis Dugard à Jacques-Nicolas Lesueur, curé de Saint-Jean, qu'il accusait d'avoir soustrait, après la mort de Pierre Dugard, prêtre de cette paroisse, une somme de 319 livres 6 sols et une bague en or, appartenant à ses héritiers, mais que le curé disait être la propriété de l'église. Et comme l'exploit lancé par Louis Dugard contre le curé Lesueur renfermait des termes injurieux, celui-ci réclamait, reconventionnellement, devant les juges, une somme de 6.000 livres de dommages-intérêts, se proposant, si elle lui était accordée, de la verser au trésor paroissial. Les dépositions des témoins, les enquêtes et les débats occupèrent beaucoup le bailli pendant tout l'été ; finalement, le curé fut condamné à restituer ce qui lui était réclamé.

Jacques Pollet, avocat au Parlement et lieutenant du duché d'Elbeuf, constitua, le 10 août, un titre clérical de 150 livres par an, au profit de Jean-Barthélemy-Nicolas Pollet, son fils, acolyte du diocèse d'Evreux, afin de lui faciliter d'arriver à la prêtrise.

Le 27 septembre, Louis Dumort fut nommé geôlier des prisons d'Elbeuf, en remplacement de Robert Dubois, décédé.

Sur les remontrances de Jean Patallier, Etienne Guilbert, Nicolas Roussel, Nicolas Guilbert, Louis Dugard, François Petitfrère, Martin Hayet, Nicolas Louvet, Pierre Baron et Louis Martin, marchands chandeliers en notre bourg, le bailli, par ordonnance du 10 octobre, fixa le prix de la chandelle à 9 sols 6 deniers la livre, le suif valant « de 30 à 32 livres 10 sols le cent ».

En ce même mois, la corporation des boulangers adressa au bailli la lettre suivante :

« Suplient humblement les maîtres et gardes

boullengers de ce lieu d'Elbeuf, disants que, pour avoir le libre exercice de leur métier de boullenger dans ce lieu, et pour avoir la liberté d'ouvrir boutique et d'y vendre du pain, il leur a convenu y être de vous, Monsieur, autorisez ; et en ce faisant, vous les avez assujetis à tous les règlemens de pollice et arrêts de la Cour rendus en conséquence. Vous les avez de même assujetis à cuire du pain sufisemment pour l'utilité du public et qui fut de poids conforme à la pollice.

« Outre cela, pour leur métier, ils sont chacun pour leur fait et regard imposez à des sommes considérables sur les rolles de capitation et autres impositions de ce lieu, qui sont des objets considérables pour eux et ausquels ils ne peuvent subvenir avec les pertes qu'ils font tous les jours sur le pain qu'ils cuisent, dont la vente ne leur vient pas, par un abus qui s'est glissé depuis quelque temps dans ce lieu, qui est qu'il vient des personnes étrangères qui n'ont aucune qualité, vendre du pain dans ce lieu, sans l'exposer, en sorte, qu'ils le vendent le prix qu'ils veulent, tandis que les supliants sont restrains et n'ozeroient outrepasser votre règlement de pollice, à peine d'encourir la confisquation et l'amende ; non seullement ils le vendent le prix qu'ils veullent, mais, quand ils n'en trouvent le débit par eux-mêmes, ils ont des personnes à eux à qui ils le portent, qui leur acheptent et qui le revendent ensuite à leur proffit, qui sont autant de contraventions qui causent un préjudice considérable au public, en ce que le pain de ces particuliers n'est de poids requis, et aux supliants en ce qu'ils leur ostent la facilité de pouvoir vendre celuy qu'ils cuisent, et encore que ces étrangers ne payent aucuns subsides dans ce lieu ; à quoy les supliants, pour l'intérêt du public et pour l'exécution de vos sentences de pollice, espèrent qu'il vous plaira avoir égard.

« Ce considéré, Monsieur, il vous plaise donner règlements sur la remontrance des supliants et faire deffences à tous particuliers étrangers à ce lieu d'aporter, vendre et débiter du pain dans ce lieu d'Elbeuf, sinon les jours de marché, qui sont les mardy, jeudy et samedy de chaque semaine, lesquels audit cas seront tenus de l'exposer à la place du Coq publiquement en vente et qu'il sera marqué de leur nom, lesquels seront sujets et tenus de soufrir la visite des gardes boullengers de ce lieu ; que deffence leur sera faite, sous peinne de confiscation et de 50 livres d'amende, d'aporter, vendre ny débiter directement ou indirectement du pain dans ce lieu hors lesdits jours de marché, et, à ce que votre ordonnance soit notoire et qu'il n'en soit prétendu cause d'ignorence, autoriser les supliants de faire lire et afficher partout où besoin sera le présent règlement, et vous ferez bien ».

Suivent les signatures de Roch Potteau, Gervais Ollivier, Jean Fautelin, André Buhot (ou Béhotte), Louis Hamas (?), Jacques Tronel, Thomas Védye, François Carbonnier, Jean Rogé et François Fréville, tous maîtres boulangers en notre bourg.

Le bailli se rendit aux désirs de la corporation, car le 28 de ce même mois d'octobre, il signa une ordonnance qui fut lue et placardée aux carrefours.

Les boulangers forains ne tinrent guère compte des défenses qui leur étaient faites, ainsi que le démontre une autre lettre, sans date, adressée au bailli, mais que nous avons trouvée dans la liasse de l'année 1739 du fonds de la haute justice d'Elbeuf :

« Suplient humblement Rocq Potteau, Gervais Ollivier, André Buhot (ou Béhotte), François Carbonnier et autres maîtres boullengers de ce lieu joints ;

« Disants qu'il vous a plu rendre un règlement tant pour la police sur le pain qu'à l'égard de ceux qui, sans droit, s'immissoient de venir vendre et distribuer du pain tous les jours dans ce lieu d'Elbeuf, sans qualité, par lequel règlement il est fait deffences à tous boullengers estrangers d'aporter, vendre et débiter du pain dans ce lieu que les jours de marché..., qu'ils seront obligez d'exposer en visite en plein marché du poids porté par les règlements de pollice, et leur nom marqué dessus, dont ils soufriront la visite par les gardes boullengers de ce lieu.

« Malgré le règlement, qui a été publié au son du tambour par tous les carfours de ce lieu, il se commet les mêmes abus par les boullengers étrangers ; ils ne cessent de contrevenir à ce règlement, parce qu'ils ont été avertis sans doute qu'il est bien vray qu'il a été procédé entre les supliants à une ellection de gardes et qu'ils s'en sont tenus à cette formalité, la croyant seule nécessaire pour la validité de leur ellection, sans penser que n'aïant presté devant vous, Monsieur, serment en cette qualité, les gardes ellus étoient incapables de faire aucunes fonctions concernant leur devoir et de faire aucuns aprochemens. Dans cette ignorance, votre règlement seroit demeuré dans l'oubly, sans pouvoir le faire exécuter, pourquoy ils sont conseillés de vous adresser la présente pour leur être pourvu.

« Ce considéré, Monsieur, il vous plaira acorder acte aux supliants de ce qu'ils persistent à la nomination qu'ils ont fait de Rocq Potteau et François Carbonnier pour gardes de leur métier de boullenger, prendre d'eux le serment au cas requis et acoutumé, et les autoriser de faire tous aprochemens pour contraventions aux règlemens de pollice, et leur enjoindre de les garder personnellement et les faire observer selon leur teneur, à peinne d'être responsables en leur propre et privé nom des contraventions qui pourroient arriver, et vous ferez bien ».

Quelques jours après, les deux gardes élus prêtèrent serment, puis veillèrent rigoureusement pour empêcher la concurrence des boulangers du dehors.

Isaïe Levert avait obtenu du duc des provisions de procureur fiscal en sa haute justice d'Elbeuf ; Levert prêta serment devant le bailli, le 27 octobre, et fut déclaré installé dans ses fonctions.

La confrérie de Saint-Roch, établie à Saint-Jean, avait alors pour maître François Boisguillaume, tisserand ; Etienne Bachelet, Michel Delaleau, Pierre Gueroult et Pierre Deshayes étaient anciens maîtres.

Au 24 décembre, Pierre-Adrien Flavigny, marchand, rue des Carmes, à Rouen, porteur de la procuration de « Me Louis Flavigny, chanoine de l'eglize metropolitaine, tuteur des enfants de feu Pierre Flavigny, son frère », donna à loyer une maison sise à Elbeuf, derrière la halle aux bouchers. — L'auberge du

Bras d'Or, sise sur le quai, était alors tenue par Simon Omont.

Un Pouillé du diocèse de Rouen mentionne que la dîme de la paroisse Saint-Etienne valait, en 1739, environ 900 livres par an et que la cure était à la présentation de l'abbaye de Saint-Taurin. La chapelle Saint-Félix et Saint-Auct était à la présentation du duc d'Elbeuf; son revenu n'est pas indiqué. La chapelle Sainte-Marguerite, à la présentation du duc d'Elbeuf, valait 60 livres par an. La paroisse Saint-Etienne comptait 350 feux, et de trois à quatre communiants par feu ; sa population pouvait donc être évaluée à environ 1.600 habitants.

CHAPITRE III
(1740-1741)

Henri de Lorraine *(suite)*. — Mesures de police. — Plaintes sur la qualité des draps. — Travaux de voirie. — Nouvelle inondation. — Inventaire d'une fabrique de tapisseries. — Mort des deux curés d'Elbeuf. — Première organisation d'un service contre les incendies. — Encore la veuve Le Comte.

Le 9 janvier 1740, un bateau débarqua au quai d'Elbeuf 200 balles de laine. Robert Flavigny et Louis Grandin, gardes nommés pour la visite des laines, se rendirent au lieu de débarquement, pour les examiner. Ayant reconnu que 35 de ces balles se composaient de laines inférieures, fraudées et mélangées, ils les firent saisir sur le nommé Chary, marchand de laine à Rouen, qui les avait expédiées.

Le 27 du même mois mourut Jean Bourdon, avocat fiscal du duché, à l'âge de 73 ans. On l'inhuma le lendemain dans l'église Saint-Jean, en présence de Jean-Nicolas Bourdon, prêtre.

Année 1740

Les registres paroissiaux de Saint-Etienne mentionnent une triple naissance à la date du 9 février. Deux filles et un garçon naquirent ce jour-là du mariage de Jean-Baptiste Delaleau, tisseur, et de Madeleine Campion ; ces enfants ne vécurent que deux jours.

Le 10 avril suivant, Louis Le Sueur, avocat au grand conseil, âgé de 62 ans, parent du curé de Saint-Jean, fut inhumé dans cette église.

A la date du 22, fut passé, à Elbeuf, le contrat de mariage de Jacques Dumont, fils de François Dumont, chevalier, servant d'armes de l'ordre de N.-D. du Mont-Carmel de Saint-Lazare, maître des ponts et passages du Pont-de-l'Arche, avec Marguerite Delacroix, fille de feu Pierre, maître drapier, et de Marie Flavigny. Au nombre des témoins se trouvait Jean-Nicolas David de Biville, avocat à la cour, « frère en loy » du futur.

Par contrat du 6 mai, Louis-Réné Gervais, « gouverneur des pages de la duchesse d'Orléans », bailla à ferme, pour trois ans, à François Quesné, Mathieu Poullain et Charles Lestourmy, bourgeois d'Elbeuf, associés à cet effet, les terres des Vaux-Gouins et Gaignerie, avec « les grosses forges, fourneaux et fonderie à faire fonte et fer, leurs chaufferie, affineries et harnois de marteau pour la forge, etc. », le tout situé au Vieux-Conches. Le prix de la location fut fixé à 10.250 livres par an, plus diverses charges.

La confrérie des Porteurs de grains avait alors Robert Osmont pour maître en charge ; Antoine Cavillon, Jean-Baptiste Deriberpré, Jean Tanquereuil, Louis Pestel, Guillaume Renault et Nicolas Talbot sont cités comme faisant partie de cette association.

Aux assises mercuriales du duché, tenues à Elbeuf, au prétoire de la justice ducale, le 10 mai, étaient présents: Jacques Pollet, lieutenant du duché, président; Isaïe Levert, procureur fiscal; Jean Maigret, ancien avocat; L.-F. Cabut, C.-A. Durufley, Pierre-Nicolas Flavigny, avocats, et bon nombre d'officiers du duché.

Le procureur fiscal, dans cette séance, requit du bailli: 1° qu'il fût, par réitération, fait défense aux marchands d'étaler et d'ouvrir leurs boutiques les dimanches et fêtes, sous peine de 10 livres d'amende; 2° qu'il fût enjoint à tous les habitants d'avoir des lieux d'aisance dans leurs maisons; 3° qu'une amende fut prononcée contre tout individu surpris à faire des immondices dans les rues, rendant les parents responsables de leurs enfants. Le juge rédigea des ordonnances conformes à ses conclusions.

Levert représenta également au bailli « que le marché aux cochons tenoit dans la plus belle place du bourg, qui est le Cocq, ce qui gastoit non seullement le pavé, mais causoit de l'infection. Il pourroit estre très aisément changé, en le mettant en deça de la barrière de la coste de la Justice ». Le bailli ordonna qu'il en serait ainsi, et qu'une amende de 10 livres serait prononcée contre ceux qui ne se soumettraient pas à cet arrêté.

Ce même jour mourut « Jean Lesueur, docteur de Sorbonne, prieur et curé de la paroisse Saint-Martin de Chaumont en Vexin, né à Elbeuf, frère de Nicolas-Jacques Lesueur, curé de Saint-Jean, et de Pierre Lesueur, prêtre habitué en la même paroisse de notre bourg.

Année 1740 59

Le 14 mai, les fabricants d'Elbeuf furent avisés par Roblot, garde en charge, que le contrôleur général avait écrit à l'intendant de Rouen que la qualité des draps envoyés à l'étranger, par certains manufacturiers, laissait à désirer. Le contrôleur général s'était exprimé dans ces termes :

« Il est intéressant que les étoffes que l'on envoie dans les pays étrangers n'y soient point trouvées défectueuses. La prohibition de toutes les étoffes des fabriques d'Angleterre en Espagne est favorable aux envois qu'on y fait des fabriques de France, et les fabriquants devraient considérer qu'il est de leur intérêt d'y envoyer des étoffes de bonne qualité.

« Cependant, on se plaint des envois qui ont été faits en Espagne depuis quelque temps ; ces plaintes peuvent être fondées, puisqu'il a été saisi en plusieurs endroits du Royaume des étoffes défectueuses, marquées du plomb de fabrique et de celui de controle. Il paroit qu'il règne parmi les fabriquants une négligence et une mauvaise foy dans la fabrication de leurs étoffes qui méritent d'être réprimées.

« Comme il a été pris au Conseil des résolutions de sévir contre tous ceux des fabriquants qui seront trouvés en contravention, je vous prie de déclarer à tous ceux qui sont établis dans l'étendue de votre département qu'on examinera à la sortie du Royaume leurs étofes, que s'il y en une seule pièce contraire aux règlements, non seulement elle sera confisquée avec amende, mais le contrevenant et les gardes qui les auront visitées et marquées du plomb de controlle seront privés pour toujours de leur maîtrise ».

Par ordonnance du 24 de ce même mois, le

bailli porta le prix du pain bis de 6 liards à 2 sols la livre, celui du biset de 2 sols à 2 sols 6 deniers, et celui du pain blanc de 2 sols 6 deniers à 2 sols 9 deniers. — Quatre mois après, il y eut une augmentation de 6 deniers sur chaque qualité.

Marin Caresme, sergent du Gros-Theil, interdit pour n'avoir pas comparu aux assises mercuriales du bailliage d'Elbeuf, fut relevé de cette interdiction par décision du bailli, le 8 juin.

Un contrat du 9 juin, passé à Elbeuf, concerne Adrien de Postis, écuyer, sieur de la Boissière, demeurant à Saint-Denis du Bosguerard, veuf de Marguerite Dupont fille Nicolas, née à Elbeuf, et Louis-Adrien de Postis, écuyer, page dans la grande fauconnerie du roi, leur fils.

Jacques Dugard, vicaire de Saint-Etienne, mourut le 13 du même mois, à l'âge de 38 ans. On l'inhuma, le lendemain, dans la chapelle Saint-Roch, en présence de A. Sevaistre et Jean-Baptiste Beranger, sacristain, tous deux prêtres de la paroisse.

A partir du 16 juillet, le bailli fixa le prix de la chandelle à 11 sols la livre, et, le 7 septembre suivant, il en porta le prix à 13 sols.

Le 18 juillet, étant à Evreux, Charles Delarue, d'Elbeuf, vendit à Jean-François Ledoulx, « un grand tènement à usage de teinture..., avec deux grandes cuves de chesne reliées chacune avec un cercle de fer, avec leurs couvertoirs de bois de sap, trois rables, trois chaudières de cuivre avec deux barcs à chaudières et deux couvertoirs de bois de sap, plus un pennier à cuves avec un pennier à laver, deux corbeilles, quatre crocs de fer avec leur manche, une grande goutière de bois de sap, trois sceaux ferrés, un grand mortier de fer avec son pilon aussy de fer, plus quatre sacs de toile, un bancard complet avec ses poids de fer, une grande seulle dans laquelle est une grande chaudière de cuivre, un celier à costé dans lequel il y a un moulin à indigo, etc. » Cette vente, qui nous fournit le détail du matériel d'une teinturerie, fut consentie pour le prix de 4.600 livres.

Pierre Feste, sergent royal en notre bourg, acquit à titre de fieffe, le 25 avril, « la noble sergenterie de Pont de l'Arche du pled de l'épée, qui fut anciennement Martot et branches dependantes », moyennant une rente foncière de 140 livres par an.

La voiture d'eau d'Elbeuf à Oissel fut donnée à ferme, le 29 août, moyennant 50 livres l'an, par Jean-Baptiste Dupont, maître drapier et l'un des fermiers généraux du duché d'Elbeuf ; les autres, ses associés, étaient Claude Emangard, de Rouen, et Etienne-Gabriel Levert.

La famille de Beaulieu, qui avait possédé le marquisat de Bec-Thomas, était depuis longtemps complètement ruinée. Le 23 septembre, Daniel-François de Beaulieu, praticien, descendant des anciens marquis, prêta serment en la haute justice d'Elbeuf en qualité de sergent royal et comme successeur de Pierre Feste.

La défense faite aux manufacturiers d'Elbeuf et autres de la généralité de Rouen de recevoir comme maîtres drapiers que des fils de fabricants, avait été renouvelée le 9 juillet 1737 ; elle fut prorogée pour trois nouvelles années, par arrêt du roi, le 27 septembre 1740.

Le 30 septembre et le 18 novembre, le bailli d'Elbeuf mit en adjudication le fief du Val, tiers de haubert, sis au Theillement, ayant appartenu à Georges-François du Val, écuyer, sur lequel il avait été saisi. Ce fief, qui relevait de la châtellenie de Boissey, fut adjugé à Charles Etienne Signard Duhameau, écuyer, conseiller au Parlement, pour la somme de 56.000 livres.

Disons en passant que ce fief existait du temps de Philippe-Auguste et qu'il avait toujours été possédé par des du Val. C'est à lui que plusieurs anciennes familles elbeuviennes du nom de Duval doivent leur dénomination.

Julie de Lanquetot, veuve de Louis Delarue, ancien officier au grenier à sel de Pont-de-l'Arche, à laquelle est en grande partie due la création de l'hospice-hôpital actuel, mourut le 7 novembre, à l'âge de 75 ans. Les registres paroissiaux ne mentionnent pas le lieu d'inhumation de cette femme de bien, dont le nom mériterait d'être tiré de l'oubli où il est tombé.

Marthe-Julie de Gaugy, alors veuve de Louis de Poterat, seigneur de Saint-Sever et de Saint-Etienne du Rouvray, demeurait à Rouen, chez un sieur Emangard. Le 22 novembre, elle vint à Elbeuf où, par acte notarié, elle déclara « renoncer à s'éjoüir de la donation à elle faite de 1.200 livres de rente, par Monseigneur le duc d'Elbeuf, le 20 mars 1738 ».

Le 13 décembre, le bailli reçut Jean Roulland en qualité de sergent de Boscroger, et, le 31 du même mois, Claude-Joseph Duval, comme sergent de la haute justice d'Elbeuf.

A partir de décembre 1740 et jusqu'au printemps suivant, on travailla au pavage de la rue de la Barrière, à la réparation de la route du Neubourg, c'est-à-dire du chemin passant par la côte de la Justice, et au ravin du bord de l'eau. J.-B. Dupont, d'Elbeuf, fut préposé à la direction de ces travaux, qui entraînèrent à une dépense de 2.012 livres, à la charge des habitants d'Elbeuf.

En ce même temps, on coupa la roche qui se trouve au deuxième tournant de la rue Saint-Auct, afin de donner au chemin ainsi créé 24 pieds de largeur. Ces travaux furent exécutés sur les ordres du duc d'Elbeuf, mais payés par les habitants; ils nécessitèrent une dépense de 2.840 livres. Commencés le 5 décembre, ils furent terminés le 28 mars suivant.

En 1740, dit François Dupont dans ses *Notes*, « année trop mémorable pour le débordement de toutes les rivières et particulièrement de la Seine, les bateaux venoient débarquer sur la place [du Coq], à la pointe de la chaussée. La queue de la rivière alloit jusqu'à la croix qui sépare les deux paroisses — c'est-à-dire jusqu'au milieu de la rue de la République actuelle, à la hauteur de la rue Sevaistre.

« Le service divin fut fait [seulement] à la paroisse de Saint-Estienne, depuis le 25 décembre 1740 jusqu'au 29 janvier 1741, l'inondation ayant mis deux pieds d'eau dans l'église de Saint-Jean ». Les inhumations, à partir du 27 décembre, se firent toutes dans le cimetière de Saint-Etienne, celui de Saint-Jean étant submergé.

Le curé de Saint-Aubin nota sur un des registres de sa paroisse « que l'eau monta à quatorze pieds au-dessus de l'île Saint-Gilles;

elle avoit monté environ vingt poulces plus haut en 1658 ».

Un acte de l'année suivante nous apprend qu'une grande partie de l'île de la Cretelle, dépendant de Saint-Aubin, avait été emportée par les eaux. Par contre, une autre île s'était formée en amont, sur la paroisse de Freneuse.

Nous avons déjà relevé plusieurs inventaires de maîtres tapissiers ; nous en trouvons un nouveau à la date du 4 janvier 1741, qui, en outre, mentionne l'inondation. Cet acte fut dressé, après la mort de Louis Maille décédé le jour même, à la requête de son fils Louis, également fabricant de tapisseries à Elbeuf :

« Dans une chambre du costé de la rivière le long de la cour, plusieurs marchandises comme laines filées, laines teintes, soye capiton et fil, dont nous n'avons pu — écrit le notaire, faire la description, attendu que nous n'avons point de bancard pour les pezer, et qu'il est dans l'eau de la rivière qui est dans la cour...

« ...Un ourdissoir..., une table à esplucher, trois tournettes, une brosse à tapisserie, ...et comme les appartements de bas sont inondés par la rivière de Seine, nous n'avons pu nous y transporter... »

Le 14 du même mois, le notaire reprit son travail, interrompu par les eaux :

« Dans la première boutique, sur la rue : un baquet à parement, deux rouets, 32 bobines, 4 bobines de coton, 7 de laine, 7 tournettes, 5 métiers de point de Hongrie, chargés de 56 pièces de tapisserie en chaîne de fil... ; dans la boutique au-dessus, un métier propre

Année 1741

à faire point de Hongrie, un autre métier de sept quarts travaillant façon de Calmande, monté d'une chaîne de fil d'environ six fonds et deux fonds de faits sur le déchargeux, ledit métier garny de plombs à travailler en fleurs; 27 navettes, cinq rouets, trois baquets à parement, une tournette à chine de sept quarts, plusieurs chaînes de laine, une ensouple chargée de quoy faire deux aulnes de tapisserie, 80 livres de laine teinte filée, en plusieurs couleurs, 23 écheveaux de laine fine, 12 pièces de ploc, 48 bouts de fond d'une aune et demy quart de large, 35 bordures d'un quart de large et d'une aune de long, 37 autres bordures, 4 tournettes chargées de soye, trois rouets, 14 tournettes, 10 navettes, trois métiers garnys dont deux chargés de fils, etc. »

L'inventaire fut continué le 16, par : « 40 livres de laine noire filée, 445 livres de fil noir, deux chaînes de fil, une autre chaîne de fil, à fleurs, pesant 40 livres, 11 barils de noir à noircir..., six navettes, 52 bobines, 10 bottes de gaude, 10 livres d'alun, un rouet, 12 livres de couperose, 30 pièces de tapisserie sans monter, 12 pièces de tapisserie montées sur deux aulnes et demye, 7 autres pièces aussy montées sur deux aulnes, trois autres pièces de tapisserie, 26 bordures, 489 livres de laine petit poids teinte en plusieurs nuances, 34 livres de ploc filé teint en rouge, 152 bobines vuides, 183 livres de cotton blanc filé petit poids, une balle de poil de beuf pesant 250 livres, 280 livres de laine filée arrivante de la teinture.

« Dans un magazin : 255 pièces de tapisserie sur deux aulnes et demye, 163 pièces sur deux aulnes un quart, 25 pièces sur deux aulnes et

18 pièces sur sept quarts, le tout de point de Hongrie, deux pièces écailles en soye sur deux aulnes un quart, et neuf pièces sur deux aulnes, 177 aulnes de tapisserie et point de Hongrie sur une aulne de large sans bordure. 14 aulnes sans bordure, trois pièces et demye de tapisserie sur soye sur sept quarts sans bordure, trois pièces à fleurs doublées en laine sur sept quarts et 14 bordures d'un quart pour les monter..., sur tapis d'une aulne sans bordure..., un autre à fleurs, 14 pièces de tapisserie sur sept quarts en Calmande, 700 bordures d'un quart et d'une aulne de long, 115 bouts de fond sur une aulne et demy quart de large, 84 bordures de Calmande, deux tournettes chargées de soye, une livre de soye aurore, 68 livres de soye capiton, 11 livres de soye de mesme dégraissée, 15 livres de soye verte, aurore et bleue, 7 livres de cotton blanc et aurore, 10 ensouples de sept quarts chargées.

« Nous étant transporté en la porte d'un autre magasin, sur laquelle nous avons trouvé le scellé par nous apposé sur le trou de la cheville qui ferme la clanche de la porte..., trouvé : 467 livres de laine haute fine filée, 218 livres de laine bège filée, 243 livres de grosse plure filée en commun, 52 livres de ploc.

« Dans un autre magasin : 93 livres de laine haute fine filée, 573 livres de laine moyenne filée à corde croisée, 237 livres de ploc filé, 1.233 de laine filée petit poids en couleurs de toutes nuances, 65 livres de ploc filé teint, 13 livres de soye aurore, 262 livres de fil picard, 228 livres de fil de pays pour chaîne, 197 livres de fil bâtard, 101 livres de fil de liture, 93 livres de fil plus fin pour chaîne, 460 livres de laine bège, 402 livres de laine grosse plure, 836 livres de laine haute fine de Paris, 574 livres de laine haute fine de Mantes, 2.011 livres de laine moyenne de Saint-Denis, une balle de bourre pesant 209 livres », etc.

Quant au mobilier, il était somptueux pour l'époque : tentures, glaces, tableaux, etc. Nous y trouvons aussi « un mortier à café ».

Cet intéressant inventaire prouve que la fabrication de la tapisserie était toujours une des principales branches de l'industrie elbeuvienne et qu'elle était exercée sur une assez grande échelle par certains manufacturiers.

Louis Maille, ancien trésorier de Saint-Jean, fut inhumé dans l'église, en présence de Mathieu Rouvin et L. Lestourmy, prêtres de la paroisse.

Deux compagnies de cavalerie du régiment Dauphin étranger étaient en garnison à Elbeuf au commencement de 1741 ; elles y restèrent neuf mois. Il en coûta à la ville 1.900 livres environ, dont la moitié fut fournie par l'excédent du tarif. — Thomas Potel, joueur de violon, eut plusieurs fois l'honneur de faire danser les soldats de ce régiment.

Nicolas-Jacques Le Sueur, né à Elbeuf, curé de Saint-Jean, mourut le 6 février, à trois heures du matin ; il était âgé de 59 ans. Le même jour, on apposa les scellés à son domicile, sur la requête présentée par Jacques Ménage, trésorier en charge.

Quand il fut procédé à un inventaire des papiers du défunt, on trouva un testament par lequel il demandait à être inhumé dans le cimetière, et que l'on ne fît point de frais inutiles pour son enterrement, préférant que l'argent que l'on pourrait y dépenser fut distribué aux pauvres honteux, auxquels il laissa 400 livres, pour aider à leur subsistance et leur acheter des chemises.

Il donnait 100 livres au couvent des filles du Bon-Pasteur, et à Pierre Le Sueur, prêtre habitué à Saint-Jean, son neveu et filleul, tous ses ornements d'église et sa bibliothèque. A ses deux nièces, qui habitaient le presbytère, il légua tous ses meubles, à la charge de faire dire une seule messe à son intention, plus le tiers de ses biens immeubles.

M⁽ᵉ⁾ Jacques Le Sueur, « bachelier de Sorbonne, ancien curé de Saint-Thomas d'Evreux, ancien syndic du clergé » fut inhumé le lendemain 7, au pied de la croix du cimetière, en présence de Mathurin Lair de Vieuval, prêtre doyen de Louviers et curé de Quittebeuf », et de L. Lestourmy, prêtre de Saint-Jean.

Le 11 mars, la fille Marguerite Lebourg déclara à la justice qu'elle avait eu le malheur « comme bien d'autres du pays » de s'être laissé séduire par le fils d'un bourgeois d'Elbeuf, et que le vicaire de Saint-Jean faisait des difficultés pour baptiser son enfant. — Le lieutenant Pollet lui donna un certificat attestant qu'elle avait fait sa première déclaration en temps légal, et l'enfant fut baptisé.

Jean Ledoulx, curé de Saint-Etienne, suivit de près dans la tombe, son collègue de Saint-Jean. Il mourut le 7 mai, à l'âge de 84 ans. On l'inhuma, le lendemain, devant le grand portail de l'église.

Le 6 du même mois, il fut procédé à l'inventaire de son mobilier, en présence de Jean-François Ledoulx, bourgeois d'Elbeuf, neveu du défunt. Nous y trouvons les objets suivants :

Un tableau représentant le martyre de Saint Etienne, six autres tableaux ; « cinq fourchettes plattes à l'ancienne mode, avec les armes du sieur curé ; un buffet à l'antique fermant à quatre battans ; un baromettre ; sept petits cadres dorés ; cinq autres petits tableaux en forme de thèses ; 59 vieux livres couverts de parchemin de peu de valeur », plus environ 300 autres livres presque tous de théologie, dont l'inventaire indique les titres, les formats et parfois les auteurs.

Nous venons de dire que le curé Ledoulx avait été inhumé au dehors de l'église ; on trouve, cependant, sur les registres paroissiaux, que des laïques étaient encore de temps à autre, inhumés à l'intérieur du temple.

Un ecclésiastique, nommé Le Cœur, était alors vicaire de Saint-Etienne ; un autre, du nom de Dormenil ou Dormesnil, est cité comme habitué à cette même paroisse qui, par parenthèse, était aussi habitée par plusieurs familles protestantes, dont les enfants furent baptisés par des prêtres catholiques, conformément aux ordonnances royales.

Depuis longtemps déjà, les habitants et notamment les fabricants réclamaient l'achat d'un matériel pour combattre les incendies. Pierre Hayet et Louis-Nicolas Flavigny avaient été désignés pour s'occuper de cette acquisition. Le dimanche 7 mai 1741, les paroissiens de Saint-Jean et de Saint-Etienne, convoqués au prône et par le son des cloches, s'assemblèrent au prétoire, devant Jacques Pollet, avocat à la cour et lieutenant du duché. Hayet et Flavigny exposèrent à leurs concitoyens qu'ils avaient conféré avec un sieur Lerat, pompier à Rouen, et qu'il convenait, suivant eux, de s'arrêter à l'acquisition d'une grande pompe ou de deux petites, dont le prix, avec les accessoires, monterait à la somme de 2.500 livres.

La communauté des habitants, reconnaissant l'utilité de cette dépense, autorisa Hayet et Flavigny à présenter en son nom une requête à l'intendant, afin qu'il lui plaise ordonner que cette somme serait payée en leurs mains par le receveur du tarif d'Elbeuf, sur les 4.000 livres restées entre ses mains du produit de l'octroi en l'année 1739.

Le 13 mai, à Elbeuf, fut dressé le contrat de mariage projeté entre « haut et puissant seigneur Messire Jacques-Auguste-Alexandre-Joseph de Nollent, chevallier, seigneur du Busc-Richard et autres lieux, cy devant page de la chambre du feu Roy Louis quatorze de glorieuse mémoire et de Sa Majesté régnante, l'un des anciens chevau-légers de sa garde ordinaire et pensionnaire de Sadite Majesté, né en la paroisse de Limbeuf, demeurant à présent en celle d'Aviron, fils légitime de haut et puissant seigneur Messire Pierre-François de Nollent, chevallier, seigneur, baron et patron dudit Limbeuf, la Haye-Rengerre, le Busc-Richard, la Tomberie, le Tac et autres lieux, ancien officier des cuirassiers du Roy, et de feue haute et puissante dame Marie-Elisabeth Pollet, dame du Thuit, de Limbeuf et autres lieux, d'une part ; et damoiselle Marguerite Le Sueur, née à Saint Jean d'Elbeuf, fille de M. Pierre Le Sueur et de dame Marthe Delarue... ». La « légitime » de la future fut estimée à 14.000 livres.

Le 6 juin, Honorée Miége, veuve d'Alexandre Martorey, en son vivant fermier du duché de Bourbonnais, demeurant à Elbeuf, vendit à Thomas Le Monnier, écuyer, l'un des fermiers généraux du roi, l'usufruit de la ferme de la Cerisaie, moyennant 400 livres de rente viagère.

Le 12, on inhuma dans l'église Saint-Jean, Jacques Ménage, drapier, décédé l'avant-veille, à l'âge de 38 ans, étant trésorier en charge de la paroisse. — A cette époque, Alexandre Flavigny était prêtre en cette même paroisse.

Au 26 juin, Catherine Broussault était supérieure des Ursulines ; Anne de la Bretèque, assistante ; Jeanne Flavigny, zélatrice ; Marie-Marthe Jouen, Angélique Aubert et Geneviève Henry, religieuses. Le directeur spirituel du monastère était Me Cousté, chanoine pénitencier de la cathédrale de Rouen. Ce jour-là, le couvent emprunta 2.000 livres qui servirent à la réédification de l'église conventuelle.

Le 30 août, arriva au quai d'Elbeuf, à l'adresse d'Etienne Patallier, regrattier, un bateau chargé de seigle. Le procureur fiscal fit prendre un boisseau du grain, qui lui paraissait grandement avarié, le fit moudre et en envoya la farine à trois boulangers de la ville, lesquels refusèrent de la panifier, parce que cette farine « était de très mauvaise qualité et même incapable de faire du pain propre à entrer dans le corps humain ». Le bateau et son contenu furent saisis, aux applaudissements de la population.

Une quittance, en date du 18 septembre, délivrée par A. Quesné, trésorier en charge de l'église Saint-Jean, s'applique à une avance de 1.930 livres, faite par Lejeune, receveur du tarif, pour être employée aux dépenses du logement de deux compagnies de cavalerie du régiment Dauphin étranger, en garnison à Elbeuf.

L'archevêque de Rouen dispensa de la publication des bans de mariage, le 21 septembre 1741, Nicolas Eustache de Fontenay, et Marthe Grandin, de Saint-Etienne d'Elbeuf.

Voici l'extrait d'une lettre du contrôleur général datée du 2 octobre 1741 :

« Je vous ay déjà marqué que lorsqu'il seroit présenté à la vente quelques pièces de drap quoique ayant des défauts qui peuvent être réparés, il étoit à propos de les saisir lorsque les fabriquants auxquels elles appartiendroient seroient dans le cas de récidive, et de les faire condamner à l'amende, au lieu de se contenter de prononcer quelques légères amendes contre les ouvriers, parce que les fabriquants, qui doivent connoistre ces défauts, ne doivent recevoir de leurs ouvriers aucuns draps qui ne soient parfaits, et que dans le cas où ils les reçoivent ou autrement c'est une négligence de leur part qu'il est nécessaire de punir.

« Je vous ay déjà mandé plusieurs fois qu'il étoit nécessaire de faire condamner à des amendes les fabriquants qui faisoient présenter à la visite des draps qui avoient des défauts dans le cas d'être réparés lorsqu'ils se trouveroient en récidive, et comme la veuve Leconte paroit tomber fréquemment dans cette sorte de contravention, vous auriez dû, au lieu de l'excuser comme vous faittes, ne pas laisser échapper la dernière occasion qui s'est présentée pour la faire condamner à une amende.

« Il ne suffit pas de prononcer des peines contre les ouvriers pour les rendre plus attentifs, il est encore nécessaire que les fabriquants eux-mesmes y soient assujettis, pour les forcer à veiller plus attentivement sur leurs ouvriers... »

Henri de Lorraine étant à Elbeuf, le 2 octobre, bailla à loyer « une pièce de terre labourable contenante environ 40 acres, communément appelée les Vingt Acres, sise à Saint-Martin la Corneille », pour le prix de 780 livres chaque année.

Au 8 novembre, François-Nicolas Pollet, chanoine et chantre, était président du chapitre de la Saussaye, à cause de la maladie de Jacques-Alexis d'Hesbert, doyen. Dans une séance capitulaire tenue ce jour, à laquelle assistaient Charles-Louis Routier, Jacques-Antoine Feste, Philippe-Charles de Mirlavaud et François-Michel Etard, aussi chanoines de Saint-Louis, ils baillèrent à loyer une terre sise à Saint-Pierre-des-Cercueils. Le preneur était Jacques Lefebvre, curé de cette dernière paroisse. — François-Nicolas Pollet était adjudicataire des revenus du chapitre. Jacques Dufay, Claude Anquetin, Nicolas Dubois, prêtres, et Henri du Boël, diacre, étaient également chanoines de la Saussaye.

Le 28 du même mois, le bailli rendit une nouvelle ordonnance sur la boulangerie. Tous les boulangers du dehors qui venaient apporter du pain à Elbeuf, les jours de marché, seraient dorénavant tenus de faire moudre leurs grains à l'un des moulins banaux de ce lieu, et défenses furent faites aux bourgeois de la ville de « retirer et reserrer le pain des forains après le jour de marché ».

Le 28 novembre, Jean-Baptiste Martin et Jean Grandin, administrateurs de l'hôpital, du consentement de Jacques-Louis Flavigny, bailli, et Isaïe Levert, procureur fiscal, baillèrent à loyer les biens que l'établissement hospitalier possédait à Susay, Boisemont, Neuville et Farceaux, moyennant 300 livres par an.

Le 19 décembre, au prétoire de la justice d'Elbeuf, on mit en adjudication «un banneau pour enlever les boues des rues». A une première enchère, il ne s'était présenté qu'un amateur ; à la seconde, il s'en trouva deux : Nicolas Védie et Oursel, tous deux laboureurs demeurant dans notre bourg. La mise à prix fut fixée à 300 livres, et l'adjudication se fit à 200 livres, au profit de Védie.

Les Archives de la haute justice d'Elbeuf conservent une grande quantité de pièces, datant de 1741 et de l'année suivante, concernant le fief du Val, au Theillement, relevant du duché d'Elbeuf. Ce fief, saisi sur Georges François du Val, écuyer, à la requête de Pierre Lapert, mesureur du sel à Rouen, fut vendu moyennant 52.000 livres.

Année 1742

CHAPITRE IV
(1742-1744)

Henri de Lorraine *(suite)*. — Travaux aux portes d'Elbeuf. — Menus faits. — Plusieurs auberges elbeuviennes. — Saisie de draps.—Une lettre du ministre Orry. — Fondation d'une manufacture royale de flanelles a Elbeuf. — Le bras Main.

Parmi les inhumations qui se firent à cette époque dans l'intérieur de l'église Saint-Etienne, nous noterons, à la date du 7 janvier 1742, celle de Madeleine de Saint-Leu, femme de Nicolas Naudé, maître d'hôtel du duc d'Elbeuf. Cette cérémonie funèbre fut présidée par J.-Nicolas Naudé, curé de Quatremares. — Peu après, on inhuma, dans la même église, un marchand d'Amiens, décédé à Elbeuf.

Jacques-François Vallon de Boisroger, inspecteur des manufactures royales, résidait à Elbeuf, mais il ne paraît point qu'il y ait eu beaucoup de relations d'amitié. Deux de ses fils, qui naquirent dans notre bourg, l'un le 8 janvier 1742, l'autre en juin 1744, eurent pour parrains et marraines ses propres domestiques ou des habitants de basse condition, ne sachant même pas écrire leur nom ; ces enfants moururent très jeunes et ne furent pas inhumés dans une de nos églises, comme beaucoup d'enfants de bourgeois notables : par exemple le fils de Jacques Pollet, lieutenant du duché, décédé dans les premiers mois de cette année, dont le corps fut enterré dans l'église Saint-Jean.

Joseph-Philippe Moillet, se disant « docteur de Bourge, au collége d'Anière », signa comme curé de Saint-Jean, à partir du 3 mars, mais il ne semble pas qu'il résidait dans la paroisse, et la plus grande partie de ses signatures que l'on trouve sur les registres paroissiaux furent apposées après coup. — A partir du mois suivant, Me Lyot signa comme vicaire de la même paroisse.

Dans un état des payements faits par Pierre Lejeune, receveur du tarif d'Elbeuf, par ordre de la communauté du bourg, nous trouvons :

Une pierre placée à la grille proche le pré Basille ;

Placement de la grille proche le pré Basille;

26 bottes de paille pour faire un mur à la place de la porte de la rue Notre-Dame ;

Divers travaux à la porte de la Croix-Féret, au haut de la rue Meleuse, et aux portes de Rouen, de Paris et du bord de l'Eau ;

Divers travaux au bureau général et au « brancard » ;

Une grille pour passer l'eau au bas de la rue Notre-Dame.

Ces divers travaux se montèrent à 473 livres ; mais ni les fermiers du tarif ni l'administration du bourg ne voulurent rembourser cette somme à Lejeune, prétendant que ces dépenses n'étaient point à leur charge. Le

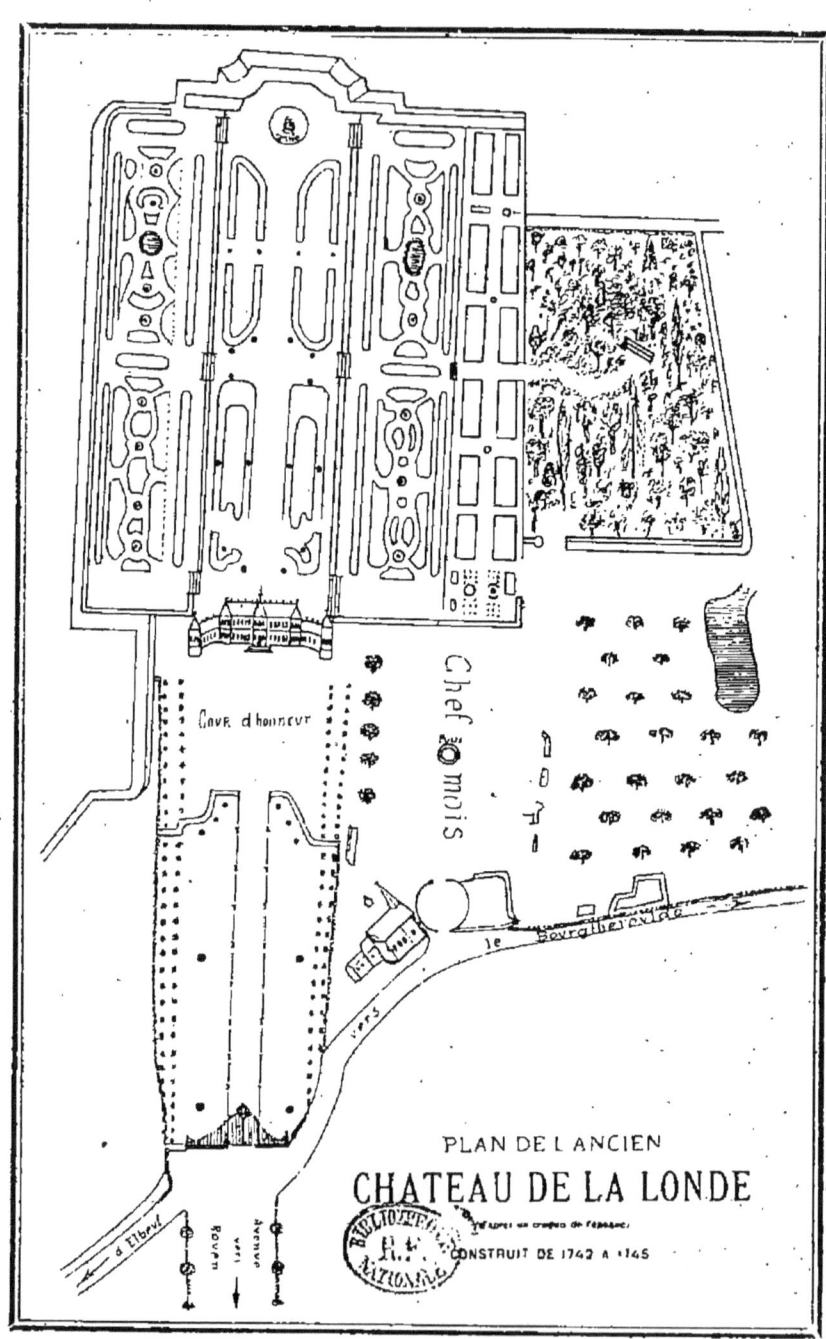

receveur du tarif dut donc s'adresser à l'intendant de la généralité.

Le 10 mars 1742, M. de la Bourdonnaye rendit cette ordonnance : « Vu que la communauté du bourg d'Elbeuf doit mettre ou faire mettre les choses en état, avant l'adjudication du tarif, ordonne que ladite somme de 473 livres sera remboursée à Lejeune par ladite Communauté ».

Quelques mois après, dans une assemblée générale des habitants des deux paroisses, tenue en présence de Jacques Pollet, lieutenant général du duché, Lejeune présenta un mémoire de 1.500 livres, comprenant « 812 livres 11 sols employées à la perfection du pavage de la rue de la Barrière ; 213 livres 18 sols pour solde de ce qui luy étoit dû d'un ancien compte, et 473 livres pour dépenses au bureau du tarif et réparations faites aux portes ». Il lui fut donné quittance à valoir sur les recettes de l'exercice en cours.

Au printemps de l'année 1742, le marquis Jean-Baptiste Le Cordier de Bigars, président à mortier au Parlement de Normandie, fit commencer la construction du magnifique château de la Londe, que l'on considéra, pendant le demi-siècle qu'il exista, comme l'un des plus beaux de Normandie. Des ouvriers d'Elbeuf y trouvèrent une occupation suivie pendant trois années.

Vers cette époque, « très haute et très puissante princesse madame Anne-Louise Radegonde de Lorraine d'Elbeuf » était religieuse à l'abbaye de Saint-Saens.—Jacques Lebourg était directeur de l'Hôtel-Dieu d'Elbeuf.

Nous trouvons la première signature de Me Louis Dévé, ancien vicaire de Saint-Jean, comme successeur de M⁰ Ledoulx à la cure de Saint-Etienne, à la date du 24 juin 1742.

Les principales religieuses du monastère de Saint-Etienne d'Elbeuf étaient, au 24 juillet : Clotilde Broussault de Saint-François de Salles, supérieure ; Madeleine Legendre de la Bretèque dite Aimée, assistante ; Jeanne Flavigny dite Angélique, zélatrice ; Marthe Jouen, dite de Sainte-Gertrude ; Angélique Aubert dite de Sainte-Catherine ; Geneviève Henry dite de Sainte-Rose, dépositaire, et Hélène Houssaye dite de Saint-Bernard.

En cette année, suivant François Dupont, l'abbé Rouvin offrit à l'église Saint-Jean, de la part d'une personne de piété, de « faire faire un cintre ou arcade pour remplacer l'ancien, ce qui fut accepté ; et c'est ce beau cintre que l'on voit aujourd'hui (1782) qui porte l'ancien crucifix et les deux statues qui l'accompagnent. Ce cintre a été fait par Mr France, habile menuisier de Rouen, père du sieur France qui a fait le fluteur automate ».

Marie-Catherine Prevost donna une rente de 152 livres, par acte du 21 août 1742, à l'Hospice de notre bourg, représenté par les administrateurs en charge, Joseph-Philippe Moillet, curé de Saint-Jean ; Louis Dévé, curé de Saint Etienne ; Jacques Pollet, lieutenant du duché, administrateurs nés ; Jean-Baptiste Berenger, prêtre habitué à Saint-Etienne ; Pierre Delacroix, Pierre Grandin, Pierre Bourdon et Pierre Hayet, fabricants de draps et anciens administrateurs de l'établissement.

Le dimanche 26 août toute la population de la ville se porta vers l'église Saint-Jean, où devaient être célébrés les mariages de deux frères avec les deux sœurs : Louis-Pierre Delacroix, âgé de 24 ans, épousait Catherine-Geneviève Bourdon, et Pierre-Alexandre Delacroix, âgé de 23 ans, s'unissait à Jeanne-Marthe Bourdon. Les mariés étaient fils de Pierre Delacroix et de Marie Flavigny, et leurs épouses de Pierre Bourdon et Catherine Soret. Une dispense ecclésiastique avait été obtenue par les conjoints pour que la cérémonie put avoir lieu un dimanche.

Au 19 novembre, Jacques-Pierre Girard était directeur du couvent des Ursulines.

Le 26 décembre, le duc d'Elbeuf, étant en son château, fit venir Mᵉ Pierre Levalleux, notaire, auquel il dicta l'acte qui suit :

« Henry de Lorraine..., considérant les bons offices qu'il a reçus de Mᵉ François Flavigny, chirurgien en ce bourg, depuis beaucoup d'années, tant par ses assiduités à le visiter dans les maladies qu'il a eues que par ses soins à lui apporter les remèdes convenables pour sa guérison, ce mondit seigneur pour l'en récompenser et pour luy donner des marques de sa bienveillance et le faire vivre plus commodément à cause de son âge avancé, par ces présentes, a donné par donation entre vifs et irrévocable, en meilleure forme que donnation puisse estre faite, audit Mᵉ François Flavigny, c'est à sçavoir une partye de 600 livres de rente viagère par chacun an, à prendre et avoir sur les revenus de sondit duché d'Elbeuf... »

Marin Duruflé, tapissier, ancien trésorier de Saint-Etienne, mourut le lendemain 27, à l'âge de 89 ans.

En sa qualité de seigneur de la rivière de Seine depuis le Gravier d'Orival jusqu'au pont de Pont-de-l'Arche, Henri de Lorraine bailla à fieffe, le 2 janvier 1743, « une place à faire quatre bouches de gords avallants attenant l'un à l'autre et tous quatre coste à coste, sise à Pont de l'Arche au bas et à costé de l'isle Harcourt, appartenant au Chapitre de la Saussaye ».

Par acte passé devant Leviderel et Le Coq, notaires à Rouen, le 24 du même mois, Louis de la Rue, sieur de Freneuse, avocat au Parlement, seul fils de Louis de la Rue, procureur au grenier à sel de Pont-de-l'Arche, vendit à Pierre Dupont, drapier, un grand ténement de maisons sis en la paroisse Saint-Etienne, borné d'un côté en partie « la ruelle Carrage, d'un bout le noë du moulin et d'autre bout le pavé du Roy en la grande rue d'Elbeuf ».

La confrérie des frères et sœurs du Sacré-Cœur de Jésus, établie à Saint-Jean, stipulée par Mathieu Rouvin, prêtre de cette paroisse et l'un de ses associés, acheta une rente, le 31 de ce mois.

Mᵉ Jacques-Alexis de Villeneuve de la Motte, doyen du chapitre de la Saussaye, mourut le 5 février 1743. Les prêtres d'Elbeuf et beaucoup d'habitants de notre ville se rendirent à son inhumation, qui fut faite en la chapelle Saint-Michel de l'église collégiale, dans le tombeau de Morestel, ancien doyen.

Le Mont-Duve était alors la propriété d'Antoine de Gaugy, chevalier de l'ordre de Saint-Lazare, conseiller du roi, chevalier d'honneur au bailliage de Rouen.

Une autre lettre du contrôleur général, à l'inspecteur de Boisroger, datée du 18 mars 1743, est ainsi conçue :

« Il a été saisi les 8 et 9 de ce mois, chez les sieurs Corni et Levez, marchands drappiers à Paris, trois pièces de drap de différentes couleurs de la fabrique de Nicolas Le Roy et Nicolas Godet, fabriquants à Elbœuf.

« Outre que ces draps ne sont pas de la largeur prescritte par le Règlement, les pièces contiennent jusqu'à 26 et 26 aulnes et demie de long, au lieu qu'elles n'en doivent contenir que 21 et demie sur cinq quarts de large entre les deux lizières.

« Il est nécessaire que vous veillez à faire cesser cet abus ; mais vous ne pourrez y parvenir qu'avec beaucoup de soin et d'exactitude, et il convient pour cet effet que vous fassiez incessamment des visites non seulement chez les sieurs Le Roy et Godet, mais encore chez les autres fabriquants d'Elbœuf, pour obliger les uns et les autres à se conformer au Règlement, en saisissant sans leur faire aucune grâce, tous les draps qui ne se trouveront pas en règle ».

Un mémoire fut adressé au contrôleur général par l'inspecteur des manufactures ; il y est fait allusion dans une seconde lettre, portant la date du 30 avril de la même année, et dont voici des extraits :

« Les quatre raisons que vous alléguez pour démontrer l'impossibilité de donner à une pièce de drap une longueur fixe pourroit estre de quelque poids s'il n'étoit question que d'une demy aulne ou trois quarts, de plus ou de moins, sur un aulnage de 20 à 21 aulnes ; mais comme il s'agit, dans les plaintes qui ont été faittes d'une longueur de 25 à 26 aulnes, et par conséquent d'un excédent de cinq aulnes, tout le détail dans lequel vous êtes entrés est déplacé et inutile.

« Les moyens dont vous vous servez pour

prouver la nécessité de donner aux draps 27 aulnes de longueur, sous prétexte d'en faciliter le débit aux détailleurs du Royaume et empescher qu'il ne leur en reste des morceaux à cause des fausses coupes, ne sont pas réfléchis et ne méritent aucune considération.

« Le motif sur lequel vous établissez de tolérer une plus grande longueur aux draps, fondé sur l'usage qui se pratique en Espagne de payer l'entrée sur ces draps à la pièce, de quelque aulnage qu'elle soit, mérite plus d'attention, et je conçois aisément qu'il doit engager les marchands de les demander d'une plus grande longueur, et par conséquent déterminer à tolérer l'excédent d'aulnage dont il s'agit, surtout dès qu'il ne donne aucune atteinte à la qualité du drap, en prenant néanmoins la précaution de restreindre cette longueur à 25 ou 26 aulnes ; et il sera proposé, pour cette raison, dans le projet de Règlement que je vous ay ordonné, il y a déjà longtemps, de dresser pour les draps d'Elbœuf, Louviers, etc., et auquel il est nécessaire que vous travailliez sans perdre de temps, de fixer la longueur des chaînes à une proportion convenable pour que les pièces n'excèdent pas cet aulnage au retour du foulon.

« Les raisons que vous alléguez pour justifier les défauts d'apprêts, qui se rencontrent quelquefois dans certains draps et que vous regardez comme presque inévitables, doivent vous faire sentir la nécessité d'y veiller avec d'autant plus d'attention, soit en menaçant les fabriquants de saisir les pièces auxquelles il s'en trouveroit, ou même en saisissant sur ceux auxquels il arriveroit fréquemment d'en avoir avec ces défauts, pour les faire condamner à l'amende et même faire prononcer la confiscation des pièces... Au surplus, lorsque l'on travaillera au projet de Règlement pour les draps d'Elbeuf, Louviers, etc., il sera nécessaire d'y insérer les différents articles concernant les apprêts qui ont été compris dans le Règlement qui vient d'être fait pour les draps de Sedan.

« L'objet des plaintes qui regarde le défaut de largeur des draps d'Elbœuf est infiniment important, et les raisons sur lesquelles vous fondez la prétendue impossibilité de leur conserver la largeur de cinq quarts entre deux lizières, qu'ils doivent avoir après leurs apprêts, sont opposés aux premiers principes de fabrique et contraires à ce qui s'est pratiqué de tout temps et se pratique encore actuellement.

« En effet, il n'y a aucun Règlement, tant ancien que nouveau, par lequel la largeur des draps et autres étoffes ne soit fixée au retour du foulon. Elle l'a été de mesme pour les différentes sortes de draps qui se fabriquent à Sedan (qui sont les ceux le plus en parité avec ceux d'Elbœuf)... En sorte que cet exemple récent à l'égard d'une manufacture au moins aussy importante que celle d'Elbœuf, doit prévaloir sur les différentes circonstances dans lesquelles vous observez que peut se trouver un drap et qui peuvent donner lieu au défaut de largeur ; et vous avez d'autant plus de tort d'avoir toléré jusqu'à présent que les draps n'eussent pas la largeur de cinq quarts, qu'il y a grande apparence que c'est cette tolérance qui a jusqu'à présent entretenu les fabriquants dans leur négligence à cet égard et les a engagés à avoir moins d'attention à éviter cette contravention. Aussy, il est nécessaire que vous saisissiez à l'avenir tous les draps, soit d'Elbœuf, Louviers ou autres manufactures qui n'auront pas cette largeur ; que vous déclariez aux fabriquants que j'ay donné des ordres pour faire saisir tous ceux qui seront trouvés trop étroits, tant dans les foires que dans les bureaux de contrôle des villes où ils seront envoyés, et vous leur fassiez entendre qu'ils doivent avoir une extrême attention dans le choix des laines qu'ils employent, veiller exactement sur leurs ouvriers, et apporter plus de soin et d'application à leur fabrique, et qu'au moyen de ces précautions, il leur sera facile de prévenir les inconvénients que vous prétendez pouvant donner lieu au défaut de largeur de ces draps ».

Cette lettre est signée du comte Orry, ministre d'Etat et directeur général des bâtiments, arts et manufactures. Mme de Pompadour le fit tomber en disgrâce deux ans après, et il termina sa vie dans la retraite. Orry fut un des plus laborieux ministres du XVIIIe siècle et aussi un homme d'esprit dont les réparties blessèrent beaucoup de grands. On raconte que lorsque Mme d'Etioles devint la maîtresse de Louis XV, elle alla demander à Orry une ferme générale pour son mari, et que le contrôleur général lui répondit : « Si ce qu'on dit est vrai, vous n'avez pas besoin de moi ; si ce n'est pas vrai, vous n'aurez point la place ».

En avril, Jean-Baptiste et Jacques Grandin, gardes de la Manufacture, déposèrent une plainte entre les mains du bailli d'Elbeuf, au sujet de vols de laine filée et non filée, dont plusieurs fabricants avaient été victimes. Le corps des fabricants autorisa les gardes à faire des perquisitions, à poursuivre les voleurs au nom de la Communauté et à se concerter avec M⁰ Charles Alexandre Durufley, avocat, choisi comme conseil.

Le 5 de ce même mois, on inhuma, dans l'église Saint-Jean, François Flavigny, chirurgien et médecin, décédé l'avant-veille à l'âge de 77 ans. — Sa femme, quelques mois auparavant, avait été également inhumée dans l'église.

Disons tout de suite que « noble dame Marie-Joseph Volant, dame de Fumechon, âgée de 48 ans, femme de Mʳ J. Chrestien, écuyer, inspecteur des manufactures de France », ancienne maîtresse d'Henri de Lorraine, duc d'Elbeuf, fut aussi enterrée, avec pompe, dans l'église Saint-Jean, le 20 juin de la même année ; elle était décédée la veille à Elbeuf.

Le 30 mai 1743, Jacques-François de Boisroger, inspecteur pour le roi des manufactures de Normandie, se rendit à la chambre de la fabrique, et, en présence des membres de la corporation, certifia que « pour rendre plus notoire aux fabriquants d'Elbeuf les ordres de Mgr le contrôleur général, en ce qui concerne les défauts de fabrication reconnus dans les draperies ainsy que dans leurs apprêts, sur lesquels il est prescrit des peines contre ceux qui exposeroient ou feroient présenter à la visite des draps mal dégraissés, mal lannés ou imparfaitement tondus, soit que le défaut provienne de l'inégalité de la tonture ou de ce que le drap n'auroit pas été assez aproché ou autre défaut quoique peu essentiel, et faire sentir par là auxdits fabriquants combien il est important pour eux qu'ils apportent toute l'attention qu'ils doivent pour perfectionner leur fabrique et même de la dernière conséquence qu'ils évitent jusqu'aux moindres petits défauts qui pourroient donner atteinte à la perfection de leurs draps ; comme aussy de leur faire part des plaintes que la longueur de leurs draps ainsy que les défauts de largeur ont occasionné de faire ; il étoit d'une nécessité indispensable qu'il fut fait une assemblée générale de tous les maistres fabriquants, à l'effet de leur notifier de rechef lesdits ordres pour qu'ils n'en puissent prétexter d'ignorance.

« Pour quoy ayant fait convoquer tous les maistres, auxquels ayant fait part des motifs de ladite assemblée, ils nous auroient unanimement déclaré qu'ils alloient redoubler leur attention ».

Le 15 juin, la taxe du pain fut ainsi fixée : blanc 15 deniers la livre, biset 12 deniers, bis 9 deniers ; à partir du 18 juillet, elle fut ainsi établie : pain blanc 18 deniers la livre, biset 15 deniers, bis 12 deniers. — En ce dernier mois, on condamna un boulanger d'Elbeuf pour avoir vendu le pain au-dessus du tarif.

Charles-Mathias Mabire, sœur de Longuemare, officier de la chambre de la reine, habitait Elbeuf. Il était fils de feu Philippe Mabire, sieur de Longuemare, officier des véneries du roi.

Un acte de ce temps est relatif à l'auberge du *Pot d'Etain*, tenue par Guillaume Corblin, sise paroisse Saint-Etienne, en laquelle était également celle du *Grand Dauphin*, tenue par Alexandre Kaizain. En la paroisse Saint-Jean était une autre auberge « où pendoit pour enseigne *Louis XV* ». Les auberges des *Armes de Lorraine* et du *Bateau des Marchands* sont aussi mentionnées dans des obligations de cette même année. Parmi les autres auberges d'Elbeuf existant alors, il y avait celle *du Coq* et celle du *Bras d'Or* ; une enseigne rappelant cette dernière existe encore.

C'est également en cette année que nous trouvons pour la première fois « une maison sise paroisse Saint-Etienne, hors la porte de Rouen ». Il y avait sans doute alors d'autres constructions sur le chemin d'Orival, mais nous n'avons rencontré précédemment aucun titre qui permît de l'affirmer.

Le 14 août, le marquis de la Bourdonnaye, intendant de Rouen, par des ordres du comte Orry, prescrivit « que les coins destinés à appliquer le plomb de fabrique sur les draps de la manufacture d'Elbeuf, seroient à l'avenir déposés dans le bureau, dans une ormoire fermant à trois clefs différentes, dont l'une restera entre les mains de l'inspecteur de laditte manufacture et qu'il remettra à l'un des gardes lorsqu'il sera absent, la segonde en celles du premier garde et la troisiesme entre les mains du segond, le tout à l'effet que les draps soient marqués aux heures, en suivant les règles prescrittes pour la visitte et la marque desdits draps ».

Antoine-Guillaume Carré, simple tonsuré, est cité dans un acte du 30 août, comme chanoine de la Saussaye.

Le 1er octobre, mourut Joseph Delarue, drapier, ancien trésorier de Saint-Etienne. Il fut inhumé le lendemain dans l'église, en présence de Pierre Osmont et Dorménil, prêtres.

Le 9 du même mois, Jean Tanquereuil, porteur de grains, s'engagea en une rente de

10 livres en faveur « de la confrérie des Porteurs, érigée sous le nom de Saint Jean Baptiste, en la paroisse Saint Jean, stipulée par Jacques Talbot, maître en charge, Louis Pestel, Antoine Cavillon, Robert Osmont et Nicolas Talbot, frères de ladite confrérie ». — Bien que cette confrérie n'existait plus depuis trois quarts de siècle, des descendants de ces personnages et portant les mêmes noms étaient encore employés, vers 1870, au déchargement des bateaux d'Elbeuf ou faisaient le camionnage des marchandises débarquées au quai de notre ville.

Le 12, mourut Louis Poullain, drapier, ancien trésorier de Saint-Jean, à l'âge de 46 ans ; on l'inhuma dans l'église. Un de ses parents, Jacques Poullain, curé de la Neuville, assista à son inhumation.

Un acte du 18 octobre 1743 concerne Louis Nicolas et Robert Le Bidois frères, tisserands drapiers à Elbeuf, héritiers de Louis Le Bidois, avocat au Parlement et receveur du duc de Valentinois.

Le 21 novembre, Jean-François Routier, maître chirurgien, élève de François Flavigny, son aïeul, fut reçu au bailliage pour exercer son art à Elbeuf.

Joseph Godet, administrateur de l'hospice, fit bâtir cette année-là, « la grande cuisine pour les lessives et le bûcher qui va joindre l'infirmerie ». — La note qui nous fournit ce détail est datée de 1787.

Nous devons à M. Dupont, actuellement membre du conseil municipal, l'intéressant document suivant, extrait des registres du Conseil d'Etat, et provenant des papiers de famille de M. Lesage-Maille. Il nous apprendra dans quelles conditions fut fondée la première fabrique de flanelles à Elbeuf :

« Sur la requête présentée au Roy en son conseil par Pierre Maille, fabriquant de tapisseries à Elbeuf, contenant qu'ayant formé le dessein d'entreprendre la fabrique des flanelles façon d'Angleterre, il en a fait plusieurs essais avec tous les succès qu'il pouvoit désirer, mais qu'un pareil établissement ne pouvant se faire sans beaucoup de dépense et que, d'ailleurs, ne pouvant employer à la dite fabrique que des laines choisies, il est hors d'état de continuer cette fabrique si Sa Majesté n'a pas la bonté en l'agrégeant au corps des fabriquants de draps d'Elbeuf de lui permettre de fabriquer des draps à l'instar de ceux desdits fabriquants, pour le mettre en état d'employer les laines qui restent du choix qu'il fait de celles propres à la fabrique des flanelles, et de lui accorder en outre et à ses hoirs ou ayant cause la permission de fabriquer à Elbeuf et à vingt lieues à la ronde des flanelles à l'imitation de celles d'Angleterre, avec le titre de Manufacture royalle, la permission d'apposer sur la principalle porte de sa manufacture, un tableau aux armes du Roy avec cette légende « Manufacture royalle de Pierre Maille », de mettre à la teste et à la queüe de chaque pièce d'étoffe de sa fabrique ces mots « Manufacture royalle », et la même légende sur un plomb doré pour les flanelles seulement ; faire deffense à tous fabriquans de débaucher aucuns de ses ouvriers, commis ou contremaîtres à peine de trois mille livres d'amende et à ses ouvriers de le quitter sans sa permission par écrit ou celle de l'inspecteur des manufactures d'Elbeuf, ordonner en outre que le supliant ses hoirs ou ayant cause, ainsy que les commis, contremaîtres et tous les ouvriers qui seront employés dans sa manufacture, regnicoles ou étrangers, seront taxés d'office à la taille personnelle, taxes subsides, contributions avec exemption de la milice, logement des gens de guerre, ustenciles, guet et gardes, et que les contraventions et contestations qui pourroient arriver pour raison dud. privilège seront portées directement devant le S. intendant de la généralité de Roüen pour être par luy jugées sommairement,

« Veu lad. requeste, ensemble l'avis du sieur intendant et commissaire départy en la généralité de Roüen, oüy le raport du s^r. Orry, conseiller d'Etat ordinaire et au Conseil royal, controlleur général des finances ; le Roy en son Conseil ayant aucunement égard à lad. requeste a permis et permet aud. Pierre Maille de fabriquer à Elbeuf des flanelles fines façon d'Angleterre, permet pareillement Sa Majesté audit s^r. Maille de mettre à la teste et à la queüe de chaque pièce de flanelle de sa fabrique ces mots « Manufacture royalle de flanelles de Pierre Maille à Elbeuf » et d'apliquer à la teste et à la queüe de chacune des dites pièces un plomb portant d'un costé les armes de Sa Majesté avec ces mots « Manufacture royalle de flanelles », et de l'autre « Pierre Maille à Elbeuf » ;

« Veut Sa Majesté que ledit s^r Maille et les principaux ouvriers qui travailleront dans sa manufacture soient personnellement exempts de la milice, logement de gens de guerre, guet, garde et autres charges publiques, et que tant luy que les dits principaux ouvriers, tels que les maîtres fileurs, soient modérément taxés d'office à la taille, capitation, fourage et ustensiles, par le sieur intendant et commissaire départy en la généralité de Roüen ; veut en outre Sa Majesté qu'en vertu du présent arrêt led. s^r Maille demeure agrégé au corps des maîtres fabriquans drapiers de la ville d'Elbeuf et qu'il puisse en conséquence fabriquer des draps à l'instar de ceux des dits fabriquans ;

« Ordonne que les flanelles et draps de la manufacture dud. Maille seront seulement assujétis aux visites et marques des inspecteurs des manufactures ; le tout à condition pour led. s^r Maille d'avoir dans le courant d'une année à compter du jour du présent arrest et d'entretenir toujours au moins douze mestiers batans pour la fabrique des flanelles;

« Fait Sa Majesté deffenses à toutes personnes de troubler directement ny indirectement le dit s^r Maille dans la fabrique des dittes flanelles et draps, ny de débaucher aucuns de ses ouvriers, et auxd. ouvriers d'abandonner lad. manufacture sans sa permission par écrit ou celle de l'inspecteur des manufactures d'Elbeuf, le tout à peine de tous dépens dommages et intérêts ; et pour connaître des contraventions au présent arrest et des contestations qui pourront naistre pour l'exécution d'iceluy, Sa Majesté commet led. sieur intendant et commissaire départy en la généralité de Rouën pour les juger sauf l'apel au Conseil, luy attribuant à cet effet toutte cour, jurisdiction et connaissance, icelle interdisant à toutes cours et autres juges ;

« Fait au Conseil d'Etat du Roy tenu à Versailles le septième jour de janvier mil sept cent quarante-quatre ». Signé : « Devougny ».

Et plus bas : « Vu le présent arrêt nous ordonnons qu'il sera exécuté suivant sa forme et teneur ce 14 février 1744. — DE LA BOURDONNAYE ».

Le 7 du même mois de janvier 1744, Jacques Henry, drapier, ancien trésorier de Saint-Étienne, décédé la veille, à l'âge de 75 ans, fut inhumé dans l'église. — Il n'y avait pas seulement que des bourgeois notables qui recevaient sépulture dans les églises d'Elbeuf ; des femmes et des enfants continuaient aussi à y être enterrés.

Par acte du 20 février, Guillaume Cauchoix, étudiant dans le Collège des Jésuites du Noviciat de Rouen, reconnut une rente à Jacques Sanson, « épincheur », demeurant paroisse Saint-Jean.

Le 2 mai, Pierre Mahieu, ancien chirurgien royal de l'artillerie de France, demanda au bailli d'exercer son art à Elbeuf, ce qui lui fut accordé.

Le 27 juin, Isaïe Levert, avocat au Parlement et procureur fiscal du duché d'Elbeuf, demeurant à Rouen, en qualité de chargé des affaires du duc, seigneur de la rivière de Seine, bailla à fieffe perpétuelle et irracquittable, à Romain Fréret, pêcheur à Saint-Aubin, le bras Main sis à Saint-Aubin, borné d'un côté par l'île Olivier jusqu'à la traverse du côté du Port Saint Gilles, et depuis cette traverse jusqu'au bout du bras par l'île du Noyer, d'autre côté l'île de la Bastide jusqu'à la traverse du côté d'Elbeuf, et depuis cette traverse jusqu'au bout du bras par l'île Le Comte, pour par ledit Fréret jouir, faire et disposer dudit bras Main pour la pêche seulement et y faire deux falaises de gords, en laissant toutefois le passage libre pour les bateaux. Cette fieffe fut faite aux charges ordinaires : comparance aux plaids et gages plèges, devoirs seigneuriaux et autres, plus moyennant 6 livres de rente seigneuriale et foncière par an.— On sait que le bras Main, qui n'avait déjà plus de cours depuis la construction du pont suspendu, a été remblayé en 1895-1896 jusqu'à l'ancienne traverse du Port-Saint-Gilles.

Le 1er août, le Conseil d'Etat rendit un arrêt sur un différend qui avait éclaté entre d'Harcourt, abbé de Saint-Taurin d'Evreux, et le curé de Caudebec. L'arrêt déclara que toute la dîme de la paroisse Saint-Jean d'Elbeuf appartenait à l'abbé de Saint-Taurin.

Plusieurs actes de cette époque sont signés du curé de Saint-Jean Moillet, très souvent absent de sa paroisse; de Lyot, vicaire, et de Jean-Baptiste Roussel, prêtre de la même église. — Pierre Lesueur, curé de Saint-Jean de Louviers, originaire d'Elbeuf, est également mentionné dans plusieurs actes.

Le 17 août, Louis-François de la Bourdonnaye, intendant de la généralité, informé qu'il n'avait pas été rendu compte des recettes et dépenses du tarif d'Elbeuf depuis 1708, ordonna que, dans une assemblée de la communauté des habitants, il serait nommé quatre trésoriers chargés de faire rendre compte des produits du tarif, depuis le 1er octobre 1708 jusqu'au 30 septembre 1744, et qu'à l'avenir il serait nommé quatre trésoriers avec charge de se faire donner le mouvement annuel de ce tarif.

Il paraît que ce ne fut pas un travail facile, car nous trouvons la copie d'une adresse à M. Lemassif, concernant les difficultés par les administrateurs de notre ville pour obtenir les comptes du sieur Turgis, qui avait géré l'octroi du 10 octobre 1710 au 30 septembre 1720.

Au 1er septembre, Robert Grandin fils, bourgeois de la paroisse Saint-Etienne, était porteur de la procuration du cardinal de Gesvres, abbé commendataire de l'abbaye de Bernay, et, en cette qualité, bailla à ferme un trait de dîme appartenant à l'abbé.

Jean-René de Turgis, seigneur de Bullé, conseiller du roi, maître ordinaire en la Cour des comptes, se trouvait, le 21 octobre, à son manoir seigneurial de Saint-Nicolas du Bosc-Asselin, où, devant le notaire d'Elbeuf, en sa qualité de tuteur de son fils aîné Jean-René Guillaume-Claude de Turgis, seigneur baron et châtelain de la Ferté Fresnel et patron de l'église de cette paroisse, « et en considération de la vertu, les mœurs et capacité de M. Jean-Baptiste Le Conte, prestre, demeurant à Rouen, et convaincu qu'il ne pouvoit faire un meilleur choix », donna audit Le Conte le bénéfice-cure de N.-D. de la Ferte-Fresnel... »

Le 28 de ce même mois d'octobre, Joseph Bunel, maître en charge, acheta une rente au nom de la confrérie de Saint-Roch, établie à Saint-Jean.

CHAPITRE V
(1745-1746)

Henri de Lorraine *(suite)*. — Offices d'inspecteurs de la Manufacture. — Premiers perfectionnements aux métiers a tisser. — Mesures de police. — La confrérie du Sacré-Cœur, a Saint-Jean. — Terrible ravine ; nombreux dégats. — Prédicateurs en mission a Elbeuf. — Un ancien registre de la Manufacture de tapisseries.

Pendant la nuit du 19 février 1745, une bande de vagabonds s'abattit sur Elbeuf, brisa les étaux des marchés, enfonça des portes d'habitations, cassa des bornes en pierre, arracha des auvents, mit des enseignes en pièces, renversa les baraques de dessous les halles, etc. Le procureur fiscal requit des poursuites contre les malfaiteurs, mais il ne nous paraît pas qu'ils aient été connus et arrêtés.

Par acte du 29 mars, le duc d'Elbeuf fieffa à Claude Emangard, conseiller du roi, président au grenier à sel de Pont de l'Arche, « deux places à faire gords » sises en Seine, vis-à-vis Criquebeuf. — Quelques semaines plus tard, le prince Henri donna également à fieffe « la motelle Glayeul, sise en rivière de Seine, vis-à-vis l'églize de Criquebeuf », et une autre motelle, au même lieu, au triège du Val-Richard au-dessus de l'île Surgis.

La maison qui fait l'angle des rues Saint-Etienne et de l'Hospice actuelles fut fieffée, le 10 avril, par Jean-Baptiste de la Rue, écuyer, garde du corps du roi, fils de feu Jean Delarue, drapier et receveur du duché, à Louis Béranger, fabricant de draps, moyennant 325 livres de rente irracquittable.

Le 7 mai, Alexandre François de Grosley, chevalier de Saint-Louis, fils bâtard du duc d'Elbeuf, mais légitimé de Lorraine, acheta de Michel de Martinville, chevalier, le fief du Parc, quart de haubert, sis à Caudebec. — Lors de la création de la commune de Saint-Pierre-lès-Elbeuf, ce domaine entra dans son territoire.

Par suite de la malpropreté des rues, le lieutenant Pollet, exerçant pour cause d'absence du bailli, ordonna la construction de cabinets d'aisance dans toutes les propriétés habitées. Cette construction devait être faite dans le delai d'un mois, sous peine de 200 livres d'amende.

Par la même ordonnance, rendue le 10 mai, le lieutenant interdit à nouveau l'ouverture des boutiques, la vente et l'achat des marchandises, les dimanches et jours de fêtes, sous peine de 10 livres d'amende.

Par acte passé au Petit-Andely, devant le notaire du lieu, le 18 juin, Louis Flavigny aîné, entrepreneur de la Manufacture royale des Andelys, vendit à Louis-Robert Flavigny, fabricant à Elbeuf, son frère, une grande maison avec cour et jardin, sise en la paroisse Saint-Etienne, bornée d'un côté la ruelle aux Bœufs, d'un bout la sente aux Pendus et d'autre bout la rue Meleuse.

Le 22 juin, Jean Duruflé, maître drapier à Orival, demanda à la corporation des fabricants de notre bourg de la recevoir parmi elle, en conformité de l'article 5 du Règlement de 1667, ayant, dit-il, déjà « traité des eaux de Son Altesse »; c'est-à-dire ayant passé un marché avec le procureur du duc pour se servir des eaux du Puchot. Il fut admis le jour même.

Le dimanche 19, Marie-Marguerite Flenet, âgée de 22 ans, abjura solennellement la religion de Luther, en l'église Saint-Jean, devant le curé Moillet, le vicaire Michel Lyot, Harel et Rouvin, prêtres de la même paroisse.

Le 30 du même mois, mourut Jacques Flavigny, drapier, à l'âge de 46 ans; on l'inhuma le lendemain dans l'église Saint-Etienne. — A cette époque, les frères Doinville, d'Elbeuf, étaient curés, l'un de Criquebeuf, l'autre de Sainte-Opportune.

Par acte passé à Elbeuf, le 13 juillet, Réné Chevalier, curé de La Londe, bailla à ferme les dîmes de sa paroisse, moyennant 500 livres par an, à Nicolas-Alexandre Deshayes, syndic de La Londe.

Vers le 15 août, de forts orages occasionnèrent des ravines qui apportèrent une masse de sable, de terre et de cailloux dans la rue Meleuse, notamment à ses extrémités. Le bailli, sur réquisition du procureur fiscal, ordonna l'enlèvement de ces apports, par les habitants riverains, dans un délai de trois jours.

v

Etant à Elbeuf, le 16 septembre, le prince Henri de Lorraine constitua à son fils naturel, Alexandre-François de Grosley, chevalier de Saint-Louis, ancien capitaine dans le régiment de Bouzolles, une rente de 3.000 livres à prendre sur les revenus du duché d'Elbeuf.

Le 6 octobre, Louis-Emery de Rocquigny, écuyer, fils et non héritier de Louis Emery de Rocquigny, seigneur de Mathonville, chevalier, seigneur du fief du Portpinché, et Catherine Le Cordier, veuve et héritière de Rocquigny de Mathonville, demeurant tous deux à Saint-Pierre des Cercueils, vinrent à Elbeuf, où ils vendirent à Pierre-Marc-Antoine de Languedor, marquis du Bec-Thomas, seigneur d'Averton, président à mortier au Parlement, une terre sise dans la vallée de l'Oison, entre les moulins Guillaume et du Bec-Thomas.

Le 4 novembre, Nicolas Guilbert, épicier-chandelier, ancien trésorier de Saint-Jean, décédé à l'âge de 58 ans, fut inhumé dans l'église.

Le 6 du même mois, sur l'observation présentée par Pierre Grandin jeune, garde de la fabrique d'Elbeuf, au corps de la Manufacture, on reconnut qu'il était « important pour la Communauté de voir M. de la Bruyère, chargé du recouvrement des offices d'inspecteurs-contrôleurs, ordonné estre levés dans toutes les communautés par l'Edit de Sa Majesté en date du mois de février 1745 ».

Les fabricants autorisèrent les gardes en charge et Pierre Hayet à faire une soumission « pour la levée desdits offices au nom de la Communauté, et même de prendre de l'argent à interrest pour l'acquisition desdits offices ».

Cette soumission fut déposée le surlendemain; la Communauté proposa de payer « pour la finance desdits offices la somme de 6.000 livres et 2 sols pour livre ».

Le 29 du même mois, le sieur de la Bruyère répondit que « le Conseil de Sa Majesté avait décidé que la Communauté des fabriquants d'Elbeuf payerait, sous huit jours, la somme de 12.000 livres et les deux sols pour livre, et que faute par elle d'y satisfaire, les offres de pareilles sommes, faites par un particulier, seroient reçues à l'exclusion de ladite Communauté ».

Les fabricants se résignèrent à payer cette somme, et nommèrent Pierre Grandin jeune François Rouvin, Louis Grandin et Pierre Dupont, gardes en charge, pour faire le nécessaire, dont le principal était d'emprunter une somme suffisante.

Le 10 décembre, le corps des fabricants voulant bénéficier des avantages d'une décision, qui accordait « aux offices créés dans ladite Communauté de 300 livres de principal chacun, l'exemption de milice, de logement de guerre, de curatelle, tutelles et autres charges publiques aux gardes en charge, en nombre égal à celuy des offices créés, avec jouissance pendant le temps de leur exercice », décida, attendu que le nombre des gardes n'était que de quatre, d'en faire profiter Pierre et Louis Grandin, gardes sortants, Pierre Delacroix et Jacques Bourdon, anciens gardes.

Le 29 du même mois, Marie Capplet, femme de François Leroy, décédée la veille à l'âge de 75 ans, reçut sa sépulture dans la chapelle de la Vierge de l'église Saint-Etienne.

Les premières tentatives sérieuses de perfectionnements aux métiers à tisser datent de cette époque.

Déjà, il y avait douze ans, qu'un Anglais du nom de John Kay, de Colchester, demeurant à Bolton, avait pris un brevet pour une « navette volante », au moyen de laquelle l'ouvrier tisserand devait produire trois fois plus d'étoffe que par le lancement à la main. Ce John Kay avait aussi trouvé le moyen de remplacer les dents en roseau des peignes à tisser par des dents métalliques.

Bennett Woodcroft rapporte, à ce propos, que Kay et les ouvriers tisserands du Yorkshire furent les premiers à employer les navettes volantes, mais que ces tisserands ne consentirent jamais à payer une redevance à l'inventeur, et que, pour soutenir les procès que celui-ci pourrait intenter pour utilisation sans droit du procédé patenté, les ouvriers formèrent un syndicat qui s'appela *Shuttle Club*.

Les tisserands poussèrent même les choses beaucoup plus loin ; des persécutions inouïes, le pillage de sa maison et le sac de ses ateliers tinrent lieu de récompense nationale au malheureux John Kay, qui ne dut qu'à la fuite de n'être pas massacré par les tisserands en délire, durant un soulèvement populaire.

En 1745, John Kay et un de ses ouvriers, nommé Stell, appliquèrent un arbre à came au métier à tisser, ce qui permit de le manœuvrer tout en supprimant le marchage. Kay est l'auteur de plusieurs autres inventions relatives au cardage, à la filature et au tissage, mais il fut loin de s'enrichir. Pour fuir la colère des ouvriers anglais ligués contre lui, il vint se réfugier en France, où il mourut dans la plus profonde misère et l'oubli complet.

Les inventions de John Kay s'appliquèrent d'abord au coton et, pour la plupart, ne furent que tardivement introduites dans les fabriques de draps ; néanmoins, nous verrons plus tard qu'Elbeuf compte au nombre des premières villes françaises qui les utilisèrent.

Disons tout de suite que Robert Kay, fils de John, imagina, vers 1760, un procédé qui permit de tisser avec trois navettes volantes ; son système est parvenu jusqu'à nous, et n'a été perfectionné que dans ses détails.

Au commencement de l'année 1746, Marie du Hamel, de Paris, vendit à François-Alexandre de Lorraine de Grosley, écuyer, chevalier de Saint-Louis, demeurant à Caudebec (Saint-Pierre-lès-Elbeuf), 270 livres de rente au capital de 9.000 livres ; cette rente à prendre sur Henri de Lorraine, duc d'Elbeuf, et affectée spécialement sur le brevet de retenue de 300.000 livres accordées par le roi au duc, sur son gouvernement de Picardie, Artois et Boulonnois, le 3 octobre 1705.

A cette époque, François-Nicolas Pollet, doyen des chanoines de la Saussaye, était porteur de la procuration de « Messire Claude Rival de la Thuillière, écuyer, prêtre du diocèse de Lyon et l'un des chanoines de la collégiale Saint-Louis de la Saussaye ».

Le 5 janvier « à l'assemblée des fabriquans tant anciens que modernes, convoqués par avertissement en la manière accoutumée, par le sieur Pierre Grandin le jeune, ancien garde, et le sieur François Rouvin, garde en charge, a été représenté que M. de la Bruyère, directeur du Domaine, demande à la Communauté une somme de 13.200 livres pour les charges d'inspecteurs créées par Sa Majesté, suivant la submission que lesdits sieurs gardes en ont passée ; et comme la Communauté n'a aucuns deniers, lesdits sieurs gardes demandent auxdits sieurs maîtres qu'ils ayent à délibérer.

« ... Les maîtres soussignés autorisent les sieurs Grandin et Rouvin, gardes, de prendre d'une ou plusieurs personnes la somme de 13 ou 14.000 livres, soit en rente au denier vingt, ou à fond perdu, au plus grand avantage de la Communauté, pour les employer au payement de l'achat des offices... »

Suivent trente-neuf signatures. Huit des signataires portaient le nom de Grandin : quatre celui de Flavigny ; deux ceux de Bourdon, Leroy, Sevaistre, Delarue, Delacroix, Dupont. Les autres se nommaient Rouvin, Hayet, Caumont, Guilbert, Frontin, Roussel, Roblot, Béranger, Lestourmy, Godet, Flambart, Lefebvre, Pollet, Henry, Martin. — Une partie de la somme fut prêtée par Louis Delarue le jeune.

Le 10, par devant Me Lecoq, notaire à Rouen, la Communauté des fabricants d'Elbeuf emprunta 2.000 livres à Me Charles Lundy, prêtre habitué de Saint-Vivien de Rouen, moyennant 100 livres de rente.

Le même jour, la Communauté emprunta 3.500 autres livres à Boimare, bourgeois de Rouen, moyennant 175 livres de rente.

Enfin, le 23 du même mois, François Rouvin, garde en charge, et Pierre Grandin le jeune, ancien garde de la manufacture d'Elbeuf, créèrent et vendirent à Louis Delarue une autre rente de 390 livres, moyennant le prix de 7.800 livres. Ces trois sommes furent employées pour les besoins de la communauté des fabricants.

Le 18, on inhuma, dans l'église Saint-Jean, le corps de Jacques Bourdon, drapier, décédé la veille à l'âge de 63 ans.

C'est sur la marque pour la fabrique d'Elbeuf que fit graver Pierre Dupont, l'un des gardes de l'année 1746, que l'on voit pour la première fois des croix de Lorraine ; elles y sont au nombre de trois et accompagnées de quatre fleurs de lys.

Le 7 mars, la Communauté décida, en présence du sieur de Boisroger, inspecteur des manufactures, qu'on payerait « aux cardeurs et fileurs, tant en estaint qu'en traime, savoir: 4 sols par livre de laine sèche cardée à deux fois, 6 sols à trois fois ; 9 sols par livre de filage d'estaint et 7 sols pour la treime. A l'egard des fileurs qui sont eloignez et obligés de coucher, 40 sols par chacun cheval chargé ».

Le 21 mars, Jacques-Michel Bourdon, administrateur de l'hôpital, bailla à ferme à Jacques Lebourg, prêtre habitué de Saint-Etienne, « tous les tènements de maisons, cours et jardins acquis par ledit hôpital du sieur Davoult, bourgeois de Rouen ; item les tènements de bâtiments acquis par ledit hôpital de M⁰ Louis Flavigny, chanoine de l'église métropolitaine de Rouen, avec les cours et jardins en dépendant ; plus une maison scituée dans la cour de la *Teste de Mouton*, rue Meleuse », à charge d'entretenir les bâtiments et de payer 785 livres de loyer par an.

On procéda, le 15 avril, au partage, en deux lots, des biens laissés par feu Louis Delarue de Freneuse, avocat au Parlement de Paris. Entre autres choses, le premier lot se composait « du fief, terre et seigneurie de Freneuse, avec tous droits honorifiques, domaines non fieffés, la ferme, les maisons de maître et de fermier, mazure, jardins, futayes, terres labourables », etc. Dans le second lot étaient compris « plusieurs tènements de bâtiments et teinture, sis paroisse Saint-Etienne d'Elbeuf ». Le fils aîné du défunt, Jean-Baptiste Delarue, écuyer, garde du corps de roi, alors en quartier à Beauvais, choisit celui-ci. Le premier lot revint à son frère Charles Delarue. Chacun de ces héritages était évalué à 1.200 livres de revenu annuel.

Ce fut dans un acte de cette année que Pierre Levalleux, notaire royal à Elbeuf, employa pour la première fois le mot « estude » pour désigner le local où il recevait ses clients et rédigeait les actes de son office.

Marie-Anne Ansoult, femme de Jacques Louis Flavigny, avocat à la cour et bailli d'Elbeuf, décédée la veille à l'âge de 37 ans, fut inhumée, le 28, dans l'église Saint-Etienne, en présence d'Adrien Simon, vicaire, et de Jean-Baptiste Béranger, prêtre de cette paroisse. — Le 17 du mois suivant, Jean-Baptiste Leclerc, drapier, décédé dans sa 61e année, reçut également la sépulture dans cette église.

Au 30 avril, Catherine-Clotilde Broussaud ou Broussault dite de Saint-François de Salles était supérieure des Ursulines d'Elbeuf ; Angélique Auber de Sainte Catherine, assistante ; Geneviève Henry de Sainte-Rose, zélatrice, et Hélène Houssaye de Saint-Bernard, dépositaire.

Le 10 mai, le procureur fiscal Levert fit cette remontrance au bailli Flavigny :

« La confusion et le désordre se glissent insensiblement dans ce bourg, par la facilité indiscrette de plusieurs propriétaires de maisons qui les louent à des inconnus, gens sans aveu, sans profession et mendiants, et qui sont à charge au pays, s'atroupent pendant le jour aux portes pour y demander l'aumosne et pendant la nuit causent des désordres, s'estant commis depuis peu plusieurs crimes dont l'instruction est pendante au siége.

« Il rôde pendant la nuit des ivrognes et des malfaiteurs qui brisent et cassent dans les rues ce qu'ils trouvent, et insultent ceux qu'ils rencontrent et troublent la tranquillité publique ; ce qui procède de ce que les cabartiers retirent, pendant la nuit, ces sortes de gents et leur donnent à boire, au mépris des Réglements de police rendus au siège, qui deffendent à tous cabartiers de donner à boire dix heures passées en esté et neuf heures en hyver.

« Que sous prétexte qu'il n'y a point de corps de metliers érigés en ce bourg, toutes sortes de personnes viennent s'y établir, ouvrent boutiques et exercent toutes professions sans aucune authorité des juges, ce qui est contraire au bon ordre et expose le public à estre trompé dans les poids et mesures, les juges ignorant que ces particuliers exercent des professions publiques et conséquemment ne pouvant exercer sur eux la police.

« Pour éviter à tous ces abus et remettre le bon ordre, ledit procureur fiscal requiert :

« *Primo* que deffences soient faittes, sous peine de 100 livres d'amende, à tous propriétaires de maisons dans le bourg d'Elbœuf, de les louer à des étrangers, gents sans aveu et sans profession ou mendiants ;

2º Que deffences soient faittes à tous cabartiers, sous peine de 100 livres d'amende et de prison en cas de récidive, de donner à boire pendant les nuits, sçavoir : après dix heures en esté et après neuf heures du soir en hiver, à quoy les sergents seront tenus de veiller.

« 3º Que tous particuliers ayants boutique ouverte en ce lieu soient tenus, sous huitaine de la publication et afiche de la sentence qui interviendra, de se faire connoistre en présentant leur requeste pour instruire le siège de la profession qu'ils exercent, synon et à faute de ce faire, condamnés de fermer leurs boutiques, et, en cas de désobéissance en 20 livres d'amende.

« Et à l'égard de ceux qui, dans la suitte, voudront ouvrir boutique, ils seront tenus pareillement de présenter leur requeste ; synon et à faute de ce faire, condamnés en 20 livres d'amende et de fermer leur boutique.

« Ordonner que la sentence qui interviendra sera lue et publiée partout où besoin sera...
— Levert ».

Le bailli rendit immédiatement une ordonnance conforme aux demandes de son procureur fiscal, qui, le 9 juillet suivant, adressa cette autre requête au juge en chef du siège d'Elbeuf :

« Le procureur fiscal... remontre qu'en conséquence de la sentence du 10 may dernier, plusieurs particuliers qui ont boutique ouverte dans ce bourg ont apporté des requestes au greffe, qu'ils y ont laissées, et croyent par là éluder l'exécution de ladite sentence ;

« Comme elle a pour motif le bon ordre et que l'on puisse exercer la police, il faut que ceux qui exercent des professions et qui ont boutique ouverte prestent serment de se conformer aux arrêtés et règlements de police ; pourquoy requiert que la sentence du 10 may soit exécutée ; ce faisant, que tous particuliers qui ont boutique ouverte ou qui veulent ouvrir boutique seront tenus de prester serment, de se conformer aux arrêtés et règlements de police, et de nous faire aparoir dans la huittaine, à peine de 20 livres d'amende, de l'expédition de leur requeste et ordonnance qui fera mention de leur serment, que le greffier sera tenu de leur délivrer et de faire mention de ce qu'il recevra, tant pour les droits des juges que pour son expédition, dont le tout ne pourra excéder sept livres.

« Remontre, en outre, qu'il vient tous les jours de marché, de festes et de dimanches, nombre de bouchers de la campagne qui étallent leurs viandes dans les rues, ce qui cause des exalaisons et mauvaises odeurs ; pourquoy requiert que tous les bouchers seront tenus de se retirer sous la halle, à peine de 10 livres d'amende, à la réserve de ceux qui occupent des maisons dans le bourg d'Elbeuf. — Le-vert ».

Cette remontrance n'est pas suivie de l'approbation du bailli.

La confrérie du Sacré-Cœur de Jésus, établie à Saint-Jean, reçut des lettres d'indulgences du pape Benoît XIV, datées du 11 juin 1746, dont l'original, sur parchemin, est conservé à l'Hôtel-de-Ville.

Par ces lettres des indulgences plénières sont accordées à ceux et celles qui communieront le jour de leur entrée dans la confrérie et rempliront les devoirs imposés par l'association ; aux frères et sœurs qui communieront à l'article de la mort, ou qui, ne pouvant le faire, prononceront le nom de Jésus et se repentiront de leurs péchés ; à ceux des membres qui, le jour de la fête du Sacré Cœur de Jésus, auront prié, depuis les premières vêpres jusqu'au coucher du soleil, dans la chapelle de la confrérie, pour la concorde des princes chrétiens, l'extirpation de l'hérésie et l'exaltation de l'Eglise.

Ceux qui auront fait la même dévotion en quatre autres jours par an, à désigner par l'évêque d'Evreux, obtiendront sept ans et sept quarantaines d'indulgences.

Remise de soixante jours de pénitence sera faite à ceux qui auront assisté à toute messe ou office célébré dans la chapelle de la confrérie ou aux réunions de l'association ; à ceux qui auront hébergé des pauvres, rétabli la paix entre des ennemis, enseveli des morts, pris part aux processions du Saint Sacrement ou autre, soulagé des infirmes, ou qui, au son de la cloche, auront récité l'oraison dominicale et la salutation angélique, ou récité cinq fois les mêmes prières pour les âmes des frères et sœurs trépassés, ou auront ramené quelqu'un à la religion, ou instruit quelqu'un dans les voies de Dieu, ou effectué quelqu'autre acte de piété ou de charité.

Le 20 août suivant, l'évêque d'Evreux donna son *visa* à ces lettres et désigna les quatre jours pendant lesquels les associés pourraient obtenir les sept ans et sept quarantaines d'in-d'indulgences : la Toussaint, le jour de la fête de saint Jean l'Evangéliste, le 8 février (jour du Sacré Cœur de Marie) et le troisième dimanche après la Pentecôte.

Année 1746

Le 18 de ce même mois de juin, Adrien Cudorge, ancien garde des bois, chasses et plaisirs du duc Henri de Lorraine, fut reçu au bailliage d'Elbeuf en qualité d'arpenteur.

Joseph Levisse de Montigny, officier du duc d'Elbeuf, mourut le 2 juillet. Aussitôt après son décès et sur la réquisition de Charles-Alexandre Duruflé, avocat fiscal, le notaire de notre bourg alla poser des scellés au domicile du défunt, dont la veuve, Catherine-Elisabeth Roquet, exerçait le métier de marchande de toiles. Dans l'inventaire qui fut dressé par la suite figurent, entre autres objets, des tasses à thé et beaucoup de vaisselle en étain et en faïence.

Un orage épouvantable s'abattit sur Elbeuf et les environs, le 16 du même mois, et causa de graves dégâts que nous trouvons mentionnés dans la pièce suivante, portant la date du 30 juillet, adressée par Levert au bailli.

« Le procureur fiscal de la haute justice d'Elbeuf remontre qu'étant informé des désordres arrivés dans ce bourg, le samedy 16 de ce mois, par les avalasses d'eau qui descendent des campagnes voisines et qui ont renversé nombre de murs dans Elbeuf, dégradé les chemins, comblé les rues de graviers et de cailloux, ce qui les rend impraticables ; que d'ailleurs les eaux, qui ordinairement passoient par une seule rue, se sont divisées, et une partie, ayant passé par la rue qui va à l'abreuvoir, a tombé à la fontaine du Sus, et a rempli de glise et de sable le bassin de ladite fontaine, et même a causé des désordres plus grands le long des héritages limitrophes de ladite fontaine.

« Remontre encore que les désordres ont été plus grands par l'indiscrétion de plusieurs particuliers qui mettent devant leurs portes et dans les rues des poutres et grosses pierres et autres matériaux, qui, étant entraînés par la rapidité du torrent, brisent ce qu'ils rencontrent dans leur passage, dégradent le pavé et pourroient causer des dommages plus considérables en renversant même les bâtiments.

« Que plusieurs particuliers se sont attribué la licence de mettre des digues ou chaussées, le long de leurs maisons, construites tant de graviers que de pierres, ce qui rejette les eaux sur le côté opposé, dégrade les bâtiments et murs, lesquelles choses resserrent les eaux et rend l'effet plus dangereux.

« A quoy étant nécessaire de remédier, le procureur fiscal requiert qu'incessamment et sans délay, chaque particulier en droit soy fasse travailler à réparer les trous, retirer les graviers, terres et pierres qui couvrent le pavé ; à laquelle fin enjoint à tous particuliers qui ont des banneaux travaillant pour le public de retirer, pour lesd. particuliers, lesdits graviers, terres et pierres, à première réquisition, en lui payant salaire resonnable.

« Que tous les riverains de la rue qui va à la fontaine du Sus soyent tenus, chacun en droit soy, de rehausser ladite rue, avec pierres et graviers, pour empêcher la communication des eaux des ravines avec lad. fontaine, lequel haussement se fera en pente douce en entrant dans ladite rue, ainsi qu'en entrant dans lad. fontaine.

« Que les pierres qui servent de heurtoirs dans lad. rue ne pourront avoir plus d'un pied d'épaisseur par le bas.

« Que deffences soyent faittes à tous particuliers, sous peine de 50 livres d'amende, d'embarrasser les rues, ny mettre contre leurs maisons aucunes pièces de bois ny pierres, ny autres matériaux, et, en outre, de répondre personnellement du dommage qui pourroit résulter ; comme aussi qu'il soit fait deffenses à tous particuliers de faire aucunes chaussées et exhausser leur terrain dans les rues, sous peine de pareille somme de 50 livres ; et au regard des chaussées actuellement existantes, ordonner qu'elles seront détruites, sous peine de ladite amende de 50 liv., et que la sentence qui interviendra sera lue, publiée et affichée à ce que personne n'en ignore. — LEVERT ».

Le bailli fit immédiatement convertir cette requête en ordonnance, que l'on rendit publique dès le lendemain.

Le 26 de ce même mois de juillet, toujours sur la réquisition de Levert, le bailli ordonna l'arrestation de François Le Cat, berger au service d'un nommé Luce, laboureur à Thuit-Anger, accusé d'avoir tué, à coups de houlette, le jeudi 21, un autre berger de cette paroisse, nommé Léonard Le Métayer.

Le duché d'Elbeuf, y compris la baronnie de Routot, fut affermé moyennant 46.000 livres par an, le 19 septembre, aux sieurs Hayet, Baude et Quesney, par acte passé à Rouen, devant M° Millon, notaire.

Un arrêt du conseil du roi, cette année-là, déclara réunis au domaine de la couronne royale tous les privilèges concédés sur la rivière de Seine. Parmi les rares exceptions, le duché d'Elbeuf fut l'un des plus heureux : il conserva les bateaux qui faisaient le service entre notre localité et Rouen.

La Charité de Thuit-Signol plaida, en 1746, devant le bailli d'Elbeuf, contre François Balicorne et Jean Le Blond.

Le 7 octobre, Marguerite-Barbe Routier, veuve d'Alexandre Flavigny, en son vivant conseiller et avocat du roi à Pont-de-l'Arche, et procureur fiscal d'Elbeuf, cautionna son fils, Jean-Louis-Antoine Flavigny « pour l'employ de receveur des domaines du Roy à Poperinghe, direction d'Ypres, province de la Weste Flandre ».

Joseph-Philippe Moillet, docteur en théologie, curé de Saint-Jean, permuta avec Mathieu Flavigny, curé de Saint-Nicolas du Mesnil-sous-Verclives. Le premier acte signé du nouveau titulaire de la cure de Saint-Jean est daté du 15 novembre; cet acte concerne Nicolas Flavigny, drapier, ancien trésorier de la paroisse, décédé à l'âge de 54 ans et inhumé dans l'église. La cure que M⁰ Flavigny laissait comptait 70 communiants et valait 1.500 livres de revenu.

Si quelques registres du Bureau de l'ancienne Manufacture royale de draps manquent, on en possède au moins le plus grand nombre ; et l'on a vu que nous les avons mis largement à contribution.

Nous avons fait aussi de longues et patientes recherches pour retrouver ceux de la Manufacture royale de tapisseries, mais sans succès.

Le hasard nous en a cependant fait rencontrer un ces jours ci ; il s'applique à la période écoulée de 1697 à 1722. N'ayant pu nous en servir à sa date, nous en dirons quelques mots ici.

Ce registre ne contient qu'une petite quantité de feuillets, sur lesquels on trouve la nomination de quelques gardes de la corporation, composée, en 1697, de Nicolas Maille et Pierre Bunel, gardes en charge, de Jacques Pollet, Georges Viel, Marin Duruflé, Mathieu Maille, Jacques Hayet, Louis Bunel, Nicolas Vittecoq, Jean Bunel, maîtres du métier de tapissier. Cette année-là, Jacques Pollet avait été nommé garde en charge, pour succéder à Nicolas Maille.

Par la suite, les nominations se firent très irrégulièrement et non conformément aux statuts de la corporation. Louis Bunel avait été élu garde en 1698. Nicolas Maille en 1700, Georges Viel en 1701, Jean Bunel en 1703, Pierre Bunel fils Pierre en 1704, puis l'on n'avait procédé à aucune nomination pendant plusieurs années.

Le 19 avril 1708, le corps des maîtres tasiers avait décidé de maintenir Pierre Bunel dans ses fonctions de garde jusqu'à la Saint-Martin suivante, mais il les conserva jusqu'en 1713. A la date du 19 décembre de cette dernière année, nous trouvons la nomination de Mathieu Maille, pour remplir les fonctions de garde juré conjointement avec Nicolas Maille, déjà en charge ; il faut croire que la communauté n'eut pas à se plaindre de leur gestion, car ils étaient encore en fonctions en 1722.

Les autres actes que l'on rencontre sur ce registre sont des procès-verbaux de réceptions à la maîtrise d'apprentis ayant fait chef d'œuvre, des condamnations prononcées contre des ouvriers pour défauts dans leurs travaux, et des jugements sur des différends entre maîtres.

Avant de clore ce chapitre, nous allons

donner la liste des prédicateurs étrangers qui vinrent faire des stations à Elbeuf de 1744 à 1753 :

Avent de 1744 : un capucin de Sotteville ;

Carême de 1745 : un capucin de Sotteville ;

Avent de 1746 : le P. Romain, capucin de Sotteville ;

Carême de 1747 : le P. Silvain, capucin de Sotteville ;

Avent de 1748 : le P. Michel Perron, recollet de Rouen ;

Carême de 1749 : le P. Louis Albrier, gardien des recollets de Sainte-Marguerite ;

Avent de 1750 : François Vauquelin, prêtre du diocèse ;

Carême de 1751 : le P. Martinien, pénitent de Picpus à Paris ;

Avent de 1752 : le P. Tribouillot, cordelier de Paris ;

Carême de 1753 : le P. Barbé, cordelier de Paris.

CHAPITRE VI
(1747-1748)

Henri de Lorraine *(suite)*. — Le cardage et le filage de la laine. — Fabrication de siamoises. — Prospérité de la Manufacture d'Elbeuf; les laines font défaut. — Mort du prince Henri. — Inventaires de ses chateaux d'Elbeuf et de la Saussaye; curieux détails. — Inhumation du duc. — Mœurs et caractère du défunt.

Le 2 janvier 1747, Michel Etard, chanoine de la Saussaye, déposa au notariat royal d'Elbeuf un bail fait par Charles de Saint-Ouen, aussi chanoine de Saint-Louis, stipulant pour tout le chapitre, à Pierre Duvaucel, curé du Neubourg, de toutes les dîmes que les chanoines de la Saussaye possédaient en la paroisse du Neubourg, s'élevant ensemble à 90 livres de loyer par an.

Le 3 février, étant à Elbeuf, Nicolas-Alexandre Lucas, chevalier, seigneur de Boucout et de Martot, président au Bureau des finances de Rouen, donna à loyer le grand moulin de Moulineaux, moyennant 160 livres par an.

Des actes de cette époque mentionnent Jean-Baptiste Rouvel, Thomas-François Harel et

Mathieu Rouvin, tous trois prêtres habitués à Saint-Jean ; et Charles-Marin Maille, d'Elbeuf, curé de Saint-Etienne-du-Vauvray.

La séance du Bureau de la manufacture du 6 avril 1747 fut tenue devant Jacques-Louis Flavigny, avocat à la Cour, bailli et juge de Manufacture d'Elbeuf, en présence du sieur de Boisroger. Lefebvre, ancien maître, exposa qu'une perquisition avait été faite par J.-B. Caplet, huissier, chez un ouvrier nommé Levacher, d'Orival, dont la femme et les filles travaillaient pour Jean Delamotte, cardeur-fileur à Orival, et qui avaient pris du travail chez Nicolas Rivette, fabricant au même lieu. Il y avait trouvé des laines, mais n'avait pu les saisir, les assistants l'en ayant empêché et fait rebellion.

Les archives de l'ancienne haute justice d'Elbeuf conservent le procès-verbal qu'avait dressé Capplet lors de sa perquisition chez Levacher, le 14 mars précédent.

Cet huissier avait été l'objet d'insolences et de menaces de la part de femmes, de filles et d'hommes, qui s'étaient assemblés aussitôt qu'on l'avait vu entrer chez Levacher. Ces ouvriers lui avaient dit qu'ils entendaient travailler pour qui bon leur semblait, que les fabricants d'Elbeuf, voulant les rendre esclaves, ils n'avaient pas besoin de leurs laines, et enfin avaient menacé Capplet de coups de fourche et de bâton s'il emportait la moindre partie de laine et de fil qui se trouvaient chez Levacher. — Lefebvre fut autorisé à continuer ses poursuites contre les délinquants.

Les feuillets troisième et suivants d'un des registres des délibérations de la Communauté contiennent des renseignements intéressants sur l'histoire de l'industrie textile d'Elbeuf. Nous les transcrivons textuellement :

« Pour le Roy ;

« Ce jourd'huy 15e jour d'avril 1747, nous Jacques-François de Boisroger, inspecteur pour le Roy des manufactures de Normandie, certifions que, sur les fréquentes plaintes qui nous sont journellement portées sur l'augmentation du prix des ouvrages, et particulièrement celuy des fillages de la laine employée à la fabrication des draps de la Manufacture d'Elbeuf ; que les fabriquans de ce lieu semblent eux mêmes se prêter à cet incident, contre les règlemens rendus à ce sujet, soit en s'attirant eux-mêmes les ouvriers les uns des autres, en leur donnant les moyens de mécontenter leurs maîtres pour leur faire obtenir à la fin un billet de congé, soit en leur faisant des conditions plus favorables, ou une augmentation sur le prix ordinaire, ou soit en sollicitant leurs principaux fileurs d'en dérober aux autres par des voyes obliques et des stratagèmes pour les attirer, et en cela faire réussir leurs projets.

« Comme l'obliquité de ce procédé est non seulement capable de préjudicier au bon ordre qui doit régner dans les fabriques, mais porter particulièrement son effet sur la qualité et les apprêts des draps, ce qui arrive toujours dans un ouvrage précipité, et que lorsqu'un cardage est une fois manqué, il en résulte un mauvais filage qui entraîne avec soy quantité d'autres deffauts irréparables.

« Pour en arrêter provisoirement le progrès et le désordre, et nous renfermer en même tems dans les dispositions des arrêts du Conseil des 12 avril 1723 et 13 septembre 1729, nous avons fait convoquer au Bureau de la manufacture une assemblée généralle de tous les maîtres fabriquans de laditte Manufacture, où étant et leur ayant fait part des motifs de la présente assemblée et délibéré des moyens d'arrêter le cours de ces abus, il auroit été arrêté qu'il convenoit pour le soutien de leur fabrique, fixer seulement le prix des filages, tant de la chaîne que celui de la trame, et qu'à l'égard des autres prix qui peuvent avoir raport aux différents travaux de la manufacture, que, n'y ayant aucune plainte, il étoit plus à propos de ne les point fixer.

« L'article des filages et du cardage ayant donc été mis en délibération, il auroit été arrêté à l'égard de celuy de la chaîne qu'il soit fixé à 9 sols 6 deniers de la livre et 4 sols aussy de la livre pour celui du cardage ; de même que la trame seroit aussy payée 7 sols 6 deniers de la livre et même prix pour le cardage que cy dessus, dans quelque endroit que ce fût, à commencer au 14 mai prochain de la présente année 1747, sans que pour quelques causes et sous quelques prétextes que ce soit, même de gratifications, on puisse en augmenter ces prix fixés, sous les peines portées par lesdits arrêts cy dessus dattés, qu'au préalable il en ait été autrement délibéré et arrêté dans une pareille assemblée, en la présence du juge des Manufactures ou de la Nôtre, ainsy qu'il est ordonné.

« Il nous auroit été en outre observé, en cette même assemblée, que la révolution des filages, provenant particulièrement de ce que, depuis quelques années, plusieurs particuliers introduisirent à Elbeuf, Caudebec et autres lieux adjacents des filages de coton, ils enlevoient une bonne partie de leurs fileuses, et que même on a remarqué, entre autres choses, que certains particuliers d'Elbeuf s'en étoient allés s'établir dans des lieux de filage de laine pour y porter celui des cotons, en sorte que, si cela continue, qu'on se voïoit à la veille non seulement de perdre la plus grande partie des fileurs de laine, mais même les tisserends et autres ouvriers, qui semblent se donner par préférence à la siamoise, dont il commence à se monter à Elbeuf et dans les environs une grande quantité de métiers, tant pour des maîtres toiliers de Rouen que pour certains particuliers qui en font faire pour leur compte, ce qui fait autant de sujets que l'on ôte à la Manufacture de la draperie et qu'elle perdroit en effet, si Monseigneur le contrôleur général n'avoit la bonté de mettre des limites au filage des cotons et à la fabrication des siamoises, surtout en n'en permettant point l'usage à Elbeuf et dans les lieux limitrophes, ces nouveaux travaux n'influant déjà que trop sur le commerce de la draperie de la province, particulièrement celuy de cette Manufacture, par le mauvais filage qu'il y occasionne et les prix excessifs où sont aujourd'huy portés les filages de laine et les autres ouvrages qui ont raport à la Manufacture,

« Nous, Inspecteur susdit, persuadé du bien qui pourroit résulter de l'arrangement proposé tant pour la fixation du prix du filage que pour empêcher de laisser acroître le filage de coton ainsy que la fabrication des siamoises dans les lieux de Manufacture de la draperie, comme aussi qu'il soit porté et confondu avec celuy de la laine, Nous nous sommes volontiers chargé de présenter à M. le controlleur général les très humbles représentations des fabriquans et de solliciter même les ordres qu'il plaira à Nosseigneurs du Conseil nous donner, pour mettre cette partie de filage de laine en vigueur, qui ne languit que trop depuis l'acroissement du filage de coton dans les lieux de fabrique et dans ceux du filage de laine, et depuis que la fabrication des siamoises s'est introduite dans les lieux de manufacture de la draperie.

« Dont et tout ce que dessus nous avons fait et rédigé le présent procès-verbal, etc. »

Suivent cinquante-huit signatures. Parmi les noms qui ne se trouvaient pas au bas de la délibération du 5 janvier de l'année précédente, nous citerons ceux de : Couturier, Leclerc, Duruflé, Poullain, Ménage, Lecomte, Gansel, Rivette et Quesné.

En mai suivant, le Bureau de la Manufacture autorisa des poursuites contre des individus qui avaient jeté des pierres pour favoriser l'évasion d'un cardeur-fileur de Vraiville, que l'on conduisait à la prison d'Elbeuf.

Malgré la délibération du 15 avril, des ouvriers continuaient à recevoir des prix au-dessus du tarif fixé. Le 13 mai, on signala comme étant dans ce cas un fileur d'Ormes, près Conches, un autre de Notre-Dame du Val et un troisième des Authieux. Le Bureau ordonna d'informer. — Les gardes en charge étaient alors Pierre Dupont et Louis-Nicolas Flavigny.

Nous trouvons, à la date du 23 avril 1747, un acte passé devant les notaires de Rouen, commençant ainsi :

« Furent présents Grégoire Vaye, escuier, seigneur de Roosendale..., lequel, en qualité de mary de dame Marguerite-Cesarie Volant, fille de défunt Simon Volant, écuyer, héritière pour un cinquième de défunte dame Marie-Joseph Volant, vivante femme de Jacques Chrestien, écuyer..., du fief, terre et seigneurie de Fumechon ainsy que de la ferme de la Caplette, provenant de la succession de ladite défunte... » Les biens que la Volant laissait furent estimés à 144.000 livres.

Le 25 du même mois, Jean-Jacques Dehors prêta serment devant le bailli d'Elbeuf et fut admis à exercer les fonctions de sergent à la Haye-du-Theil. — Vers cette époque, François Lamarche, chirurgien à Grostheil, plaidait à Elbeuf contre un habitant de sa paroisse qui ne voulait pas le payer des soins qu'il lui avait donnés. Le curé du lieu et nombre d'habitants attestèrent des capacités de ce praticien, qu'ils étaient heureux de posséder.

Le prix du pain était à cette époque extrêmement bas; le blanc valait 21 deniers la livre, le biset 18 deniers, le bis 15 deniers, le 13 juin, sur la réclamation des boulangers; le bailli fixa le prix de la première qualité à 2 sols, de la deuxième à 1 sol 9 deniers et celui du bis à 18 deniers. — La chandelle valait 10 sols et demi la livre; en automne, le bailli en porta le prix à 11 sols.

Les habitants de notre ville avaient réclamé la prorogation de leur tarif d'octroi, pour une durée indéfinie. Voici le sens de quelques extraits du registre des délibérations du Conseil d'Etat présidé par le roi, à Bruxelles, le 19 juin 1747 :

Les manufactures d'Elbeuf s'étaient tellement perfectionnées qu'elles allaient de pair avec celles de Hollande et d'Angleterre. Le bourg s'était considérablement augmenté, et la levée de la taille avait été avantageuse pour le roi, puisqu'en 1708 il ne payait que 21.000 livres d'imposition, en 1728 que 35.911 livres et qu'en 1747 il payait 47.251 livres pour la taille, la capitation, les fourrages et ustensiles.

Les requérants ajoutaient que si la taille se prélevait comme avant l'institution de l'octroi, la manufacture d'Elbeuf « tomberoit dans l'anéantissement ; la haine, la partialité, l'animosité, la vengeance prendroient le dessus et l'on ne tarderoit pas à voir le bourg replongé dans l'état de misère et de désolation où il avoit été réduit par ces différentes passions avant l'établissement du tarif ». — Le roi accorda ce que les Elbeuviens demandaient.

Aux assises mercuriales du duché d'Elbeuf, tenues au prétoire ordinaire, par J. Pollet, avocat à la Cour, lieutenant, à cause de l'absence du bailli, le 26 septembre 1747, on procéda à l'appel des officiers du duché ainsi qu'il suit :

« Me Isaïe Levert, procureur fiscal ; Me Jean Maigret, ancien avocat ; Me Charles-Alexandre du Rufley, avocat fiscal ; Me Cabut, avocat ; Me Luce-Pierre Routier, avocat ; Me Jean-Louis Maille, avocat ; Me Pierre Levalleux, tabellion d'Elbeuf ; Me François Legendre, tabellion de Quatremares ; Me Jean Hermier, tabellion de Boissey-le Chastel ; Me Jean-Pierre Guestard, tabellion au Theil (Gros-Theil) ; Me Jean Roulland, tabellion de Couronne ;

« Claude-Joseph Duval, sergent à Elbeuf ; Etienne Baudry, commis ; Jean Roulland, sergent de Bosc-Roger ; Claude Noël, sergent de Boissey ; Jean-Pierre Guérard, sergent du

Theil ; Jean-Jacques Dehors, sergent de la Haye-du-Theil ; Louis Dumort, geôlier des prisons du duché ; Jacques Boesnou, Laurent Thouet, Jean Desmarets, Jean Villé, Jacques Prévost, Jacques Bréant, Adrien Cudorge, Louis Lebourgeois et Denis, gardes.

Jean-Baptiste Grandin, alors administrateur de l'hospice, fit fermer le bas de la chapelle par une grille de fer et un rideau de toile. — L'année suivante, il fit faire l'horloge de l'hôpital par Jean Huet, « horlogeur et armurier », habitant la paroisse Saint-Etienne.

Le 30 novembre, Henry-Louis Lefebvre, écuyer, sieur de Malembert, gendarme de la garde du roi, demeurant à la Trinité du Mont, en pays de Caux, vint à Elbeuf et logea chez son père Nicolas Lefebvre, fabricant de draps, paroisse Saint-Etienne. De concert avec Jean-Nicolas Lefebvre, son frère, également fabricant à Saint-Etienne, et stipulant pour Nicolas-Jacques Lefebvre, leur autre frère, négociant à Lyon, il vendit ce jour-là une maison sise à Caen « à la communauté des frères des Escholles chrétiennes de la maison de St Yon de Roüen, représentée par frère Estienne, premier assistant, faisant fort et stipulant pour frère Thimotée, supérieur général dudit institut, et du frère Daniel, second assistant ». — Le Jean-Nicolas dont il est question fut, plus tard, le premier maire d'Elbeuf.

Le père et les frères Lefebvre étaient sinon protestants du moins « nouveaux convertis », et, comme tels, il leur était interdit de vendre aucun immeuble sans la permission du roi ; aussi, pour rédiger le contrat de cession le notaire attendit-il le brevet royal d'autorisation, qui accompagne l'acte principal et porte la signature de Louis XV et celle de Phelippeaux, conseiller d'Etat.

Louis-Jean-Jacques Toutain de Richebourg, écuyer, sieur de Fary Malmain dit le Pavillon, demeurant à Guenouville, vint à Elbeuf, le 5 décembre, pour passer plusieurs actes qu'il ne désirerait sans doute pas faire connaître dans sa région.

Le 18, Me Chevalier, curé de la Londe, vint également à Elbeuf, pour bailler à loyer les revenus de la chapelle Saint-Thomas d'Espiney, à Saint-Georges du Vièvre, dont il était titulaire, ainsi que les dîmes appartenant à ce bénéfice et s'étendant sur Saint-Georges, Saint-Pierre des Ifs et Saint-Etienne-Lallier.

En ce même temps, François-Vallon de Bois-Roger, inspecteur des manufactures de la généralité de Rouen, était porteur de la procuration de Jacques Chrestien, écuyer, « inspecteur général des manufactures de France », demeurant en sa seigneurie de Fumechon, à Ecardenville.

Le dernier jour de l'année 1747, dépôt fut fait au notariat royal de notre bourg, d'un acte par lequel Charles de Follard, ancien colonel d'infanterie et commandant de Bourbourg, traita avec les frères du Buat, écuyers, de l'usufruit de la ferme de Fourneaux, sise à Saint-Aubin. — Le même jour, à Elbeuf, fut dressé l'acte d'adjudication à loyer des biens appartenant à la fabrique de Saint-Aubin, sis sur divers paroisses.

Les plaids d'héritages de campagne de Boissey-le-Châtel, la Haye-du-Theil et du Theil, tenus au prétoire ordinaire, le 27 janvier 1748, furent présidés par Jacques-Louis Flavigny, avocat à la Cour du Parlement de Normandie et bailli.

Le 15 février, Guillaume Fromont, commandant du château de Pont-de-l'Arche, vint dans notre bourg, où il vendit à Jean-Pierre-Alexandre Duruflé, avocat au Parlement et procureur fiscal de la haute justice d'Elbeuf, « l'état et office du procureur commun de toutes les justices et juridictions du bailliage et vicomté de Pont de-l'Arche », moyennant 400 livres.

Au 20 du même mois, les Ursulines d'Elbeuf plaidaient contre des demoiselles Lesueur, au sujet de loyers dûs par ces dernières. Dans cette affaire, Mme de Pierrecourt et Etienne Patallier étaient en cause. Le jugement fut rendu en faveur des religieuses.

Pierre Guestard, tabellion du duché d'Elbeuf à Gros-Theil, convaincu de prévarication, fut obligé de se démettre de sa charge, à la suite d'une interdiction prononcée contre lui par le Parlement. Quatre ans après, le 16 décembre 1752, par ordonnance du bailli d'Elbeuf, rendue sur les conclusions du procureur fiscal, Guestard fut relevé de cette interdiction.

La marque de Louis-Nicolas Flavigny, garde en charge de la fabrique pour l'année 1748, montre quatre croix de Lorraine et quatre fleurs de lys.

Cette année-là, les laines d'Espagne, employées par la manufacture d'Elbeuf, n'arrivèrent point en quantité suffisante à Rouen. Des fabricants tentèrent d'employer d'autres laines, mais sans succès, car l'inspecteur de Boisroger s'y opposa. Il s'en suivit même des poursuites contre Quesné, l'un des fabricants. Nous noterons quelques passages de sa défense qu'il présenta devant le bailli d'Elbeuf :

« Des ouvriers fileurs sont renvoyés faute de laines, retardées à Bordeaux. La misère de l'ouvrier, dont le travail peut à peine atteindre au haut prix du bled pour le faire vivre, augmente tous les jours, par le défaut des laines à Rouen, notre dépôt ordinaire ».

Quesné offrit de prouver que lors de son achat, il n'y avait que les dix balles qu'il avait acquises, et qu'au moment où il parlait, il n'y en avait pas 200 à Rouen sur plus de 4.000 qu'il faudrait pour les manufactures environnant cette ville. Celle d'Elbeuf avait surtout souffert de la disette de laines, à tel point que plusieurs manufacturiers étaient allés à Orléans pour en acheter, mais le plus grand nombre des fabricants avait dû se résigner à renvoyer les ouvriers « gémissants et malades du manque de travail qui étoit leur vie ».

Il ajoutait : « S'il falloit preuve de vols faits dans les paroisses de ces misérables et que plusieurs ont manqué de pain pendant les festes de Pasques dernières, je me chargerois de la faire ».

Nous trouvons aussi dans sa défense que, sur les 58 ou 60 fabricants composant la manufacture d'Elbeuf, plus de 40 avaient totalement manqué de laines.

Notons encore une lettre présentée par Quesné, datée de Rome, dans laquelle on lui faisait des louanges « jusqu'au point de dire que les manufactures d'Abbeville et celles d'Elbeuf, au nom dudit Quesné, continuant leur perfection, elles prendront le dessus de celle de Leyden en Hollande... » Quesné cite aussi les prix de ses draps, en moyenne de 14 livres 10 sols l'aune, et qui atteignaient et dépassaient même 16 livres pour les uniformes qu'il fournissait « aux équipages de Mgr le duc de Bouillon, et mesme je le fournis d'écarlate qui est mise avec celle de M. de Julienne ».

Sa conclusion était que, faisant de si beaux draps, il avait cru pouvoir employer les balles de laine objet du procès, sans nuire à la réputation de la fabrique d'Elbeuf, mais ses raisons ne furent pas admises et le bailli le condamna à 100 livres d'amende.

On lit sur l'un des registres paroissiaux de l'église Saint-Etienne :

« Le dimanche 12e jour de may 1748 est décédé très haut et très puissant prince Monseigneur Henry de Lorraine, duc d'Elbeuf, pair de France, gouverneur et lieutenant général pour le Roy des provinces de Picardie, Artois, Boulonnois, pays conquis et reconquis, gouverneur particulier des ville et citadelle de Montreuil la Mer et lieutenant général de ses armées, dans son hostel situé en cette paroisse, et son corps a été transporté en l'église collégiale de la Saulsaye, lieu ordinaire de la sépulture de cette maison... » — Signèrent comme témoins : « Messieurs Groslé, de la Faye, F. Pollet, doyen ; Dévé, curé ».

Henri de Lorraine était né le 7 août 1661. Il avait eu, de Charlotte de Rochechouart, deux enfants : 1º Philippe de Lorraine, prince d'Elbeuf, né en 1678 (d'après le P. Anselme), tué d'un coup de pistolet près de Chivas en Piémont, le 15 juin 1705, étant brigadier des armées du roi ; 2º Armande-Charlotte de Lorraine, demoiselle d'Elbeuf, née le 15 juin 1683, morte sans alliance, le 18 décembre 1701.

Il laissait deux fils naturels, qu'il avait eus de Françoise de Marcilly, de son vrai nom

Françoise Gaillard, fille de Pierre Gaillard et de Marie Pinchon, commensale des du Fay de la Mésangère : 1° Henri bâtard d'Elbeuf, baptisé à Saint-Gervais de Paris, le 27 mai 1702, reçu page en la grande écurie sous le nom de Routot, en 1716 ; 2° Alexandre-François bâtard d'Elbeuf, baptisé en la même église le 13 septembre 1703, reçu page avec son frère sous le nom de Grosley. Il laissait également une fille naturelle, nommée Charlotte-Marguerite de Surville, épouse de Nicolas de Bellemare, seigneur de Thuit-Hébert.

Le prince Henri était entré en agonie le samedi 11 mai et était décédé le lendemain dimanche au matin, dans son château de la rue Saint-Etienne, qu'il avait fait bâtir et qu'il habitait depuis une trentaine d'années.

Son frère, Emmanuel-Maurice de Lorraine, qui attendait sa mort avec impatience, avait fait prévenir le notaire de se rendre au domicile mortuaire aussitôt qu'il apprendrait le décès du prince Henri, afin de procéder à l'apposition des scellés sur ses meubles et papiers.

Nous allons reproduire une partie du travail de M⁰ Levalleux :

« Aujourd'huy douzième de may 1748 viron huit heures et demye du matin, de la réquisition de très haut, très puissant et très illustre prince Monseigneur Maurice Emanuel de Lorraine, prince d'Elbeuf, stipulé par M⁰ Jacques Pollet, avocat à la Cour, lieutenant général du duché d'Elbeuf..., nous Pierre Levalleux, notaire royal, nous nous sommes exprest transporté au château de fcue Son Altesse très haut et très puissant prince Monseigneur Henry de Lorraine, duc d'Elbeuf, scitué en ce bourg paroisse de Saint Estienne, pour procéder à l'apposition des scellés sur les meubles et effets de sadite Altesse... décédée ce jourd'huy sur les sept heures et demye du matin... où estans en présence aussy de M⁶ Jacques-Louis Flavigny, bailly du duché d'Elbeuf, et Alexandre de Lorraine de Grosley, de messire Pierre-Auguste de la Faye, chevallier, escuier de feue sadite Altesse, du sieur Joseph Violet, premier vallet de chambre de feue sadite Altesse, et d'Anthoine Vervin, second vallet de chambre, nous avons procédé, etc.

« Chambre où sadite Altesse est décédée, qui est celle de premier étage du pavillon donnant du costé de Rouen : un feu de fer poly, une pelle, une pince, deux attaches de cuivre, une glace de viron vingt-six pouces de haut sur viron deux pieds huit pouces de long..., un tableau à quadre ovalle dorré que l'on nous a dit estre le portrait de M⁶ de Lorraine, abbé d'Orcan, une pendule de façon *gloria*, deux écrans de carton, une couche sur laquelle est estendue le cadavre de feue mondit seigneur, garnye d'un sommier, un lit de plumes, deux matelas, un traversain, deux couvertures de laine blanche, deux draps de toille, une courtepointe de coton à fond blanc et fleurs bleu, un tour de lit de serge de Caen bleu, avec les pentes, bonnes grâce et impérialles de mesme toille que la courtepointe, un soufflet, un paravant de cinq feuilles couvert de drap vert, trois fauteuils couverts de penne rouge, un autre fauteuil, un canappé, une chaise, deux petites tables de sapin, un écran de tapisserie à l'aiguille..., un bâton verny avec son bec de corbin, un chapeau, un baromettre commun, etc.

« Cabinet derrière ladite chambre : une culotte de drap dans les poches de laquelle une bourse de soye contenant 28 louis d'or de chacun 24 livres, 3 livres 19 sols en monnoie ; un étui d'or dans lequel s'est trouvé une cure oreille aussy d'or, un couteau de Caen, une petite paire de mauvais ciseaux avec leur étui de chagrin ; une clef que l'on nous a dit estre la clef de son armoire. Ouverture faite de ladite armoire, puis d'une autre renfermée dans ladite première, s'est trouvé un sac de louis d'or... sur lequel est une étiquette où est écrit « 740 louis de 24 livres, 17.760 livres » ; plus un autre sac aussy de louis... sur lequel est une étiquette où est écrit « 1.250 louis de 24 livres, 30.000 livres ». Plus nous avons trouvé dans un autre sac deux rouleaux de louis sur l'un desquels est écrit « 50 louis, 1,200 livres », l'autre « 25 louis, 600 livres ».

« Me Jacques Pollet a proposé de retirer 6.000 livres pour satisfaire tant aux frais funéraires qu'aux dépenses journalières de la maison..., laquelle somme a esté remise à l'instant es mains dudit Me Jacques Louis Flavigny, bailly de ce lieu... Et à l'instant s'est présenté ledit sieur Sauvage, maistre d'hostel, lequel nous a représenté qu'il arrive une chartée de vin, pour laquelle il a demandé 1.203 livres 19 sols, laquelle a esté prise dans l'armoire... et le surplus en monnoye qui s'est trouvée dans les poches de ladite culotte, ladite somme remise audit sieur Sauvage... »

La porte de ce cabinet reçut des scellés, et la clef en fut remise à Me Flavigny, bailli, ainsi que deux autres clefs, l'une d'une commode placée dans l'hôtel que le défunt possédait à Paris, et l'autre d'une armoire de sa maison de la Saussaye. Et comme il était midi, chacun retourna chez soi pour déjeuner.

Les vacations nécessitées par ces opérations furent très nombreuses; elles ne prirent fin que le 17 juin. Soixante-douze pages de papier de grand format, conservées dans les archives de l'ancien notariat d'Elbeuf, furent couvertes d'une écriture serrée. Nous n'en détacherons que quelques passages :

Dans l'antichambre du château d'Elbeuf, il fut trouvé « sept morceaux de haute lisse servant de tenture..., un tableau qui est un pot à fleurs.

« Dans le cabinet servant de garde robbe de feue Son Altesse : ... plusieurs livres, drogues et meubles à l'usage du sieur Richard, valet de chirurgien et lui appartenant, qui lui furent remis ; deux couches à tombeau avec leur tour de lit en damassé de Caux... ; les habits ci après appartenant à mondit seigneur : un habit et veste de drap noisette vineux, doublés de soie, avec boutons d'or ; un autre habit et veste gris, brodés en or et boutons d'or, doublé de soye couleur de feu ; un autre habit façon de Cilésie, doublé de soye, à boutons d'or ; une veste d'étoffe de drap d'or fond noir, doublé de soye blanche ; un autre habit de rattiné écarlatte, à boutons d'or, doublé de soye couleur de feu, avec une veste de velours noir bordée de galon d'or, boutons de mesme, doublure en pluche de soye bleue... » et beaucoup d'autres habits et vestes, tous doublés de soie, avec boutons d'or.

« Dans le grand sallon... quatre bouettes à quadrille, six fauteuils, onze chaises, un autre fauteuil, trois tables à jouer, une pendule, un paravent de six feuilles », etc., etc.

« Dans la chapelle tenant au grand sallon, cinq cossins de moucade, quatre prie-dieu, un devant d'autel en cuir dorré, un missel, un pulpitre de bois, un calice et sa patine d'argent, une aube, une amict, une chasuble de satin, un voile de damas, quatre chandeliers, deux attaches, un crucifix de bois dorré, un tapis de serge de Caen servant à couvrir l'autel, quatre pots de fayence garnis de fausses fleurs, une cuvette de fayence avec ses burettes de cristal, une petite bouette servant à mettre le pain à chanter.

« Dans le cabinet d'assemblée...., huit fauteuils... une table couverte du tapis vert..., un trictrac..., une pendule ; une tenture de vieille haute lisse... », etc., etc.

« Dans la chambre suivante : une couche à camp tourné garnye, tentures, glaces », etc.

« Dans une autre chambre ensuite : une couche garnye...., une tenture de tapisserie de point de Hongrie », etc.

Au second étage, il fut trouvé, dans les diverses chambres des ameublements plus modestes, mais encore très confortables.

Au troisième étage, étaient d'autres chambres meublées.

Au rez-de-chaussée : « un tableau de famille que l'on nous a dit estre le portrait de Madame la princesse de Monaquo... »

« Sous le vestibule sept feuillettes et quatre demies feuillettes de vin de Bourgogne que l'on nous a dit estre arrivées aujourd'huy » (12 mai).

Le lendemain, on apposa les scellés sur l'office, où se trouvaient 40 livres de bougies, 20 livres de sucre, des épices, etc., et dans les chambres occupées par Chervin, officier ; Laurent, rôtisseur : Guillaume Leroy, domestique; Bernard Frenois, cuisinier chef.

Dans une pièce, il fut trouvé « 458 marcs d'argenterie plate, 48 couteaux à manches d'argent, 117 marcs d'argenterie montée en écuelle..., neuf grands plats de fayence avec croix de Lorraine », etc., etc.

« Dans la serre aux fruits..., cent livres de sucre, 40 livres de bougies.

« Dans la chambre de Monsieur de la Faye, escuier de feu mondit seigneur : une couche garnye, etc., une tenture de tapisserie de Bergame, etc.

« Dans la chambre de Marguerite Marin, femme de charge : lit, armoire, etc.

« Dans un cabinet à côté : 109 nappes, 87 douzaines de serviettes, deux douzaines de serviettes à caffé, 48 paires de draps, 18 autres paires de draps, 34 autres paires de draps, 7 douzaines de tabliers de cuisine, etc.

« Dans la chambre des cochers donnant sur la rue : deux couches garnyes, etc.

« Dans le grenier : 40 quares de foin, etc.

« Dans l'infirmerie : une couche garnye, etc.

« Dans un autre grenier : 70 boisseaux d'avoine...

« Dans une cuisine sous l'infirmerie : trois attelages, dont l'un à huit chevaux, les trois autres à six chevaux ou carosse, etc.

« Dans les petites écuries : deux cavalles de selle, une cavalle de carrosse...

« Sous les remises : un carosse peint en verd...., une grande callège peinte en gris, doublée de peluche grise... ; une vieille breline doublée de pluche grise..., etc.

« Dans la grande écurie : quatorze juments, etc.;

Ce même jour 13 mai, sur une requête présentée par le prince d'Elbeuf, frère et héritier du défunt, on leva les scellés de la pièce où étaient les valeurs en or, qui se composaient de « 1.793 louis d'or de 24 livres, soit 43.032 livres, un flacon d'or d'un marc six gros, une tabatière et autres objets en or pesant ensemble un marc trois onces et demie, une bague d'un seul gros diamant taché dans un angle, dont se servoit ordinairement feu mondit seigneur duc d'Elbeuf, une épée à poignée d'or, une canne à poignée d'or, la lorgnette de feu Monseigneur le duc, une montre d'or d'Angleterre de la façon « R. O. B. Higgs London », ladite montre à répétition. Billet de M\ Maison-Rouge au profit de feu mondit seigneur de 13.093 livres 3 sols 8 deniers, payable au 1er juillet prochain ; autre de Nicolas Lefebvre, de 12.000 livres..., payable à volonté .. lesquels sommes, bijoux et billets ont été remis aux mains de mondit seigneur le prince d'Elbeuf, plus toute l'argenterie plate et montée... » — Suit la signature d'Emmanuel-Maurice de Lorraine, prince d'Elbeuf.

Le 15 mai, MM^{es} Jacques Pollet et Levalleux se transportèrent au manoir seigneurial de la Saussaye, dont Charles Naveaux était concierge. Il y fut trouvé :

« Dans le cabinet de derrière la chambre qu'occupait feu mondit seigneur du costé de Villeneuve : un canappé, cinq chaises à pieds dorrés, une tenture, une armoire où il y avait des papiers, etc.

« Dans la chambre : un feu de fer blanchy, trois morceaux de haute lisse à personnages... un petit bureau, etc.

« Dans l'autre chambre à côté : un lit à tombeau garny..., trois morceaux de tapisserie de Bergame, etc.

« Dans l'antichambre : un grand tableau à quadré dorré représentant une débauche..., une carte du chasteau de la Saussaye... ; dans la garde robbe à côté : un lit à tombeau garny..., une paire de pistolets, etc.

« Dans le petit sallon : un feu de fer..., sept morceaux de haute lisse à personnages et verdure servant de tenture, etc.

« Dans le grand sallon : un feu de fer à quatre branches..., huit tableaux de famille avec leurs quadres dorrés, un autre tableau qui représente une chasse d'enfant qui paroit estre enchassé dans le lambry, un grand canappé de maroquin rouge, deux fauteuils de mesme, deux autres fauteuils, six autres fauteuils, quatre niches avec quatre carreaux, etc.

« Dans la chambre ensuite du grand sallon : ...une couche, ...une courtepointe de soye peinte..., cinq fauteuils dorrés, une armoire de bois marqueté..., six morceaux de tapisserie de haute lisse à grands personnages servant de tenture, etc. »

« Dans une autre antichambre : deux couches, etc.

« Dans la dernière chambre du chorridor : un feu de fer à pommes de cuivre..., deux tableaux de famille, etc.

« Dans une antichambre ensuite : une couche, une armoire, des tentures, etc.

« Dans le jardin, des vases de fayence à fleurs au nombre de 47 ; dans le cabinet du jardin, sept fauteuils, etc.

Suit l'inventaire des chambres du premier étage, qui possédaient un beau mobilier ; du second étage, occupé en partie par les domestiques du château ; de la cuisine, de la basse-cour, de la remise, des écuries où étaient quatre chevaux, des étables, de l'infirmerie, du pavillon, des caves, etc.

Le 22 mai, on procéda à la levée des scellés au château de la rue Saint-Etienne, à la suite d'une ordonnance rendue la veille, par le bailli d'Elbeuf, en la présence de Nicolas Lefebvre, porteur de la procuration du prince Charles de Lorraine, comte d'Armagnac, qui avait fait opposition à la levée des scellés comme porteur d'un titre de donation de 300.000 livres entre lui et le défunt, passé le 13 septembre 1717, insinué au Châtelet de Paris, le 26 octobre suivant.

Jacques Flavigny, bailli d'Elbeuf, remit une des clefs qui lui avaient été confiées et l'on trouva dans une armoire « un petit registre couvert en parchemin... deux pièces, l'une en forme de lettre décachetée, sur laquelle est l'empreinte en cire rouge des armes dudit feu duc d'Elbeuf sur laquelle étoit écrit de la main de Monseigneur : « Cest icy mes dernières volontés que j'ay décachetées moy mesme », commençant en haut par ces mots : « Ce deux juin 1745 » en chiffres, et au dessous : « Cest icy mon testament... », finissant au bas de la page recto par la signature « Henry de Lorraine, duc d'Elbeuf ».

Voici le texte de cette pièce :

« Cest icy mon testament que ie veus qui soit executé sans y rien changer.

« Ie donne et lègue à monsieur le chevalier tout ce que ie puis posseder au iour de ma mort aux conditions ensuivantes :

« Ce papier escript de ma propre main.

« A madame de St Etienne pour la remercier de tous les soins quelle a eu de moy quarente trois milles livres content et quatres milles livres de rente viagère sa vie durant.

« A tous mes gens à gages quatres années de leurs gages à chacun pour gratifications.

« Ie lesse à mon legateur universelle le soing de fair prier dieu pour moy et veus et entens estre enterré comme un simple particulier...

« Ai fait de ma propre main le présent testament.

« HENRY DE LORRAINE,
DUC D'ELBEUF ».

« La seconde pièce, ajoute le notaire, est une feuille de papier moyen, commence par ces mots : « Ce 19e novembre..., dont nous ne pouvons désigner la date, le premier chiffre en nombrant étant couvert de pâté ». — Cette seconde pièce, comme la précédente, se trouve dans les archives de l'ancien tabellionage d'Elbeuf ; nous avons reconnu qu'elle fut écrite le 19 novembre 1745 : le temps a donc rendu lisible cette date, qui ne l'était pas deux ans et demi après avoir été tracée.

Enfin, on trouva dans un grand portefeuille noir un autre testament, daté du 19 août 1743. Ces trois pièces furent remises à Pollet, faisant fonctions de procureur fiscal, puis au notaire.

Dans la vacation de ce même jour 22 mai, on inventoria un cabinet, où furent trouvés un assez grand nombre d'objets d'or et d'argent : tabatières, boucles, cassolette, outils dits nécessaires, cave à chocolat garnie de sa tasse, épée à poignée d'argent, etc., dont le prince d'Elbeuf demanda délivrance, ce qui lui fut accordé.

Le 24 mai, on trouva dans la chambre de feu duc le bail de la garenne de Cléon, un billet d'indemnité « pour le procès de Routot », les comptes de payement du bail du duché pour l'année 1740, le bail des Vingt-Acres, un bail fait aux sieurs Emangard et joints du pré Basile, du 23 décembre 1737, un bail des Vingt-Acres fait à Nicolas de Clam père et Jean-Baptiste de Clam fils le 2 octobre 1741, un bail du duché fait par le feu duc à François Quesney, Nicolas de Baude et Pierre Hayet, passé devant Ruellon, notaire à Rouen, le 19 septembre 1746.

Dans des cartons, se trouvaient des lettres et comptes du chevalier de Lorraine à Constantinople ; une quittance donnée au feu duc « par M. de Routot, pour sa pension, du 27 avril 1748 » ; des quittances données par Mme du Theil ; des quittances des chanoines de la Saussaye pour arrérages de rentes, datées de 1746 ; des états des meubles des maisons de Paris, Elbeuf et la Saussaye ; des pièces concernant la propriété du pré Basile ; une donation faite par le feu duc « à dame Marthe de Gaugy, femme civilement séparée de messire Louis de Poterat, du 20 mars 1738 et une renonciation faite par ladite dame en date du 22 novembre 1740 » ; des provisions aux charges de bailli et de procureur fiscal du duché ; une liasse de papiers concernant la transaction passée entre le feu duc et Mme de Courcillon ; « des papiers concernant le gouvernement ».

Le 27 du même mois, l'inventaire fut continué. On trouva « le papier terrier de la baronnie de Grosley, contenant 358 feuillets, et un intitulé : Fiefs, seigneurie et prévosté de

Tiron, scituées en la paroisse de la Huannière ; le papier terrier de la Saussaye et de Saint-Martin la Corneille ; un procès-verbal d'arpentage du 23 avril 1736 ; vingt-deux cayers des pleds de la seigneurie de Saint-Martin la Corneille ; les titres de propriété et baux de la garenne de Cléon, une transaction passée entre le feu duc d'Elbeuf et monseigneur Charles-Henry de Lorraine, prince de Vaudémont, le 28 avril 1720 ; un contrat d'échange entre feu monseigneur le duc d'Elbeuf et le sieur Louis Le Roy, le 26 novembre 1710 ; des contrats d'acquisition passés en ce notariat les 14 juin 1712 et 19 avril 1710 (ou 1720), du sieur Jean Bernard de Grandville, etc., etc.; des pièces concernant la grurie de Grosley ; une transaction entre mondit seigneur et le prince de Vaudémont, du 18 février 1718; un franchissement fait par mondit seigneur à Messieurs les religieux de l'hôpital de la Charité, du 5 avril 1727 ».

Dans l'après-midi de ce même jour, on trouva un grand sac de toile contenant d'anciens aveux pour la seigneurie de Saint-Martin la Corneille et la Saussaye ; des liasses relatives à plusieurs procès du feu sieur de la Pastrière ; 70 pièces de pleds et gages pleiges des seigneuries de Saint-Martin et de la Saussaye ; des liasses d'aveux ; les contrats d'acquisition de la terre et seigneurie de la Saussaye ; quatre volumes in folio : *Recueil des traités de paix, de trèves, de neutralité*, plus un in-folio : « *Theatrum terræ Sanctæ et biblicanum* », plus un autre : « *Examen général de la Régie* », le tout couvert en veau.

Le 5 juin, on fit l'inventaire de la garde-robe du château d'Elbeuf. Pendant l'opération

« se présentèrent les sieurs Violet, Vervin, Roger et Richard, valets de chambre de feue Son Altesse, qui représentèrent que, suivant l'usage, la garde robbe lors du décez d'un seigneur appartient à ses vallets de chambre... et que les meubles qui viennent d'être inventoriés faisant partye de la ditte garde robbe doivent leur appartenir, ainsi que les habits cy-devant inventoriés tant en ce lieu d'Elbeuf qu'au chasteau de la Saussaye... ; nous leur avons accordé acte de leur réclamation ».

Jacques Pollet, présent, déclara qu'il ignorait cet usage, « mais que connoissant les intentions de Son Altesse le prince d'Elbeuf et sa libéralité ordinaire, il consent que la délivrance des linges et habits à l'usage de feue sa ditte Altesse soient attribuées aux réclamants », ce à quoi consentit également Flavigny, bailli du duché.

Les opérations n'étaient pas terminées :

Le 17 juin, le notaire, le bailli et le procureur fiscal du duché se transportèrent au chartrier « scitué sur le geole de feu mondit seigneur le duc d'Elbeuf ». Ils trouvèrent « dans la chambre du Conseil, un boisseau de bois ferré et marqué du jaugeur qui parut estre l'etallon pour la mesure dudit duché, un demy-boisseau, une quarte, demye quarte, minette, demye minette, le tout de bois, marqué de la marque du jaugeur ; une mesure ancienne de cuivre qui parut estre le pot, sans marque ; plus trois armoires remplies de registres terriers, de pleds et gages plèges en grand nombre, d'anciens registres de minutes du tabellionnage de ce duché et fiefs en dependants, avec un grand nombre de liasses de papiers et parchemins qui sont aveux et tiltres concernant les rentes et redevances seigneurialles dudit duché et fiefs...

« Nous avons trouvé, dit le notaire, que l'inventaire que nous nous disposions d'en dresser coûteroit de frais considerables par la grande quantité de papiers et tiltres qui s'y rencontrent, sans que ledit inventaire put rapporter aucun avantage aux heritiers et creanciers de feu mondit seigneur le duc d'Elbeuf..., nous avons donc renvoyé l'inventaire dudit chartrier lorsque nous en serons requis.

« Et pour la sûreté des tiltres et papiers qui sont dans ledit chartrier, avons refermé la porte d'iceluy fermante à deux serrures et deux clefs qui ont esté remises à Mᵉ Jacques Pollet, et après avoir réapposé sur ladite porte un scellé, nous l'avons laissé à la garde de Louis Dumort, geôlier des prisons de ce lieu... »

Il est de tradition que les nombreuses pièces renfermées dans le chartrier ducal disparurent pendant la Révolution. Le bruit se répandit que le prince de Lambesc, duc d'Elbeuf, en avait fait charger secrètement quatre charriots qui, plus tard, auraient été conduits en Autriche, où il fit sa résidence pendant la Révolution et l'Empire.

Il avait été procédé très promptement aux préparatifs des funérailles du défunt, car les registres de la Saussaye, conservés aux Archives de l'Eure, portent que « le 3ᵉ mai — lire 13 mai — 1748, a été inhumé dans le chœur de notre église collégiale et paroissiale de Saint-Louis de la Saussaye, le corps de très-haut et très-puissant seigneur Henry de Lorraine, duc d'Elbeuf, pair de France, lieutenant général des armées du Roy et gouverneur pour Sa Majesté des provinces de Picardie, Artois et Boullonnois, pays conquis et reconquis, mort de dymanche au matin 12º du présent mois, en son château d'Elbeuf, aagé de 87 ans ».

Henri de Lorraine, dont on n'embauma pas le corps, fut même sur le point d'être inhumé sans bière en plomb ; en outre, et contre l'usage, cette bière recouvrit le cercueil en chêne, faute de sollicitude de la part de son frère Emmanuel, qui, suivant M. Maille et nous le croyons sans peine, ne lui rendit pas les derniers devoirs comme il le devait.

On voit au verso du titre de l'*Apologie du Banquet sanctifié de la veille des Roys*, par N. Barthelemy, qui avait dédié cet ouvrage à Henri de Lorraine :

HERCULE CHÉRI DE TON ROY, MARS T'ADORE

anagramme de *Henry de Lorraine, comte d'Harcourt* :

Prodige de valeur, et des monstres l'effroy,
Aymable conquérant, que l'Univers honore,
Grand prince, c'est beaucoup que le dieu *Mars t'adore*
Mais c'est plus d'estre *Hercule* et *chéri de ton Roy*.

Nous avons déjà publié plusieurs notes sur les mœurs et le caractère du prince Henri de Lorraine ; nous insérerons ici une dernière appréciation de M. Parfait Maille :

« Henri spéculait sur les alliances dont il se faisait entremetteur ; et ce n'est pas sans avoir eu la patte largement graissée qu'il fit épouser Mademoiselle de Noailles au prince Charles d'Armagnac, qu'il regardait comme son fils et dont il était cousin éloigné.

« On prétend même qu'après l'avoir marié il ne fut pas étranger au renvoi de sa femme chez son père, parce que ce père, destitué de la place de contrôleur-général des finances, ne pouvait plus étancher sa soif pour l'argent et que la source de son pactole était tarie.

« Nulle part Henri ne tenait ses mains dans ses poches; gouverneur d'Artois et de Picardie, il les exploitait à merci.

« Le duc d'Orléans le considérait et le ménageait, mais il en abusa au point qu'on fut forcé d'y mettre ordre.

« Bien aise, dans son audacieuse et insatiable ardeur, d'allonger ses bras et son gouvernement dans le pays de Lalleu voisin de l'Artois, il demanda qu'il y fût incorporé, mais il y perdit son latin; il eut beau entrer en furie, crier, tempêter, il lui fallut, cette fois, raccourcir ses griffes.

« Que d'extorsions n'a-t-il pas commises à Elbeuf!

« On n'y pouvait pas exercer l'industrie locale, sans lui payer un tribut de cinq cents francs.

« Cette taxe avait été improvisée en un moment; détresse ou fantaisie, le duc Henri dit un matin à son secrétaire qu'il lui fallait trente mille francs; après y avoir songé quelques minutes, le complaisant secrétaire répondit qu'il était facile de les lui procurer, qu'il y avait à Elbeuf soixante bourgeois qui se servaient des eaux de ses domaines gratuitement, qu'il n'y avait qu'à leur en faire payer l'usage, cinq cents francs chacun, et que Son Altesse aurait dès le soir les trente mille francs qu'elle désirait.

« L'exécution suivit la parole et ne fut pas moins prompte.

« Toujours altéré d'argent par suite de ses dépenses et profusions, il eut le front de s'emparer d'un octroi établi au profit du pays par le pouvoir royal.

« Les habitants n'osant réclamer, et voulant ravoir cet octroi, leur unique ressource pour la communauté, firent un emprunt de quinze cents livres qui furent versées au duc d'Elbeuf en échange de la perception de l'octroi dont il les avait spoliés.

« Pendant trois ans, il respecta le pacte, mais au bout de ce temps, il reprit l'octroi, sans rendre le prix qu'il en avait touché, et se rendit ainsi coupable de trois vols manifestes et formels.

« Il vola les quinze cents francs empruntés pour racheter l'octroi, il vola la rente due et qui ne fut plus servie aux prêteurs, il vola enfin l'octroi, vol qui à lui seul contenait les trois vols.

« Il vola l'octroi, et, dans l'octroi, le gage et la caution de l'emprunt et de ses intérêts.

« Ces vols étaient si criants que, plus tard, l'octroi fut restitué à qui de droit, à qui il appartenait ».

CHAPITRE VII
(1748-1749)

Le prince Emmanuel duc d'Elbeuf. — Ses libéralités et sa gêne. — Il vend la seigneurie de la Saussaye et la baronnie de Routot. — Affaires de la Manufacture. — Louis XV en Normandie. — Vente du chateau d'Elbeuf. — Une double évasion de la prison ducale.

Nous avons eu déjà l'occasion de parler d'Emmanuel-Maurice de Lorraine, né le 30 décembre 1677, de Charles III de Lorraine-Elbeuf et d'Elisabeth de la Tour de Bouillon. Dans sa jeunesse, il avait appartenu à l'Eglise ; il devint, en 1748, après la mort de son frère Henri, duc d'Elbeuf et pair de France, M. Parfait Maille le présente ainsi :

« Il servit d'abord comme chevalier de Malte, puis sous le nom de prince d'Elbeuf, titre qu'il prit après la mort de son neveu.

« En 1706, après avoir fait bien des personnages différents et la plupart fort honteux, avoir tiré du roi de l'argent et de la protection, en avoir été traité avec trop de bonté, s'imaginant percer en trahissant, avancer sa fortune par sa félonie, il s'en fut à Milan trouver une de ses sœurs mariée au prince de Vaudémont, bâtard de Lorraine, ennemi de la France et au service de l'Autriche.

« Par leur entremise, il fit son marché, déserta, tourna ses armes contre son pays, et le combattit à la tête du régiment que lui donna l'empereur, prince toujours l'amour, l'espoir et le refuge de la maison de Lorraine.

« Ce parjure lui fit faire son procès, et il fut condamné à être pendu en Grève, où il représenta en effigie, ainsi que nous l'avons déjà dit.

« Pendant la régence, le peu de patriotisme, la mollesse et la facilité du duc d'Orléans moyennèrent sa rentrée.

« Il avait été général de la cavalerie impériale au royaume de Naples, où il avait épousé par contrat du 25 octobre 1715, Marie-Thérèse Stramboni, fille unique de Jean-Vincent Stramboni, duc de Salza, avec qui il vécut mal et dont il n'eut pas d'enfants.

« C'était, d'après Saint-Simon, une manière de brigand, mais à langue dorée et avec beaucoup d'esprit, qui fit tant de frasques qu'il perdit tous ses emplois.

« Ne sachant plus que devenir, ni de quoi subsister, il obtint des lettres d'abolition et revint en 1719.

« Il mena en France sa vie accoutumée, et, peu à peu, se faufila à Lunéville, où il suça le duc de Lorraine tant qu'il put, en tira fort gros et même des terres.

« Le duc d'Elbeuf, son aîné, le méprisait et le souffrait avec peine ; les autres membres de sa famille n'en faisaient pas plus de cas.

« Devenu veuf, il se remaria à Catherine de

Rougé, veuve elle-même de Kerhoent, seigneur de Coëtenfao en Bretagne ».

Tel était le nouveau duc.

Le 27 mai 1748, Emmanuel de Lorraine, prince d'Elbeuf, étant à la Saussaye, emprunta 8.000 livres à Pierre-Auguste de la Faye, chevalier, ancien écuyer d'Henri de Lorraine, demeurant aux Damps. Pour ce prêt, le duc s'engagea à servir 400 livres de rente jusqu'à remboursement du capital.

Le 28 mai, le corps des fabricants se réunit « sur l'ordre de Son Altesse Monseigneur Emmanuel-Maurice de Lorraine, prince d'Elbeuf » en présence du sieur de Grosley, chargé de ses pouvoirs, qui fit connaître aux manufacturiers que l'intention du prince était qu'ils acceptassent dans leur corporation Joseph Durufley, maître tapissier ; que ce faisant, ils donneraient une marque de leur déférence à ses désirs ; et qu'en retour, il se ferait un plaisir de les protéger en toute occasion. Le prince n'ignore pas, d'ailleurs, dit de Grosley, que de pareilles réceptions, augmentant le nombre des maîtres, seraient au préjudice des anciens si elles étaient multipliées; mais que le prince, par sa modération ordinaire, se contenterait de cette seule admission.

Tous les fabricants présents témoignèrent de leur respect pour leur nouveau seigneur et se rendirent à son désir, quoique de pareilles réceptions fussent contraires aux Règlements. Ils espèrent, dirent-ils, « que Son Altesse voudra bien avoir égard à la déférence qu'ils ont à ses ordres et qu'Elle les honorera de Sa protection ».

La séance suivante fut présidée par Alexandre Durufley, avocat fiscal au duché d'Elbeuf, par suite de l'absence du bailli et du lieutenant général.

Le 5 juin, les domestiques du feu duc Henri se rendirent chez le notaire d'Elbeuf, pour prendre connaissance « de plusieurs testaments et codicils qui avoient deu se trouver sous les scellés apposés sur les effets de la succession de feu monseigneur » ; ils reconnurent que ces pièces étaient illisibles et informes et qu'ils ne pouvaient en retirer aucun avantage. En conséquence et déçus, ils renoncèrent à toute revendication, qui aurait été inutile, du reste.

La maison du feu duc se composait du chevalier de la Faye, son écuyer ; de Jean-François Lesauvage, maître d'hôtel ; Violet, Vervin, Royer et Richard, valets de chambre ; Antoine Beaufort, Liboire, Dieudonné, Dumont et Villars, valets de pied ; Frennos, Moy et Laurent, officiers de cuisine ; Chervin, officier d'office ; Vilmus, garçon d'office ; Mathieu Martin, concierge du château d'Elbeuf ; Marguerite Martin, femme de charge ; Naveaux, concierge du château de la Saussaye ; Beaudouin et Leroy, cochers ; les deux frères Billard et Leliers, postillons ; Leroy, laveur ; Hébert et Gilles, domestiques de basse-cour.

Le lendemain, le prince Emmanuel-Maurice voulant récompenser de ses bons services Christophe Collin dit Beauséjour, un de ses valets de chambre, constitua en sa faveur une pension viagère de 300 livres. Le même jour, il constitua une pension, également de 300 livres, au profit de Louis Renard, un de ses autres valets de chambre ; puis une troisième, de 400 livres, en faveur d'Alexis Baudry de Saint-André, également valet de chambre ;

une quatrième, de 100 livres, à Jean-Baptiste Chevalier dit Beaufort, valet de pied.

Le même jour encore, il emprunta 6.000 livres à Gilles Bizaire, son écuyer, moyennant 300 livres de rente, et de plus constitua en faveur de son prêteur une pension de 500 livres, pour reconnaître ses bons services.

Enfin, il constitua 100 livres de rente à Claude Verbo, son postillon ; une pension de 200 livres à Nicolas Joseph Mome, un de ses valets de chambre, et une autre, de 200 livres également, en faveur de Jacques Cuvreau dit Fontenay, valet de pied.

Les actes de ces constitutions de rente furent tous signés à la Saussaye, où résidait le nouveau duc d'Elbeuf.

Par un autre acte, passé le 9 juillet, le prince Emmanuel-Maurice emprunta 6.000 livres à Jean-François Willars, écuyer, sieur d'Auvilliers, demeurant à Paris.

Le prince, pressé par le besoin d'argent, vendit son domaine de la Saussaye, par acte passé devant Me Ducy, notaire à Rouen, le 13 juillet. Voici les principales dispositions du contrat de vente :

« Très haut..... Monseigneur Emmanuel-Maurice de Lorraine, héritier par bénéfice d'inventaire de très haut... feu Monseigneur Henry de Lorraine... vend à Messire Nicolas-Charles de Saint-Ouen, conseiller du Roy, maître ordinaire en sa Cour des comptes, aides et finances de Normandie, demeurant à Rouen rue de la Miette (Damiette), c'est à sçavoir :

« La terre, fief et seigneurie de la Saussaye et de Saint-Martin de la Corneille relevants du duché d'Elbeuf... pour en jouir de la façon dont un feu sieur de la Patrière, ...mais seulement en ce que possédait Monseigneur Henry de Lorraine lors de son decez, consistant en son château de la Saussaye et circonstances et dépendances sçavoir : jardin, parterre, bois de haute futaye dans ledit jardin, avec une patte d'oye, le tout entouré de murailles avec un fossé sec, en forme de demye lune au bout dudit jardin ; en une basse cour, collombier, escuries, avec la maison du jardinier et autres bâtiments, et tout le terrain ainsy qu'il est borné par un fossé du costé de la collégiale de la Saussaye ; en la terre appelée les Vingt-Acres et en un plan tel qu'il se poursuit et comporte, prey, bois taillis dépendant dudit fief de la Saussaye et de Saint Martin de la Corneille, avec tous les reliefs, treizièmes, rentes seigneuriales et autres droits, ensemble le droit de patronage du bénéfice cure de la paroisse Saint Martin de la Corneille..., mesme des augmentations qu'auroit pu faire mondit seigneur le duc d'Elbeuf, mesme du terrain qu'il auroit pu prendre sur la forest d'Elbeuf pour l'agrandissement du jardin de plaisance actuellement existant ; parce que le fossé sec qui est au bout dudit jardin servira de bornes pour l'avenir entre le terrain de la forest d'Elbeuf et ledit jardin de la Saussaye, laissant seulement audit sieur de Saint Ouen, acquéreur, le soin de réparer ledit fossé, c'est pourquoy il luy a esté abandonné trois pieds en circonférence au-delà dudit fossé, pour en faire la réparation quand le cas eschoira... »

Cette cession fut consentie moyennant la somme de 46.000 livres payée en présence du notaire en louis de 24 livres. Le vendeur se réserva seulement les glaces et meubles qui

ANCIEN CHATEAU DES DUCS D'ELBEUF A LA SAUSSAYE
(Etat actuel)

se trouvaient dans le château, et qu'il s'engageait à faire enlever dans un délai de trois mois, abandonnant, après ce trimestre, au sieur de Saint-Ouen tout ce qui resterait.

Suivant M. Parfait Maille, le sieur de Saint-Ouen, craignant qu'Emmanuel voulût rentrer dans sa propriété, ainsi que la coutume de Normandie lui en donnait le droit, fit abattre les murs de son nouveau domaine et remplacer par des haies, toujours subsistantes sur les fondements des anciennes murailles.

Cet année-là, Pierre Godet, maître drapier, acheta « une tannerie, avec les bâtiments, fosses et pleins y estans, située paroisse de Saint Estienne, en la ruelle Carage », bornée d'un bout par le vivier et d'un côté par une allée commune allant à ce vivier.

Jean Roullant, sergent à Bosc-Roger, prêta serment au bailliage d'Elbeuf le 17 août, comme sergent à Grostheil, et fut autorisé à en exercer les fonctions.

Charles-Louis Routier, chanoine de la Saussaye et chapelain titulaire de l'église métropolitaine de Rouen, mourut à Versailles, le 20 août. Quelques jours après, ses frères : Nicolas Routier, greffier en chef du magasin à sel et du bailliage de Caudebec-en-Caux, et Joseph-Nicolas Routier, négociant à Rouen, requirent le notaire d'Elbeuf de procéder à l'inventaire des meubles et écritures existant à la Saussaye, dans la maison canoniale du défunt, opération qui demanda plusieurs jours.

Des actes de ce temps concernent Thomas Bérenger, d'Elbeuf, curé de Calleville, et Jacques-Benoît Maigret, prêtre à Saint-Jean, où Mᵉ Michel Lyot était vicaire. — A cette même époque, les sieurs Simon, Roussel, Louis Sevaistre et P. Osmont, étaient prêtres à Saint-Etienne.

Les besoins du duc d'Elbeuf augmentant chaque jour, même après avoir vendu la seigneurie de la Saussaye, il abandonna aussi la baronnie de Routot : l'acheteur fut un Elbeuvien dont nous avons déjà parlé.

L'acte de vente, dont suivent les principaux passages, fut signé à la Saussaye, le 12 octobre :

« Fut présent très haut... prince Emmanuel de Lorraine, duc d'Elbeuf..., lequel a vendu la baronnie, terre et seigneurie de Routot, à Mʳ Guillaume de Boissel, conseiller secrétaire du Roy maison et couronne de France et de ses finances, receveur des tailles en l'élection de Montivilliers, dont la jouissance a commencé dès le premier jour d'octobre présent mois et an :

« Ladite baronnie de Routot consistante en domaine fieffé et non fieffé, avec le droit de haute justice ancienne, relevante nuement en la cour du Parlement de Normandie, avec le droit de foire et marché et autres dignités et prérogatives, de la même façon qu'en jouissoit feu Monseigneur le duc d'Elbeuf et qu'en a jouy jusqu'à présent mondit seigneur vendeur..., à laquelle fin mondit seigneur le duc d'Elbeuf a consenty faire remettre de bonne foy entre les mains dudit sieur acquéreur tous les tiltres et papiers concernants ladite baronnie tels qu'ils se trouveront soit au chartrier de Routot soit dans celuy d'Elbeuf... »

Cette vente fut consentie moyennant une

rente viagère de 14.000 livres, payable par quartiers et par avance jusqu'à la mort du duc, plus 3.000 livres payées comptant pour le vin du marché.

Le registre de la Chambre des comptes de Normandie, pour la fin de l'année 1748 et le commencement de 1749, contient la copie des « lettres patentes portant désunion de la baronnie de Routot et droit de haute justice y attaché, du duché d'Elbeuf, en faveur du sieur Guillaume Boissel.

Guillaume Boissel, après avoir obtenu des lettres de noblesse, fit précéder son nom de la particule. Il blasonnait : *De... chargé d'un d'un chevron avec un boissel en pointe et deux épées en chef*. Il mourut en 1753, âgé de 80 ans. Sa veuve, Anne Viel, mourut l'année suivante ; tous deux furent inhumés dans l'église de Routot, où l'on voit encore les armes que nous venons de décrire. — Thomas de Boissel, descendant de Guillaume, épousa vers 1760 Marguerite-Charlotte de Bonnechose.

Flavigny, chanoine de la cathédrale de Rouen, pria le chapitre métropolitain, par lettre datée du 14 octobre 1748, de recevoir son neveu, Louis-Maxime Flavigny, au canonicat qu'il avait résigné en sa faveur.

Christophe Collin de Beaufour obtint des lettres de provision du prince Emmanuel-Maurice de Lorraine, le 5 novembre, pour l'office de verdier du duché d'Elbeuf. Le même jour, Beaufour se présenta devant le bailli, prêta serment et fut déclaré admis.

Le sieur de Grosley de Lorraine, fils légitimé du feu duc Henri, remplissait les fonctions de capitaine des chasses du prince Emmanuel-Maurice ; en cette qualité, il nomma de nombreux gardes dans les forêts du duché, lesquels vinrent tous prêter serment à la haute justice d'Elbeuf.

Cette année-là, Clair-Louis Landry, écuyer, receveur général des finances de la province d'Auvergne, acheta de nombreuses terres à Saint-Aubin. Les actes de vente furent passés au notariat de notre bourg. — A cette même époque, l'auberge *du Coq* était tenue par Jacques Hamon, descendant d'une des principales familles de notre localité, dont nous avons souvent parlé.

Le marquis de la Bourdonnaye, intendant de la généralité de Rouen, manda « aux procureur syndic, manans et habitans du bourg d'Elbeuf », le 25 novembre 1748, que la communauté des habitants serait imposée à 25.900 livres pour la taille de l'année 1749.

Le 4 janvier 1749, sur la proposition du duc d'Elbeuf « de prendre 2.000 livres au denier dix sur la teste de Mathieu Dudomaine dit Saint-André », l'assemblée des fabricants consentit à emprunter cette somme pour être employée à l'acquit de 100 livres de rente au profit de la Communauté.

La marque de Louis Sevaistre, garde en charge pour l'exercice finissant en 1749, porte cinq fleurs de lys et trois croix de Lorraine.

Une délibération du bureau de la fabrique, en date du 28, nous apprend que les gardes en charge avaient été obligés de faire plusieurs citations devant la haute justice, « pour le maintien de l'ordre parmy les ouvriers cardeurs et leurs petits fileurs » et qu'il s'en était suivi plusieurs sentences, dont une à l'emprisonnement. — Jacques Henry et Robert Flavigny étaient alors gardes de la manufacture.

— Notons ici que les détentions pour contravention aux règlements de la fabrique étaient aux frais de la corporation tout entière.

Ce même jour, Louis Dévé, curé de Saint-Etienne, donna à loyer les revenus de la dîme de sa paroisse, moyennant 300 livres par an.

Les principales religieuses du couvent d'Elbeuf étaient alors: Louise Bourdon de Sainte-Thérèse, supérieure ; Angélique Auber de Sainte-Catherine, assistante; Geneviève Henry de Sainte Rose, zélatrice ; Hélène Houssaye de Saint-Bernard, dépositaire ; Catherine Broussault de Saint-François de Sales, Madeleine Legendre de la Bretèque dite Aimée de Jésus et Madeleine Leduc de Sainte Scholastique.

Le 12 février, le procureur fiscal remontra au bailli qu'il n'était pas possible de faire exécuter les sentences de police par le sergent de la juridiction à cause de ses grandes occupations, de sorte que cette partie du service public était très négligée. Pour y remédier, il demanda la nomination d'un sergent de police spécial. Le bailli désigna pour remplir cette fonction un marchand du bourg nommé Pierre Lefebvre.

Vers cette époque, un arrêt du conseil de roi prorogea pour vingt ans l'établissement et la perception des droits de tarif dans le bourg d'Elbeuf.

En cette même année, la justice ducale d'Elbeuf eut à s'occuper de l'affaire de François Quentin, chevalier, seigneur de Morigny, dont les biens, situés en grande partie à Surville, paroisse dépendant du bailliage d'Elbeuf, avaient été saisis.

Elle eut également beaucoup à faire dans

un long procès intenté par Jacques Le Coq, contrôleur des aides à Elbeuf, qui avait été insulté et maltraité par un nommé Toussaint Lebourg.

Parmi les inhumations qui furent faites en l'église Saint-Etienne pendant le premier trimestre de 1749, nous citerons les suivantes : le 5 février, un fils de Robert Flavigny, drapier, enterré en présence des sieurs Delahaize et Saint-Gilles, prêtres de la paroisse ; le 2 mars, Guillaume Manoury, perruquier, ancien trésorier, âgé de 75 ans, inhumé en présence de Bernard Manoury, curé de Saint-Paul de Fourques ; le 15 mars, Jacques Saint-Pierre, cardier, ancien trésorier, âgé de 80 ans.

Emmanuel-Maurice de Lorraine, duc d'Elbeuf, habitait ordinairement son hôtel de la rue du Regard, paroisse Saint-Sulpice, à Paris, mais il venait fort souvent dans notre bourg. Il s'y trouvait le 1er mars, et ce jour-là il y donna à loyer, pour six ou neuf années, l'octroi d'Elbeuf.

Les preneurs étaient Alexandre Kaisain, Jean-Baptiste Renault, Guillaume Corblin, Jacques Hamon, Robert Duval et Nicolas Osmont, tous aubergistes, qui acceptèrent de se conformer au tarif fixé par le Conseil le 23 juillet 1737, enregistré en la Chambre des comptes le 6 août suivant et à celles des Aides le 19 décembre de la même année, savoir : 6 deniers pour pot de vin, 3 deniers pour pot de cidre, 2 deniers pour pot de poiré ou de bière, vendus en détail ; plus 10 sols par muids de vin encavé dans le bourg. Le bail fut conclu moyennant 1.000 livres par an. Emmanuel de Lorraine signa : « Le duc d'Elbeuf ».

Quelques jours après, il donna pouvoir à

Pierre Hayet et Nicolas Flavigny de recouvrer des droits de treizième restés dûs à feu son frère Henri de Lorraine, notamment sur le sieur de Fermanel.

Par une autre procuration, il chargea Guillaume Brehain, avocat au Parlement de Rouen, de poursuivre un nommé Germaine, marchand de Rouen, qui avait fait « des entreprises sur la garenne de Cléon ».

Le duc bailla cette garenne, moyennant une ferme de 700 livres en écus, plus 270 livres payables en deniers ou en lapins à raison de quinze sols pièce.

Le 18 mars, Jacques Pollet, lieutenant du duché, faisant fonctions de procureur fiscal, par suite de l'absence de cet officier, dit aux fabricants, assemblés devant le bailli, qu'il avait appris « qu'une tentative se faisait au préjudice du droit constant qui appartenait à Son Altesse le duc d'Elbeuf, pour la voiture des marchandises fabriquées dans le bourg, dont le transport se fait par terre d'Elbeuf à Paris, lequel droit est confirmé par une possession immémoriale et nouvellement par une sentence rendue au siège dudit Elbeuf, le 3 décembre 1748 ». Pollet demanda à l'assemblée de reconnaître aussi les droits du prince ; ce qu'elle fit.

Ce même jour, on inhuma dans l'église Saint-Jean, en présence de Mathieu Flavigny, curé, Alexandre Flavigny et Laurent Lestourmy, prêtres de cette paroisse, le corps de Pierre Delacroix, drapier, ancien trésorier et premier administrateur de l'hôpital général d'Elbeuf, décédé l'avant-veille, à l'âge de 79 ans. Le lendemain, la même église reçut le corps de Nicolas Maille, décédé à l'âge de 69 ans.

Laurent Lestourmy, l'un des prêtres qui prirent le plus soin dans la rédaction des actes de baptêmes, mariages et naissances de la paroisse Saint-Jean, fit cette mention sur l'un des registres paroissiaux : « Le dimanche 30 mars 1749, a été bénite la troisième de nos cloches, pesant 1.138 livres, par Mᵉ Mathieu Flavigny, curé de cette paroisse, et a été nommée Emmanuel-Innocente par très haut, très puissant et très excellent prince Monseigneur Emmanuel-Maurice de Lorraine, duc d'Elbeuf, ancien général de cavalerie de l'empereur, pair de France ».

On inhuma dans l'église Saint-Jean, le 24 avril, Jean Maigret, avocat au Parlement de Rouen, décédé la veille, à l'âge de 63 ans.

Marie-Catherine Prevost donna à la fabrique de Saint-Jean, le 7 mai, 11 livres 12 sols de rente. — Treize ans auparavant, le 9 août 1736, elle avait déjà donné au même trésor 100 livres de rente, dont il ne devait avoir la jouissance qu'après sa mort. Marie Prevost ne mourut que le 8 mars 1782.

A cette époque, Barbe-Gabrielle-Marguerite Durand, veuve de Jacob-Thomas d'Olonne, capitaine de vaisseau à Dieppe, habitait la paroisse Saint-Jean de notre bourg.

Le 3 juin, Henri-Eustache Lemichel, déjà sergent de Bourgtheroulde, de la Londe et de Boscroger, nommé par le marquis de la Londe, prêta serment de nouveau, au bailliage d'Elbeuf, comme sergent et tabellion dans l'étendue de Moulineaux et de Grand-Couronne, fonctions auxquelles il avait été appelé par M. de Bonneval, seigneur de ces deux fiefs.

Le 30 du même mois, devant le notaire royal d'Elbeuf, « Messire Henry Emmanuel-

François-Raymond de Roquette, abbé et prieur commendataire de Saint-Hymer en Auge, demeurant ordinairement à Orival », donna à bail plusieurs traits de dîmes dont jouissait son prieuré.

Le sieur de Quercy, intendant du commerce en la fabrique d'Elbeuf, ayant annoncé son arrivée dans notre bourg, le Bureau de la manufacture décida, le 1er août, d'envoyer une députation de dix membres pour « aller le saluer et luy demander l'honneur de sa protection pour la Manufacture et s'il voulait bien accepter un repas de ladite Communauté ».

Le 9 du même mois, le Bureau de la manufacture eut à s'occuper d'une grave affaire. Il nomma deux anciens gardes « pour aller faire des remontrances à M. le premier président du Parlement de Rouen sur l'arrêt rendu le 21 juillet dernier, tendant à empescher les maistres fabriquants de donner du travail à leurs ouvriers, tant chez eux qu'à la campagne, depuis l'ouverture de la moisson jusqu'au 15 septembre, sous peine de 500 livres d'amende contre le maistre et de 100 livres contre l'ouvrier qui sera surpris travaillant aux ouvrages de la manufacture.

« Comme jeudy dernier, il vint dans cette manufacture deux cavaliers de la maréchaussée de la brigade du Bourgteroulde, avec des ordres de faire visite chez chaqu'un des maistres, pour sçavoir s'ils se sont conformés audit arrest et en dresser leur procès-verbal..., il est d'une nécessité absolue de faire les remontrances en opposition dudit arrest ; pourquoi nous avons nommé MM. Pierre Grandin l'aîné et Pierre Bourdon, pour aller à Rouen lundy prochain ».

Dans la même séance, il fut présenté une lettre du contrôleur général, en date du 21 juillet précédent, disant que les sieurs Van Robais, qui avaient le privilège de mettre à leurs draps une lisière bleue, exclusivement à toutes autres fabriques, sous peine de confiscation et de 500 livres d'amende, s'étaient plaint de ce que, de temps à autre, il entrait dans Paris des draps coiffés d'une pareille lisière. « Avertissez le sieur de Flavigny des Andelys, les fabriquants de Louviers et tous autres qui font des draps fins que s'ils s'avisent d'y mettre cette lisière, accordée seulement à la manufacture d'Abbeville, les draps et les ratines coïffés seront infailliblement arrestés et saisis, et les fabriquants condamnés en l'amende de 500 livres... »

A quelque temps de là, le contrôleur général fit savoir au bureau de la manufacture d'Elbeuf qu'il se faisait des draps d'une fabrication très défectueuse tant chez les maîtres d'Elbeuf que chez ceux de Louviers, et que des ordres très précis étaient donnés à l'inspecteur de la halle aux draps de Paris pour que, si le fait se renouvelait, les pièces fussent saisies.

A la suite de scènes sanglantes, occasionnées par deux soldats congédiés, qui s'étaient servis de leur sabre pour frapper deux ou trois habitants, le bailli rendit une ordonnance, le 19 de ce même mois d'août, par laquelle le port de sabre ou d'épée fut interdit, aussi bien de nuit comme de jour, sous peine du carcan. Cet arrêté fut imprimé, puis affiché dans les divers quartiers du bourg.

On avait appris à Elbeuf que le roi devait passer par Louviers et Pont-de-l'Arche, dans l'après-midi du 20 septembre, pour se rendre à Rouen ; cela fit cesser toute occupation dans notre bourg, et deux colonnes d'hommes, de femmes et d'enfants se dirigèrent ce jour-là sur les deux villes, mais la plus forte partie sur Louviers.

Des préparatifs extraordinaires avaient été faits par la population lovérienne ; jamais on n'avait rien vu de pareil. Des précautions inimaginables avaient été prises pour qu'il ne survînt aucun accident au roi pendant la traversée de la ville. On avait consolidé les ponts, fait visiter la couverture des maisons pour s'assurer qu'aucune tuile ne pouvait s'en détacher. Les cheminées qui n'avaient pas paru assez solides étaient déjà abattues. On alla jusqu'à retirer les heurtoirs des portes pour que leur bruit n'incommodât pas l'auguste personnage qui daignait traverser la cité.

Les habitants de la ville furent consignés chez eux, les rues occupées seulement par la milice bourgeoise, qui resta près de vingt heures sous les armes, car Louis XV n'entra à Louviers que le 21 septembre à quatre heures et demie du matin, par la porte du Neubourg, et en sortit immédiatement par celle de Rouen, sans vouloir entendre aucune harangue, ni passer par le chemin qui lui avait été préparé.

Une masse énorme de peuple bordait la route en dehors de la porte de Rouen, d'où à défaut des traits du monarque, chacun put admirer la clarté immense qui s'élevait de la ville, où, suivant les chroniques, l'on y voyait comme en plein jour.

Par acte du 25 septembre, Emmanuel de Lorraine, étant à son château d'Elbeuf, « voulant récompenser et reconnoître les services que lui avoit rendus feu Mathieu du Domaine », dont la famille habitait la paroisse Saint-Jean, constitua : à Marguerite Osmont, sa veuve, une rente de 100 livres par an ; à Mathieu du Domaine, enfant mineur de Marguerite, une rente de 300 livres ; à Jacques du Domaine, frère puîné de Mathieu, une rente de 100 livres.

Le surlendemain, pour reconnaître également les services rendus à son frère Henri de Lorraine, par feu Hugues-Joseph Levisse de Montigny, son valet de chambre, Emmanuel constitua une rente annuelle de 500 livres en faveur des trois fils du défunt, savoir : à Marie-Joseph-Alexandre Levisse de Montigny, clerc tonsuré et chanoine de la Saussaye, 100 livres ; à Aimable-Roch Levisse de Montigny, second fils, 300 livres, et à Vast-Roch Levisse de Montigny, troisième fils, 100 livres, ce qui fut accepté par Catherine-Elisabeth Roquet, veuve de l'ancien serviteur du feu duc.

Le 28 octobre, Joseph Godet, trésorier en charge, et Jean-Baptiste Berenger, prêtre de Saint-Etienne, firent marché, au nom du trésor paroissial, avec Jean-Henri Cammers, sculpteur d'Anvers, pour décorer le sanctuaire de l'église. Cammers s'engagea à finir le travail pour le 1er novembre 1750 ; mais il ne tint point parole, et en décembre 1751, il n'avait encore mis en place qu'une partie de l'œuvre commandée, malgré une avance de 700 livres qui lui avait été faite. A partir de cette époque, on ne le revit plus. Les trésoriers s'adressèrent à la justice d'Elbeuf, et le bailli, par sentence qui fut rendue le 8 mai 1753, autorisa le trésor à traiter avec un autre sculpteur et le déchargea de payer 405 livres qu'il s'était engagé à verser encore Jean à Cammers.

Le château d'Elbeuf fut, à son tour, vendu le 4 novembre, par acte passé dans notre bourg, devant Me Pierre Levalleux, notaire royal :

« Fut présent très haut, très puissant et très excellent prince Son Altesse serenissime Monseigneur Emmanuel-Maurice de Lorraine, duc d'Elbeuf, …seul et unique héritier de feu très haut, très puissant et très excellent prince Monseigneur Henry de Lorraine, quatrième duc d'Elbeuf, pair de France, son frère ; lequel a vendu… à Me Jacques-François Vallon de Boisroger, inspecteur pour le Roy des manufactures de la généralité de Rouen, demeurant en ce bourg, paroisse Saint-Jean, c'est à sçavoir :

« La maison appartenante à Sadite Altesse serenissime scize en cedit bourg d'Elbeuf paroisse de Saint Estienne, consistante en un vestibule, grand sallon, chambres, antichambres, sallons et autres appartements de fond en comble, avec les caves qui sont sous ladite maison, les pavillons, jardins et terrasses qui sont derrière et à costé de ladite maison.

« Plus un autre corps de bâtiment à usage de cuisine et d'office, avec les chambres et greniers dessus, aussy de fond en comble ; plus les cours dépendantes desdites deux maisons, puits et grille de fer servant de clôture de la cour estant devant ladite première maison, bornés d'un costé Roch Potteau, le cimetière et le presbitaire de ladite paroisse de Saint-Estienne, d. c. les héritiers de Jean Boissel et le sieur Thomas Frontin, d. b. ledit

Roch Potteau et le sieur Jean Grandin et d. b. la grande rue.

« Item une autre cour appelée la Basse-Cour avec tous les corps et tènements de bâtiments estant en icelle, à usage d'écuries, chambres, greniers, cuisines, estables, maison de jardinier, bûcher, glacière et tous autres bâtiments et jardin qui sont dans ladite cour; plus un autre jardin fesant face à ladite première maison et finalement le jardin potager estant sur la droite en descendant sur ledit jardin, le tout borné d'un costé les sieurs Louis, Jean, Jean-Baptiste et Pierre Grandin, le vivier de mondit seigneur et le sieur Pierre Flavigny; d. c. les héritiers du sieur Alexandre Martorey, la veuve de Nicolas Talon, Mr de Boucout, la rue Notre-Dame et le sieur Jean-Baptiste Dupont; d. b. le courant des fontaines de Sadite Altesse serenissime et d. b. la grande rue, ...ainsi et autant qu'il en aptient à Sadite Altesse par la succession de feue Sadite Altesse Monseigneur Henry de Lorraine, son frère.

« Est aussy du compris de la présente vente toutes les boiseries, armoires estant en icelles, lambris, chambranles de marbre, de pierre et de bois, et tous les dessus de portes enquadrés dans les boiseries qui sont dans lesdites maisons, se réservant seulement Sadite Altesse serenissime toutes les glaces enquadrées et non enquadrées, tables de marbre, pieds d'estaux, et généralement tous les meubles à Elle appartenants, pour les enlever quand Elle jugera à propos.

« Pour desdites maisons, cours et jardins en faire et disposer par ledit sieur acquéreur en toute proprietté de ce jour et n'en commencer toutes fois la jouissance qu'aprez le decez de Sadite Altesse senerissime qui s'en est retenu et réservé l'usufruit et jouissance sa vie durant, à charge de les entretenir de réparations ».

Cette vente fut faite moyennant la somme de 24.192 livres, que le duc d'Elbeuf reconnut avoir reçue le jour même du sieur de Boisroger. Les témoins de l'acte furent Pierre-Romain Jore, écuyer, conseiller du roi, seigneur du Feugueré, à Thuit Signol, et Pierre Duval, d'Elbeuf. — Le prince signa : « EMMANUEL-MAURICE DE LORRAINE, DUC D'ELBEUF ».

A la suite de cette vente, un procès faillit éclater entre l'acquéreur et Jean-Baptiste Grandin, qui réclamait, à droit de sang et lignage, la possession d'immeubles vendus antérieurement par feu Jean Grandin à Henri de Lorraine. Vallon de Boisroger évita le procès en se rendant au désir de Grandin.

Par ordre du procureur du roi, Pierre Auber, sous-brigadier de la maréchaussée, et deux hommes sous ses ordres arrêtèrent et conduisirent à la prison d'Elbeuf, le 21 novembre, un nommé Margotta et une femme Anne, qu'ils remirent à Louis Dumort, geôlier. Mais, pendant la nuit du 22 au 23 du même mois, les deux prisonniers s'évadèrent, de complicité, disait-on, avec Dumort. Celui-ci fut arrêté à son tour, par ordre du procureur du roi, en date du 25, et transféré à Rouen le 26.

La prison de notre bourg ne pouvait rester sans gardien ; Etienne Baudry, sergent du duché, fut commis d'office à l'emploi de geôlier. Mais comme cette fonction ne lui souriait pas, Baudry représenta au bailli, le 29 de ce même mois, qu'il était célibataire, ce qui lui rendait l'exercice de cette fonction impossible ; de plus, qu'il ne possédait pas d'avances et que conséquemment, il ne pourrait nourrir les prisonniers ; et enfin, il allégua que l'ordonnance royale de 1670 défendait expressément à tous sergents l'emploi de geôlier ou concierge de prisons, sous peine de 500 livres d'amende et de punition corporelle.

Devant toutes ces raisons, le bailli dut céder; il nomma Guillaume Desmieux pour remplacer Dumort, qui, par parenthèse, était encore aux prisons de Rouen en mars suivant, malgré ses protestations d'innocence.

Le 13 décembre, François-Alexandre Quesné, l'un des fermiers généraux du duché, rétrocéda à Jean Bosquier, aussi bourgeois d'Elbeuf, la ferme des droits de coutume de Routot et les rentes seigneuriales de cette baronnie, moyennant 1.500 livres par an. — Quelques mois auparavant, il avait donné à loyer le tabellionage de Boissey-le-Châtel moyennant 36 livres par an.

Le 30, étant à Elbeuf, Emmanuel-Maurice de Lorraine passa un acte dans lequel il est dit que « pour la bonne amytié qu'il porte et pour aider à la subsistance de noble dame Charlotte-Marguerite de Surville, légitimée de Lorraine, veuve de Messire Nicolas de Bellemare, chevallier, seigneur et patron du Thuit-Hébert, demeurante ordinairement à Rouen..., luy a donné la somme de 400 livres de pension viagère, payable d'an en an pendant le cours de la vie de ladite dame de Thuit-Hébert... », fille du feu duc Henri de Lorraine.

CHAPITRE VIII
(1750)

Emmanuel de Lorraine *(suite)*. — Les draps dits de « basse taille ». — Les premières machines a retordre ; opposition contre le retordage. — La rue du Moulin-saint-Jean. — Procès entre les perruquiers. — Importance des paroisses avoisinant Elbeuf et montant de leur taille.

Le 3 janvier 1750, au bureau de la manufacture d'Elbeuf, devant Jacques Louis de Flavigny, avocat à la cour, bailli d'Elbeuf, et en présence de Vallon de Boisroger, inspecteur des manufactures de Normandie, et des gardes en charge et anciens, en exécution de l'arrêt du Conseil de 1734 « aux fins de la représentation des marques anciennes et nouvelles, briser les marques anciennes et faire l'empreinte de nouvelles en marge du présent, elles nous ont été représentées — dit le bailli —, avons fait marteler et briser les anciennes et avons fait faire l'empreinte des nouvelles pour servir année présente, avec le sieur Jacques Bourdon, garde en charge... »

A l'assemblée du 14 février, on lut une ordonnance de Louis de la Bourdonnaye, intendant en la généralité de Rouen. En voici les principaux passages :

« Il nous a été représenté par le sieur de Boisroger, inspecteur des manufactures, que quoi qu'il se donne les soins nécessaires pour porter la manufacture des draps d'Elbeuf à toute la perfection dont elle est susceptible, il s'est glissé des abus qui ont donné lieu à des plaintes contre une certaine espèce de draps que l'on nomme « basse taille », lesquels n'ont ni le nerf, ni la fermeté convenables aux draps d'Elbeuf, ce qui provient souvent de ce qu'ils ont été mal tissus sur le métier, ou qu'ils n'ont pas reçu le degré de foulage nécessaire, comme aussi de ce qu'ils pourroient avoir été fabriqués avec des matières trop inférieures, desquels inconvéniens il résulte des apprêts entierrement opposés à la bonne fabrication, que la trop grande indulgence des gardes à marquer ces draperies en facilite d'autant plus la fabrication qu'il leur donne indistinctement les plombs de fabrique et de contrôle lorsqu'elles leur sont présentées, ce qui arrive particulièrement en l'absence dudit inspecteur.

« Et comme il est essentiel d'arrêter de pareils abus qui, s'il n'y étoit promptement pourvu, tendroient à la destruction de cette manufacture, qui devient tous les jours et plus considérable et plus importante... Nous ordonnons que les règlements généraux et les arrêts et règlements particuliers qui concernent la manufacture des draps d'Elbeuf seront exécutez selon leur forme et teneur.

« En conséquence et pour en assurer l'exécution, nous avons commis les sieurs Pierre Bourdon et Pierre Grandin, comme étant du nombre des anciens et des premiers fabriquants, pour assister, chacun leur semaine, avec les gardes en charge de la communauté... à la marque des étoffes qui seront présentées à la visite, comme aussi à la visite des laines...

« Jouiront lesdits sieurs Bourdon et Grandin de l'exemption du logement des gens de guerre, tant qu'ils rempliront cette fonction... »

Le registre de la Communauté des fabricants d'Elbeuf, pour l'année 1750, ne contient guère que les procès-verbaux des séances présidées par le juge de la manufacture ou par Pollet, son adjoint.

Nous y trouvons que les pièces défectueuses étaient dépouillées de leur chef et de leurs lisières, puis coupées en quatre pour être vendues par morceaux comme « coupons ou passes ». Ces coupons recevaient néanmoins la marque de la fabrique d'Elbeuf.

Une bonne partie de ce registre est consacrée à une affaire de quatre balles de laines, saisies sur Jacques Grandin, comme étant inférieures à celles autorisées par les règlements de la Manufacture.

Nous y trouvons également des contestations entre patrons et ouvriers, fabricants et foulonniers, et des réceptions d'apprentis à la maîtrise d'Elbeuf.

Nicolas-Charles de Saint-Ouen, écuyer, conseiller maître des comptes de Normandie, seigneur de la Saussaye et de Saint-Martin la Corneille, vendit, le 5 février, à Jean Gueroult, blanchœuvre à Elbeuf, la démolition d'un grand bâtiment qui se trouvait dans la cour d'honneur du château de la Saussaye, ayant servi originairement de cuisine, office, lavoir et de logement aux domestiques du duc d'Elbeuf, moyennant 1.500 livres et l'obligation de reconstruire, avec les matériaux en provenant, une maison à Elbeuf, sur laquelle le vendeur aurait une rente hypothécaire et annuelle de 75 livres.

A cette époque, François-Nicolas Pollet était doyen du chapitre de la Saussaye ; Jacques-Antoine Feste, chantre ; Thomas François Harel, secrétaire ; Jacques Dufay, Jacques-Philippe de Mirlavaud, Henri du Boille et Antoine Carré, chanoines. — Antoine Vial était maître des enfants du chœur.

Le 17, Jean Leplé, demeurant au Buquet, prit à ferme la partie des dîmes des Ecameaux située sur la paroisse de Bosnormand, appartenant à « Messire Jacques-François de Chambray, bailly de l'ordre de Saint Jean de Jérusalem et commandeur de la commanderie de Sainte Vaubourg sur Seine ». Le prix du bail fut fixé à 120 livres par an.

Le François de Chambray dont il est question, amiral de Malte, eut une curieuse et valeureuse histoire. On le considérait comme le premier marin de son époque ; il fit vingt-quatre campagnes contre les Musulmans, leur enleva onze bâtiments et près d'un million et demi de livres en numéraire qu'il fit entrer dans la caisse du célèbre ordre religieux et militaire de Malte. Il mourut en 1756.

Le 10 mars, le prince Emmanuel étant en séjour à Elbeuf, la famille Capplet lui représenta que la pièce de pré se trouvant dans l'angle formé par le Puchot et la Seine, et portant alors le nom de pré Bazile, avait été enclavée dans le domaine de son frère Henri de Lorraine, sans que celui-ci put justifier d'un titre valable, sauf un acte sous seing privé passé avec les chanoines de la Saussaye et la veuve Capplet, propriétaire du fond, par lequel le feu duc s'engageait à continuer une rente foncière de 40 livres, assise sur ce pré, au chapitre de Saint-Louis. Après pourparlers, Jean Martinet, gendre de la veuve Capplet, consentit à laisser le duc d'Elbeuf jouir, jusqu'à sa mort, de l'usufruit du pré Basile, à condition qu'il lui reviendrait ensuite et que le duc continuerait à payer la rente de 40 livres à la collégiale de la Saussaye.

Jeanne Bourdon, veuve de Nicolas Talon, conseiller du roi, contrôleur au grenier à sel de Pont-de-l'Arche, mourut le 21 avril, à l'âge de 75 ans, et fut inhumée dans l'église Saint-Jean.

Le 14 mai, Ch. Lestourmy, administrateur receveur, et Jean-Baptiste Grandin, administrateur ancien de l'hôpital, reconnurent que cet établissement devait à Alexis-Bernard Le Conte de Nonant, chevalier, marquis de Pierrecourt, fils et unique héritier d'Anne Pollet, une rente irracquittable de 55 livres, en laquelle s'était obligée Julie de Lanquetot, veuve de Louis Delarue, pour cause de fieffe d'une maison sise rue Meleuse, où était édifié l'hôpital.

Plusieurs actes de cette époque portent les signatures de Louise Bourdon de Sainte-Thérèse, supérieure ; Hélène Houssaye de Saint-Bernard, assistante ; Angélique Auber de Sainte-Catherine, zélatrice, et de Marie-Madeleine Leduc de Sainte-Scholastique, dépositaire, toutes religieuses du couvent des Ursulines d'Elbeuf.

Nous avons négligé de relever les faits de police et de justice concernant les localités faisant partie de la juridiction seigneuriale d'Elbeuf ; nous trouvons cependant le suivant dans nos notes :

Le 4 juillet, sur la réquisition du procureur fiscal de la haute justice de notre bourg, le bailli défendit sous peine de 10 livres d'amende et de confiscation des marchandises, à tout étalagiste de vendre, les dimanches et jours de fêtes, avant et après les offices religieux, devant ou à peu de distance des portes de l'église de Grostheil, exception faite toutefois des objets de consommation propres à la nourriture.

Emmanuel de Lorraine, « pour procurer une éducation convenable à Mathieu du Domaine, fils mineur de feu Mathieu du Domaine, demeurant à Pont-Saint-Pierre », lui donna, le 20 août, une somme de 2.400 livres, pour être placée en rente sur hypothèque, dont les annuités seraient payées par le duc d'Elbeuf lui-même.

Le 16, Pierre Lejeune, receveur de l'octroi d'Elbeuf, bailla à deux bouchers de Pont-de l'Arche, et cela tant en son nom qu'en celui de Claude Duhutrel, greffier du bailliage, Robert Grandin fils, Aimable Hayet et Charles Leroux, fermiers des droits d'inspection aux boucheries de l'élection de Pont-de-l'Arche, les droits de boucheries à Léry, le Vaudreuil, Port-Saint-Ouen, Tourville-la-Rivière, Igoville, Poses, Tournedos, Quévreville-la-Poterie et Alizay, consistant en 40 sols par bœuf ou vache, 12 sols par veau, 4 sols par mouton ou chèvre, plus deux sols pour livre, moyennant 1.800 livres par an.

Nous trouvons la première mention d'une machine à retordre dans une délibération du bureau de la fabrique, en date du 24 septembre 1750.

Jean Langlois, passementier à Rouen, s'était engagé « de faire monter sur sa mécanique à retordre des fils et d'y faire l'expérience du tors sur six chaînes » qui lui seraient fournies par des fabricants d'Elbeuf.

Il s'obligeait, de plus, à laisser prendre « toutes les dimensions de sa machine par tels nombres de menuisiers ou tourneurs qu'il plairoit à la Manufacture d'instruire et telles personnes que l'on souhaiteroit pour le bobinage et autres services de ladite machine, et leur donner à tous toutes les instructions nécessaires pour perfectionner l'opération, de donner la recette de la drogue qu'il employe pour faciliter le retord et pour la parer ; promettant sans aucune réserve de donner le secret pour préparer les chaines qui lui seront fournies dans le même goût que toutes celles qu'il a cy devant préparées, et que le fil en sera aussi fort et nerveux ».

Il s'obligeait encore « à prouver par ces dittes expériences que la préparation de chacque chaine ne coûtera pas au-delà de trois livres, y compris le bobinage qui concerne laditte opération.

« Ledit sieur Langlois s'engage à ce que dessus moyennant et parce qu'il lui sera payé, par laditte fabrique, la somme de 500 livres une fois payée. Bien entendu que ledit Langlois ne sera tenu que donner son temps et ses peines, et que tous les ouvriers qui seront employés avec luy pour lesdittes opérations seront payés aux dépens de la fabrique ; qu'en outre, les frais qu'il aura faits pour le transport de sa mécanique de Rouen icy et d'icy à

Rouen luy seront remboursés ; et pour sa dépense tous les jours qu'il sera résident à Elbeuf pour le travail des dittes opérations, il lui sera payé 4 livres pour chacque jour, en ce compris celle de son neveu. Laditte machine sera montée dans le Bureau de la manufacture ».

Les fabricants présents et les membres du Bureau acceptèrent immédiatement la proposition de Langlois, en présence du sieur de Boisroger, inspecteur. — Les gardes étaient alors Louis Sevaistre et Jacques Bourdon.

Un an après, le sieur de Boisroger lut au Bureau de la manufacture d'Elbeuf, une lettre de l'intendant des finances Trudaine et un mémoire envoyé à celui ci par un sieur Gaullion, sur une autre machine à retordre les filés. Trudaine désirait connaître le degré d'utilité que pouvait avoir cette nouvelle retordeuse.

Le Bureau répondit « qu'il n'étoit pas encore persuadé de l'utilité et de l'avantage de cette mécanique, n'ayant point suivy autant que l'avoient pu faire MM. Pierre Bourdon, Nicolas Lefebvre et P.-L. Delacroix, les seuls ayant fabriqué des draps provenus de la mécanique... La Communauté ne pourra se prononcer qu'après un nombre suffisant d'expériences ; pourquoi elle pensoit qu'il conviendroit que ce particulier vint continuer à faire travailler sa mécanique pour mériter la récompense qu'il demande... »

Gaullion fut envoyé par le ministre à Elbeuf, afin de continuer son travail de retordage. La Communauté des fabricants décida de prendre à sa charge tous les frais qui seraient nécessités pour cela et pour la nourriture de l'inventeur. Elle nomma douze manufacturiers, qui, à tour de rôle, fourniraient deux chaînes à Gaullion, et suivraient ses opérations, et enfin enverraient au bureau chaque pièce après sa fabrication complète. — Gaullion resta cinq mois à Elbeuf ; sa dépense de bouche se monta à 241 livres 10 sols.

Disons tout de suite que le 21 janvier 1752, Marin Sevaistre et Nicolas Lefebvre étant gardes en charge, les manufacturiers qui avaient remis des chaînes à Gaullion, pour les retordre et les ourdir en une seule opération, se présentèrent à l'assemblée des fabricants tenue devant le sieur de Boisroger.

Ils déclarèrent que « cette mécanique étoit la mieux composée et la plus perfectionnée de toutes celles qui avoient paru, tant par rapport à l'expédition que par rapport à la bonté du retord, et que les chaînes qui en étoient provenues s'étoient travaillées sur le métier avec plus de facilité que les chaînes collées ; mais que par l'examen que l'on avoit fait des pièces de drap qui ont été travaillées de cette mécanique, il a été reconnu que le retord ne peut pas dispenser de les tremper à l'ordinaire, principal avantage que l'on envisageoit, puisque les draps qui ont été retors et ensuite ébroués sans tremper (première opération du foulon) ont été reconnus fort imparfaitement dégraissés, en sorte qu'on a été obligé de faire tremper pour les dégraisser de nouveau, même après avoir été foulés ; que ces mêmes draps, pour être mal purgés de leur graisse, ont consommé moitié plus de savon que dans l'usage ordinaire ; qu'ils se sont trouvés plus durs aux apprêts, ce que l'on attribue au retord que l'on regarde comme contraire au feutrage et au garnissage, et que, conséquemment, cette mécanique est non seulement inutile à la fabrique des draps d'Elbeuf, mais même très préjudiciable ; pourquoi il a été arrêté qu'on cesseroit les dittes opérations du retord... »

La chaussée qui retient les eaux du bassin de la Rigole était alors très élevée par rapport au niveau du sol de la rue Saint-Jean, beaucoup plus bas que de nos jours, de sorte que la rue du Moulin-Saint-Jean présentait une rampe très raide.

Le 8 octobre, le procureur fiscal fit cette remontrance au bailli : « Depuis que le pavé de la grande rue Saint-Jean a été relevé, la petite rue du Moulin n'a plus d'égoût ; les eaux vont par la porte du moulin et peuvent gâter les bleds et farines. Il est même arrivé, depuis quelque mois, que les ravines et chutes d'eau, auxquelles Elbeuf n'est que trop exposé, ont charié et apporté avec impétuosité par ladite rue sept ou huit belnées de terre dans le courant d'eau au-dessous de la roüe dudit moulin.

« Cet accident pourroit être répété et le volume de terre augmenté assez pour combler entièrement ce courant d'eau et empêcher le moulin de moudre, ce qui seroit d'une conséquence extrême pour le public.

« D'un autre côté, la pluspart des voisins et occupants dans ladite rue du Moulin se plaignent de l'embarras et infection que leur cause le séjour et croupissement des eaux et l'amas des fanges et boues, et désirent le remède à cet inconvénient.

« Il n'en est qu'un : c'est d'élever le terrain et d'y faire un pavage....

« Il en résulterait d'autres avantages qui doivent également flatter le public : l'élévation en côte, qui partage la ruelle en deux près le moulin, se trouvant réduite ou beaucoup diminuée par cet exhaussement, les ouvriers qui portent ordinairement des draps à mouiller au grand vivier ne courront plus les risques, dans la saison de verglas et de gelée, de tomber à cette côte, et de se blesser, même de se tuer, comme il est arrivé cy devant à plusieurs. Enfin, les ecclésiastiques chargés du soin des âmes et d'administrer les sacrements aux malades, n'appréhenderaient plus d'y passer pour les fonctions de cette partie de leur ministère ».

Le bailli se rendit à ces raisons et ordonna que le terrain de la rue du Moulin serait exhaussé et pavé, aux frais des propriétaires y possédant des maisons.

Suivant M. Ballin, c'est surtout à partir de 1750 que se modifia la fabrication elbeuvienne, déjà améliorée depuis 1720. La constance des goûts s'était altérée peu à peu parmi les consommateurs, les étoffes moins compactes que les anciens draps d'Elbeuf obtinrent une préférence exclusive, que favorisait encore la modicité apparente des prix, « et la fabrication, en s'affranchissant de la rigueur des Règlements, s'éloigna aussi de son caractère primitif ».

Le Bureau de la manufacture se composait alors de Jacques Bourdon et Etienne Roussel, gardes en exercice, et de Pierre Dupont, Marin Sevaistre, Pierre Grandin l'aîné, Pierre Hayet, Nicolas Lefebvre, Robert Grandin, Pierre Bourdon, Abraham Frontin, Pierre Frontin, Jean-Baptiste Grandin, Jacques Grandin et

Louis Sevaistre, tous maîtres drapiers et anciens gardes, qui s'assemblèrent le 10 octobre, pour constituer, au nom de la Communauté et au profit de Roch-Aimable Levisse de Montigny, valet de chambre du duc et fils mineur de feu Hugues-Joseph Levisse de Montigny, représenté par Catherine-Elisabeth Roquet, sa mère, une rente de 55 livres, moyennant le versement au Bureau de la somme de 1.100 livres que le jeune Levisse avait réunie « par les épargnes qu'il a faite de ses appointements au service de monseigneur le duc d'Elbeuf ».

Deux jours après, la Communauté des fabricants fit un nouvel emprunt, cette fois, au jeune Mathieu du Domaine, qui versa au Bureau la somme de 2.400 livres que le duc lui avait donnée ; ce prêt fut consenti moyennant une rente de 120 livres.

Le 10 novembre, Pierre-Louis-Maxime Flavigny, chanoine de l'église cathédrale de Rouen, bailla à loyer, pour le prix de 125 livres par an, divers logements sis rue Meleuse « dans la cour vulgairement appelée la cour à la *Teste de Mouton* ».

L'ancien greffier du duché et de la haute justice d'Elbeuf, Charles Capplet, mourut à Caudebec, le 13 novembre. Son corps fut rapporté et inhumé, le lendemain, dans l'église Saint-Jean.

A cette époque, Jean Gosset, laïque, tenait une école, sise en la paroisse Saint-Jean, qui comptait un assez grand nombre d'élèves. Un autre maître d'école, Pierre Letellier, de la même paroisse, alors âgé de 60 ans, mourut l'année suivante.

Le 27 novembre, « étant au palais abbatial du Bec, ...Messire Guillaume de Boissel, écuyer, secrétaire du Roy, receveur antien alternatif des tailles de Montivilliers, seigneur baron haut justicier de Routot, la Harengère et autres lieux », donna procuration pour recevoir en son nom le remboursement d'une rente de 390 livres que lui faisaient annuellement les manufacturiers d'Elbeuf, suivant le contrat de constitution, au capital de 7.800 livres, passé à Elbeuf le 5 janvier 1746, au profit de Louis Delarue le jeune, transporté ensuite au sieur Boissel. Le remboursement eut lieu le lendemain à Elbeuf.

Les inhumations faites dans l'église Saint-Etienne en cette année furent assez nombreuses ; nous n'avons relevé que celles des suivants : 8 juin, Marguerite Flavigny, femme de Jean Grandin, fabricant de draps, âgée de 45 ans, inhumée en présence de Mathieu Flavigny, curé de Saint-Jean ; 30 août, Gilles Cizaire, « écuyer de Son Altesse Monsgr le duc d'Elbeuf », mort à l'âge de 39 ans ; 7 décembre, Joseph Godet, fabricant, décédé l'avant-veille, à l'âge de 53 ans.

Un procès, qui durait depuis longtemps entre les deux catégories de barbiers-perruquiers d'Elbeuf et était alors porté devant le conseil royal, prit fin par la convention suivante, passée à la date du 22 décembre, devant Me Pierre-Louis-François Levalleux, garde-notes du roi dans notre ville :

« Furent présents Henry Frérot, Antoine Dudoüit, Jacques-Charles Gaudu l'aîné, Ch. Gaudu le jeune, Martin Marguery, Jacques Lizé et Pierre Delaplanche, tous maîtres barbiers-perruquiers anciennement établis en cette ville, d'une part ;

« Nicolas Saint-Ouen, Pierre Arbault, Jacques Vittecoq et François-Nicolas Regardembas, aussy barbiers-perruquiers, baigneurs et étuvistes en cette ditte ville, d'autre part, assemblés pour terminer et délibérer :

« Premièrement, sur les suites du procez pendant au conseil d'Etat du Roy entre lesdites deux classes de barbiers-perruquiers, à l'occasion de la validité des lettres de chacun ; lesdits nouveaux perruquiers se soutenants érigés par Edit du mois de 9bre 1722 et l'arrest du 4e 9bre 1725, et prétendants exclurre lesdits sept anciens de l'exercice de leur métier, comme n'étans pourvus de titres à ce suffisants ; ceux-cy soutenants au contraire que, travaillants eux et leurs prédécesseurs vertu de lettres pour lesquelles ils ont financé au proffit de Sa Majesté, on ne peut leur contredire le droit de continuer ;

« Secondement, sur ce qu'à l'occasion des difficultés cy dessus et autres naissantes et indécises entre lesdites deux classes, des étrangés s'en prévallant, et quoyque sans aucun droit et sans se croire assujettis à justiffier d'aucunes lettres ou titres, prétendans pouvoir s'établir dans cette dite ville et exercer le métier de barbier-perruquier, mesme tenir boutiques : inconvéniens dont la tollérance deviendroit à charge auxdites deux classes et qu'on ne peut éviter qu'en faisant ériger dans ladite ville d'Elbeuf un corps de maîtres jurés du métier de perruquier.

« Sur toutes lesquelles questions lesdites partyes ont par ces présentes accordé et convenu ce qui suit, sçavoir :

« Que lesdits Frérot, Dudouit, Gaudu l'aîné, Gaudu le jeune, Margueri, Lizé et Laplanche jouiront comme au passé du droit d'exercer le métier de perruquier dans ledit bourg pendant leur vie, sans qu'après leur mort leurs héritiers ou ayants cause puissent user du même droit ; étant convenu, au contraire, que, pour en jouir, lesdits représentans ou acquéreurs des droits desdits anciens perruquiers seront tenus dans l'an, pour tout délay, après le décez de chacun leurs autheurs, de justifier que les titres vertu desquels ils exerceront sont aussy vallables que ceux desdits Saint-Ouen, Arbault, Vittecoq et Regardembas, faute de quoy ou au cas que leursdits autheurs n'ayent fait ladite justification de leur vivant, seront tenus de fermer leurs boutiques et quitter tout exercice dudit métier dans ledit bourg ». *Ces deux derniers mots sont barrés et remplacés par* « ladite ville ».

« ...Et d'autant que l'érection d'un corps de maîtrise dans ladite ville est d'un avantage commun, lesdits barbiers-perruquiers, tant anciens que nouveaux, s'obligent par ces présentes de faire à frais communs toutes poursuites et réquisitions nécessaires, à l'effet d'obtenir l'érection d'un corps de maîtres jurés du métier de barbier-perruquier, baigneur et étuviste dans ladite ville d'Elbeuf, pour l'obtention duquel privilège ils nomment et constituent par ces présentes lesdits sieurs Henry Frérot et Nicolas Saint-Ouen..., auxquels ils donnent pouvoir spécial de faire toutes diligences convenables...

« Et au moyen de tout ce que dessus, les partyes ont consenty que le procez d'entre elles soit regardé comme non avenu, duquel elles se sont désistées et de l'effet de la sentence de cette ville qui les renvoye au Conseil... » — Suivent les signatures.

Une pièce de cette époque nous donne les noms des confesseurs des religieuses Ursulines d'Elbeuf, de 1750 à 1754. Ce sont Jacques Girard, prêtre approuvé en 1741 ; Nicolas-Jean Bourdon, du diocèse d'Evreux, approuvé en 1749, et J.-B. Berenger.

Pour terminer ce chapitre, voici un extrait des rôles de la taille royale pour les années 1748, 1749, 1750 et 1751, concernant les paroisses, bourgs et villes des environs d'Elbeuf et quelques autres appartenant ou ayant appartenu à la maison de Lorraine. Il nous indiquera l'importance de chacune de ces localités au milieu du xviiie siècle :

LOCALITÉS	Nombre de feux	\multicolumn{4}{c}{Montant de la taille en}
		1748	1749	1750	1751

Election de Pont-Audemer

Sergenterie de Montfort-sur-Risle

		liv.	liv.	liv.	liv.
Valleville	53	700	720	730	720
Brionne	210	3750	3680	3700	3680
Montfort	90	1470	1530	1500	1480
St-Denis-des-Monts	60	1210	1250	1260	1240

Sergenterie de la Londe

La Londe	150	2600	2650	2700	2650
Bourgtheroulde	120	2490	2570	2530	2480
Infreville	108	2280	2370	2390	2350
St-Ouen de la Londe	50	970	1000	1000	980
Caumont	80	2640	2710	2730	2700
La Bouille	90	1274	1324	1340	1340
Bosc-Bénard Commin	70	1390	1430	1440	1420
St-Denis du Bosg.	110	1500	1540	1560	1540
St-Pierre du Bosg.	130	1760	1810	1820	1790
Grostheil	220	3440	3450	3480	3430
St-Ouen de Thoub.	100	2620	2690	2710	2680
Boscherville	35	1020	1050	1060	660
Bosnormand	70	1400	1440	1440	1390
Basville	25	630	660	670	670

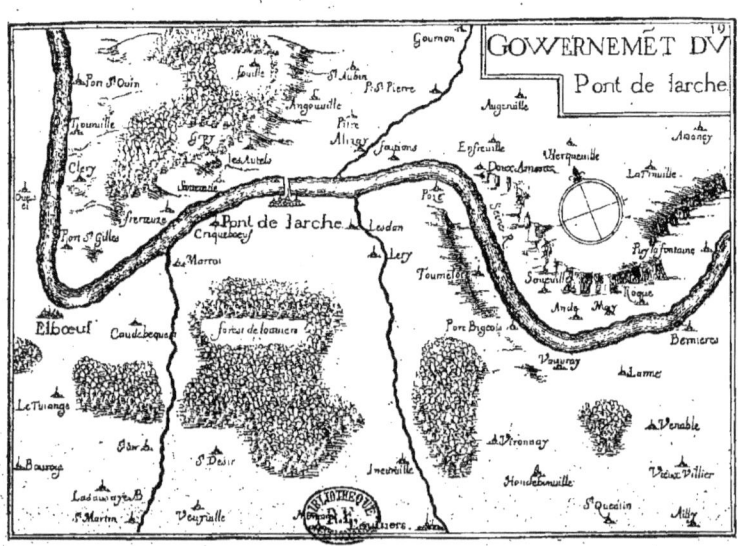

REPRODUCTION D'UNE ANCIENNE CARTE

Année 1750

	Feux	1748	1749	1750	1751
Houlbec	60	950	980	990	980
Boissey le Châtel	70	1010	1030	1040	1030
Marcouville	30	600	610	610	550
Trinité de Thoub.	80	2580	2660	2680	2640
Berville en Roumois	90	2020	2020	2020	1970
Angoville	40	830	860	860	850
Routot	150	4210	4360	4360	4240

Election de Rouen

	Feux	1748	1749	1750	1751
Boos	145	»	2400	2400	»
Grand-Couronne	190	»	2480	2480	»
Hautot	30	»	480	480	»
Val de la Haye	135	»	1400	1400	»
Moulineaux	75	»	1440	1440	»
Orival	216	»	1540	1500	»
Oissel	475	»	3800	3900	»
Petit-Couronne	284	»	2100	2200	»
Sahurs	134	»	3000	3000	»

Election de Pont-de-l'Arche

	Feux	1748	1749	1750	1751
Pont-de-l'Arche	450	1662	1710	1710	1640
Caudebec-lès-Elbeuf	420	3980	4080	4080	3960
Martot	42	390	390	390	390
Criquebeuf-sur-Seine	144	1620	1670	1670	1630
St-Pierre de Lierroult	16	70	75	75	75
Fouqueville	140	2680	2750	2750	2670
Bec-Thomas	80	893	920	920	900
Criquebeuf la Camp.	90	1700	1700	1700	1580
Limbeuf	45	760	730	730	680
La Harengère	110	1350	1390	1380	1360
St-Amand des H. T.	48	790	790	780	770
Thuit-Anger	100	1230	1265	1265	1250
St-Pierre des Cercueils	60	670	690	710	710
St-Nicolas du Bosc-As.	25	340	350	360	360
St-Ouen de Pontcheuil	16	130	130	130	130
St-Martin la Corneille	60	430	440	440	430
St-Cyr la Campagne	50	510	530	530	500
Pasquier	26	30	310	310	300
Saint-Didier	54	430	850	850	680
Mandeville	76	1155	1105	1105	1025
Crestot	120	1980	2080	2080	2000
Daubeuf	60	1450	1485	1525	1400
Cesseville	130	2160	2220	2220	2120
Vraiville	95	2100	2040	2040	1920
Montaure	200	2170	2170	2200	2140

	Feux	1748	1749	1750	1751
Tostes	90	1370	1410	1510	1390
Haye-Malherbe	180	2100	2160	1960	1820
N.-D. du Vaudreuil	150	1500	1580	1680	1680
St-Cyr du Vaudreuil	160	1910	1945	2045	2045
Tourville la Camp.	230	4420	4530	4530	4380
Louviers	1500	14870	15230	15230	15030
Quatremare	90	1270	1250	1250	1170
Surville	80	1530	1430	1450	1450
Surtauville	60	1300	1370	1390	1390
Crasville	60	720	750	760	760
Damneville	16	300	290	290	270
Elbeuf	1600	25300	25900	25900	29900
Sotteville s. le Val	90	1370	1405	1405	1390
Freneuse	110	1810	1855	1855	1780
St-Aubin-j.-Boulleng	210	2080	2080	2080	2020
Tourville-la-Rivière	140	2660	2630	2630	2600
Cléon	135	1410	1073	1172	1178
Bosc-Roger	270	3580	3670	3670	3620
Thuit-Simer	70	1210	1240	1240	1230

C'est, approximativement, par 4,5 qu'il faut multiplier le nombre des feux pour connaître la population des localités rurales à cette époque et par 3,5 pour évaluer celle des villes.

Comme on le voit, l'impôt de la taille, à Elbeuf, était considérablement plus élevé qu'à Louviers, bien que sa population ne dépassât pas beaucoup celle de la ville voisine.

CHAPITRE IX
(1751-1752)

Emmanuel de Lorraine *(suite)*. — Les barbiers sont érigés en communauté. — Défense aux fabricants de faire tisser par des femmes. — Introduction des navettes anglaises. — Une crise commerciale. — Les offices de receveurs et de controleurs. — Vente du duché d'Elbeuf au comte de Brionne ; curieux détails. — Foi et hommage pour le duché. — Un mot sur les ruines d'Herculanum.

On sait qu'il y avait déjà quelque temps que les onze fraters elbeuviens projetaient de faire ériger leur compagnie en communauté. La pièce suivante nous donnera quelques détails sur ce sujet et nous dira à quelle date et dans quelles conditions cette nouvelle maîtrise locale fut fondée :

« L'an de grâce 1751, le mardi 12e jour de janvier, au prétoire d'Elbeuf, issue de la juridiction, devant nous Jacques Pollet, avocat à la Cour, lieutenant du duché d'Elbeuf, pour l'absence de M. le bailly, en conséquence de la requête à nous présentée par les sieurs Henry Frérot, Antoine Dudouit, Jacques-

Charles et Charles Gaudu, Martin Masqueret, Jacques Lizé-Deschamps, Pierre Delaplanche, Nicolas de Saint Ouen, Pierre Arbaud, Jacques Vidcoq et François-Nicolas Regardembas, tous barbiers-perruquiers-baigneurs-étuvistes, établis en ce bourg d'Elbeuf, pourvus de lettres et titres à nous communiqués et par nous reçus à l'exercice de leur art ;

« Tendante ladite requête à ce qu'il nous plaise, ayant égard à leurs dits titres et aux statuts de la communauté des barbiers-perruquiers-baigneurs-étuvistes de la ville de Rouen, qu'ils nous ont présentés, lesquels ils entendent adopter pour s'y conformer, les agréer et leur permettre de s'ériger en corps de communauté de maîtres barbiers-perruquiers-baigneurs-étuvistes en cedit bourg, à l'exclusion de tous autres non pourvus de titres valables ; laquelle requête souscrite de notre ordonnance de ce jour d'être icelle communiquée au procureur fiscal...

« Vu ladite requête, et lesdits statuts ayant été communiqués à Mr le lieutenant général du bailliage et président au siège présidial de Rouen le 2 avril 1685, et registrés au Parlement le 12 mai 1687.

« Nous avons créé et érigé lesdits sieurs Frerot, Dudouit, Jacques et Charles Gaudu, Masqueret, Lizé, Delaplanche, de Saint-Ouen, Arbaud, Vitcoq et Regardembas en corps et communauté des barbiers-perruquiers-baigneurs-étuvistes dans ce bourg, à l'exclusion de tous autres non pourvus de titres...

« Lesquels ont entr'eux nommé pour gardes lesdits Henry Frérot et Nicolas Saint-Ouen, de laquelle nomination nous avons accordé acte et icelle agréée, et d'iceux pris le serment au cas requis d'observer lesdits statuts et de veiller à les faire observer par tous les maîtres de ce bourg d'Elbeuf, ainsi que les règlements de police... »

Jean-Nicolas Lefebvre, bourgeois d'Elbeuf, ayant obtenu, le 21 mai, du prince Emmanuel de Lorraine, des provisions pour l'office de garde-marteau dans les forêts du duché, fut admis par le bailli le 24 du même mois.

Le lendemain 25, Charles Fréret, conseiller élu en l'élection de Pont-de-l'Arche, demeurant à Freneuse, fut admis à exercer les fonctions de sergent de l'eau d'Elbeuf, s'étendant de l'ombre du pont de Pont-de-l'Arche au Gravier d'Orival, pour succéder à Jean Fréret, son père.

Emmanuel de Lorraine, pendant un séjour qu'il fit au château d'Elbeuf, dans le courant d'avril, nomma plusieurs autres de ses vassaux à divers emplois publics.

En 1751, Sevaistre et Lefebvre, gardes de la manufacture, firent saisir des laines appartenant à Maille, fabricant de flanelles et de draps, qui appela de la sentence du bureau de la fabrique. Le 9 juillet, les gardes anciens et modernes nommèrent deux d'entre eux pour soutenir le procès au nom de la Manufacture tout entière.

Quelque temps après, le sieur de Boisroger engagea les fabricants à établir de l'uniformité dans tous les draps de la Manufacture elbeuvienne, et de « leur conserver la force, la douceur, la finesse et la fermeté que doit avoir tout drap d'Elbeuf pour être en état de devenir bon, couvert, garny et susceptible des différents apprêts qui lui sont nécessaires ». A cet effet, il leur remit sous les yeux l'obligation dans laquelle ils étaient tenus de se renfermer conformément aux arrêts et règlements. Les laines prime Segovie, prime segovienne, bonne seconde Segovie et autres de même qualité devaient être seules employées.

Les fabricants répondirent qu'ils n'en employaient pas d'autres, sauf des tierce Segovie et tierce segovienne dans les meilleures qualités qui convenaient très bien à la fabrication de leurs draps. Les Anglais et les Hollandais reconnaissaient si bien la qualité de ces dernières qu'ils les recherchaient de préférence, et qu'il serait « triste pour eux qu'ils fussent privés de ces matières ». De Boisroger répliqua qu'il soumettrait ces observations au Conseil. — Le ministre répondit qu'il entendait que les Règlements fussent suivis à la lettre.

Le 21 août, la corporation des boulangers de notre bourg, réunie devant le bailli, sur la réquisition d'André Buhot et Gervais Olivier dit La Croix, gardes en charge, procéda à la nomination de deux nouveaux gardes ; Louis Hamoy et Thomas Védie furent élus et prêtèrent serment.

Adrien Cudorge et Hervé Mallet sont mentionnés tous deux comme ayant été admis au bailliage d'Elbeuf, en qualité de tabellions au Grostheil, pendant l'été de 1751. — En cette même année, Nicolas Leclerc prêta également serment devant le bailli d'Elbeuf, comme sergent à Grostheil.

Le sieur de la Bourdonnaye, intendant de la généralité de Rouen, communiqua au bailli d'Elbeuf, le 10 septembre, cette lettre du ministre Machault d'Arnouville :

« Il a été rendu, le 2 janvier 1749, un arrêt du Conseil, revêtu de lettres patentes, qui fait deffenses aux ouvriers et compagnons des fabriques et manufactures du Royaume de sortir de chez leurs maîtres sans en avoir obtenu un congé par écrit, comme aussy de s'assembler en corps et de caballer entre eux, sous peine de 100 livres d'amende et par corps.

« Il a été depuis représenté que ces amendes étant trop fortes, relativement à l'état et aux facultés de la plus part de ces ouvriers, elles pourroient occasionner des désertions du Royaume.

« Par ces considérations, le Conseil a décidé que ces amendes seront modérées à 30 livres. — Vous aurez pour agréable d'informer les juges de votre généralité de cette décision...
Machault ».

Les archives municipales conservent les « Nouveaux statuts pour la Communauté des quatre boucheries anciennes » de Rouen, datés du 15 octobre 1751. Nous ne savons à quelle cause il faut attribuer la présence de cette pièce, très intéressante à divers titres, dans les archives locales. Peut-être que les bouchers de Rouen auront voulu informer leurs confrères d'Elbeuf des prérogatives dont ils jouissaient à l'exclusion des bouchers « établis à six lieues à la ronde », ou encore que les bouchers elbeuviens, ayant eu l'intention de se réorganiser en corporation, auront voulu s'inspirer des règlements de la boucherie de Rouen.

Honorée Miège, veuve d'Alexandre Martorey, ancien adjudicataire de l'octroi, fit son testament le 25 du même mois d'octobre. Elle voulut que l'on dît à son intention une série de 367 messes, dont la première et la dernière seraient chantées ; pour cela elle faisait don de 500 livres au trésor de Saint-Etienne. Elle donna également 200 livres à l'hôpital, sans condition.

A l'assemblée des fabricants du 6 novembre, le sieur de Boisroger, inspecteur, représenta « que la cessation des travaux de la manufacture d'Elbeuf mettant beaucoup d'ouvriers tisserands, tant de la ville que de la campagne, sans travail, il auroit appris que nombre de femmes et de filles étoient dans l'usage de travailler au métier de tisserand, et que comme ces ouvriers ne peuvent subsister avec leur famille qu'autant qu'ils seroient occupés, avec d'autant plus de raison que c'est le seul moyen de les conserver et d'empêcher qu'ils ne manquent d'ouvrage, il croit qu'il conviendroit que l'on leur donnât par préférence du travail. Qu'à ce moyen, il fut défendu à tous maîtres de cette manufacture de se servir de filles et femmes pour tisser les draps ».

Le Bureau, après en avoir délibéré, arrêta : « Que les filles et les femmes ne pourront servir et travailler audit métier de tisserand que quand les ouvrages seront plus abondants. En conséquence, prie Monseigneur l'intendant de vouloir bien autoriser, etc. »

Une pièce de drap avait été saisie sur Pierre Bourdon, fabricant, comme portant des lisières non réglementaires ; mais en considération des services rendus par le délinquant, le marquis de la Bourdonnaye, intendant de la généralité, ordonna qu'elle lui fût rendue.

Vers cette époque, on commença à employer à Elbeuf des navettes dites anglaises, de l'invention de Jean Kay, dont le dépositaire dans notre ville fut Jacques Emery. Celui-ci était le seul vendeur, tant pour la fabrique de notre localité que pour celles de Rouen, Darnétal,

Andely, Louviers et autres lieux de fabrication de la généralité de Rouen. — La remise était de 15 sols par navette, et il avait seul le droit de les réparer ; mais il fit peu d'affaires. Trudaine voulut savoir pourquoi ; puis fit faire une communication au Bureau de notre manufacture :

« Il y a des ouvriers à Elbeuf qui contrefont les navettes du sieur Kay, anglais privilégié, qui les débite à un prix raisonnable par la voye du sieur Emery, avec lequel il a traité. On propose d'accorder au sieur Kay trois livres par navette qui sera faite par autres ouvriers, et d'ordonner que les navettes ne pourront être mises en usage qu'après avoir été marquées du poinçon du sieur Kay ou de son préposé, sous les peines portées par le privilège ».

Le Bureau répondit que c'était au prix de 6 livres que Kay avait vendu ses premières navettes à Elbeuf ; mais qu'il en avait ensuite porté le prix à 7 livres 10 sols. En conséquence, le Bureau pria le ministre Trudaine de fixer le prix de l'instrument inventé par Kay à 6 livres, attendu que lorsque l'inventeur était venu à Elbeuf, il avait déclaré devant tout le Bureau que si l'on voulait traiter avec lui, il se faisait fort de dresser des ouvriers qui fabriqueraient facilement pour 3 livres 10 sols des navettes de son système.

Pierre Letellier, « maistre des petites écolles » de la paroisse Saint-Jean, mourut le 22 novembre. Le soir même, on procéda à l'inventaire de son mobilier. Dans la description de sa bibliothèque, nous ne trouvons que des livres d'église ou de théologie, sauf l'Histoire de Philippe de Lorraine, duc de Mercœur.

Dans le courant de cette année, étaient morts : le 25 juillet, Jacques Leroy, drapier, âgé de 71 ans, ancien trésorier ; le 16 septembre, Marie Flavigny, veuve de Pierre Delacroix, âgée de 72 ans ; le 25 novembre, Nicolas Le Roy, drapier, ancien trésorier, et, au moment de son décès, « roy de la confrérie du Saint-Sacrement », âgé de 42 ans. Tous trois avaient été inhumés dans l'église Saint-Jean.

A Saint-Etienne, le 13 octobre, on avait enterré devant la porte principale de l'église, Louis Viart, clerc tonsuré de la paroisse, âgé de 20 ans.

Il y avait alors procès entre deux des principaux fabricants de draps d'Elbeuf, à propos de moulins à foulon sis à Amfreville-sur-Iton. Une transaction, datée du 14 décembre, mit fin au différend. En voici les principales dispositions :

Jean Delarue et Joseph Godet conviennent que « les choses resteront en l'état où elles sont et que le dessous des repairres placées aux deux pillées de l'égrilloir ou radier du moulin dudit sieur Godet serviront pour fixer l'élévation dudit égrilloir et vannes... ; que le sieur Godet, lorsque son moulin ne marchera pas, tiendra toujours au moins une de ses vannes ouvertes... Et par rapport aux intérests du passé, ils ont esté réglés par la médiation de MM. Baudouin, ingénieur, Le Courtois et Lebrun, avocats, à la somme de 800 livres que ledit sieur Godet s'oblige à payer..., au moyen de quoy, les parties s'en vont hors de cours et de procès... Fait double, le 11 décembre 1751 ».

Les scènes de désordre devenaient très fréquentes dans notre localité. Une plainte de Pierre Py, tailleur, porte que la liberté et la sûreté publiques étaient si souvent outragées à Elbeuf, que chacun devait trembler en y venant de nuit, à cause des nombreux libertins qui couraient les rues, faisaient du tapage et insultaient les passants. Des bourgeois se plaisaient à aller souper dans les cabarets, d'où ils sortaient ivres généralement et disposés à faire du bruit. Elbeuf était devenu « régence ».

Le procureur fiscal Levert encourageait le sergent de police à dresser des procès-verbaux contre les tapageurs ; mais celui-ci était impuissant à réprimer des excès qui se répétaient presque chaque nuit. Le bailli, sur la réclamation des bourgeois paisibles, obtint de faire résider une brigade de maréchaussée à Elbeuf, dans l'espoir que la présence de ces militaires aurait une heureuse influence sur la sécurité publique ; mais il fut déçu, car la gendarmerie resta d'abord casernée.

Le 28 décembre, Levert réclama que la maréchaussée fît un service de nuit et prêtât main-forte au sergent de police, afin d'arrêter les vagabonds, et coureurs de nuit, et de sévir contre les cabaretiers qui les recevraient. Le bailli Flavigny fit droit à sa demande et le calme se rétablit pendant quelque temps.

Cette année-là, François Rouvin, administrateur de l'hospice, « fit bâtir la deuxième infirmerie, proche la première, pour la commodité du service ».

Le 27 janvier 1752, Marin Sevaistre et Nicolas Lefebvre, gardes en charge de la manufacture de draperie, en vertu d'un pouvoir qui leur avait été donné par les maîtres et gardes anciens de la fabrique elbeuvienne, constituèrent au profit de Dominique Le Moine « officier de S. A. serenissime Monseigneur le duc d'Elbeuf, une partie de 250 livres de rente, remboursable en espèces d'or et d'argent sonnant, et non en billets, papier ny effets royaux..., moyennant la somme de 5.000 livres payée et nombrée aux sieurs Sevaistre et Lefebvre... »

Cet emprunt fait par la communauté devait servir « aux besoins de la fabrique ». Les fabricants d'Elbeuf étaient alors : Roussel, garde sortant de charge ; Pierre Frontin, Baptiste Grandin, M. Sevaistre, Robert Grandin, L. Caumont, Lefebvre, P. Bourdon, Jacques Bourdon, P. Hayet, Louis Grandin, F. Roussel, Pierre Grandin, A. Frontin, Pierre-Joseph Delarue, P. Dupont, Pierre Couturier, Jacques Bérenger fils, Louis Delarue le jeune, Michel Grandin, Maigret, Jean-Nicolas Le Roy, J. Godet, Nicolas Godet, Jacques Grandin, B. Delarue et Louis-Pierre de la Croix.

On inhuma dans l'église Saint-Jean, le 4 février, Nicolas Patallier, âgé de 74 ans, ancien trésorier, décédé la veille. — Le 9 du même mois, mourut Jean Lefebvre, boulanger, ancien trésorier également ; il reçut sa sépulture dans la même église.

Un acte, daté du 18 mars 1752, que possèdent les Archives de l'ancien tabellionage d'Elbeuf, est le contrat de mariage de « Christophe Colin, escuier, controlleur ordinaire des guerres à la suite du régiment des Gardes Suisses et juge verdier de la grurie du duché d'Elbeuf, demeurant à Paris, rue du Regard », avec Catherine Longuet, fille mineure « de feu Jean Longuet, officier de Sa Majesté...,

demeurant au Thuit Signol, chez sa mère ».
La future apportait une dot de 14.000 livres.
Le duc d'Elbeuf donna 4.000 livres à Colin et
s'engagea à nourrir et loger les mariés dans
son château d'Elbeuf, durant sa vie seulement
ou à leur payer, à son choix, une pension de
800 livres. Parmi les signataires du contrat,
passé au château ducal de la rue Saint-
Etienne, se trouvaient Emmanuel-Maurice de
Lorraine, duc d'Elbeuf ; Alorge, écuyer, sieur
de la Mare-Tassel, tuteur consulaire de la
mariée ; le curé du Thuit-Signol ; Le Cordier,
sieur de Matonville ; Catherine de Rocquigny,
Jore de Feugré et autres. Ce mariage était
l'œuvre du duc.

Le 22 du même mois, le marquis de la
Bourdonnaye, intendant de Rouen, désirant
réprimer des abus, défendit au bailli d'Elbeuf
d'appeler des fabricants pour avoir séance et
voix délibérative dans les sentences et jugements concernant la Manufacture, à l'exception « des deux anciens fabriquants qui sont
et qui seront à l'avenir nommés pour adjoints
de l'inspecteur ».

Un arrêt du Conseil du roi, en date du 24
avril 1752, porte réduction et modération à
la somme de 10.000 livres et les 2 sols pour
livre, celle de 10.909 livres 1 sol 6 deniers et
les 2 sols pour livre, fixée par l'arrêt du 30
juin 1733, pour la réunion au Corps du bourg
d'Elbeuf, des deux offices de receveurs et des
deux offices de contrôleurs anciens et mi-triennaux, et alternatifs et mi-triennaux des deniers
patrimoniaux d'octrois, tarif et autres revenus
du bourg, créés par édit du mois de mai 1725.
Voici un extrait des registres du Conseil
d'Etat concernant cette réduction, qui nous

fournit quelques renseignements sur la situation d'Elbeuf à cette époque :

« Sur la requeste présentée au Roy par les syndics et habitans des deux paroisses du bourg d'Elbeuf, contenant que ce bourg, qui est considérable par ses manufactures de draps n'a aucuns octrois ni patrimoniaux, en sorte que ses charges et dépenses se prennent sur le produits des droits de tarif établi dans ladite ville, pour le paiement des tailles et autres impositions, lorsque ce produit se trouve suffisant.

« Mais comme la plupart du tems ce tarif ne fournit pas de quoi satisfaire au paiement des deniers Roiaux, l'on est souvent dans la nécessité d'imposer et répartir sur les habitans ce qui peut manquer ; ladite Communauté est donc bien obligée d'avoir aucuns fonds libres, et cependant elle se voit aujourd'hui poursuivie pour le paiement d'une somme de 12.000 livres à laquelle Sa Majesté a bien voulu modérer, par arrest de son Conseil du 30 juin 1733, la finance des ofices de receveurs et de contrôleurs des octrois, tarifs et subventions...

« Il est vrai que le Roy avoit accordé aux suplians cinq années pour païer ladite somme dont 10.909 livres 1 s. 10 d. pour le principal de ladite finance et le reste pour les 2 sols pour livre ; mais les tems sont devenus si dificiles et les produits dudit tarif ont si souvent varié, qu'il n'a pas été possible aux suplians d'entrer au païement ; d'ailleurs, ils n'ont point perçu le sol pour livre en dehors de leur tarif, quoiqu'on ait pensé le contraire.

« Dans ces circonstances, un particulier se présente et ofre d'aquérir lesdits ofices pour en percevoir les taxations à son profit, ce qui oblige les suplians de se pourvoir pour empêcher que ses ofres ne soient agréées ; la Communauté ne peut cependant parvenir à cette aquisition que par la voie de l'emprunt, ce qui sera extrêmement à charge dans l'état de dépérissement où se trouve aujourd'hui la draperie, et dans la nécessité où sont les fabriquans d'entretenir à leurs frais beaucoup plus d'ouvriers qu'ils n'en ont besoin.

« Le produit du tarif d'Elbeuf diminuë à vuë d'œil, et il sera certainement moins considérable cette année qu'il n'a jamais été ; le revenu de ce tarif ne sufit pas à beaucoup près pour païer les impositions, ensorte qu'il se trouve un excédant à imposer, lequel excédant grossit de plus en plus, à proportion de la diminution du tarif ; enfin, le bourg d'Elbeuf n'a aucuns deniers libres pour aquiter les 12.000 livres..., il faudrait donc qu'il empruntât cette somme, ce qui ne seroit pas facile dans les conjectures fâcheuses où se trouve cette Communauté.

« Ces considérations semblent devoir mériter au bourg d'Elbeuf un traitement plus favorable, et les suplians prennent des arrangemens pour se libérer au plus tôt ; mais ils espèrent que Sa Majesté les autorisera à percevoir le sol pour livre en sus de leur tarif, qui servira non seulement à païer les intérêts de l'emprunt, mais même à en rembourser le capital... », etc.

Au 4 mai, Louise Bourdon dite de Sainte-Thérèse était toujours supérieure des Ursulines ; Hélène Houssaye de Saint-Bernard, assistante ; Angélique Auber de Sainte-Catherine, zélatrice, et Marie-Madeleine Leduc de Sainte-Scolastique, dépositaire. Le monastère était dans un état florissant.

Les désordres de l'année précédente se renouvelèrent avec plus d'intensité dans le cours de 1752. Le procureur fiscal constata que, presque toutes les nuits, on n'entendait que des cris dans les rues ; on arrachait les marteaux et brisait les portes, les contrevents et les étaux ; on volait les fruits dans les jardins et les volailles dans les poulaillers ; des filles et des femmes étaient insultées par des rôdeurs de nuit ; les perturbateurs du repos public allaient même par troupes, et certains d'entre eux étaient reçus à des heures indues par des cabaretiers, notamment les dimanches et jours de fête. Levert fit, en conséquence, de nouvelles remontrances au bailli, lequel ordonna le 12 juillet, de poursuivre rigoureusement les délinquants.

Par acte passé à Paris, le 20 août 1752, Emmanuel-Maurice de Lorraine, duc d'Elbeuf, pair de France, demeurant à Paris en son hôtel du faubourg Saint-Germain, rue du Regard, vendit à « Son Altesse sérénissime, très haut, très puissant et très excellent prince Louis-Charles de Lorraine, comte de Brionne et de Charny, pair et grand escuier de France, maréchal des camps et armées du Roy, gouverneur et lieutenant général pour Sa Majesté en la province d'Anjou et du Pont de Cé, grand sénéchal héréditaire de Bourgogne, chevalier des ordres du Roy, demeurant à Paris, en son appartement au palais des Thuilleries, paroisse Saint-Germain-l'Auxerrois, c'est à savoir :

« Le duché-pairie d'Elbeuf avec tous les fiefs unis et incorporés audit duché, membres et annexes d'iceluy, tous les droits, domaines, héritages, rentes et redevances qui peuvent composer ledit duché-pairie d'Elbeuf, sans aucune réserve ni exception... » Cette vente fut faite aux conditions suivantes :

« Monseigneur le duc d'Elbeuf se réserve pendant sa vie le titre de duc d'Elbeuf, pair de France, avec tous les honneurs, droits et prééminences y attachés et faculté de se faire recevoir et reconnaître en cette qualité tant au parlement de Paris qu'en celuy de Rouen ; la nomination de tous les offices et bénéfices, l'usufruit et jouissances de tous les fiefs, domaines et héritages incorporés audit duché..., de tous les droits honorifiques et utiles, et la pleine et entière perception de tous les fermages, fruits et revenus de toute nature, fixes et casuels... jusqu'au jour de son décès... »

Cette vente fut faite moyennant la somme de 650.000 livres, sur laquelle somme le comte de Brionne, acquéreur, paya immédiatement 40.000 livres devant le notaire.

Le comte de Brionne s'engageait, en outre, à payer aux représentants de feu Charles de Lorraine, grand écuyer de France, aussitôt après le décès du vendeur, la somme de 400.000 livres dont le duc d'Elbeuf s'était reconnu débiteur, par une transaction passée devant Bronod, notaire à Paris, le 19 août 1748.

Le comte de Brionne, acheteur, s'engageait encore à payer, dans les deux années qui suivraient le décès du duc d'Elbeuf, 160.000 livres à la duchesse d'Elbeuf, son épouse, mais dont il était séparé de biens, et à laquelle il avait reconnu devoir cette somme par deux actes, les 9 et 12 septembre 1748.

Pour les 50.000 livres restant, le comte de

Brionne prit l'engagement de servir : 1° une rente de 600 livres, au principal de 20.000 livres à M. de Granville ; 2° une rente de 400 livres, au principal de 8.000 livres, à Pierre-Auguste de la Faye, chevalier, constituée par contrat passé à Elbeuf, le 27 mai 1748 ; 3° une rente de 300 livres, au principal de 6.000 livres, aux représentants Gilles Sizaire, constituée devant Me Levalleux, le 6 juin 1748 ; 4° une rente de 600 livres, au principal de 12.000 livres, à Charles Gervaise, bourgeois de Paris, constituée par le duc, le 11 septembre 1748, devant Me Sauvage, notaire à Paris, et 5° une autre rente de 200 livres, au principal de 4.000 livres, à Sébastien Petit, secrétaire de la duchesse d'Elbeuf, par acte du 1er septembre de la même année, devant le même notaire.

Le comte de Brionne prit aussi l'engagement, en outre des conditions et prix de vente ci-dessus, de servir au duc d'Elbeuf une pension viagère de 9.000 livres par an.

En outre encore, le comte de Brionne s'engagea, en augmentation du prix de vente, de payer à l'acquit du duc, des rentes viagères s'élevant ensemble à la somme de 15.100 livres, à différents particuliers indiqués en un état joint à la minute du contrat de vente, à partir du jour du décès du vendeur et jusqu'au décès de chacune des personnes en faveur desquelles elles avaient été constituées.

Par un autre article, il est stipulé que le comte de Brionne ne pourrait obliger le sieur Colin, alors juge-verdier du duché, à résider à Elbeuf, et qu'il paierait à Colin 600 livres par an, dont 400 livres pour ses gages et 200 livres pour son chauffage. Et dans le cas où le comte de Brionne voudrait remercier ledit sieur Colin, il serait tenu de lui rembourser une somme de 10.000 livres que le duc avait reçue de lui comme provisions de sa charge.

Par ce même acte, la princesse « Innocente-Catherine de Rougé de Plessis-Bellière, dame marquise du Fay, baronne de Vienne le Chastel, dame de Mareuil, Glomel et autres lieux, épouze non commune de biens de mondit seigneur duc d'Elbeuf... », déclara qu'elle déchargeait le duché d'Elbeuf des droits et hypothèques qu'elle pouvait avoir dessus, à l'exception des 170.000 livres mentionnées à ce contrat de vente.

Le duc d'Elbeuf déclara que, depuis le décès d'Henri de Lorraine, son frère, il n'avait fait aucune autre aliénation ou démembrement du duché d'Elbeuf, sauf la baronnie de Routot, le château et la seigneurie de la Saussaye, et le château d'Elbeuf, qui, naturellement, ne furent pas compris dans la vente.

Ce contrat est suivi de l'état des rentes viagères qui devraient être continuées par le comte de Brionne au nom du duc d'Elbeuf. En voici quelques articles :

A Jean-Baptiste Chevallier dit Beaufort	100	livres
A Christophe Colin dit Beauséjour	350	—
A Jacques Cuvreau dit Fontenoy	200	—
A Marguerite Osmont, veuve de Mathieu du Domaine . . .	100	—
A Mathieu du Domaine dit Saint-André, son fils	300	—
A Jacques du Domaine, aussi son fils	100	—

A Marie-Joseph-Alexandre Levisse de Montigny, clerc tonsuré et chanoine de la Saussaye	100	—
A Aimable-Roch Levisse de Montigny	300	—
A Vast-Roch Levisse de Montigny	100	—
A Charlotte-Marguerite de Surville, légitimée de Lorraine, veuve de Nicolas de Bellemare, chevalier, seigneur et patron de Thuit-Hébert	400	—
A Alexandre-François de Grosley, légitimé de Lorraine, fils d'Henri de Lorraine	3000	—
A la dame de Thuit-Hébert	800	—
A la demoiselle Françoise-Henriette-Louise de Lorraine	1000	—
A la demoiselle de Maswigny	500	—
Au sieur de Routot (autre fils naturel d'Henri de Lorraine)	3000	—
Au sieur d'Harbault	1000	—
A Michel de la Reine	300	—
A Pierre Mirat dit Parissot	150	—
A Pierre Le Grix dit la Jeunesse	150	—
A Pierre Desbroux, maître d'hôtel	200	—
A Edme Gabriel, valet de chambre	200	—
A Michel de la Reine, chirurgien	300	—
A Louis Pain, domestique	200	—
A Pierre Rat, frotteur	50	—

Lecture du contrat de vente du duché d'Elbeuf fut faite à la sortie de la messe paroissiale de Saint-Jean et de Saint-Etienne, le 20 août ; de Caudebec, le 3 septembre ; de Bosc-Roger et de Thuit-Anger, le 24 septembre ; de Cléon et de Saint-Aubin, le 22 octobre.

Le 15 août, fut « ensaisiné le contrat de vente faite par S. A. le prince Emmanuel-Maurice de Lorraine, duc d'Elbeuf, pair de France, du duché d'Elbeuf, à S. A. Louis-Charles de Lorraine, comte de Brionne, chevalier des ordres du Roy, moyennant 650.000 livres, sous la réserve de l'usufruit à M. le prince d'Elbeuf, de lui payer 9.000 livres de rente viagère, de continuer après son décès, aux personnes dénommées dans le contrat, 15.100 livres de rente viagère, etc. Ledit contrat passé devant Alleaume, notaire à Paris, le 22 juin 1752... Reçu pour l'ensaisinement 30 livres ».

Anne de Biville, femme de Pierre Delarue, ancien trésorier de Saint-Etienne, mourut le 11 août ; on l'inhuma le lendemain dans l'église de cette paroisse.

L'un des actes de l'ancien notariat d'Elbeuf porte que : « Damoiselle Jeanne Onfroy, novice dans le convent des Dames religieuses ursulines,...pour seconder le pieux dessein qu'elle a d'estre religieuse dans ledit convent, où elle a pris le saint habit de l'ordre le 18 aoust 1750, voulant vivre et mourir dans ledit monastère en qualité de fille de chœur... a aumosné pour sa dot audit convent, représenté par dames Louise Bourdon dite de Sainte Thérèse, supérieure ; Hellaine Houssaye dite de Saint Bernard, assistante ; Angélique Aubert dite de Sainte Catherine, zélatrice ; Catherine Broussault dite de Saint François de Sales ; Madeleine Le Gendre de la Bretecque dite Aimée de Jésus, Geneviève Henry dite de Sainte Roze et Marie-Madeleine Le Duc dite de Sainte Scolastique, dépositaire, toutes religieuses discrètes dudit couvent..., c'est asçavoir 100 livres de rente par an qu'elle a droit de prendre sur les biens de dame Jeanne Jude, veuve de M. Adrien Galopin, après son décès... Ladite donatrice a en outre cédé audit couvent la moityé d'un billet de la seconde lotterie Royalle n° 7285, montant à la somme de 500 livres. .

« Ce fut fait et passé à la grille du principal parloir dudit couvent le 14e d'aoust 1752 ». — Suivent, chacune placée entre deux croix, les signatures des huit religieuses mentionnées en ce contrat.

Le 19 du même mois, Geneviève-Aimée Barolle, novice dans la même maison, constitua une autre rente de 50 livres au profit du couvent de Sainte-Ursule d'Elbeuf.

Par acte passé devant Me Ducy, notaire à Rouen, le 23 août 1752, le domaine du Mont-Duve, à Elbeuf, fut vendu par le sieur de Gaugy, à Vallon de Boisroger.

Cette année-là, un coupon de drap d'or fut donné au trésor paroissial de Saint-Jean, par la duchesse d'Elbeuf. On en fit un parement d'autel et un grand dais. L'ornement de ce drap d'or coûta plus tard à la fabrique 5.226 livres 10 sols.

Le 6 novembre, le bailliage royal de Pont-de-l'Arche homologua une délibération de la fabrique paroissiale de Saint-Jean, fixant le prix des chaises dans l'église. Une nouvelle sentence, sur le même objet, fut rendue le 24 août 1780, par le même bailliage.

Par acte du même jour 6 novembre, Louis Grandin, « administrateur en charge de l'hospital de ce lieu, donna à loyer à Mᵉ Nicolas-Joseph Delahaize, prestre habitué de Saint-Estienne, chapelain dudit hospital, une tènement de maisons et bâtiments avec cour et jardin qui faisoient les maisons de l'ancien hospital, sciz rue Meleuze et autant qu'en tenoient cy devant à loyer la veuve Papavoine et autres, par bail du 22 mars 1746, le tout borné des deux costés par Joseph Duruflé et François Gaillard, d'un bout la rue et Nicolas Delahaize, et d'autre bout le courant d'eau des fontaines de Son Altesse Monseigneur le duc d'Elbeuf ». Ce bail fut consenti à raison de 200 livres par an.

Jean-Nicolas Coësnon, « conducteur de la voiture d'Elbeuf à Rouen et préposé pour faire le recouvrement des droits de ladite voiture, demeurant paroisse Saint-Jean, vendit à Nicolas de Baude, Pierre Hayet et François-Alexandre Quesney, fermiers généraux des revenus du duché d'Elbeuf », la part qu'il avait dans une succession consistant en immeubles sis à Surtauville, Daubeuf, Quatremares et la Haye-Malherbe. L'acte est du 16 décembre.

Nous avons déjà parlé des rentes de six, puis de quatre boisseaux de blé par acre que les vassaux du seigneur d'Elbeuf habitant la Haye-du-Theil devaient lui payer chaque année. En 1752, un arrêt constata que, depuis plus de deux siècles, les vassaux ne payaient plus qu'une rente de blé « à raison de quinze pots et pinte le boisseau au pot d'Arques, bien inférieur à quatorze pots demion et demiard pot du Neubourg ». A la veille de la Révolution, les contestations entre les habitants de la Haye-du-Theil et le duc d'Elbeuf duraient encore.

Les *Mémoriaux* de la Chambre des comptes enregistrèrent les lettres suivantes :

« Aujourd'huy 24e décembre 1752, s'est présenté en personne par devant nous Guillaume de Lamoignon, chevalier, chancellier de France, Louis Charles de Lorraine, comte de Brionne et de Charny, pair et grand écuyer de France, chevalier des ordres du Roy, maréchal de ses camps et armées, gouverneur et lieutenant général pour Sa Majesté en la province d'Anjou ; lequel, s'estant mis en devoir et posture de vassal, a fait et rendu en nos mains les foy et hommage qu'il est tenu de rendre au Roy notre souverain pour raison du duché-pairie d'Elbeuf ses circonstances et dépendances, qu'il a acquis d'Emmanuel-Maurice de Lorraine, duc d'Elbeuf, mouvant et relevant de Sa Majesté à cause de sa couronne, et a promis de s'acquitter envers ledit seigneur Roy de tous les droits et devoirs de vassalité dont il est tenu à cause dudit duché-pairie, dont nous lui avons octroyé le présent acte sur lequel toutes lettres nécessaires seront expédiées. En foy de quoy nous avons signé ces présentes de notre main, à icelles fait apposer le cachet de nos armes et contre signer par notre premier secrétaire. — A Versailles, les jour et an que dessus », signé « de LA MOIGNON... »

Suivent les lettres du roi :

« Louis, par la grâce de Dieu Roy de France et de Navarre, à nos amés et féaux conseillers les gens tenant notre Cour des comptes à Rouen, salut.

« Notre très cher et bien amé cousin Louis Charles de Lorraine, comte de Briosne, etc... nous ayant, etc..., nous avons de notre grâce spéciale reçu et recevons notre dit cousin le comte de Briosne auxdits foy et hommage, sauf notre droit et l'autruy, vous mandons et enjoignons que si faute desdits foy et hommage et droits non paiés ledit duché-pairie d'Elbeuf, ses circonstances et dépendances, se trouvoient saisis ou arrêtés, vous ayés à en faire, comme nous en faisons à notre dit cousin, pleine et entière main-levée, à la charge par luy de satisfaire aux droits et devoirs si aucuns sont dus et si fait n'a été, et de fournir ses aveux, déclarations et dénombrements dans le tems porté par la coutume.

« Donné à Versailles le 29e de janvier l'an de grâce 1753 et de notre règne le 38e... ».

Emmanuel-Maurice de Lorraine, dernier duc d'Elbeuf de la branche aînée, après avoir vendu le duché à son petit-cousin Charles-Eugène de Lorraine, se retira à Paris, mais revint plusieurs fois à Elbeuf, où, comme on l'a vu, il avait conservé de nombreux intérêts.

Le prince Emmanuel, dit M. Maille, ne pouvait pas se plaire à Elbeuf, après s'être dégoûté des délices de Portici, son ouvrage, sa création, et sa renommée désormais inséparable de celle d'Herculanum.

Il l'avait aussi vendu. Le roi de Naples, qui en fut l'acquéreur, en fit un lieu enchanteur et tira de ses entrailles le plus beau musée d'antiquités qui existe au monde, comprenant les marbres les plus précieux, des albâtres, des quantités de statues, des colonnes, des vases, des bronzes, des tableaux et une infinité de bijoux rares.

« C'est en dînant à Portici, où une inscription les rappelle ; c'est à table, au milieu de ses amis, le verre à la main, qu'Emmanuel a improvisé les vers suivants, qui témoignent de son esprit, esprit dont il ne fit malheureusement pas usage pour sa conduite :

INSCRIPTION :

Loci genio, amœni que littoris hospitibus nymphis!
 Ut liceat aliquando bene, beate que vivere,
 At-que, inter honesta otia sive studia,
 Solidam, cum amicis, capere voluptatem,
 Emmanuel Mauritius, a Lotharingia
  Elbovianorum princeps,
  Complanato solo, satis arboribus.
  Dulcibus-que accersitis aquis,
  Hunc secessum sibi paravit.
Abite hinc urbanœ molestœ-que curœ !

TRADUCTION :

« Au génie du lieu et aux nymphes hospilières de ce rivage agréable !

« Pour qu'il y puisse passer une vie heureuse et paisible, et, dans des travaux et des distractions honnêtes, y jouir avec des amis d'un bonheur solide,

« Emmanuel-Maurice de Lorraine, prince d'Elbeuf, ayant fait niveler le sol, y ayant planté des arbres et aussi amené des eaux douces, s'est préparé cette retraite,

« Loin d'ici les peines et soucis de la ville ! »

Nous avons déjà dit que les arts, la science et l'archéologie doivent à Emmanuel de Lorraine la connaissance des ruines d'Herculanum, ville romaine ensevelie sous les laves du Vésuve en l'an 79 de notre ère, et rapporté dans quelles circonstances il fit cette inestimable découverte, qui a rempli les musées de l'Europe de monuments précieux, après avoir fait revivre l'une des plus importantes cités de la Campanie, rivale de Capoue par ses splendeurs.

RESTITUTION D'UNE VUE DE POMPÉI
(D'après le " Magasin pittoresque ")

Les fouilles, commencées en 1711 par Emmanuel de Lorraine, furent continuées, surtout de 1738 à 1770 ; interrompues ou à peu près, elles recommencèrent en 1828 et se continuèrent jusqu'en 1837.

Les objets d'art et de curiosité trouvés dans ces fouilles ont été gravés et décrits dans plusieurs ouvrages, dont le principal est celui de Barré : *Herculanum et Pompéï* (Paris, 7 vol. in-4º, avec 700 planches).

CHAPITRE X
(1753-1754)

Emmanuel et Louis-Charles de Lorraine, ducs d'Elbeuf. — Encore ees barbiers-perruquiers. — Les forces des tondeurs de draps. — Questions ouvrières. — Les poinçons, les marques et le bureau de contrôle. — L'octroi sur les laines. — Règlement pour les fabricants de cardes. — Autres affaires de la Manufacture. — Le procès Poulain.

Le nouveau duc d'Elbeuf, le prince Louis-Charles de Lorraine, comte de Brionne et de Charny, pair et grand écuyer de France, chevalier des ordres du roi, maréchal de camp, gouverneur et lieutenant-général de la province d'Anjou, gouverneur particulier de la ville et du château d'Angers, sénéchal héréditaire de Bourgogne, était âgé de 27 ans quand il acheta le duché d'Elbeuf.

Né en 1725, il était fils de Louis de Lorraine-Armagnac-Brionne, prince de Lambesc, gouverneur d'Anjou et lieutenant-général des armées royales, qui, à l'âge de dix-sept ans, avait épousé la fille aînée du duc de Duras « belle comme le jour, très bien faite, d'une tournure ravissante et riche à millions », suivant Saint-Simon, et qui avait été fait prisonnier, peu de temps après son mariage, à la bataille de Malplaquet, et était décédé en 1743. Il descendait de Charles Ier de Lorraine, duc d'Elbeuf, par : 1° le célèbre général Henri de Lorraine, comte d'Armagnac, baron de Brionne, connu sous le nom de comte d'Harcourt, dont nous avons souvent parlé ; 2° Louis de Lorraine, duc d'Armagnac, fils du précédent ; 3° Henri de Lorraine, comte de Brionne, fils du précédent ; et 4° Louis de Lorraine-Armagnac-Brionne, mentionné ci-dessus, fils du précédent.

Louis-Charles de Lorraine, duc d'Elbeuf, comte de Brionne et de Charny, avait épousé Louise-Julie-Constance de Rohan-Montauban, déjà veuve deux fois.

Nous revenons aux faits spéciaux à notre localité :

Les perruquiers avaient la prétention d'obliger les habitants de Caudebec et des autres paroisses ressortissant du bailliage d'Elbeuf à venir se faire raser chez eux, puisqu'ils s'opposaient à ce qu'aucun barbier put s'établir dans ces localités. C'est ainsi qu'ils déférèrent à la justice du duché un nommé Sanson, de Caudebec.

L'affaire fut appelée le 9 janvier 1753, à la requête de Jacques Gaudu et de Jacques Blondel, gardes en charge de la maîtrise des barbiers-perruquiers-baigneurs-étuvistes, représentés par Me Routier, avocat ; Sanson fut défendu par Me Duruffley, également avocat.

Me Routier représenta au tribunal qu'en conséquence de lettres patentes du 6 février 1725, la corporation des barbiers s'était réunie et qu'il avait été rapporté que certains individus éludaient les règlements, sous prétexte que la maîtrise ne s'étendait pas au-delà de l'enceinte de la communauté elbeuvienne, et qu'il était connu de tous que nombre de personnes, dans les localités voisines du ressort de la juridiction, exerçaient la profession de barbier-perruquier, sans en avoir le droit. L'avocat conclut en demandant au tribunal d'autoriser les maîtres barbiers en charge à entrer chez tous les particuliers soupçonnés, exerçant en boutique ou en chambre, et à faire saisir les marchandises et ustensiles de leur profession.

Nous ne connaissons pas le jugement qui fut prononcé, mais nous retrouverons plus tard une affaire semblable, sur laquelle il fut statué.

Un acte, passé en février, porte que « Louis Bataille, maître des écoles, demeurait sous les halles, paroisse Saint-Jean ».

Vers la fin de ce mois, Pierre Guilbert, maître drapier, fils d'Etienne et de Catherine Hayet, épousa « damoiselle Catherine-Thérèse de Franqueville, fille de M° Nicolas de Franqueville, escuyer, sieur de la Galitrelle, et de dame Catherine-Thérèse de Cuverville, demeurant à Saint Martin la Corneille ». La dot de la jeune fille était de 3.000 livres. Parmi les signataires du contrat nous citerons : Guilbert, chanoine de la Saussaye ; la baronne M. de Franqueville, des Cuverville, Alorge, Flavigny, Duruflé, Le Roy, Hayet, Godet, Pollet et autres membres des principales familles de notre ville.

Le 10 mars, « M° François-Nicolas Pollet, doyen et curé de la paroisse et eglize collegialle et parroissialle de Saint-Louis de la Saussaye, et M° Charles-Adrien Durand, chirurgien à Elbeuf », certifièrent que la veuve Feste, décédée en 1749 chez M° Jacques-Antoine Feste, son fils, chanoine de la Saussaye, chez lequel elle résidait depuis trente ans, n'avait pour héritier que ce prêtre, plus Pierre Feste, employé au tarif d'Elbeuf, et plusieurs petites-filles nées d'une sœur des précédents.

A cette époque, Henri-Louis Lefebvre, sieur de Malembert, capitaine au régiment Commissaire général cavalerie, fils de Nicolas Lefebvre, bourgeois d'Elbeuf, demeurait à la Trinité du Mont, au pays de Caux. Comme son père, il appartenait à la Réforme, mais on lui donnait la qualification de « nouveau converti ».

Le 23 de ce même mois de mars, étant à Elbeuf, Emmanuel de Lorraine donna à loyer, pour neuf années, aux frères Dannequin, meuniers à Aubevoie près Gaillon « la garenne de Cléon avec la maison joignante », moyennant la somme de 600 livres par an payable d'avance, plus l'obligation « de livrer vingt-quatre douzaines de lapins tous les ans à Sadite Altesse serenissime, en son chasteau à Elbeuf... Et d'autant que ladite garenne, par la negligence du fermier sortant n'est point peuplée de lapins comme elle doit l'estre, Sadite Altesse serenissime a affranchy lesdits preneurs pour et pendant la première année seulement desdites vingt-quatre douzaines de lapins... Et, en outre, en consideration dudit depeuplement, Sadite Altesse serenissime a authorisé lesdits preneurs de furter dans tous les bois et bosquets à Elle appartenants, ce qu'ils ne pourront cependant faire qu'en la presence d'un des preposés de Sadite Altesse et ce pour regarnir ladite garenne... Estant entendu que si Sadite Altesse serenissime ne se faisoit livrer de la quantité de lapins cy devant mentionnée, lesdits preneurs seront [tenus] de payer à Sadite Altesse serenissime ce qui en restera à livrer à raison de quinze [sols] chaque lapin... ».

Le 2 juillet, Nicolas Boisselier prêta serment au tribunal d'Elbeuf, en qualité de prévôt de la seigneurie de la Haye-du Theil. Il succédait à Cudorge.

Dans leur réunion du 13 de ce même mois, les fabricants décidèrent d'élever des réclamations sur une demande du sieur de Boisroger, tendant à ce que le registre sur lequel avaient été inscrits les numéros des draps marqués à la visite, depuis 1747, fut à l'avenir à demeure dans le bureau, et non chez l'un des gardes. — Ce même jour, il fut entendu que l'on ferait imprimer des billets d'invitation pour les assemblées.

« Noble demoiselle Madeleine de Postis, femme en troisièmes noces de Louis-Robert Cavelet, avocat à la Cour », mère de Jean-Baptiste Delarue, écuyer, garde du corps du roi, et d'Etienne Lamy, bourgeois d'Elbeuf, âgée de 64 ans, mourut le 28 août ; on l'inhuma le lendemain dans l'église Saint-Etienne.

Le 4 octobre, l'assemblée des fabricants, convoquée par billets « selon l'ancien usage que l'on a repris pour plus d'ordre », entendit le sieur Rolin dit Petitjean, « forgeron pour les forces », demeurant à Sedan, lequel venait proposer « de transférer à Elbeuf son établissement pour la commodité de cette manufacture aux conditions suivantes :

« Il luy sera donné par la communauté des fabriquants une somme de 650 livres pour son déplacement, frais de transport de ses meubles, outils, etc., payable le lendemain de son arrivée à Elbeuf.

« La communauté luy fournira un logement suffisant tant pour son travail que pour luy, sa famille et ses ouvriers.

« Tous les maîtres de cette communauté luy donneront la préférence pour l'achapt des forces dont ils auront besoin, toutes choses étant égales.

« Moyennant quoy le sieur Rolin s'engage à venir à Elbeuf avant Pasques prochain et de fournir à tous les maîtres de cette manufacture ses forces prestes à travailler au prix de 60 livres la paire ; de garantir chaque force pendant six mois, pourvu que pendant ces six mois elle ne passe par les mains d'un autre émouleur ; de ne point fournir de forces à d'autres manufactures qu'au préalable celle d'Elbeuf en soit pleinement fournie ; d'émoudre lesdittes forces au même prix que l'on paye aux autres émouleurs ».

La proposition, ayant été mise en délibération, fut acceptée par la communauté, en se réservant toutefois la liberté, quant au logement, « de le fournir en essence ou de payer à Rolin une somme de 200 livres à la fin de chacune des trois premières années » ; ce qui fut accepté par l'autre partie.

Le 26 octobre, à Elbeuf, « Pierre-Nicolas Flavigny, avocat à Paris, héritier pour un tiers de feu Antoine Flavigny, son frère, ancien receveur des domaines de la reine de Hongrie à Poperingues en Weste-Flandre », vendit à ses frères, Louis-Charles-Alexandre

Flavigny, prêtre habitué de la paroisse Saint-Jean, et à Jean-Louis-Charles Flavigny, avocat au Parlement de Normandie, demeurant à Rouen, la part en tiers qui lui appartenait dans la succession d'Antoine.

Suit un extrait des registres de la Manufacture royale d'Elbeuf :

« Ce jourd'huy mardy 30 octobre 1753, en l'assemblée des maîtres de la Manufacture..., lecture a été faite par les gardes de l'arrêt du Conseil d'Etat du 15 septembre 1731, qui ordonne qu'il sera établi un bureau de contrôle à Elbeuf, dans lequel les draps et autres étoffes des fabriques d'Elbeuf, de Louviers et d'Orival seront apportez pour y être vus, visitez et marquez en présence de l'inspecteur des manufactures, par les gardes jurez des fabriquans d'Elbeuf ;

« Il a été unanimement observé que ledit arrest ne fait mention d'aucune augmentation d'appointemens pour l'inspecteur, que conséquemment la délibération du 1er avril 1732 qui accordoit à M. Chrestien, alors inspecteur d'Elbeuf, une augmentation de gages de 100 pistoles par année, n'avoit point été réfléchie ; que la Communauté se trouvant chargée de sommes considérables à payer tous les ans, il convenoit prendre des mesures pour obtenir la décharge d'une partie ».

L'assemblée chargea les gardes en exercice de rédiger et d'aller porter à l'intendant de la généralité un mémoire tendant à faire décharger la Communauté des 100 pistoles qu'elle avait continué à payer jusqu'en 1753 à l'inspecteur.

A la réunion du 8 novembre, il fut représenté par les gardes :

« 1° Que les maîtres, quoy qu'avertis par billets, se dispensoient, pour la plupart, de se trouver aux assemblées, en sorte que les affaires de la Communauté les plus urgentes demeuroient quelquefois indécises.

« 2° Qu'il passoit fréquemment par Elbeuf des laines que les fabriquants de Rouen et de Dernétal fournissent aux ouvriers des villages limitrophes de cette manufacture et qu'il en pouvoit résulter des abus très préjudiciables à cette manufacture, puisqu'il pouvoit arriver qu'une partie considérable de ces laines grossières restassent et fussent employées dans Elbeuf.

« 3° Que lesdits fabricants de Rouen et de Dernétal, ne fournissant point de cardes à leurs ouvriers, il pouvoit arriver que les nôtres abusassent des cardes que nous leur fournissons ; à quoy il est important de remédier ».

Les membres présents autorisèrent les gardes :

« 1° A présenter une requête au bailly d'Elbeuf, juge de la manufacture, tendant à ce qu'il luy plaise renouveller l'ordonnance du 16ᵉ janvier 1698, qui condamne en 6 livres d'amende chaque maître qui, ayant été dûment averti, se dispensera, sans cause légitime de maladie ou d'absence du bourg, de se trouver aux assemblées.

« 2° A demander à Monseigneur l'Intendant qu'il luy plaise, pour obvier aux abus qui peuvent résulter de l'introduction des laines des fabriquants de Rouen et de Dernétal dans Elbeuf, ordonner que lesdits fabriquants seront tenus de faire accompagner leurs laines destinées à passer par Elbeuf, d'une déclaration signée de chaque maître à qui elles appartiendront et des gardes, laquelle déclaration sera représentée par l'ouvrier au garde visiteur d'Elbeuf, et que les ouvriers soient tenus de représenter au même garde le fil lorsqu'ils le reporteront au maître.

« 3° Et pour ce qui regarde l'abus des cardes, l'on a remis à en délibérer dans une assemblée générale ».

Le procès-verbal suivant, également extrait du registre des délibérations de la Communauté des fabricants, va nous laisser entrevoir l'état des relations entre une partie des patrons et des ouvriers de la fabrique, au milieu du xviiie siècle.

« Ce jourd'hui mercredy 14e novembre 1753 en l'assemblée générale de tous les maîtres de la manufacture... s'est présenté le sieur Jacques Henry fils, l'un desdits maîtres, lequel a donné à la Communauté communication d'une sentence rendue le 20e octobre dernier, par le juge de cette manufacture, entre luy et le nommé Mathieu Osmont, son ouvrier, et d'une requeste présentée par ledit Osmont à Monseigneur de la Bourdonnaye, intendant de Rouen dont copie ensuit :

« ...Supplie humblement Mathieu Osmont,
« ouvrier cardeur de laine en la manufacture
« de draps du bourg d'Elbeuf, et vous re-
« montre que depuis un an qu'il travaille pour
« le compte du sieur Henry, maître de ladite
« manufacture, mais que ne pouvant y sub-
« sister par raport à trois enfants qui sont
« employés chez luy à filer de la laine, ledit
« sieur Henry ne leur paye que six sols six
« deniers de la livre pour leur filage, pendant
« que les maîtres de Rouen payent huit sols
« de la livre.

« Le suppliant s'est retiré vers ledit sieur
« Henry luy ayant représenté que ses enfants
« ne pouvoient pas vivre sur ce prix, il de-
« manda son billet de congé. Ledit sieur Henry
« luy refusa. En vain que le supliant se plaignit
« au bureau de ladite manufacture ; ils sont
« tous drapiers et se rendent les maîtres des
« pauvres et les tiennent sous leurs loix. Il
« n'y a cependant pas d'esclaves en France ;
« il n'y a aucuns maîtres de manufactures
« qui puissent refuser de billet de congé aux
« ouvriers quand ils sont bien fondés : c'est
« ce qui est tous les jours observé et décidé
« devant Votre Grandeur.

« Ce considéré, Monseigneur, il vous plaise
« ordonner que ledit sieur Henry sera tenu de
« donner un billet de congé au supliant, et
« vous ferez justice ».

Et en marge est écrit : « Soit communiqué
« au sieur Henry pour y répondre et dire par
« écrit les raisons qu'il a de refuser le billet
« de congé demandé... Signé : DE LA BOUR-
« DONNAYE ».

« Ledit sieur Henry fils a ensuitte observé
que, depuis quelque temps, nombre d'ouvriers
cherchoient à secouer le joug des loix et règlements établis par le Roy et son Conseil
pour la police des manufactures ; qu'il convenoit prendre de justes mesures pour arrester
le progrès du mal, et a conclu en demandant
qu'il plût à la Communauté de luy donner
adjonction pour répondre à ladite requeste ».

L'assemblée admit ces conclusions et chargea en outre Henry fils « de représenter, tant
en son nom qu'en celuy de ladite Communauté, à Monseigneur l'Intendant, les abus
très considérables qui résultent de l'esprit

d'indépendance qui commence à régner chez la plupart des ouvriers de cette manufacture ».

Dans une réunion du bureau, tenue le 27 du même mois, le sieur de Boisroger, inspecteur, demanda que « les poinçons servant à appliquer la marque de controlle sur les balles, que les sieurs gardes ont actuellement chez eux, soient déposés au bureau de la manufacture, comme le sont ceux qui servent à donner les mêmes marques de controlle et celles de fabrique, à l'effet d'y être pareillement renfermées sous trois clefs ; au moyen desquelles précautions, il pense que l'objet pour lequel cet établissement a été fait se trouvant remply, les personnes proposées pour le faire exécuter seront beaucoup plus que par le passé en état d'en faire un service aux vues que le ministre s'est proposé ».

La proposition du sieur de Boisroger fut soumise à l'assemblée générale des fabricants, le 4 décembre. Il fut dit par Lefebvre, garde en charge, au nom de la Communauté, « qu'elle ne pouvait déférer à un acte aussy informe que celuy de la délibération du 1er avril 1732, contre lequel elle se pourvoit par devant Monseigneur l'Intendant de la généralité ; qu'il lui semble même qu'on auroit dû attendre la décision de cette affaire avant que de rien changer dans la manière dont s'est fait jusqu'à présent le service du contrôle ; que laditte Communauté n'entend pourtant pas apporter le moindre obstacle à l'exécution de l'arrest du 15 septembre 1731, mais qu'elle se réserve à ses représentations en cas d'inconvénient dans les changements que M. de Boisroger se propose de faire, relatifs audit arrest du 15 septembre 1731 ».

Le sieur de Boisroger répondit que puisque la Communauté prenait le parti de s'arrêter aux dispositions de l'arrêt du 15 septembre 1731, portant établissement du bureau de contrôle à Elbeuf, et qu'elle paraissait rejeter les mesures qu'elle avait prises en conséquence, par la délibération du 31 mars suivant, quoique autorisé par l'ordonnance de M. de Gasville, il pensait qu'il était naturel que non seulement il en fut rendu compte au ministre, mais que, pour que ce service ne put souffrir du retard qu'il y aurait en attendant ses ordres, il exigeait, soit que l'on prît le parti d'apporter les balles au bureau, pour y être marquées du plomb de contrôle, soit que cette même marque fut donnée chez le fabricant ; il exigeait, disons-nous, que les poinçons déposés chez les gardes fussent remis le jour même au bureau de la manufacture, pour y demeurer avec les autres ; et que faute par les gardes d'y satisfaire, il protestait dès à présent de nullité contre tout ce qui pourrait être fait contre ces dispositions.

L'inspecteur ajouta que non seulement il arrêterait les balles quoique marquées de ces coins, mais qu'il refuserait de se prêter au service du contrôle des draps, jusqu'à ce qu'il en fut autrement ordonné par le ministre ou par l'intendant, le pourvoi de la Communauté n'étant pas un motif pour se refuser à remplir les dispositions des règlements.

Les gardes déposèrent provisoirement au Bureau les poinçons servant à contrôler les balles, mais seulement « pour éviter les inconvénients des menaces violentes de M. de Boisroger, sans toutefois que ce dépôt pût leur préjudicier en rien ni à la Communauté, parce qu'ils se réservoient formellement à faire et leurs réflexions et leurs représentations sur l'arresté de M. de Boisroger ». — Suivent les signatures des fabricants d'Elbeuf.

Le contrat de mariage de Pierre Manchon d'Estrées, seigneur de la Planche, l'Espiney, Hébermesnil et autres lieux, fils de feu Pierre Manchon, seigneur des mêmes fiefs, avec Marguerite-Julie Bourdon, fille de Pierre Bourdon, bourgeois d'Elbeuf, fut signé dans notre ville le 15 novembre. La future avait une dot de 15.000 livres, plus 1.500 livres d'effets mobiliers et d'habillement.

A cette époque, Jean-Nicolas Letellier, émouleur de forces à tondre les draps, était échevin de la Charité de Sainte-Croix à Saint-Etienne. Anselme-Louis Lesourd, fils d'un autre émouleur de forces, nommé Nicolas Lesourd, récemment décédé, était curé de Vitrey, au diocèse de Chartres.

Des difficultés surgirent entre le chapitre de la Saussaye et le duc d'Elbeuf, seigneur patron, au sujet de l'élection du doyen, en remplacement de Pollet, décédé le 21 octobre 1753. Nous lisons sur les registres des Délibérations capitulaires : « Comme Son Altesse a pris cette affaire trop à cœur, jusqu'à user de menaces, le chapitre, tout considéré, a cru devoir suivre l'exemple des chanoines de l'an 1585, qui en pareil cas déclarèrent que si le prince vouloit nommer le doyen d'autorité et de fait, ils n'entendoient point y résister, vu qu'ils ne le pouvoient, protestant cependant que cet exemple ne préjudiciera point le droit que le chapitre a de nommer son doyen ». Cette délibération est du 3 décembre 1753.

Dans la réunion du Bureau de la manufacture tenue le 6 décembre, l'inspecteur de Boisroger lut une lettre qui lui avait été adressée par le ministre Trudaine, ainsi conçue :

« Je vous envoye, Monsieur, un mémoire des fabriquants de Louviers. Ils prétendent que la lisière rouge, qu'ils sont en usage de mettre aux chefs de leurs draps, étant commune à plusieurs autres fabriques du Royaume, ils n'ont plus de marque distinctive qui les fasse reconnoître d'avec ceux des autres manufactures. Ils demandent, en conséquence, de jouir seuls du privilège d'avoir cette lisière, sous prétexte qu'étant astreints à ne fabriquer que des draps fins, il ne convient pas qu'ils soient confondus avec d'autres d'une qualité inférieure.

« Comme ce mémoire me paroit avoir principalement en vue les fabriquants d'Elbeuf, je vous prie de le communiquer à ces fabriquants, et de m'envoyer la réponse qu'ils y feront, en me mandant ce que vous pensez à ce sujet... — TRUDAINE ».

Le mémoire des fabricants de Louviers fut transcrit sur l'un des registres de la Communauté des fabriquants d'Elbeuf conservés aux archives de notre ville ; mais nous ne savons quelle réponse fut donnée au ministre.

Robert Grandin et Pierre Hayet, anciens gardes, furent nommés, le 24 décembre, par l'Intendant de la généralité, pour exercer l'inspection au Bureau de la manufacture d'Elbeuf.

A cette époque, Louis Grandin, drapier de la paroisse Saint-Etienne, exerçait les fonctions de lieutenant à la haute justice du duché et d'administrateur de l'hospice. — Il mourut le 5 novembre 1780.

En 1753 et pendant les années qui suivirent, des contestations s'élevèrent entre le duc d'Elbeuf et le sieur de Boucout, à propos du patronage et de la cure de Criquebeuf-sur-Seine. — L'inventaire des titres de l'abbaye de Bonport mentionne une dizaine de pièces relatives à ce procès.

L'état et répartement de la somme de 289.718 livres sur tous les bénéficiers, corps et communautés du diocèse de Rouen, publié en 1754, porte que la cure de Saint-Etienne paiera 57 livres, le chapelain de « Saint Félix et Saint Chaux » 10 livres, et les Ursulines d'Elbeuf 50 livres.

Le 2 janvier 1754, devant le notaire d'Elbeuf, « messire Pierre-Marc-Antoine de Languedor, marquis du Bec-Thomas, comte d'Averton et président à mortier au Parlement de Rouen », reçut les excuses que lui fit François Lucas, fils du meunier du Bec-Thomas, vassal et fermier du marquis, pour les insultes et outrages qu'il avait adressées à son seigneur « et reconnut qu'imprudemment, méchamment et dans l'excès du vin, il avoit manqué au respect qu'il doit audit sieur président du Bec-Thomas, vomi contre lui des injures atroces et commis autres excès par parolles et par gestes tant en sa présence qu'en son absence, dont il se repend et luy demande pardon, reconnoissant avoir encouru les peines les plus graves, pourquoy il le supplie de lui faire grâce ».

Le marquis exigea que François Lucas quittât, le jour même, le moulin du Bec-Thomas, sans pouvoir jamais y faire sa demeure, pas plus que dans l'étendue des fiefs et seigneuries de son domaine ; que Lucas s'engageât à ne pas louer de moulin, de ferme ni de maison dans un rayon de quatre lieues du Bec Thomas, sous peine de 3.000 livres d'amende et de dommages-intérêts applicables à la volonté dudit seigneur, ce que Lucas accepta ; il consentit encore à verser immédiatement 100 livres.

Une compagnie au moins de dragons du régiment royal était en garnison à Elbeuf, en janvier de cette année.

Etant à Elbeuf, le 24, le prince Emmanuel bailla à loyer pour neuf années, à Nicolas Lefebvre, maître drapier, « les octrois et deniers communs de cedit bourg, appartenants à Sadite Altesse serenissime », moyennant 1.000 livres par an.

Le lendemain 25, Louis Grandin, administrateur de l'hôpital, bailla à loyer à Nicolas-Joseph Delahaize, prêtre habitué à Saint-Etienne, les tènements, maisons, masures, cours et jardins acquis par l'hôpital, des sieurs Davoust et Louis Flavigny, chanoine de Rouen, et des bâtiments situés « dans la cour de la *Teste de Mouton*, rue Meleuze » ; ce bail fut consenti pour le prix de 650 livres par an.

Le 28 de ce même mois, Louis de la Bourdonnaye, intendant de Rouen, rendit l'ordonnance suivante :

« ... Vu : l'arrest du Conseil d'Etat du Roy 1731, portant établissement d'un bureau de contrôle à Elbeuf, dans lequel les draps et autres étoffes des fabriques d'Elbeuf et d'Orival seront apportées pour y être vues, visitées et marquées, en présence de l'inspecteur des manufactures, par les gardes jurez des fabriquants dudit Elbeuf, du plomb de contrôle dudit bureau... ;

« L'ordonnance sur ledit arrest de M. de Gasville, cy devant intendant en la généralité de Rouen, du 28 septembre 1731 ;

« La délibération des députez de la Communauté des fabriquants d'Elbeuf, contenant les arrangements convenables pris avec le sieur Chrestien, inspecteur des manufactures, pour l'établissement du bureau de contrôle ordonné du 1er avril 1732.

« L'ordonnance de M. de Gasville du 3 avril 1732, par laquelle il est ordonné que laditte délibération sera exécutée en tout son contenu, à l'exception de l'article où il est employé que la marque du contrôle sera imprimée sur les quatre côtés des balles, comme n'étant point conforme à ce qui est prescrit par l'arrest, qui ordonne, au contraire, que les balles seront cordées et plombées du même plomb de contrôle que celui appliqué sur ce drap, ce qui sera exécuté, enjoint au sieur Chrestien de tenir la main exactement à l'exécution dudit arrest, auquel il aura soin de se conformer, et ordonne que touttes les années, à commencer du 1er mars dernier, il luy sera payé par les gardes en charge de laditte manufacture, la somme de mil livres d'augmentation d'appointements...;

« Notre ordonnance du 10 aoust 1740, par laquelle il est, entre autres choses, ordonné aux gardes jurez des fabriquants de Louviers de tenir un registre... dans lequel sera enregistré de suitte par date d'année, mois et jour, sans aucun blanc ny interligne, le nombre des pièces de drap qui y auront été visitées et marquées chaque jour, en désignant la qualité des draps et en distinguant les pièces qui seront marquées d'avec celles qui seront saisies, enjoint au sieur de Boisroger, inspecteur des manufactures, de tenir la main à l'exécution de la présente ordonnance ;

« La requeste à nous présentée par les gardes de la Communauté des fabriquants d'Elbeuf, expositive que par aucun arrest ny par leurs règlements, ils ne sont point obligez de tenir un registre de tous les draps qui sont présentés à la visite ; que d'ailleurs ce registre n'est d'aucune utilité pour l'exactitude du service, ny pour le bien particulier de la Communauté, et que quand bien même ils y seroient obligez par quelque raison que ce put être, l'augmentation d'appointements dont le sieur de Boisroger jouit et les conditions auxquelles elle a été accordée, en déchargeroit la ditte Communauté et y engageoit formellement l'inspecteur. Pourquoy concluent à ce qu'il vous plaise ordonner que le sieur de Boisroger tiendra ou fera tenir ledit registre, s'il le juge nécessaire, ou qu'il renoncera à l'augmentation de 100 pistoles d'appointements à luy accordée.

« Le mémoire à nous présenté par le sieur de Boisroger... par lequel ledit sieur inspecteur fait connoître la nécessité de tenir un registre dans le bureau de fabrique, et que les gardes jurez de la Communauté sont tenus de le faire conformément aux dispositions des règlements généraux et particuliers des manufactures du Royaume, établit la différence qu'il y a entre le bureau de fabrique et le bureau de contrôle, que les fabriquants semblent vouloir confondre ; il explique les motifs de la délibération du 1er avril 1732 et de l'ordonnance du 3 du même mois, rendue par M. de Gasville, qui confirme l'augmentation d'appointements du sieur inspecteur portée à 1.000 livres ; il rend compte des circonstances qui ont déterminé notre ordonnance du 10 aoust 1740, renduc pour faire tenir les registres dans les fabriques de Louviers et d'Elbeuf ; et après avoir fait sentir combien il est important, pour la fabrique, que le registre d'icelle soit tenu avec toutte l'exactitude possible, il propose et conclut qu'il soit ordonné... que le registre sera tenu au bureau de fabrique, par les gardes, et que l'enregistrement des pièces de drap s'en fera immédiatement après la visite que l'on aura faitte de chaque pièce... et qu'au surplus l'ordonnance soit rendue commune à touttes les manufactures de la généralité ;

« Les différentes requestes à nous présentées et après avoir entendu les anciens gardes de la Communauté des fabriquants d'Elbeuf ;

« Vu aussy les différents règlements généraux et particuliers concernant les fabriques et les manufactures de draps et autres étoffes de laine dans touttes les provinces du Royaume, et attendu que tous lesdits règlements établissent d'une manière claire et précise la destination des bureaux de fabrique et de contrôle, et pareillement la nécessité de tenir un registre dans chacun des deux bureaux..., et que cela s'est toujours pratiqué au bureau de la fabrique d'Elbeuf, soit avant l'établissement du bureau de contrôle soit après, notamment depuis notre ordonnance du 10 aoust 1740 ;

« Attendu aussy qu'il nous paroit nécessaire, soit pour l'intérest des manufactures et des communautés des fabriquants, soit pour éviter toutes les difficultés à l'avenir, régler et de fixer la forme dans laquelle les registres des bureaux de fabrique prescrits devront être tenus par les gardes jurez des fabriquants ;

« Vu aussy les ordres du Conseil à nous adressez par la lettre de M. de Trudaine, intendant des finances, le 26 de ce mois ;

« Nous ordonnons que les règlements généraux et particuliers des manufactures et notre ordonnance du 10 août 1740 seront exécutez..., et, en conséquence, que dans le bureau de la fabrique d'Elbeuf, il sera tenu par les gardes jurez en exercice des fabriquants dudit Elbeuf un registre... indiquant le nombre des pièces de draps et autres étoffes qu'ils auront visitées chaque jour, en distinguant la qualité desdits draps et autres étoffes, les noms des fabriquants qui les auront présentées à la visite, celles qu'ils auront marquées et celles qu'ils auront saisies...

« Ordonnons pareillement que le registre du bureau de contrôle, distinct et séparé de celuy du bureau de fabrique, continuera d'être tenu en la forme prescritte par lesdits règlements...

« Ordonnons au surplus que l'ordonnance du 3 avril 1732 sera exécutée dans tout son contenu, notamment en ce qui touche l'augmentation d'appointements du sieur inspecteur, qui continuera d'être payé par provision et jusqu'à ce qu'il en ait été autrement ordonné par le Conseil... »

Le corps des fabricants se soumit à cette ordonnance et commença immédiatement le registre imposé ; mais le 7 février, les gardes en exercice exposèrent à l'intendant qu'ils trouvaient empêchement à l'exécution de celle du 3 avril 1732. Ils ne voyaient pas, dirent-ils à M. de la Bourdonnaye, qu'il fut possible d'exécuter cette ordonnance sans contrevenir aux arrêts des 14 décembre 1728, 5 décembre 1730 et 15 septembre 1731, et notamment à l'article de l'arrêt de 1730, puisqu'il confirmait l'obligation contractée par l'inspecteur, comme chargé du service de contrôle, de se transporter toutes les fois qu'il en serait requis chez chacun des fabricants ayant des balles à contrôler, obligation qui supposait que l'inspecteur n'avait pas besoin, pour le contrôle, du concours des gardes.

Ils ajoutèrent que le sieur de Boisroger, qui sentait si parfaitement que le soin de contrôler les balles regardait indispensablement les jurés, leur avait proposé de l'accompagner chez les fabricants ; mais qu'il ne paraissait pas savoir qu'un garde avait lui-même sa fabrique à diriger, et qu'il ne lui était pas possible, comme à l'inspecteur, d'aller de maison en maison pour faire le service du contrôle, et d'autant moins que ce travail de contrôle tombait précisément les jours où chaque fabricant était le plus occupé chez lui.

Ils firent également connaître à l'intendant que l'inspecteur, pour se venger de la demande en suppression des 1.000 livres d'augmentation présentée par la Communauté, défendait maintenant aux gardes de conserver chez eux les coins servant à contrôler les balles et les avait obligés à les déposer au Bureau de la manufacture et à les enfermer sous trois clefs, sans même attendre qu'on ait statué sur les difficultés qui s'étaient élevées entre lui et la fabrique ; de sorte que, depuis le 4 décembre précédent, on apportait au Bureau toutes les balles qui avaient besoin de la marque du contrôle.

Le 9 juin suivant, les gardes exposèrent à l'intendant que la saison des fortes expéditions pour Lyon, la province et l'étranger était proche, et que l'obligation de présenter les balles au bureau pour les faire contrôler était gênante pour la fabrique, parce que ce bureau était éloigné de l'endroit où se chargeaient les marchandises.

Ils croyaient qu'il ne pouvait surgir d'inconvénient à choisir un endroit à proximité du quai, par lequel passaient nécessairement toutes les balles, puisqu'elles étaient expédiées par la voie fluviale, pour y déposer les coins du contrôle; cela épargnerait, disaient-ils, des frais assez considérables à la Communauté.

Ils avaient entretenu le sieur de Boisroger de leur désir, mais l'inspecteur ne voulait rien modifier sans un ordre de M. de la Bourdonnaye. En conséquence, ils suppliaient l'intendant de bien vouloir donner des ordres nécessaires, pour une plus grande commodité de la manufacture, qui se trouvait alors « dans le cas plus que jamais de tirer à l'économie ».

Les gardes terminèrent leur requête ainsi : « Nous avons eu l'honneur d'exposer à Votre Grandeur les raisons qui empêchent les gardes de se transporter chez chaque fabriquant pour contrôler les balles de marchandises : cette manière de faire le service fut essayée dans les commencements de l'établissement du contrôle ; mais les gardes, trop occupés de leurs propres affaires pour se déplacer ainsy, remettoient les coins à quiconque en avait besoin, et il pouvait en résulter des abus ; mais ce que nous demandons à Votre Grandeur n'est sujet à aucuns inconvéniens... » — Les gardes étaient alors Louis-Pierre Delacroix et Nicolas Bourdon.

Les fabricants se réunirent le lendemain 11 juin, en assemblée générale, pour s'occuper d'une autre question.

Les gardes exposèrent qu'ils avaient recherché les arrêts concernant l'établissement des octrois dans Elbeuf et dans tous les autres lieux de la généralité de Rouen, afin d'en tirer, s'il était possible, des moyens pour se faire décharger de l'augmentation de 11 sols 3 deniers par balle de laine, ordonnée par arrêt du Conseil du 20 décembre 1746, et d'obtenir que l'octroi fut perçu, à l'avenir, d'une façon moins onéreuse pour la fabrique et plus égale sur tous les habitants du bourg d'Elbeuf.

Ils avaient pu savoir, par divers arrêts dont ils s'étaient procuré les textes, que l'augmentation de 11 sols 3 deniers par balle de laine ne devait avoir lieu que jusqu'au 1er octobre 1755, qui, suivant ce qu'ils avaient appris, était le terme de l'adjudication temporaire faite des droits d'octroi dans toute la généralité de Rouen.

Ils avaient reconnu également qu'Elbeuf était la seule localité de la généralité où un seul corps de communauté supportait le fardeau de l'octroi ; que l'intention du roi paraissait avoir été que chaque habitant y contribuât en proportion de ses ressources ; et enfin que, divers endroits, où les octrois ne paraissaient pas établis avec assez d'égalité, ayant fait des représentations, avaient obtenu les changements qu'ils demandaient.

D'où il résultait que si, autrefois, la communauté des fabricants d'Elbeuf eût présenté des réclamations au Conseil et lui eût exposé que la manière de percevoir cet impôt était trop onéreuse, elle eût probablement obtenu que la perception en fût faite d'une façon plus équitable sur tous les habitants du bourg.

L'assemblée pria Pierre Bourdon de travailler le plus tôt possible à la rédaction d'un mémoire tendant à obtenir l'amélioration réclamée par la communauté des fabricants. — Ce Pierre Bourdon, l'un des plus notables fabricants et l'homme jugé le plus capable de défendre les intérêts de la corporation, fut encore chargé, « s'il avisoit que bien seroit », de répondre à un placet que les fabricants de Louviers avaient fait tenir au Conseil au sujet des lisières des draps.

Une autre assemblée générale des fabricants eut lieu le 18 du même mois. Les gardes dirent qu'ils avaient appris que, le matin même, il s'était tenu une réunion clandestine de quelques maîtres de la fabrique, au sujet du contrôle des balles de marchandises ; que cette pratique faisait soupçonner qu'il s'y était « pris quelque délibération contraire aux intérêts communs ».

Les gardes, ayant lu la lettre que le bureau avait adressée à l'intendant, l'assemblée y donna une adhésion unanime ; car elle considérait l'établissement d'un petit bureau près du quai comme un avantage pour les fabricants éloignés du bureau ordinaire. Elle reconnut, en outre, que les coins devaient rester aux mains des gardes, conformément à l'article 6 de l'arrêt du 5 décembre 1730, contrairement aux prétentions du sieur de Boisroger. L'assemblée protesta également contre tout ce qui avait pu être décidé dans la réunion du matin, et chargea les gardes de proposer à M.

de la Bourdonnaye que ces mêmes gardes se réunissent près du quai, les mardis, jeudis et samedis, à sept heures du soir, jusqu'au départ de la voiture d'eau, pour contrôler les balles de draperies.

Abraham Sevaistre, prêtre et premier chapelain de Thuit-Hébert, habitait notre paroisse Saint-Etienne. En ce temps là, il donna à loyer les grosses dîmes de Thuit-Hébert, dont il avait la jouissance à cause de son bénéfice, moyennant 750 livres par an.

Une pièce de ce même temps mentionne que « l'auberge du *Batteau des Marchands* », sise sur le quai, était tenue par Jean-Baptiste Deriberprey.

Une autre, datée d'Elbeuf, concerne François-Félix de Rouen de Bermonville, seigneur de Thuit-Anger et du Becquet, fils de feu François-Pierre de Rouen de Bermonville, seigneur des mêmes fiefs.

François-Laurent Pollet, curé d'Hectomare, originaire d'Elbeuf, prit à loyer par acte du 26, la ferme des dîmes de la Saussaye, moyennant 200 livres et le sou pour livre par an, plus 20 livres de pot de vin.

Jacques-Pierre Girard, chapelain des religieuses de Saint-Etienne d'Elbeuf, quitta cet emploi en août, pour prendre possession d'un canonicat à Bourgtheroulde.

Le 7 septembre, Hervé Mollet prêta serment au bailliage d'Elbeuf, en qualité de sergent du Grostheil et fut déclaré admis.

Il n'y eut pas d'autre assemblée générale des drapiers avant celle du 24 septembre, dans laquelle l'inspecteur de Boisroger donna lecture d'une lettre du ministre Trudaine, dont voici la teneur :

« J'ay fait remettre, Monsieur, au carosse de Rouen, deux caisses à votre adresse qui contiennent l'une quatre et l'autre deux paires de cardes, la première pour Elbeuf et la seconde pour Louviers.

« Le sieur Kay, privilégié pour la navette angloise, a fabriqué ces cardes au moyen de deux machines qu'il a inventées, l'une pour percer les cuirs avec précision et l'autre pour ployer également le fil de fer. Je vous prie de les faire examiner, dans ces deux manufactures, par le corps des fabriquants assemblés, et de les remettre ensuite au fabriquant que vous croirez le plus intelligent et le plus zélé pour le bien de la fabrique, afin qu'il les fasse mettre en œuvre par un bon cardeur, en votre présence. Vous dresserez l'un et l'autre un procez verbal de cette épreuve pour constater ce qui en aura résulté. — Je dois vous observer que le prix de ces cardes sera moindre que celuy des cardes qui viennent d'Hollande. — Vous m'enverrez ensuite ce procez verbal, avec l'avis des fabriquants et le vôtre... »

Après lecture de cette lettre, de Boisroger présenta les quatre paires de cardes annoncées ; mais toutes étaient de grandes cardes à repasser la laine, dont deux « façon d'Hollande ». Et comme il était impossible d'asseoir un jugement sur ces instruments sans avoir l'assortiment complet « pour travailler la laine jusqu'à la loquette inclusivement », il fut décidé que l'on différerait l'épreuve jusqu'à ce que le sieur Kay ait envoyé le jeu complet, que l'inspecteur fut prié, par l'assemblée, de demander.

Le 31 décembre, à l'assemblée des gardes et anciens des fabricants, le sieur de Boisroger demanda l'enregistrement du projet de règlement pour la construction des cardes pour les cardiers et cardeurs de laine de la fabrique d'Elbeuf, ainsi conçu :

« I. — Les cardiers déposeront au bureau de la fabrique d'Elbeuf une jauge sur laquelle ils se conformeront pour la grosseur et finesse des fils de fer d'Allemagne, qu'ils employeront pour toutes les sortes de cardes qu'ils feront pour la manufacture d'Elbeuf, laquelle jauge contiendra quatre matrices de différentes grosseurs qui seront numérotées par un, deux, trois et quatre, sçavoir : pour les plaqueresses ou brisoirs le numéro du fil de fer sera numéro un ; pour les étoqueresses le numéro du fil de fer sera deux ; pour les repasseresses il sera trois ; pour les petites cardes il sera le numéro quatre.

« II. — Ils ne pourront employer que le véritable fer d'Allemagne et des peaux de veaux à l'exclusion de toutes autres, à peine pour la première fois de la confiscation des cardes et de *(un blanc)* d'amende, et en cas de récidive, outre la confiscation et l'amende, l'interdiction.

« III. — Ils seront tenus de percer leurs peaux à distance égale, sans qu'on s'aperçoive d'aucune inégalité dans les rangs. Les brisoirs ou plaqueresses contiendront, sur la largeur de 10 poulces, 54 rangées de dents doubles et, sur la hauteur de 5 poulces, 54 dents simples, le tout de fil de fer conforme à l'article premier ; les jambes des dittes dents auront au moins 6 lignes de hauteur jusqu'au croc, et le croc n'excèdera pas 3 lignes.

« IV. — Les secondes cardes ou étoqueresses seront de pareille hauteur et largeur, et contiendront, sur la largeur, 60 rangées de dents doubles et sur la hauteur 60 dents simples ; les jambes et les crocs comme dessus.

« V. — Les troisièmes ou repasseresses aussi de pareille hauteur et largeur, et contiendront, sur la largeur 66 rangées de dents doubles, et sur la hauteur 66 dents simples ; les jambes et les crocs comme dessus.

« VI — Les cardes à loquettes pour trame, sur la largeur de 9 poulces 6 lignes, 84 rangées de dents doubles, et, sur la hauteur de 2 poulces 6 lignes, 42 dents simples de fil de fer conforme à l'article premier ; la jambe des dents aura 4 lignes de hauteur, et le croc 2 lignes.

« VII.—Celles pour étain auront, sur la même largeur, 84 rangées de dents doubles, et, sur la hauteur de 2 poulces, 32 dents simples ; les jambes et crocs comme dessus.

« VIII. — Et pour empescher que les cardeurs surchargent leurs cardes, la livre de laine ensimée et plaquée contiendra au moins 44 à 45 cardées, tant d'un pas que de l'autre; celle de laine étoquée 57 à 58, et celle de laine repassée 71 à 72 cardées.

« IX. — Sa Majesté fait défense aux cardiers de faire pour la fabrique des draps d'Elbeuf aucunes cardes qu'elles ne soient aux articles cy dessus, et d'écarter, par le moyen de la fendoire ou autrement, les rangées desdittes cardes, en sorte qu'elles soient maintenues dans une distance égale ».

Les gardes et anciens observèrent qu'avant de statuer sur ce projet de règlement, il convenait d'attendre les cardes que le sieur Kay fabriquait alors sur des modèles que le Bureau de la manufacture d'Elbeuf lui avait envoyés. « Pourquoy, vu le besoin pressant et le désir qu'ont lesdits sieurs gardes d'un règlement solidement établi et capable de réprimer les abus qui se sont glissez dans la fabriquation des cardes, M. de Boisroger est prié d'écrire audit sieur Kay pour accélérer l'envoy des cardes qu'il a entrepris de faire, et même d'en écrire au ministre, s'il est besoin, pour nous mettre plus promptement à portée de faire les différentes expériences qui pourront conduire au règlement souhaité ».

Au mois de février suivant, le sieur de Boisroger remit au Bureau trois paires de cardes fabriquées par Kay, dont une « à plaquer », une « à étoquer » et la troisième « à loquettes ». Elles furent confiées à Pierre Hayet père, pour les essayer, conjointement avec J.-N. Lefebvre, Pierre Frontin, J.-B. Grandin et Louis Sevaistre, « sur une trame gris-bleu mitoyen, pareille à celle qu'il avait fait ouvrager par des cardes fournies par le sieur Chéruel le jeune. — De Boisroger fut prié de faire fabriquer par le sieur Kay trois paires de cardes « plaqueresses », trois paires « étoqueresses », trois paires de fines et dix-huit paires de cardes « à loquettes », pour étendre les expériences sur une plus grande échelle.

Au 18 octobre de cette même année, Robert Osmont était maître en charge de la confrérie des Porteurs de grains, dont faisaient également partie Louis Pestel, Antoine Cavillon, Jean Delépine et Jacques Talbot.

Joseph Delarue, maître drapier, de la paroisse Saint Etienne, âgé de 32 ans, mourut le 19 octobre; on l'inhuma le lendemain dans l'église. — Un sieur Martin était alors prêtre habitué en cette paroisse.

Le jurisconsulte Houard va nous fournir

encore un trait de mœurs concernant notre ville :

En ce temps-là, « un anonyme s'imagina que Charles Béranger fils vouloit épouser la demoiselle Sevestre, nièce du sieur Poulain, et il se proposa d'empêcher ce mariage.

« Pour y parvenir, il adressa des lettres anonymes à Louis Sevestre, père de la prétendue, à Jean Sevestre, son oncle, et à deux négociants de Rouen, dans lesquelles on calomnioit Charles Béranger et sa famille ; en ce même temps, il en adressa d'autres à Charles Béranger, où il employoit les expressions les plus déshonorantes pour peindre la demoiselle Sevestre.

« Mais l'anonyme ou le messager manquèrent d'une attention sur un point fort intéressant ; ils posoient sous la porte du sieur Béranger les lettres adressées au sieur Sevestre, et sous celle du sieur Sevestre celles adressées au sieur Béranger. Si cette erreur n'eût pas été commise, peut-être le sieur Béranger eût-il ignoré l'auteur de la persécution clandestine qu'il éprouvoit ; mais en relisant les lettres qui lui étoient adressées, il y trouva l'expression de « marmot », et il savoit qu'elle étoit familière au sieur Poulain ».

Une plainte fut portée devant le bailli d'Elbeuf ; des experts furent nommés pour examiner l'écriture de Poulain et celles des lettres anonymes. Quatre ans après, Poulain fut déclaré coupable d'avoir écrit des lettres diffamatoires ; mais le procès ne finit pas pour cela et il paraît s'être continué encore longtemps.

Vers cette époque, Pierre Nicolas Lenoble, seigneur de Mont-Poignant et de Saint-André, conseiller du roi et maître ordinaire en la Cour des comptes, qui avait épousé Françoise Auber de Prébaulieu, héritière pour partie de Marie Auber, veuve de Nicolas François Le Métayer, écuyer, sieur des Champs, passa plusieurs actes à Elbeuf.

Dans ce même temps, « Claude Lefrançois, doyen des chanoines de la Saussaye », signa également divers contrats devant le notaire de notre ville. — Guillaume-François Carbonnier, originaire d'Elbeuf, était alors vicaire de Bray.

CHAPITRE XI
(1755-1756)

Emmanuel et Louis-Charles de Lorraine (suite). — Les laines d'Espagne. — Suppression de l'octroi sur les laines. — Les taxes de remplacement. — Donation du curé Persac a l'Hôpital. — Tentative de filage mécanique. — Les cardes des ouvriers. — Les draps « chats ». — Les déchets de fabrique. — Les draps pour la maréchaussée. — Les émouleurs de forces.

Dans une assemblée générale des maîtres fabricants, le 11 janvier 1755, Nicolas Bourdon, garde en charge, proposa d'adresser au ministre de Sechelles, contrôleur général, une requête que nous allons reproduire :

« Monseigneur,

« Supplient humblement les fabriquants d'Elbeuf et vous remontrent que depuis l'établissement de leur manufacture et notamment depuis les arrests du Conseil d'Etat des 9 septembre 1719 et 25 avril 1741, on y a toujours admis, sans égard aux noms, toutes laines ayant la qualité requise pour le drap d'Elbeuf; mais que dans une assemblée de leur communauté tenue le 4 aoust 1751, ayant été proposé par M. Valon de Boisroger, inspecteur, de n'admettre à l'avenir que les primes et segonde Segovie, les primes segovianes et les primes sories, nonobstant l'importance de la matière, plusieurs d'entre eux signèrent précipitamment et sur le champ une délibération qui rejette indistinctement toute autre espèce de laines.

« Ceux des suppliants qui n'avoient point été présents à l'assemblée ou qui s'étoient retirés sans souscrire à la délibération, justement alarmés à la vue d'une convention qui privoit la fabrique d'une quantité considérable de laines qui lui sont non seulement propres, mais essentielles, prirent dès lors la liberté d'adresser leur requeste à Nos seigneurs du Conseil d'Etat, et de leur représenter que l'on avoit toujours employé avec succès dans la fabrique d'Elbeuf, outre les laines cy dessus nommées, les tierces Segovie, les segondes segovianes, les belles Cacères, les belles Molines, les Albarazins fins, et que les restreindre à n'user que des premières, c'étoit non seulement les mettre dans le cas de les achepter à des prix excessifs, mais encore occasionner en France la rareté des laines d'Espagne en général, et forcer l'Espagnol à faire passer la plus grande partie de ces matières dans les fabriques d'Angleterre, d'Hollande et de Verviers.

« L'évènement a pleinement justifié leurs craintes ; à peine la délibération du 14 aoust fut-elle connue en Espagne, que le prix des Segovie, des segovianes et des sories augmenta d'abord de dix pour cent (augmentation qui se porte aujourd'huy jusqu'à vingt-cinq). Au contraire, le prix des Cacères, des Molines, des Albarazins baissa considérablement, et les propriétaires de ces laines, n'osant les envoyer en France, s'empressèrent de les faire passer chez nos voisins, avec lesquels nous ne pouvons entrer en concurrence, à cause de l'avantage qu'ils ont d'établir leurs draps à meilleur compte chez l'étranger.

« Outre ces inconvéniens fâcheux..., l'Espagnol, sachant que ses segondes segovianes ne peuvent plus être admises dans Elbeuf et craignant de n'en pas trouver un débouché avantageux dans les autres manufactures de ce Royaume, a pris le parti de les laisser mesler dans les primes. Cette manœuvre lui ayant réussi, il y laisse de même les agnelins, les tierces et les altos, et il élude, à ce moyen, le but de la délibération, qui ne sert qu'à nous faire payer plus cher ces basses sortes 8 sols et 10 sols par livre au-dessus de leur valeur.

« Les suppliants joignent à la présente requeste la copie d'un procez verbal de M. Mallet de Mailly, subdélégué de M. l'intendant de la généralité de Rouen, en date du 30 octobre 1753, fait par ordre de M. le garde des sceaux. Ce procez verbal contient le vœu unanime de tous les fabriquants d'Elbeuf pour que les choses soient rétablies sur l'ancien pied ; il est l'ouvrage des plus mûres réflexions et de l'expérience, et il est la preuve de la précipitation avec laquelle quelques fabriquants ont souscrit à la délibération du 4 août 1751, puisqu'eux mêmes reconnaissent au procez verbal qu'elle est défectueuse en ce qu'elle exclut généralement et sans distinction les qualités des laines Albarazins, Molines et Cacères, tandis qu'il est notoire que dans chacune des qualités de ces laines, il s'en trouve de très bonnes et fines, propres à la fabrication des draps d'Elbeuf et mêmes nécessaires, ainsy que les secondes segovianes : ce sont les termes dans lesquels ils s'en sont expliqués.

« Enfin, Monseigneur..... soit que dans la fabrique l'on ait bien ou mal pris le vray sens des arrêts rendus au sujet de ces laines, il n'en est pas moins certain que... l'on est redevable à ces sortes de laines de l'espèce de draps si connue dans le royaume et chez l'étranger sous le nom de draps d'Elbeuf ; que dans les circonstances présentes, elles sont plus que jamais nécessaires au soutien de cette manufacture, puisque le propre du drap d'Elbeuf est de réunir la force et la finesse et d'être d'un prix modéré ; que la réputation de cette espèce de draps est portée à un tel point qu'elle excite depuis longtemps la jalousie des Anglois, qui réussissent si bien dans la fabrication des draps superfins, et que ne pas laisser aux suppliants la liberté d'employer les mêmes matières à l'aide desquelles cette réputation s'est établie et si fort accrue, ce seroit renverser en un instant l'ouvrage d'une longue suite d'années... »

Disons tout de suite que, le 23 juin suivant, M. de la Bourdonnaye, se rendant à un avis du Conseil et aux vœux exprimés par la Communauté, « permit aux fabriquants de draps d'Elbeuf de faire entrer et d'employer dans leur manufacture toutes laines sous quelque nom et dénomination que ce soit, même les bonnes Cassères, les Albarazins fins, les belles Molines et autres, après que lesdites laines auront été reconnues à la visite des gardes et de l'inspecteur de la manufacture n'être pas inférieures en qualité ou finesse à celle de la laine Sorie dénommée dans l'arrest du 9 septembre 1719, ou pouvoir servir utilement à la bonne composition du drap d'Elbeuf... »

Cette décision avait été obtenue « par le crédit et la protection de Monseigneur le duc d'Elbeuf et de Monseigneur le comte de Brionne ». La Communauté chargea Pierre Grandin et Pierre Bourdon de leur adresser des remerciements au nom de la corporation tout entière, qui applaudit d'enthousiasme et de reconnaissance.

Depuis dix ans, les fabricants d'Elbeuf s'étaient relâchés de l'obligation d'assister aux réunions de leur corporation, et pendant ces dix années on ne trouve aucune note sur leurs registres de procès-verbaux. Afin de remédier à cette insouciance, cause de la bévue du 4 août 1751, le juge d'Elbeuf fit un nouveau règlement, dont voici le texte :

« L'an de grâce 1755, le mardy 4 de mars, à Elbeuf, devant Jacques Pollet, avocat à la cour, lieutenant du duché d'Elbeuf, des chastellenies de Boissey, la Haye du Theil et du Theil, baronie de Quatremare, juge de police et des manufactures d'Elbeuf, pour absence de M. le bailly ;

« Vu la requeste à nous présentée par les sieurs Nicolas Bourdon et Pierre-Alexandre Delacroix, gardes en charge de la manufacture de draperie dudit Elbeuf, que par un règlement de police en date du 7 de janvier 1698, porté au registre de cette communauté, il est enjoint à tous les maistres fabriquans de se trouver au bureau quand ils en auront été avertis par billets envoyés par les gardes et signé de l'un d'eux, sous peine de 6 livres d'amende ;

« La requeste présentée pour faire donner ce Règlement estoit motivée sur l'absence continuelle et presque générale des fabriquans au bureau, quoyque appelés par billets, ce qui retardoit toute conclusion dans les affaires de la plus grande conséquence, maintenant que la manufacture est considérablement augmentée, tant par l'étendue de son commerce que par le nombre des fabriquans.

« On peut dire que si pareil Règlement fut trouvé utile, il y a 57 ans, il doit estre regardé d'une exécution indispensable, et néantmoins soit qu'il soit ignoré ou regardé comme inutile, ou comme non obligatoire par son ancienneté et l'inobservation, il n'est aucunement gardé, de sorte que la plus grande partie néglige de se trouver au bureau, ce qui fait que les affaires les plus intéressantes ne sont ny examinées ny terminées et causent un préjudice notable au maintien de la fabrique et bien général...

« Nous avons ordonné que les fabriquans de la manufacture de draperies d'Elbeuf seront tenus de se trouver aux assemblées... sous peine de 6 livres d'amende... »

Le 6 du même mois, la Communauté des fabricants de Louviers et celle des fabricants d'Elbeuf s'unirent à l'effet de s'opposer à la création d'une fabrique de cotonnades à Pont-de-l'Arche. Une lettre des gardes en charge de Louviers, adressée aux gardes d'Elbeuf, à ce sujet, se termine ainsi : « Nous avons l'honneur d'estre, au delà de toute expression, Messieurs, vos très-humbles et très-obéissants serviteurs ». Il est probable que les fabricants d'Elbeuf ne furent pas dupes de cet excès de politesse, car ils se souvenaient de l'affaire des lisières.

Il n'y avait pas que les corps des Elbeuviens notables qui recevaient encore leur sépulture dans nos églises ; mais on enterrait toujours des femmes, des enfants et même des étrangers aux deux paroisses. Le 14 mars, Marie-Anne Hayet, veuve de Jean Duruflé, en son vivant fabricant à Orival, décédée à l'âge de 72 ans, fut inhumée dans l'église Saint-Jean. Trois jours après, on y plaçait également le corps de Jeanne-Charlotte Maille, fille de Pierre Maille, drapier, âgée de 13 ans.

Le pape Benoit XIV accorda, le 17 de ce même mois, des indulgences aux membres de la confrérie du Sacré-Cœur de Jésus instituée en l'église Saint-Etienne. Le texte de cette pièce est à peu de chose près le même que celui de la bulle papale du 11 juin 1746, par laquelle le même pontife accordait aussi des indulgences à la confrérie du même nom établie à Saint-Jean, dont nous avons relevé les principales dispositions.

Dans une assemblée générale, le 29 mars, les fabricants d'Elbeuf rédigèrent une requête au Conseil d'Etat tendant à demander la suppression de l'octroi sur les laines et en établir un sur les boissons, dont le produit serait affecté aux travaux publics du bourg.

Dans cette supplique, ils exposèrent qu'ils étaient moins en état que jamais de soutenir l'octroi sur les laines, à cause des pertes fréquentes qu'ils éprouvaient dans leur commerce ; que le bourg d'Elbeuf était la seule localité de la généralité de Rouen où l'octroi fut pris sur un seul corps d'état, et que partout ailleurs il était imposé sur des denrées d'un usage commun à tous les habitants.

Ils se proposaient, avec le produit de l'octroi sur les boissons, de construire « un quay capable de recevoir les marchandises au débarquement et de les mettre à l'abri des risques auxquels elles sont exposées chaque hyver par les inondations », ce que l'on n'avait pu faire jusqu'alors faute de ressources.

Le jour même, les sieurs Nicolas Bourdon et Louis-Pierre Delacroix furent chargés par l'assemblée de porter à Paris un mémoire sur ce sujet et de le soutenir devant le Conseil des ministres.

Bourdon et Delacroix furent également chargés de représenter aux ministres combien il importait que l'arrêt du 4 août 1748 fut confirmé dans sa forme et teneur ; ceci à propos d'une demande d'un sieur Périer, fabricant de draps à Orival, qui désirait entrer dans la communauté des fabricants d'Elbeuf, mais que celle-ci repoussait : le solliciteur n'étant pas dans les conditions prescrites par les arrêts et règlements.

Un acte de cette époque concerne les fils et héritiers de Jean Bourdon père, bourgeois de Rouen : Charles Bourdon, sieur du Manoir, également bourgeois de Rouen ; Jean-Nicolas Bourdon et Jacques Bourdon, sieur du Vauguerard, propriétaire à Elbeuf d'un tènement de maisons sis rue de la Barrière « borné par l'ancienne cour de Monseigneur le duc d'Elbeuf, à présent M. de Boucout fils... et les anciennes écuries de mondit seigneur, à présent ledit sieur de Boucout ».

Cette année-là, Michel Callais, praticien à Bourgtheroulde, fut pourvu de la sergenterie

Année 1755

de Boscroger, en remplacement d'Eustache Lemichel, et prêta serment devant le bailli d'Elbeuf, qui le déclara admis à cet office.

Le 8 avril, « Jean-Baptiste Delarue, écuyer, garde du corps de Sa Majesté, en quartier à Beauvais », héritier en partie de feu Louis Delarue de Freneuse, en son vivant avocat au Parlement de Paris, reçut 5.000 livres de Jean-Baptiste-Charles Delarue, sieur de Freneuse, bourgeois de la paroisse Saint-Jean.

Le 23 juin, nous l'avons déjà dit, l'intendant de Rouen ordonna que « l'arrest du conseil du 9 septembre 1719 serait exécuté selon sa forme et teneur ». En conséquence, il permit aux fabricants d'Elbeuf « de faire entrer et d'employer dans leur manufacture, toutes laines... après que lesdites laines auront été reconnues à la visite des gardes et de l'inspecteur de la manufacture, n'être pas inférieures, en qualité ou finesse, à celle de la laine Sorie ».

Marie-Thérèse Lemarinier, postulante au couvent des Ursulines, donna pour sa dot une somme de 3.000 livres, le 17 juillet. Hélène Houssaye, supérieure ; Anne Legendre de la Bretèque, assistante ; Angélique Aubert, zélatrice ; Catherine Broussaut, Geneviève Henry, Madeleine Vignon et Louise Bourdon, toutes religieuses du monastère, signèrent le contrat de donation.

L'octroi sur les laines fut enfin supprimé, à la grande satisfaction de notre industrie.

Les fabricants de notre bourg exposèrent, le 9 septembre, à l'intendant de la généralité que, par arrêt du Conseil d'Etat du 12 août précédent, le roi avait ordonné qu'à compter du 1er novembre suivant, l'octroi qui se percevait alors sur les laines entrant à Elbeuf, pour les besoins de la manufacture, cesserait pour toujours, et qu'en remplacement, il serait levé, au profit des habitants, corps et communauté de ce bourg, des droits sur les eaux-de-vie, vins et autres boissons, pour en appliquer le produit à la construction d'un quai et autres ouvrages nécessaires, avec permission aux syndics, habitants, corps et communauté d'Elbeuf d'affermer ou régir les nouveaux droits. Les fabricants demandèrent que, en conséquence, l'arrêt du roi fut imprimé, publié et affiché à Elbeuf. — Cette requête fut favorablement accueillie.

Le 21 du même mois, dans une réunion des habitants d'Elbeuf, il fut convenu que l'on demanderait à mettre cet octroi en régie. En conséquence, les syndics des deux paroisses rédigèrent une supplique à l'intendant. — On trouve dans cette requête que l'octroi supprimé sur la laine était de 26 sols 3 deniers par balle, et que les nouveaux droits étaient de 8 deniers par pot d'eau-de-vie, 26 sols 8 deniers par muid de vin et de 13 sols 4 deniers par muid de cidre ou de poiré.

Le 1er octobre, Feydeau de Brou, intendant, accorda les fins de cette requête.

Le 19 du même mois, les habitants d'Elbeuf décidèrent, en réunion générale, que le receveur du tarif du bourg, les portiers et autres employés de ce service, seraient également commis pour percevoir les droits du nouvel octroi.

Le 31, Laurent Allain, sergent royal au bailliage de Pont-de-l'Arche, pour la noble sergenterie d'Elbeuf, dressa un procès-verbal constatant la publication de l'arrêt du Conseil supprimant l'octroi sur les laines et le remplaçant par des droits sur les boissons.

Dans une nouvelle délibération, prise le 16 novembre, les habitants des deux paroisses arrêtèrent que le nouvel octroi serait perçu sur toutes les personnes du bourg, sans aucune exception.

Les habitants d'Elbeuf se réunirent à nouveau le 4 janvier suivant. Le but de cette assemblée était :

1º de nommer des administrateurs du nouvel octroi, tant pour veiller à la régie des droits et en faire rendre compte, que pour faire, au moyen des deniers en provenant, les ouvrages prescrits par l'arrêt du Conseil du 12 août 1755 ;

2º de nommer, pour quatre années, à partir du 1er octobre, deux anciens trésoriers de chaque paroisse pour veiller à l'administration des tarifs et des recettes en résultant ;

3º de nommer des administrateurs pour le sol pour livre créé en sus des droits de tarif.

Un incident se produisit pendant cette séance. Après l'appel et le vote des trésoriers, syndics et autres trésoriers anciens, on appela le sieur Jacques Quesné. Alors, tous les anciens syndics et trésoriers déclarèrent qu'il n'était point d'usage, dans les délibérations anciennes de la communauté, d'admettre ceux qui n'avaient pas passé par le syndicat, et qu'ils s'opposaient, en conséquence, à ce que Quesné et autres donnassent leurs suffrages.

Les habitants marchands du bourg, autres que ceux n'ayant pas passé par ces charges, soutinrent, de leur côté, que l'opposition à la réception de leurs suffrages était contraire aux lois et règlements, à l'usage général et au droit des gens, et qu'ils avaient droit à délibérer et voter ; pour ces raisons, ils protestèrent de nullité sur tout ce qui serait fait, si l'on n'admettait pas leurs votes.

Acte fut donné des dires réciproques, avec renvoi devant l'intendant pour statuer.

Le 13 août, était décédé un jeune prêtre de Saint-Etienne, Louis Sevaistre, né à Elbeuf en 1729. Le lendemain, on l'inhuma devant le portail de l'église. — Le 22 du mois suivant, Charles Ansoult, ancien trésorier de Saint-Jean, décédé la veille à l'âge de 80 ans, fut enterré dans l'église de cette paroisse.

François-Alexandre Quesné, bourgeois d'Elbeuf, était porteur de la procuration de l'abbé de Saint-Simon, titulaire commendataire de l'abbaye de Conches. A ce titre, il bailla à loyer, le 11 octobre, les dîmes de Villers en Vexin.

Les procès-verbaux des délibérations des administrateurs de l'Hospice sont trop rares pour que nous puissions nous dispenser de reproduire le suivant, « collationné sur le registre rendu au sieur Jacques Grandin », par Pierre-Louis-François Levalleux, notaire à Elbeuf :

« Le dimanche 26ᵉ d'octobre 1755, dans l'assemblée de l'hôpital général d'Elbeuf, tenüe après vespres, dans la sale dudit hôpital, après la convocation faite par billets envoyés chés tous les administrateurs, où ont assisté Messieurs Maîtres Loüis Devé, curé de Sᵗ Etienne de ce lieu, Jean Baptiste Beranger, prêtre de laditte paroisse, Pierre Grandin, Pierre Bourdon, Pierre Hayet, Jean Baptiste Dupont, Jean Grandin, Jean Baptiste Grandin, Charles Lestourmy, Loüis Grandin, anciens administrateurs, et Pierre Dupont, administrateur en exercice ; il a été représenté par le sieur Loüis

Année 1755

Grandin, l'un des susdits administrateurs, que le sieur Nicolas de Lieuvin fils Jean, thrésorier en charge de Vitot, en exécution de la volonté de Monsieur le curé de laditte paroisse, voulant assurer un secours spirituel et temporel aux pauvres de laditte paroisse, proposoit de donner à l'hôpital d'Elbeuf une somme de 8.000 livres à charge par ledit hôpital de payer chacque année au thrésor de Vitot... la somme de 200 livres de rente et de payer en outre les frais du contract de constitution; que laditte somme de 8.000 livres peut être placée avantageusement sur la communauté des Maîtres Drapiers de ce lieu, qui est disposée à la recevoir et à s'en constituer en 400 livres de rente, si c'est le sentiment de l'assemblée.

« Sur quoi lesdits administrateurs ayant délibéré et trouvé unanimement la proposition avantageuse à l'hôpital, qui profitera évidemment de 200 livres de rente, ils ont authorisé... », etc.

Les donateurs de cette somme de 8.000 livres étaient Guillaume Persac, curé de Vitot, et Catherine Persac, sa sœur, qui habitait avec lui. L'acte portait que le but des donateurs, en restreignant les intérêts au profit du trésor de Vitot à la somme de 200 livres, était d'aider au soulagement des pauvres d'Elbeuf.

Le 6 novembre, les gardes en exercice furent autorisés par la Communauté à recevoir, au nom de l'hôpital, la somme de 8.000 livres offerte par le curé de Vitot, moyennant quoi cet hôpital servirait une rente annuelle de 200 livres aux pauvres de la paroisse de Vitot; « ledit hôpital ne pouvant acquérir de biens fonds, suivant la déclaration du Roy en date du mois d'aoust 1749, il ne tirerait avantage de cette donation qu'autant que la Communauté se détermineroit à prendre ces 8.000 livres et à se constituer en 400 livres de rente au profit de l'hôpital... »

Pierre Grandin, maître drapier, de la paroisse Saint-Etienne, et Marie-Marthe Poullain, sa femme, déclarèrent, le 28 octobre, qu' « étant informés que Jeanne Dumont, née en Espagne et nommée en espagnol Jeanne del Monte y Mendosa, demeurante au port Sainte-Marie proche Cadix, prétend avoir contracté mariage avec Jacques-Henri Grandin, leur fils, et que de ce prétendu mariage est issuë une fille ; ils protestent qu'ils ne reconnoissent point ledit mariage comme légitime, supposé qu'il ait été contracté, ny la fille qui en seroit issuë comme fille légitime dudit Jacques-Henri Grandin, décédé... »

Une note de l'année 1755 nous apprend qu'à cette époque le château de la rue Saint-Etienne n'était encore partiellement clos, du côté de la côte, qu'au moyen d'une haie. La maison qui fait l'angle des rues Saint-Etienne et du Bassin dépendait du château, et avait servi pendant un certain temps de logement au bailli d'Elbeuf et au procureur fiscal.

En 1755, la manufacture royale des Andelys était devenue la propriété exclusive de Louis Flavigny d'Elbeuf. Cette fabrique eut, par la suite, une grande prospérité : Au commencement de la Révolution, elle comptait 40 métiers, occupait 1.000 ouvriers et produisait jusqu'à 700 pièces par an. La construction où elle était établie porte encore le nom de Fabrique Flavigny.

Le ministre écrivit, le 12 janvier 1756, au sieur de Boisroger, cette lettre doublement intéressante :

« J'ai reçu les différents échantillons d'etoffes que le sieur Lefebvre a fabriquées avec les laines Alpaca. Puisque cette espèce d'étoffe trouve de la consommation, il faut en authoriser la fabrication, marquer les étoffes d'un plomb particulier et encourager les fabriquants qui voudront y travailler, en les assurant qu'ils n'auront à craindre aucune difficulté.

« Je vois avec satisfaction les soins que vous vous donnez pour établir des filatures ; je vous recommande de redoubler de zèle à cet égard et d'étendre le plus qu'il sera possible ces sortes d'établissements.—TRUDAINE ».

Les « filatures » dont il est parlé dans la lettre du ministre n'étaient autres que des métiers mécaniques à filer, étudiés à Elbeuf dès cette époque, c'est à dire une douzaine d'années avant l'apparition des métiers de James Hargreaves, plus tard appelés jennys, lesquels ne datent que de 1767. La lettre de Trudaine est, malheureusement, à notre connaissance, le seul document de ce temps concernant la nouvelle invention, qui ne paraît pas avoir reçu d'applications pratiques immédiates.

Alexandre de la Croix, marchand drapier, garde en charge de la manufacture d'Elbeuf, et Nicolas Bourdon, aussi maître drapier, garde en charge de l'année précédente, payèrent, au nom de la communauté, une somme de 1.115 livres 6 sols, pour le remboursement d'une rente constituée précédemment, en faveur de l'hôpital d'Elbeuf.

Par acte du 5 février, Guillaume Meslier,

curé d'Hacqueville, se rendit à Elbeuf pour prendre à ferme de François Quesné, bourgeois de ce lieu, procureur du sieur de Saint-Simon, abbé commendataire de l'abbaye de Conches, les dîmes de la paroisse qu'il desservait ; le traité fut conclu moyennant la somme de 2.200 livres par an. — Le même jour, Quesné bailla à ferme les dîmes de Tosny à Jean Roussel, curé de cette paroisse, moyennant 750 livres par an.

Un acte du 11 concerne la vente d'un sac de porteur de grains, à Elbeuf, pour le prix de 60 livres.

Jacques Dumontier, maître en charge de la confrérie de Saint-Jacques, fondée en l'église Saint-Jean, Guillaume Corblin, Guillaume Delas, Antoine Planès, Pierre Le Clerc, Adrien Potteau, J.-B. Sergent et Jean Désormeaux, tous membres de cette association, baillèrent à loyer, le 9 mars, une habitation sise rue Meleuse, appartenant à leur confrérie.

Gabriel Faguet, originaire de Lisieux, ancien commis receveur des aides au département de Rugles, était détenu pour dettes aux prisons d'Elbeuf, paroisse Saint-Jean, à la requête de Louis Farcy, fermier des aides. Pour se libérer et recouvrer sa liberté, Faguet constitua une rente sur ses biens au profit de son créancier. — Deux ans après, Faguet était écrivain public dans notre bourg.

Le 19 mars, Me Levalleux, notaire, se transporta en une maison de la paroisse Saint-Jean « appartenante au sieur Godet, sise sur un héritage appelé la Porte-Rouge » pour procéder à l'inventaire des meubles de feu Louis Mansel.

Le 22, le juge royal de Pont-de-l'Arche

rendit une sentence par laquelle les échevins de la Charité de Saint-Jean étaient évincés d'un banc contenant douze places, dont ils s'étaient indûment emparés ; ce banc se trouvait dans la chapelle Saint-Nicolas, contre les murailles du cimetière.

Les manufactures de Rouen et de Darnétal continuaient à ne pas fournir de cardes aux ouvriers qu'ils employaient à Elbeuf et aux environs, mais à payer la façon du cardage à un prix plus élevé que celui de la fabrique elbeuvienne ; de sorte qu'il arrivait, si nous en croyons un rapport d'Alexandre Delacroix, alors garde en charge, que les fileurs et cardeurs travaillant pour Elbeuf vendaient une partie des outils que leur fournissaient les fabricants elbeuviens à ceux qui cardaient pour Rouen et Darnétal.

Pour remédier à cette fraude, Delacroix avait proposé aux fabricants d'Elbeuf, dans une assemblée générale tenue le 4 mars, de décider que les maîtres drapiers de la place ne fourniraient plus, à l'avenir, de cardes à leurs ouvriers, mais qu'on leur paierait un prix proportionné et suffisant pour les obliger à s'en fournir eux-mêmes.

L'assemblée délibéra et arrêta, avant de prendre une décision quelconque, qu'on étudierait le projet de règlement proposé le 31 décembre 1754, afin de lui donner la dernière forme et ensuite le faire approuver par le Conseil ; et pour cela, la corporation désigna une commission composée des sommités de la fabrique elbeuvienne : Pierre Grandin, Pierre Bourdon, Robert Grandin, Pierre Hayet, J.-B. Grandin, Louis Sevaistre, Louis Delacroix et Nicolas Bourdon.

Dans cette même séance, le garde Delacroix exposa qu'un ou plusieurs manufacturiers de la Bouille faisaient fabriquer des draps chats, presque tous composés de bouts de trame et des pennes provenant de diverses manufactures, ce qui pouvait occasionner « des infidélités considérables de la part des ouvriers qui, sous ce prétexte, peuvent vendre une partie du fil qu'on est obligé de leur confier ».

Delacroix proposa à l'assemblée d'arrêter qu'aucun fabricant ne pourrait, à l'avenir, ni donner ni vendre ses bouts de trame, ni ses pennes, pour être portés au dehors d'Elbeuf; mais qu'il en serait fait chaque année une adjudication au plus offrant et dernier enchérisseur. Il serait défendu, sous une peine à fixer, à tout fabricant elbeuvien de vendre, à d'autres qu'à l'adjudicataire, ses bouts et ses pennes.

Cette proposition fut acceptée, et il fut décidé que les fabricants qui ne jugeraient pas à propos d'employer eux-mêmes ces déchets de fabrique, devraient les vendre exclusivement à l'adjudicataire, sous peine de 100 livres d'amende. Il serait défendu à cet adjudicataire de les expédier au dehors d'Elbeuf, sous peine de 300 livres d'amende; mais il emploierait ces matières lui-même « pour en fabriquer des draps particuliers, à lisières blanches ou beiges, de vingt à vingt-quatre fils, vulgairement connus sous le nom de draps chats ».

L'adjudication eut lieu le 23 mars. Louis Flambart fut déclaré preneur, au prix de « deux sols six deniers la livre poids de marc… » Il fut entendu que les lisières des pennes seraient levées et point comprises dans le poids.

Année 1756

Nous trouvons une nouvelle inhumation dans l'église Saint-Etienne à la date du 19 avril : celle de Louis Caumont, fabricant, fils de feu Jean et de Catherine Delarue, laquelle, d'après la forme donnée à l'acte mortuaire, semblait vivre encore à la mort de son fils, âgé de 70 ans cependant. — Le 23 octobre de la même année, Jacques Henry, fabricant, fut enterré dans la même église.

Charles-Alexandre Duruflé, avocat à la Cour du parlement de Rouen et à Elbeuf, mourut le 15 mai, à l'âge de 44 ans, et fut inhumé dans l'église Saint-Jean.

Le surlendemain 17, au cours d'une tournée pastorale, Arthur-Richard Dillon, évêque d'Evreux, signa le registre paroissial de Saint-Jean. Entre autres choses, il ordonna d'établir le tableau des fondateurs de messes en cette église et de faire l'inventaire des titres et meubles de cette même église. — Ce prélat blasonnait : *D'argent, au lion léopardé de gueules, accompagné de trois croissants du même*, avec cette devise : *Dum spiro, spero*.

Un sieur Lefebvre, fabricant à Elbeuf, avait exposé au ministre qu'il avait l'intention d'entreprendre la fourniture générale de l'habillement des maréchaussées de France, mais que ces draps étant de laine inférieure à celle employée à Elbeuf, il désirait être autorisé à se fournir de matières premières plus communes. Le ministre Trudaine, avant de se prononcer, voulut connaître l'opinion de la communauté des fabricants de notre bourg.

La corporation, consultée, s'opposa aux fins de Lefebvre, par un long mémoire. Elle représenta que laisser entrer des laines de telles qualités à Elbeuf, c'était ouvrir la porte aux abus et à la fraude. Sous la sauvegarde de l'arrêt du Conseil du 17 mars 1717, prescrivant les laines qui pouvaient entrer dans la fabrication des draps d'Elbeuf, cette manufacture avait augmenté, depuis quarante ans, au moins des deux tiers, et, en certaines années, elle avait produit jusqu'à 21.000 pièces, dont plus de la moitié pour l'étranger, où elle en aurait expédié une plus grande quantité encore, si les fileurs ne lui avaient pas, depuis plusieurs années, « manqué de garantie ».

On propose, dit la corporation, de permettre l'emploi de laines inférieures ; mais il n'y a aucune bonne raison pour changer la nature d'une fabrication qui, depuis son origine, a toujours été en augmentant en quantité, en perfection et en réputation.

Pourquoi changer la constitution d'une fabrique qui, pour son prix et sa qualité, est unique en son espèce dans toute l'Europe ? Cette fabrique a cela de particulier que l'usage de ses draps peut convenir à tous les États ; aussi excite-t-elle la jalousie des puissances voisines, qui ont voulu l'imiter sans jamais avoir pu y parvenir.

Pourquoi travailler de gaîté de cœur à détruire et à dénaturer une manufacture dont les membres ont non seulement le talent de fabriquer des draps inimitables, mais encore de savoir produire des superfins, doubles broches, ratines, chinés et autres en ce qui se peut faire de mieux dans ces différentes espèces de draperies fines ?

« Il est connu de toute la terre que tous nos fabriquans, par une louable émulation, se sont toujours efforcés de se surpasser les uns les autres dans la fabrication, et que, par inclination et par goût, ils ont toujours tendu au beau et au plus parfait.

« Auroit-on aujourd'huy en vue de les obliger à employer cette émulation à faire de mal en pis? Un tel projet ne pourroit assurément partir que d'une main ennemie, qui auroit juré la perte et le bouleversement de notre manufacture, manufacture qui croit mériter d'autant plus d'égards, qu'avec l'esprit et les principes dont elle est animée, elle a trouvé le secret de répandre 3.000.000 d'espèces qu'elle fait circuler chaque année dans le public.

« Dans le projet proposé, on ne sçauroit avoir eu en vue de procurer à nos laines du pays une plus grande consommation ; on n'ignore point que le prix de ces laines a beaucoup plus augmenté que celuy des laines d'Espagne, preuve invincible que nous n'avons pas en France autant de cette matière qu'il en faudrait pour alimenter celles de nos fabriques qui sont dans l'usage de les consommer.

« La manufacture de draps de Rouen faisoit autrefois des draps qui, pour la qualité et le prix, tenoient le milieu entre les draps d'Elbeuf ordinaires et ceux du Berry ; elle s'avisa, il y a quinze ou vingt ans, de demander un nouveau règlement qui l'assujetît à n'employer que les mêmes qualités de laines qu'il est permis d'employer dans la fabrique d'Elbeuf : il résulta de ce changement que cette manufacture se trouve aujourd'hui presque totalement anéantie, et que les laines de qualités inférieures d'Espagne qu'elle employoit, ne trouvant plus leur débouché ordinaire à Rouen, l'Espagnol les a fait passer en Hollande et en Angleterre. Rien ne démontre plus clairement le danger qu'il y a à changer la constitution d'une fabrique, et que s'il y a du danger à la vouloir changer en mieux, à plus forte raison le danger est il plus grand quand il s'agit d'en dégrader la qualité et d'en changer la première institution.

« Le public informé que le ministre avoit fait faire, à Elbeuf, l'essay de quelques pièces de drap en laine du Berry, s'étant persuadé qu'il s'y fabriqueroit par la suite de grosses étoffes, il est arrivé que les Carmes et les Capucins ont proposé à deux de nos confrères les habillements des religieux de leur ordre, proposition que ces deux fabriquans ont rejetée, ayant sagement prévu les dangereuses conséquences d'une telle entreprise...

« Quel intérêt l'Etat auroit-il que les étoffes de ces religieux fussent plutôt fabriquées à Elbeuf que dans les manufactures où elles se fabriquent ordinairement? Il n'en pourroit, au contraire, résulter qu'un très grand mal : les fabriques qui font ces étoffes souffriront en perdant la chalandise de ces religieux, et la fabrication de telles étoffes à Elbeuf y causeroit un dérangement irréparable dans le filage...»

Ici apparaît le vrai motif de l'opposition que firent les fabricants d'Elbeuf au projet de Lefebvre : ce qu'ils craignaient surtout, c'était que cette nouvelle fabrication leur enlevât des ouvriers cardeurs et fileurs, dont le nombre ne suffisait pas pour la production d'Elbeuf. Ils avouèrent, du reste, que depuis quatre mois, ils avaient refusé plus de mille pièces commissionnées par l'étranger, faute d'avoir des fileurs en assez grande quantité. C'était encore ce même motif qui les avait portés,

ANNÉE 1756 263

conjointement avec ceux de Louviers, à s'opposer à l'établissement d'une fabrique cotonnière à Pont-de-l'Arche, qui aurait drainé une partie du personnel ouvrier des deux manufactures.

Lefebvre espérait mieux de ses confrères ; car sans attendre leur avis, il avait venir sept balles de laine pour les draps de maréchaussée qu'il se proposait de fabriquer ; mais Delacroix et Flambard, alors gardes en charge, les firent saisir à leur débarquement à Elbeuf et placer sous sequestre jusqu'à décision du ministre Trudaine. — Quelques jours après, les sept balles furent renvoyées par Lefebvre à son vendeur.

Marin Sevaistre, fabricant de draps et trésorier de Saint-Jean, mourut le 4 juillet ; on l'inhuma dans l'église. Il fut procédé à l'inventaire des biens meubles qu'il laissait.

Dans l'acte, qui est du surlendemain, nous trouvons mentionnées des laines de couleurs diverses : brune, pourpre, ardoise claire, souris, marron, blanchet, cannelle, noisette, gris-perlé et des laines en suint. « 282 livres de couperose, 36 livres de noix de galle, 1.500 livres de bois de Sainte-Marthe tant en bûches que haché, deux barils de bois moulu, 220 livres de bois de Fernembourg, 400 livres de bois de Campêche et 3.000 livres de bois jaune » ; des draps de couleurs : marron pourpre, pourpre brune, marron olive, brun foncé, marron clair, pourpre, petit gris, lude, souris, gris de fer, bleu céleste, olive, etc. Le défunt possédait au moment de sa mort, outre un bon matériel de fabrication, une somme de 1.000 livres en espèces, des draps prêts à être livrés, et pour 12.300 livres environ de billets ou lettres de change à courte échéance sur des négociants de Paris, Rouen, Soissons, Langres, Saint-Quentin, Amiens, Sens et Limoges.

Il est fait mention, dans un acte de cette année, « d'un héritage appellé la Porte rouge », où il y avait une maison habitée par Louis Mancel, tisserand.

Un sieur Pierre Saint-Gilles, émouleur de grandes forces, proposa au bureau de la fabrique, le 10 juillet, de venir s'établir à Elbeuf, à condition que la Communauté lui ferait les avances d'une meule qu'il irait lui-même acheter à Rouen et qui serait placée dans un appartement de la Communauté. Il s'offrait auparavant de donner des preuves de ses capacités, et s'il était admis, ses prix seraient de « 30 sols par émoutière et 3 livres par débrétage ».

Douze jours après, dans une réunion du bureau de la fabrique, l'un des gardes représenta « que le prix des forces étant considérablement augmenté, par la circonstance de la guerre présente — la guerre de Sept ans, qui commença en 1756 — qui ne permettoit plus d'en tirer de l'Angleterre, il seroit à propos que la Communauté acheptât des meilleurs forgerons, tant de France que de l'étranger, un certain nombre de forces pour en former un magasin... Les fabricants seroient beaucoup mieux servis et à bien meilleur marché, puisqu'ils ne dépendroient plus des émouleurs, dont quelques-uns, non contents de gagner cinquante pour cent et davantage sur les forces, veulent encore augmenter le prix des émoutures de soixante et six pour cent ».

La Communauté décida de fonder à ses frais un magasin de 25 à 30 paires de forces, « dont les fonds seront pris au marc la livre des balles de laine, comme il se pratique pour les frais de bureau ». Dans cette même réunion, la corporation consentit à faire des avances à un sieur Maillot, émouleur à Beauvais, pour qu'il puisse venir s'installer à Elbeuf, ce qui porta bientôt à deux le nombre des nouveaux émouleurs de forces.

Puisque nous sommes sur le chapitre des émouleurs, mentionnons une action intentée par le sieur Letellier, aussi émouleur de forces, à un nommé Fortier, qui exerçait également cette profession à Elbeuf, afin que ce dernier eût à prouver que Letellier lui avait fait l'offre d'une somme, pour l'engager à augmenter le prix des « émoutures ».

La corporation des fabricants donna pouvoir aux gardes en charge d'intervenir dans ce procès, parce qu'il était de l'intérêt de la Communauté d'empêcher qu'il se fit de pareilles « cabales ».

Dans une autre réunion générale, le 5 août, un garde proposa de faire des réparations au bureau de la manufacture, et de « mettre une coulisse à la porte de la rue dudit bureau, pour empescher les eaux d'y entrer lors des ravines, comme il étoit arrivé dernièrement » ; ce qui fut accepté.

A propos de ces « coulisses », disons qu'il n'y a pas quinze ans que l'on en voyait encore une à la maison faisant l'angle des rues du Glayeul et de la République, et nous n'affirmerions point qu'il en existe plus dans la rue de l'Hospice. Quand, avant la construction des aqueducs, le temps se mettait à l'orage et que l'on prévoyait une affluence d'eaux dans les vallons des Ecameaux, du Buquet et du Thuit Anger, les habitants de la rue de l'Hospice — alors Meleuse — et ceux de la rue de la République — alors Saint-Etienne — se hâtaient de faire glisser, dans ces coulisses, un ais en bois confectionné spécialement pour cet usage, afin d'empêcher l'entrée de « la ravine » dans les rez-de chaussée.

A cette époque et au moins jusqu'au mois d'octobre suivant, Elbeuf eut une garnison de dragons du régiment de la reine. Un soldat de ce corps mourut dans notre bourg.

On travaillait toujours à l'agrandissement et à l'embellissement de l'église Saint-Jean. Voici quelques nouvelles notes de François Dupont à ce sujet :

« En 1755 et 1756, on fit faire la grande porte, un tambour, un jubé et un buffet pour resserrer les paremens d'autel. Le prix pour la menuiserie, non compris la ferrure, fut arrêté avec le sieur Duchemin, menuisier de la paroisse, pour 3.000 livres.

« Les années suivantes, Me Laurent Lestourmi, prestre, sacriste de la paroisse et clerc des sacrements, de quelques donations qu'il reçut et de ses propres deniers, fit faire la sculpture de la chapelle des fonts, la cuve baptismale, le pavage et la grille de fer. Mr l'abbé Patallier, qui lui a succédé, a fait peindre la Gloire de la voûte de cette chapelle ».

Le 15 octobre, Jacques Chrestien, écuyer, seigneur de Fumechon, Valleville et autres lieux, demeurant à la Cambe, vendit une ferme sise paroisse Saint-Jean, à Elbeuf, qu'il avait achetée pour partie à Nicolas de la Marre, curé de Surtauville, et dont l'autre partie lui venait de son père feu Pierre Chrestien, inspecteur des manufactures en la généralité de Rouen.

Un acte du 16 novembre concerne Louis Hert, de la paroisse Saint-Jean, engagé volontaire « dans le régiment de Piedmont, compagnie de Flavigny ».

Nous avons déjà parlé d'un sieur Périer, fabricant de draps à Orival, qui avait tenté de se faire recevoir dans la corporation des maîtres drapiers d'Elbeuf. Ayant persisté dans ses intentions, les fabricants elbeuviens décidèrent, le 26 de ce même mois, de travailler à un nouveau mémoire, destiné à faire connaître « à nos seigneurs du Conseil, le danger qu'il y auroit à abroger la loy donnée par l'arrest du 4 août 1748 ; représentant que c'est à cet arrest que l'on est redevable du progrès de la manufacture, puisque le privilège qu'il accorde aux fils de maîtres est ce qui les retient presque tous dans le commerce de la fabrique... »

Au nombre des habitants d'Elbeuf à cette époque, nous citerons la sœur Julie Rozey dite de Sainte-Croix au couvent des Ursulines, qui était fille d'un passementier de Rouen ; Louis Bataille, maître d'école, neveu et héritier d'Etienne Bataille, curé de Paxel-en-France ; Pierre-Philippe Kaisain, curé de Saint-Melain du Bosc, mais qui ne résidait que fort rarement dans sa paroisse ; Nicolas-Joseph Delahaize, chapelain de l'hôpital ; Jean Posse, maître écrivain.

La perception « des droits d'octroi et deniers communs » avait été adjugée à Pierre Baron, marchand chandelier, pour six ans à dater du 1er janvier 1757. Baron rétrocéda son adjudication, le 17 décembre 1756, à Jean Lefebvre, maître drapier, moyennant qu'il en acquitterait le prix, soit 80 livres par an, ainsi que les autres charges. Cette adjudication, basée sur le tarif arrêté en conseil du roi le 23 juillet 1637, enregistré à la Cour des aides le 19 du même mois, donnait droit de percevoir «six deniers pour pot de vin, trois deniers pour pot de cidre, deux deniers pour pot de poiré et bière qui étoient vendus au bourg d'Elbeuf et lieux en dépendants, par les hostelliers, cabartiers et autres vendants vin en détail seullement, et encore en dix sols pour chaque muid de vin entrant et qui seroit encavé audit bourg et fauxbourgs ».

CHAPITRE XII
(1757-1758)

Emmanuel et Louis-Charles de Lorraine (suite). — Réadmission de tous candidats a la maitrise drapière. — Deux assassinats. — Construction du quai d'Elbeuf. — Fabrication d'espagnolettes. — Les jetons de la manufacture. — L'Hôpital est déchargé de l'octroi. — Premiers essais de tondage mécanique.

Nous avons souvent eu l'occasion de citer Jacques Pollet, avocat au Parlement et lieutenant général du duché d'Elbeuf. Il mourut le 5 janvier 1757, à l'âge de 77 ans, et fut inhumé le surlendemain dans l'église Saint-Jean. — Sa veuve, née Marie-Anne Flavigny, décéda plus de cinq années après, à l'âge de 71 ans ; on l'inhuma dans le cimetière.

Plusieurs autres Elbeuviens notables passèrent de vie à trépas dans les premiers mois de cette même année ; nous avons retenu les noms des suivants, tous de la paroisse Saint-Etienne et inhumés dans l'église :

Pierre Delarue, fabricant de draps, âgé de 75 ans, décédé le 12 janvier ; Louis Dévé, curé, mort le 13 du même mois, à l'âge de 58 ans, inhumé en présence de Guillaume Vallois, curé d'Anneville et doyen rural de Bourgtheroulde ; Louis-Nicolas Flavigny, fabricant, âgé de 60 ans, décédé le 10 mars ; Pierre Grandin, aussi fabricant de draps, mort le 14 mai, à l'âge de 75 ans.

Le 9 janvier 1757 fut marqué par la naissance de trois enfants d'une même couche ; ils étaient nés de Michel Duhamel et de Catherine Gaillard et moururent le lendemain.

Le 25, le conseil d'Etat du roi autorisa le bourg d'Elbeuf à emprunter 50.000 livres pour la construction d'un quai.

Le même jour, Henry Duhamel, prêtre du diocèse de Coutances, gradué, fut nommé à la cure de Saint-Etienne d'Elbeuf, vacante par le décès de Louis Dévé.

Dans une réunion extraordinaire des anciens maîtres de la manufacture d'Elbeuf, tenue par exception chez Robert Grandin, l'un des « grans gardes de laditte manufacture », le dimanche 6 février 1757, Nicolas Bourdon, fabricant, lut une lettre datée du 4 que lui avait adressée Michel Maille, garde de la manufacture de Louviers.

Le garde de Louviers annonçait qu'il venait d'apprendre que les mémoires adressés, tant par les manufacturiers de sa ville que par ceux du bourg d'Elbeuf, au conseil d'Etat, au sujet de l'admission indistincte de tous sujets aux maîtrises drapières de Louviers et d'Elbeuf, ne semblaient pas avoir prévalu dans l'esprit de cette haute assemblée, laquelle devait rendre sa décision le jeudi suivant.

Au reçu de cette nouvelle, Maille avait fait réunir les membres de sa corporation, et ils l'avaient chargé d'envoyer un exprès à la Communauté des drapiers d'Elbeuf, afin que celle-ci nommât deux députés pour se joindre à ceux de Louviers, courir ensemble à Paris, à Versailles, et faire agir leurs influences respectives auprès du Conseil. Les députés de Louviers donnaient rendez-vous à ceux qu'Elbeuf nommerait à l'auberge du *Nom de Jésus*.

Les gardes d'Elbeuf députèrent immédiatement Nicolas Bourdon et Louis-Pierre Delacroix, qui partirent le lendemain lundi. Peine perdue, car le 22 février, le Conseil rendit cet arrêt :

« Le Roy en son Conseil, s'étant fait représenter les différens arrêts rendus depuis 1717, concernant les manufactures d'Elbeuf, Louviers et Orival, par lesquels il a été successivement fait défenses de recevoir pendant trois années aucuns apprentifs et compagnons, ensemble celuy de 1748, qui proroge les mesmes défenses jusqu'à ce qu'il en soit autrement ordonné ; et Sa Majesté étant informée de l'état desdittes manufactures, et désirant leur rendre la liberté dont elles jouissoient par leurs statuts et règlemens avant lesdits arrêts, et exciter de plus en plus l'émulation entre les membres desdittes manufactures, à quoy voulant pourvoir ;

« Ouï, le rapport ;

« Sa Majesté en son Conseil a ordonné et ordonne que les statuts et réglemens des fabriquants d'Elbeuf, de Louviers et d'Orival seront exécutez selon leur forme et teneur ; en conséquence, que les communautés desdits fabriquans seront régies conformément à leurs statuts et règlemens nonobstant lesdits arrêts; ce faisant, qu'il leur sera permis de recevoir des apprentifs et compagnons, lesquels, après le temps porté auxdits statuts et règlemens, seront admis à la maîtrise, ainsy et de la manière qu'il est porté par lesdits statuts et règlemens.

« Dérogeons, à cet effet, à tous arrêts et règlemens à ce contraires ; enjoint Sa Majesté au sieur intendant et commissaire départi pour l'exécution de ses ordres en la généralité de Rouen de tenir la main à l'exécution du présent arrêt, lequel sera exécuté nonobstant toutes oppositions et autres empeschements quelconques ... »

Feydeau de Brou, intendant de Rouen, ordonna la transcription de cet arrêt sur les registres des communautés d'Elbeuf, Louviers et Orival, le 14 mars.

Le 22 du même mois, à la faveur de cet arrêt, Pierre Hayet présenta un apprenti. A cette occasion, la Communauté décida qu'on reprendrait les usages d'autrefois ; c'est-à-dire que celui qui présenterait un apprenti verserait entre les mains du garde en charge une somme de 300 livres et une autre somme de 200 livres à la fin de l'apprentissage, lorsque l'apprenti serait présenté à la maîtrise, pour ces deux sommes être employées aux besoins de la communauté.

Les violences contre les personnes étaient alors assez fréquentes dans l'étendue de la juridiction d'Elbeuf, ainsi que nous avons pu en juger par un certain nombre de certificats de chirurgiens conservés aux Archives départementales. Le 12 février, la justice ducale fut saisie d'un assassinat commis par Jean-Baptiste Cornu, journalier à Boscroger, sur la personne de Pierre-Blanc Bunel, son neveu, qu'il avait frappé à la gorge à coups de couteau. La victime était morte une quart-d'heure après. Cornu fut incarcéré dans la prison d'Elbeuf ; son procès dura assez longtemps, mais nous ne connaissons pas le jugement qui suivit.

Pierre Levesque, cordonnier, céda à Guillaume Duhamel, perruquier à Rouen, « la moityé d'une des six places de barbier-perruquier-baigneur-étuviste, créées en cette ville d'Elbeuf par édit du mois de novembre 1691... »; cette vente fut consentie le 28 février, moyennant 15 livres de rente par an, remboursable par 300 livres.

Le concierge du duc d'Elbeuf, en son château de la rue Saint-Etienne, était alors J.-B. Chevalier dit Beaufort, originaire du Praz en Savoie. — Robert Flavigny était trésorier en charge de la paroisse Saint-Etienne.

Un nouveau crime fut commis à Elbeuf le 5 mars. Dans une lutte entre deux soldats, l'un d'eux tira son épée et en frappa son adversaire. On transporta le blessé à l'hôpital, où il mourut deux jours après.

A la date du 9 de ce mois, nous trouvons la première signature de M⁰ Duhamel comme curé de Saint-Etienne. Les sieurs Livet et Sevaistre, celui-ci deuxième du nom, étaient prêtres en cette paroisse.

Des pluies torrentielles avaient encore une fois occasionné dans la rue Meleuse des dépôts de terre, que les riverains, avec leur négligence habituelle, s'étaient contentés de déplacer et de mettre en tas contre les murailles de leurs habitations. Il y avait un mois que durait cet état de choses, quand le bailli ordonna l'enlèvement de ces dépôts, qui auraient obstrué l'écoulement des eaux en cas d'une nouvelle pluie abondante.

v

Jacques-Michel Bourdon, maître drapier et ancien trésorier, décédé la veille à l'âge de 54 ans, fut inhumé le 2 avril dans l'église Saint-Jean.

« Me Henry Duhamel, prestre, curé de Saint Estienne, demeurant en son manoir seigneurial audit lieu » bailla à ferme, pour huit années, la dîme de cette paroisse et la grange de la dîme « sise dans l'enclos de la maison curiale », moyennant 300 livres par an, plus dix sommes de fumier pour le jardin du curé, que le preneur s'engagea à charrier gratis dans la cour du presbytère. L'acte est du 6 avril.

Un acte du 9 mai, concernant la confrérie de Saint-Roch érigée en l'église Saint-Jean, dont Pierre Duruflé était maître en charge, fut passé devant le notaire du bourg.

A une assemblée du bureau, tenue en juin, Pierre Hayet, garde en charge, donna communication d'un exploit délivré à la requête de J.-B. Girard, marchand de Darnétal, au nommé Bachelet, tisserand à Saint-Aubin, l'assignant devant le bailli de la haute justice de Freneuse, à l'effet de faire condamner Bachelet à 500 livres d'amende, pour avoir mis méchamment le feu à trois sacs de pennes et bouts de laine pesant 350 livres et avoir « méprisé ledit Girard dans son commerce ».

Hayet observa qu'un commerce comme celui de Girard avait toujours été considéré préjudiciable aux manufactures de draperies et déclaré illicite par sentence du siège d'Elbeuf du 8 mai 1743, et que, pour le faire cesser, il conviendrait que la Communauté devint partie intervenante au procès, pour faire condamner Girard aux peines et amendes au cas appartenant.

L'assemblée, à l'unanimité, chargea Hayet de prendre les moyens pour arrêter le commerce de fils, pennes et bouts ; de présenter sa requête, au nom de la Communauté, au juge compétent, et de se faire partie intervenante au procès Bachelet-Girard. Elle arrêta, de plus, que Bachelet, « en considération de sa probité et du zèle qu'il a fait paroistre en cette occasion, pour le bien général de la manufacture », serait remboursé de tous les frais que ce procès lui aurait coûtés.

Un acte du 4 juin mentionne que Michel Lyot, vicaire de Saint-Jean, était frère de J.-P. Lyot, perruquier à Elbeuf.

Un autre nous fait connaître que les vacations du notaire d'Elbeuf étaient payées à raison de trente sols par heure.

Par un acte du 5 juillet, « dévotes mères sœurs Hellaine Houssaye dite de Saint Bernard, supérieure ; Anne Le Gendre de la Bretèque dite Aimée de Jésus, assistante ; Genneviève Henry dite de Sainte Rose, zélatrice, et Louise Bourdon dite de Sainte Thérèse, dépositaire, toutes religieuses discrettes du couvent et monastère de Sainte Ursule étably en ce lieu, paroisse de Saint Estienne » affermèrent une terre sise à Fouqueville.

Dans le courant de l'été, le duc d'Elbeuf eut à répondre aux réclamations des habitants de Cléon, de Freneuse et de Saint-Aubin qui se plaignaient de ne plus rien récolter dans leurs champs, qu'ils laissaient d'ailleurs en friche à cause de la multitude de lapins de la garenne de Cléon. Nous avons reproduit, dans notre notice sur Saint-Aubin, plusieurs pièces de correspondance concernant cette affaire, qui ne prit fin qu'un peu avant la Révolution.

Le 20 septembre 1757, Robert Grandin et Louis-Pierre de la Croix, de la paroisse Saint-Etienne, J.-B. Dupont et Nicolas Bourdon, de la paroisse Saint Jean, « syndics et régisseurs nommés par la Communauté des habitants d'Elbeuf pour régir et gouverner ledit bourg, par délibération du 4e janvier 1756, confirmée par ordonnance de Monseigneur l'Intendant du 29 août suivant... », autorisés précédemment d'emprunter 50.000 livres pour subvenir à la construction d'un quai, constituèrent une rente de 200 livres, au nom des habitants d'Elbeuf, au profit de Jean Fabre, tailleur à Paris, rue Trousse-Vache, contre la remise de 4.000 livres.

Des ordres avaient été donnés par le contrôleur général pour faire admettre le sieur Nicolas Lefebvre, ancien contre-maître dans la fabrique, au nombre des maîtres de la manufacture d'Elbeuf.

Le 4 octobre, les fabricants, réunis en assemblée générale, décidèrent de représenter au contrôleur que l'admission de Lefebvre, sans apprentissage, porterait atteinte aux statuts et règlements de la manufacture elbeuvienne et à l'arrêt du Conseil du 22 février 1757. Les gardes furent chargés de rédiger un mémoire en ce sens et d'appeler l'attention du contrôleur sur les « dangereuses conséquences d'un pareil exemple ».

Le 25 novembre, le contrôleur donna des ordres à Feydeau de Brou, intendant, pour faire admettre à la maîtrise des fabricants d'Elbeuf la veuve Périer, dont le mari avait été fabricant à Orival.

Nicolas Lefebvre, bourgeois de la paroisse Saint-Etienne, mourut le 15 novembre. Son frère, Henry-Louis Lefebvre, « escuier, sieur de Malembert, capitaine au régiment de cavalerie du Commissaire général », fit requérir le notaire d'Elbeuf pour procéder à l'inventaire du riche mobilier et des papiers laissés par le défunt. Nous y trouvons l'analyse de quelques actes intéressant l'histoire de notre localité :

Nous remarquons d'abord que le triège des Rouvalets dépendait de trois paroisses : Saint-Etienne d'Elbeuf, Notre-Dame de la Londe et Saint-Georges d'Orival.

« Procèz verbal dressé entre le deffunt et le sieur Dubois, chanoine de la Saussaye et titulaire de Saint Haut Saint Félix, d'héritages appartenants à ladite chapelle et audit sieur Lefebvre latéreaux les uns des autres..., du 8 mai 1737.

« Liasse de papiers concernant des maisons et jardins situés paroisse de Saint Estienne rue Notre-Dame ou de la Brigaudière...

« Liasse de onze pièces qui sont bail des revenus de la chapelle de Saint Félix et Saint Adaucte, passé devant les notaires de Paris, et quittance donnée par le sieur Noel, titulaire de ladite chapelle.

« Onze pièces d'écritures... héritage en pâtis scis en la paroisse de la Londe, triège du Canton de la chapelle Saint Hault baillé à fieffe par M. le marquis de la Londe à Jacques Dugard.

« Vingt-cinq pièces concernant l'office d'officier de la Monnoye de Rouen dont le deffunt étoit revêtu.

« Cinq pièces d'écritures qui sont quittances des droits de décimer pour la chapelle de Saint Hault et Adaucte.

« Quatre quittances données au deffunct

par M. Noel, curé de Craville, pour les fermages des terres de la chapelle Saint Haut et Adaucte.

« Fieffe par le sieur Jean-Bénard de Granville au sieur Nicolas Lefebvre de deux maisons et de deux clos sciz en ce lieu au Mont-Roty ».

La construction du quai d'Elbeuf, commencée l'année précédente par des travaux d'épuisement au moyen de quatre bâtardeaux, fut continuée pendant les années qui suivirent. Le 15 décembre 1757, Antoine Feydeau de Brou, intendant de la généralité de Rouen, procéda à l'adjudication au rabais des ouvrages de charpente, maçonnerie et terrasse pour la construction de ce quai, sur le devis dressé par Dubois, ingénieur des ponts et chaussées. L'adjudicataire fut J.-B. Védie, moyennant la somme de 80.000 livres.

En cette même année 1757, on avait employé aux travaux du quai 120 pieux, 36 longrines, 46 liernes, 42 entretoises, 2 moutons, 23 racineaux, 333 palplanches, 120 madriers et autres pièces de bois de chêne, cubant ensemble 1.828 marques 73 chevilles, livrées à raison de 3 livres la marque.

L'année précédente, la fourniture de bois s'était chiffrée par 1.052 marques 81 chevilles.

La pierre venait des carrières de Caumont, Blaru, Vernonnet, Tosny et Pressagny. Celle venant d'amont fut transportée à Elbeuf par Germaine, marinier à Poses, moyennant 5 sols 6 deniers par pied cube. Le principal fournisseur de pierre fut Alépée, de Vernon.

On trouve aux Archives municipales un grand nombre de comptes relatifs au quai d'Elbeuf. Ce ne fut qu'en 1761 que les travaux cessèrent ; il y avait été dépensé 86.688 livres 12 sols.

Me Duhamel, curé de Saint-Etienne, reçut, le 20 décembre 1757, le testament de Louis Grandin, fabricant, et le déposa chez le notaire d'Elbeuf, quatre jours après. Les héritiers du défunt furent Louis-Jacques Grandin, prêtre, et ses trois frères. L'inventaire qui fut dressé à cette occasion fournit un intéressant état de ce qu'était, à cette époque, une fabrique de drap.

Louis Grandin, étant à son lit de mort, avait fait don de 350 livres à l'hôpital d'Elbeuf et 150 livres à l'église Saint-Etienne, à condition que son corps serait inhumé dans cette église.

Dupont, Nicolas Bourdon, Robert Grandin et L.-P. Delacroix, directeurs de l'octroi établi par arrêt du conseil du 12 août 1755, empruntèrent, le 1er janvier 1758, à Pierre Lejeune, la somme de 6.000 livres pour être employée à la construction du quai ordonnée par cet arrêt.

La reconnaissance de cette somme de 6.000 livres fut transportée, quelques années après, à Alexandre Flavigny, prêtre habitué à Saint-Jean.

Une ordonnance de l'intendant de Brou, en date du 7 janvier, accorda à tous les fabricants des différentes branches de draperie de la généralité de Rouen, la liberté de fabriquer des espagnolettes communes, croisées ou non croisées, avec des laines de France, pourvu qu'il fut apposé sur ces espagnolettes des marques distinctives de celles fabriquées avec des laines d'Espagne et autres laines fines.

Un des considérants établit que cette nouvelle industrie serait d'autant plus intéressante pour l'Etat qu'une plus grande consommation des laines du royaume, en multipliant le nombre des bêtes à laine, encouragerait la culture des terres et en augmenterait la fertilité.

L'article 3 défendait sous peine de 100 livres d'amende de contrefaire les marques et plombs apposés sur les espagnolettes. La moitié de l'amende serait au profit du dénonciateur et l'autre à celui de l'hôpital du lieu.

Cette ordonnance fut fort mal accueillie par la plupart des fabricants d'Elbeuf. Ils décidèrent de représenter au Conseil et à l'intendant les dangers évidents auxquels la fabrique d'Elbeuf se trouverait exposée si, au mépris de ses règlements, on y introduisait des laines inférieures, telles que celles de France, qui n'avaient jamais été employées que dans les manufactures de grosses draperies ; que la filature en serait tellement « détériorée qu'il ne seroit plus possible de fabriquer un drap d'Elbeuf dans la qualité qui lui est propre et qui fait sa réputation ».

C'était là l'avis de la majorité ; mais J.-N. Lefebvre, Mathieu Quesné, Joseph Godet, Louis Delarue, Louis Béranger et J.-B. Leclerc dirent « qu'ils regardoient comme une grâce de pouvoir ajouter une branche de plus à leur commerce ».

Dans cette même séance, le sieur de Boisroger, inspecteur, présenta le procédé d'un sieur Albert, docteur en médecine de l'académie de Montpellier, pour « teindre en noir, sans aucun pied de bleu ny de racynage, une pièce de drap ou telle autre étoffe de laine du poids de 25 livres », duquel il remit un exem-

LE VIEIL ELBEUF
Anciennes maisons de la rue Saint-Jean

plaire au bureau, avec ordre du ministre de donner communication pour en faire l'expérience.

Le notaire d'Elbeuf se rendit le 25 du même mois, au domicile où était décédé Marin Masselin, marchand mercier, en la place du Coq, « faisant le coin de la rue qui monte de la rivière et qui tend à celle de la Barrière » pour dresser l'inventaire des marchandises, meubles, etc., laissés par le défunt. Le commerce que faisait Masselin était d'une certaine importance, car le magasin possédait cinq paires de balances avec leurs séries de poids. Il fut trouvé une grande quantité de bonneterie, des articles de quincaillerie, de librairie, de coutellerie, etc. Cet inventaire est assez curieux, à cause des prix auxquels sont cotés divers articles inventoriés, mais il est trop étendu pour être reproduit.

Pierre Patallier, marchand grainetier, paroisse Saint-Jean, échangea avec Jacques Dubusc, meunier à Freneuse, « une chambre scituée en ladite paroisse Saint Jean proche l'église, dans la cour commune qui fut à Estienne Patallier père, bornée par derrière la cour commune de la platerie », pour un grenier qui s'étendait sur les chambres de Patallier.

Ce même jour, 1er février, Patallier passa un autre acte concernant la moitié d'une petite boutique, située également près de l'église Saint-Jean « derrière la halle au bled et qui sert aussy à massacrer les viandes aux bouchers, bornée d'un costé la rue entre ladite halle et ladite boutique... »

Les propriétaires de biens-fonds situés dans les hameaux des Ecameaux, de la Chouque et du Buquet s'assemblèrent le 5 mars, chez la dame veuve Gosset, pour faire la répartition entre eux de l'impôt de 320 livres de taille et sol pour livre, en remplacement des droits de tarifs qui se percevaient à l'entrée sur tous les habitants d'Elbeuf.

La vente d'un collectionneur elbeuvien ayant répandu, en 1891, dans le public, un bon nombre de jetons de l'ancienne manufacture d'Elbeuf, M. J. Drouet donna dans l'*Elbeuvien* du 8 janvier 1892, quelques renseignements sur ces curieux monuments, dont voici d'abord la description :

« Buste diadêmé à droite de Louis XV, en légende circulaire: LVDOVICVS XV ARTIVM PROTECTOR ; à l'exergue, en très petites capitales: B. DVVIV. F. — (Benjamin Duvivier *fecit*).

« Ce Benjamin Duvivier, un des graveurs les plus distingués de son temps, grava bon nombre de monnaies sous Louis XVI ; il traversa la Révolution et exécuta ses derniers travaux sous Napoléon Ier. Il était fils d'un autre Duvivier, ayant fait partie de la célèbre pléïade de graveurs qui illustrèrent les règnes de Louis XIV et de Louis XV par une splendide série de médailles ; tous ces graveurs appartenaient à l'école des Warin et des Briot, et, avec leurs illustres maîtres, ils contribuèrent à donner à la gravure en médailles un éclat et une splendeur d'où elle n'a fait que déchoir depuis.

« Le revers de notre jeton nous fait voir la croix de Lorraine et une vigne à deux sarments. L'un de ceux-ci, soutenu par la croix, est plein de vigueur et couvert d'une superbe végétation ; l'autre, au contraire, abandonné à lui-même, rampe vers la terre, dépouillé de feuilles et de fruits ; légende circulaire : TALI FVLCIMINE CRESCET (avec un tel appui elle croîtra); à l'exergue : MANVFACTVRE D'ELBEVF.

« Notre ami, M. Léon Germain, de Nancy, dont les travaux d'érudition concernant la Lorraine sont justement appréciés de tous ses confrères, a publié dans la *Revue de l'art chrétien* (3me livraison de 1885) une notice consacrée à la Croix de Lorraine. M. Germain en retrouve l'origine dans la croix à double traverse de Hongrie, prise par le roi René comme témoignage des prétentions de la maison d'Anjou sur l'héritage de Louis, roi de Hongrie et de Pologne. Les successeurs de René auraient promptement oublié l'origine de cet emblême, qui devint le signe particulier de la maison et de la province de Lorraine.

« Ce jeton est en argent, tranche cannelée, diamètre 30 millimètres, poids 10 grammes 70. — Comme on l'a vu par la description que nous en avons donnée, il ne porte pas de date ; c'est pourquoi il nous a paru intéressant de rechercher l'époque de sa fabrication et dans quelles circonstances l'émission en fut faite.

« Les archives municipales d'Elbeuf renferment un certain nombre de registres des délibérations des assemblées générales de la communauté des maîtres drapiers d'Elbeuf et d'autres registres du bureau de la même communauté ; nous avons porté nos recherches de ce côté :

« Dans le registre coté *h h 9*, nous avons trouvé à la page 51e, la délibération suivante :

« Du même jour onze mars mil sept cent cinquante-huit, dans l'assemblée générale des maîtres de la manufacture, il a été représenté par le sieur Leflambard, garde en charge, que malgré l'ordonnance du juge de ladite manufacture, rendue le sept janvier mil six cent quatre-vingt dix-huit, qui condamne en six livres d'amende tous maîtres et anciens qui, ayant été appelés par billets, ne se présenteront point et n'assisteront point aux assemblées, la plupart continuèrent de s'en abstenir, s'excusant souvent mal à propos sur des prétextes dont il est difficile de découvrir la fausseté, ce qui rend la peine comminatoire prononcée par la susdite sentence sans effet ; que cependant il arrive que des affaires très urgentes et intéressantes restent indécises au grand préjudice de la communauté ; pour remédier à cet abus, ledit sieur garde propose d'établir l'usage suivi partout ailleurs, de délivrer des jettons ; sur quoi il demande l'avis de l'assemblée, laquelle ayant délibéré, a approuvé la proposition dudit sieur garde en charge, et en conséquence, elle l'a autorisé à faire faire une quantité suffisante de jetons de la valeur de quarante à quarante-quatre sols, à les paier, parce qu'il sera remboursé de la dépense qu'il aura faitte à ce sujet, soit en rendant son compte, soit en avance, à son choix, en envoyant chez chacun des fabriquants une quittance à compte des frais de bureau. A l'égard de l'empreinte, ledit sieur garde se concertera avec les autres gardes pour en décider.

« Mais comme il pourrait en résulter des abus, les assemblées pouvant devenir trop fréquentes sans nécessité, il est dit qu'à l'avenir le garde en charge ne pourra de son chef convoquer aucune assemblée soit générale, soit d'anciens, sans en communiquer avec les autres gardes en exercice et grands gardes ; il est pareillement statué qu'à l'avenir il sera délivré dans les assemblées soit généralles, soit d'anciens, un jetton à chaque fabriquant qui y assistera ». — Suivent les signatures.

Cette délibération indique les motifs qui avaient porté la Manufacture à créer des jetons, mais elle ne fut pas suivie d'effet immédiat. Nous reparlerons de ces jetons quand nous serons arrivés à l'année 1764, en citant à nouveau M. J. Drouet.

Marie-Anne Flavigny, âgée de 50 ans, femme de Jacques Pollet, drapier, fut inhumée dans l'église Saint-Jean, le 14 mars.

Jean-Nicolas Lefebvre, l'un des meilleurs manufacturiers d'Elbeuf, se plaignit vers le 8 avril, qu'un sieur Nicolas Lefebvre, nouvellement reçu fabricant dans la même communauté, marquait également ses draps : « Nicolas Lefebvre ». Celui-ci répliqua qu'il ne pouvait les marquer autrement puisque tel était son nom, mais que, d'ailleurs, sa production ne ferait pas déshonneur à son homonyme.

Celui-ci n'en jugea pas ainsi et voulut profiter de la circonstance pour se donner une marque composée de son nom, surnom et lieu de fabrique, en lettres imprimées ou brodées en or, à son choix, et d'y ajouter « trois fleurs de lys » par surcroit de distinction.

L'assemblée des fabricants ne goûta guère cette prétention, qui aurait placé tout d'un coup Jean-Nicolas au-dessus de ses confrères. Elle représenta à M. de Boulogne, conseiller d'Etat, qu'un pareil privilège serait entièrement opposé à l'esprit de l'arrêt du Conseil du 5 février 1692.

La pièce suivante se rapporte à la construction du quai :

Robert Grandin et Louis de la Croix, bourgeois de la paroisse Saint-Etienne, Jean-Baptiste Dupont et Nicolas Bourdon, bourgeois de la paroisse Saint-Jean, « syndics et régisseurs nommés par la communauté des habitans pour gérer, régir et gouverner les affaires de ce bourg, ...en exécution de l'arrest du Conseil d'État du Roy du 25e de janvier 1757, qui les authorisent d'emprunter pour subvenir à la construction d'un quay et autres ouvrages relatifs à cet effet qui seront jugés nécessaires par M. l'intendant de la généralité de Rouen, jusqu'à la somme de 50.000 livres, avec exemption, pour ceux qui presteront leurs deniers, des dixième double vingtième denier, deux sols pour livre du dixième et autres accessoires ;

« Ont lesdits sieurs Grandin, Dupont, de la Croix et Bourdon reconnu et reconnoissent avoir créé et constitué pour et au nom de ladite communauté, au proffit du sieur François Chalgrin, bourgeois de Paris, stipulé par Me Claude Duhutrel, greffier des hautes justices de la duché pairie d'Elbeuf, demeurant en ce bourg paroisse Saint Jean... c'est à sçavoir 700 livres de rente annuelle et perpétuelle exempte de dixième, etc... à prendre sur tous les biens présents et à venir de ladite communauté des habitans de ce bourg d'Elbeuf, et spécialement sur les revenus des droits d'octroy à elle attribués pendant vingt années à compter du 1er de novembre 1755, par arrest du Conseil du 12e aoust audit an ; pour de ladite rente en jouir par ledit sieur Chalgrin jusqu'au rachat que ladite communauté en pourra faire toutes fois et quantes en espèces d'or et d'argent sonnantes et non en billets, papier ny effets royaux de quelque manière qu'il plairoit à Sa Majesté créer, étant une clause expresse du présent et sans laquelle il n'eut pas esté fait, dérogeant lesdits sieurs régisseurs à tous les édits, déclarations et arrests qui pourroient en introduire le cours en faveur de ladite communauté ; cette constitution faite pour le prix de 14.000 livres présentement et à notre veue payée par le sieur Duhutrel auxdits sieurs régisseurs... Fait à Elbeuf, le 17 avril 1758 ». — Suivent les signatures.

Le 28, le notaire d'Elbeuf dressa un inventaire dans le domicile occupé par feu Jean Carré, jardinier, situé paroisse Saint-Jean « en un clos appelé les Trois Cornets, estant le long du chemin ou sente cy devant tendant à la Saussaye et à Saint Cyr ». — Ce clos, qui donna son nom à l'une des rues de notre ville — la rue Camille-Randoing actuelle — était situé dans le triangle formé par la rue des Trois-Cornets, la rue Pavée et la rue de la Forêt. Cette dénomination se retrouve dans plusieurs localités de la Seine-Inférieure et de l'Eure ; elle est due aux trois angles — trois cornets — que, naturellement, présentent les pièces de terre ayant cette configuration.

A cette époque, Antoine Maurice, ancien curé de Robertot en Caux, habitait notre paroisse Saint-Etienne.

Le 15 juillet, Prosper Godet vendit à son frère J. Godet la part qu'il avait dans « un moulin à fouler draps » à Amfreville-sur-Iton, qui lui revenait de la succession de son père,

Joseph Godet. Cette part était d'un sixième ; elle fut vendue moyennant 1.500 livres tournois.

François Cavé était employé « au tarif d'Elbeuf, à la porte qui va au Neubourg, scize paroisse Saint Jean ». Cette porte était à l'endroit où l'ancienne ruelle des Echelettes se soudait à la rue de la Justice.

Une des six places de barbier-perruquier du bourg d'Elbeuf fut vendue le 13 décembre, moyennant 40 livres de rente viagère.

Les Archives départementales conservent cet extrait du « Registre des délibérations de la Communauté des habitans d'Elbeuf :

« Du dimanche 30 juillet 1758, au prétoire d'Elbeuf, en l'assemblée générale des deux paroisses de Saint Jean et de Saint Etienne d'Elbeuf, convoquées en la manière accoutumée ;

« Par MM. les Directeurs du Tarif dudit Elbeuf a été représenté à l'assemblée une requeste présentée à Monseigneur l'intendant, par MM. les administrateurs de l'hôpital dudit Elbeuf, tendante à ce qu'il luy plût décharger ledit hôpital du droit d'octroy nouvellement établi audit Elbeuf ; ladite requeste souscrite d'ordonnance de Monseigneur l'intendant du 11 de ce mois d'être commmuniquée aux habitans et régisseurs dudit octroy pour y répondre et avoir l'avis de M. Mallet, subdélégué à Louviers, pour être ordonné ce qu'il appartiendra ; demandant lesdits sieurs Directeurs que la Communauté ait à délibérer, ainsy que sur un exploit de signification, etc.

« L'assemblée, sur le chef qui concerne l'hôpital, ayant délibéré, a déclaré et déclare qu'elle ne s'oppose point à l'exemption de l'octroy demandée par les sieurs administrateurs dudit hôpital.

« Ont signé : Mathieu Quesné, Pierre-Alexandre Delacroix, Durand, Pierre Dugard, Toussaint Le Bourg, Pierre Bourdon, J.-B^{te} Dupont, Robert Grandin, Nicolas Bourdon, Louis-Pierre Delacroix, Charles Lestourmy, Pierre Dupont, Jacques Grandin, Louis Sevaistre, Louis Grandin, Périer, J.-B^{te} Dupont, J.-B^{te} Le Clerc, Nicolas Godet l'aisné, Pierre Le Roy, Cabut ».

Par arrêt du Conseil du roi, en date du 18 octobre, on demanda à la communauté des drapiers d'Elbeuf une somme de 6.000 livres « pour augmentation de finance sur la charge de contrôleur-inspecteur », que la fabrique paya. On sait qu'elle avait déjà versé 13.200 livres en 1745 pour ces mêmes offices.

Le 25, François-David Guérot, ancien facteur des bois du roi, demeurant à Tostes, prêta serment et fut reçu au bailliage d'Elbeuf, en qualité de facteur des bois du duché.

Les Règlements, dit M. Parfait Maille, n'étaient pas aussi inutiles qu'on le pense, puisque, dès qu'on y toléra le relâchement, la draperie dégénéra, témoin la déception de Cadix.

Un arrêt de 1758, ayant permis de travailler tant en fin que commun, cet arrêt donna ouverture à plusieurs négociants de Rouen, de solliciter les fabricants de leur faire des draps à 50 sols et même 3 livres par aune au-dessous du prix ordinaire « disant, lesdits négociants, qu'on pouvoit diminuer la qualité, et qu'il leur suffisoit que les draps portassent le nom d'Elbeuf.

« Certains manufacturiers ne se firent pas

prier, mais l'indépendance et la liberté engendrèrent l'abus et la mal-façon, et, par suite, trois mille pièces furent rebutés à Cadix, pour le Mexique et les grandes Indes.

« Ce qui empêcha les marchands espagnols de se charger des draps de France, c'est que, par une contravention manifeste, la plupart des draps qu'on leur expédia avaient le chef différent du reste de la pièce, et qu'exceptant les trois ou quatre premiers plis de bonne qualité, tous les autres étaient inférieures ».

Nous emprunterons à un rapport présenté, en 1885, par M. Ch. Mouchel, à la Société industrielle d'Elbeuf, quelques notes concernant une tentative de tondage de drap au moyen de forces mues mécaniquement :

« En 1758, l'Anglais Everett construisit un établissement ou des tondeuses mécaniques étaient mues par l'action d'une force hydraulique. En 1759 son établissement fut incendié par une émeute de tondeurs, mais le gouvernement anglais lui accorda une indemnité de 15.000 livres sterling au moyen de laquelle il rebâtit son usine. L'usage des tondeuses mécaniques se répandit alors de plus en plus.

« Il est certain que l'organe principal des machines d'Everett se composait de forces mues mécaniquement. Il est tout aussi certain que l'emploi de telles machines, tout au moins à l'état isolé, remontait en Angleterre à une date beaucoup plus ancienne, et il n'est pas impossible, quand on connaît les relations commerciales actives qui existaient au moyen âge et à l'époque de la renaissance entre les grandes villes d'Europe, il n'est pas impossible, disons-nous, que l'idée première de ces machines ait été importée en Angleterre de

Florence, où Léonard de Vincy paraît les avoir fait connaître dès le xv⁰ siècle.

« Quoi qu'il en soit, que nous admettions cette hypothèse, ou bien que nous supposions une nouvelle invention de la tondeuse en Angleterre, il est certain que cette machine n'était pas encore connue en France en 1767. Deux grandes encyclopédies publiées à cette époque, et dont l'une notamment contient un véritable traité de l'art de la draperie, dû à Duhamel du Monceau, n'en font aucune mention, bien que, dans ce dernier ouvrage, nous trouvions la description complète d'une ratineuse mécanique, alors employée à la manufacture des Gobelins. Une machine analogue avait été brevetée en Angleterre, dès 1684, par James Delabadie. Grothe en conclut un peu rapidement que cette machine était en même temps une tondeuse mécanique. Cela est peu probable.

« Comme procédé général de construction, et par les détails de l'engrenage qui la commande, la ratineuse de 1768 présente un certain air de famille avec la tondeuse de Léonard de Vinci. On sent que les artisans et les ingénieurs des deux époques avaient exactement les mêmes ressources, et s'en servaient de la même manière.

« Le tondage, au moyen de forces mues mécaniquement, ne se propagea en France que fort tardivement, et il ne semble pas qu'il ait été pratiqué à Elbeuf ».

Une liasse portant la date de 1758, conservée aux Archives départementales, renferme de nombreuses pièces concernant la ferme des halles et des moulins d'Elbeuf et de Quatremare, depuis 1697 jusqu'à cette année 1758.

CHAPITRE XIII

(1759-1761)

Emmanuel et Louis-Charles de Lorraine (*suite*). — Un nouveau bailli. — Don gratuit au roi. — Faits divers. — Les trente-six barbaneurs d'Orival et le marquis de la Londe ; curieux détails. — Mort de Louis-Charles de Lorraine.

La taille à payer par Elbeuf en l'année 1759 fut fixée à 22.470 livres.

Il y avait alors procès entre les boulangers de notre localité et ceux du dehors. La communauté des mitrons elbeuviens était représentée par François Leclerc, Gervais Olivier et Thomas Védie, gardes en charge de la corporation, qui se trouvèrent au prétoire d'Elbeuf, le 16 février, pour entendre la condamnation de saisie de pains prononcée contre deux de leurs confrères horsains.

Me Routier, bailli, dit à bonne cause les procès-verbaux prononcés, déclara maintenue la saisie de pains et leur confiscation au profit de l'hôpital. En outre, Simon Gouel et Laurent-Guillaume Denis, boulangers, furent condamnés envers la corporation des boulangers d'Elbeuf à 10 livres d'intérêt et aux frais du procès.

De plus, le juge leur fit défense d'exposer du pain en vente, à l'avenir, ailleurs qu'au marché, et fit également défense aux habitants d'Elbeuf « de resserrer chez eux du pain pour les boulangers forains pour en faire le débit au compte desdits boulangers, sous peine de 50 livres d'amende ».

Le 27 février, Pierre Maille, administrateur en charge de l'hôpital, donna à loyer à Nicolas Joseph Delahaize, prêtre habitué à Saint-Etienne et chapelain de l'hôpital « le tènement de maisons et bâtimens qui fesoient les maisons de l'ancien hospital, scis rue Meleuze, borné d'un bout la rue et Nicolas Delahaye et d'autre bout le courant d'eau des fontaines de Monseig^r le duc d'Elbeuf, ...moyennant la somme de 150 livres de loyer par an ».

La charge de bailli d'Elbeuf fut vendue le 26 mars, dans les conditions suivantes :

« Son Altesse sérénissime Monseigneur Emmanuel-Maurice de Lorraine, duc d'Elbeuf, ayant voulu donner des marques de considération à maître Jacques-Louis Flavigny, bailly dudit duché d'Elbeuf, tant par rapport à ce qu'il a toujours exercé lad. charge avec intégrité et désintéressement, qu'en reconnoissance du zèle et attachement qu'il a eu à veiller à la conservation des interrêts de l'illustre maison de Sadite Altesse ; Sadite Altesse auroit de son propre mouvement accordé aud. sieur Flavigny le droit de survivance de l'état et office de lad. charge de bailly d'Elbeuf, Quatre-Mares, la Haye-du-Theil, du Theil et police desd. lieux, pour en disposer par lui de son vivant ou par les sieurs ses enfants après sa mort, en faveur de qui bon leur semblera.

« Lequel dit sieur Flavigny a par ces présentes fait vente et cession dud. droit de survivance à maître Luc-Pierre Routtier, avocat au Parlement, demeurant audit Elbeuf, pour par lui jouir sa vie durant seulement de l'estat et office de lad. charge de bailly en touttes ses circonstances et dépendances, et aux honneurs, gages et émoluments y attachez...

« La présente vente et cession faite aux conditions cy dessus et celles cy après, en outre et moyennant le prix et somme de six mille livres de prix principal... et pour le vin de ce marché, ledit sieur Routtier s'oblige payer audit sieur Flavigny immédiatement après sa réception à lad. charge, la somme de 240 livres... Bien entendu qu'après ladite réception, le sieur Flavigny conservera toujours le titre d'ancien bailly d'Elbeuf, et qu'en cette qualité, il aura la liberté d'assister aux audiences et d'y avoir voix délibérative.

« A ce est intervenu le sieur Jean-Louis Routtier Duparc, officier chez le Roy, père dud. sieur Routtier, avocat, lequel s'est rendu caution... du présent... » — Routier père habitait Surville.

Nicolas-Joseph Delahaize, prêtre à Saint-Etienne, âgé de 36 ans, mourut le 10 mai; on l'enterra dans l'église. — Prosper Leroy était alors curé de Saint-Amand-des-Hautes-Terres, et Nicolas Guilbert, vicaire de Maromme; ces deux prêtres étaient originaires d'Elbeuf.

Les enfants de Jean-Nicolas Lefebvre, fabricant de draps, se réunirent le 30 juin pour liquider sa succession. Etaient présents Henri-

Louis Lefebvre, écuyer, sieur de Malembert, chevalier de Saint-Louis ; Jean-Nicolas Lefebvre, écuyer, officier en la Monnaie de Rouen ; Nicolas-Jacques Lefebvre, négociant à Lyon, et Pierre Feray, écuyer, officier chez le roi, ayant épousé Henriette Lefebvre, sœur des précédents.

Une interprétation de l'édit d'août 1758, portant établissement de dons gratuits au roi pendant six années, à partir du 1er janvier 1759, avait fixé la contribution du bourg d'Elbeuf à 5.000 livres par an. Louviers était imposé à 4.000 livres seulement et Pont-de-l'Arche à 2.100 livres.

Les habitants des deux paroisses d'Elbeuf proposèrent au roi de payer 22.500 livres, pour ce don gratuit, et de soustraire le bourg à l'impôt de 5.000 livres pendant six années ainsi que le portait l'édit. Cette proposition fut acceptée, et, le 15 juillet 1759, le roi étant en son conseil, à Versailles, rendit un arrêt en conformité du désir exprimé par les Elbeuviens.

Il avait été convenu avec les administrateurs d'Elbeuf que le paiement de ces 22.500 livres se ferait en trois versements ; le second au mois d'octobre suivant. Mais certains bruits qui vinrent à se répandre tout à coup, altérèrent la confiance publique, de sorte que la personne qui avait promis aux deux paroisses de leur prêter les 7.500 livres nécessaires pour le second versement se rétracta et refusa nettement de se dessaisir de cette somme. Le bourg fut donc obligé de demander un sursis, jusqu'à ce qu'il put trouver un prêteur. Le 19 décembre, les régisseurs pour le roi insistèrent auprès des représentants de notre localité pour obtenir le paiement de cette deuxième portion. Il leur fut adressé un rappel le 10 janvier suivant.

Les administrateurs de notre bourg répondirent à cette dernière lettre qu'ils s'étaient rendus à Rouen, chez deux agents de change, afin d'emprunter. Le premier offrait 15.000 livres dont 11.000 en ordonnance de la marine, le second un billet de 10.000 livres échu du mois précédent et 5.000 en ordonnances de la marine, le tout sans garantie. Les représentants du bourg demandèrent si le roi voudrait accepter ces effets comme argent comptant.

Nous ne savons ce que répondirent les régisseurs pour le roi ; mais à la date du 20 janvier, les bourgeois chargés des affaires de notre localité leur annoncèrent que le Corps des fabricants de drap d'Elbeuf, dans une assemblée tenue la veille, avait décidé à l'unanimité, mais après un long débat, que le garde en charge recueillerait une somme de 15.000 livres sur tous les membres de la corporation pour payer les deux dernières fractions de l'abonnement du don gratuit, et que, sous une dizaine de jours, le paiement serait effectué.

Le 24 août, la justice d'Elbeuf reçut les plaintes de Pierre-Antoine Piedevant, curé d'une des deux portions de la Haye-du-Theil, contre lequel des femmes avaient répandu des bruits fort désagréables touchant les mœurs. Des enquêtes furent ordonnées par le bailli ; le procès dura assez longtemps.

On sait que les anciens Edits de Louis XIV défendaient aux fils de protestants et aux nouveaux convertis de vendre tout ou partie de leurs biens sans la permission du roi. Jean-

Nicolas Le Couturier, fabricant de draps, nouveau converti, avait adressé une supplique à Louis XV pour être autorisé à aliéner une propriété qu'il possédait à Elbeuf. Le 20 septembre, le monarque, étant à Versailles, signa la permission demandée. Cette pièce, sur parchemin, est conservée dans l'étude de M⁰ Tesnière, actuellement notaire dans notre ville.

L'immeuble dont il s'agissait consistait en « bâtiments, cour et jardin, scitués paroisse Saint Jean, sous la Rigolle, bornés d'un costé le moulin, la noë au courant d'eau dud. moulin et d'un bout la rue de la Rigolle ». François Lebourg avait fait précédemment « creuser dans le jardin plusieurs trous pour faire pleins et fosses pour son métier de tanneur », en qualité de locataire de cet immeuble, qui lui fut fieffé moyennant 400 livres par an.

Un acte du 23 septembre mentionne « la maison de jeu de paume nommé la Perle » sise à Elbeuf.— Un autre du même mois concerne « l'auberge où pend pour enseigne le *Pot d'étain à la grande mesure* », sise en la paroisse Saint-Etienne.

A cette date, les principales religieuses du couvent des Ursulines étaient: Louise Bourdon de Sainte-Thérèse, supérieure ; Marie-Madeleine Vignon de Saint-Joseph, assistante ; Geneviève Henry de Sainte-Rose, zélatrice ; et Geneviève Sevaistre de Sainte-Claire, dépositaire.

La charge de lieutenant au bailliage d'Elbeuf étant devenue vacante par suite du décès de Jacques Pollet, Louis Grandin la sollicita du duc Emmanuel, qui la lui accorda moyennant 200 livres. Cet office donnait droit à 80 livres de gages par an et au chauffage gratuit du titulaire. Grandin prêta serment le 23 octobre et fut déclaré installé dans ses fonctions.

Louis de Flavigny, chevalier de l'ordre de Saint-Louis, capitaine au régiment de Piémont, étant logé chez son frère Me de Flavigny, curé de Saint-Jean, vendit, le 30 octobre, à Jacques-François Vallon de Boisroger, inspecteur des manufactures, un héritage nommé la Chenaye-Boissel, sis paroisse Saint-Etienne, borné d'un côté par l'ancien chemin des Ecameaux, d'un bout le chemin de la carrière Touin ou du Buquet, et d'autre bout en partie par la forêt et d'autre partie par le Désert à Paris.

Jacques Chrestien, écuyer, qualifié parfois de chevalier, seigneur de Fumechon, Valleville, Pierrelée, l'Epec, Gisay et Miray, étant à Rouen le 2 décembre, vendit à Pierre Drouet, écuyer, sieur des Fontaines, demeurant à Rouen, une grande propriété sise en la franche bourgeoisie d'Elbeuf, pour le prix de 16.500 livres.

Par suite de la construction du quai, qui avait entraîné une modification dans le niveau du sol de la « grande rue Saint-Jean », un calvaire qui se trouvait dans cette rue fut déplacé, en décembre, d'accord avec le curé, le procureur fiscal et le bailli.

A cette même époque, il y avait procès au bailliage entre Godet des Aulnais, capitaine au régiment de Piémont, qui était revenu au pays natal pour recruter des soldats, et Jean-Antoine Huet, armurier rue Marchande — actuellement rue du Centre. — A la suite d'un différend, l'officier avait rudement frappé l'armurier. De nombreux témoins furent entendus dans cette affaire, qui durait encore après le départ de Godet.

Emmanuel-Maurice de Lorraine, étant en son château d'Elbeuf, le 10 mars 1760, mais demeurant ordinairement à Paris en son hôtel de la rue Saint-Nicaise, paroisse de Saint-Germain-l'Auxerrois, donna pouvoir à Jacques Sanson, receveur des rentes seigneuriales du duché, de percevoir aussi les treizièmes dans toutes les terres de Normandie.

Jean Duruflé, drapier, âgé de 45 ans, fut inhumé le 26 avril, dans l'église Saint-Jean.

Mathieu Rouvin, né à Elbeuf, prêtre et grand-chantre de Saint-Jean, âgé de 71 ans, mourut le 25 juin. Son inhumation eut lieu le lendemain, en présence de Mathieu Maille et de Benoît-Jacques Maigret, vicaire ; Jacques-Etienne Patallier et Laurent Lestourmy, prêtres de la paroisse, et de Charles-Marin Maille, d'Elbeuf, curé de Saint-Etienne-du-Vauvray.

Par acte passé à Elbeuf, le 12 juillet, les chanoines donnèrent à loyer leurs dîmes de la Saussaye, moyennant 60 livres par an.

Le 29, Isaïe Levert vendit à Pierre-Louis Langlois, de Caudebec, « l'estat et office de procureur fiscal des hautes justices d'Elbeuf », pour le prix de 2.400 livres. Le duc approuva cette cession le 1er août, et Langlois prêta serment au bailliage d'Elbeuf le 29 septembre suivant.

Le 9 décembre, Pierre-Michel-Augustin de Constance, chevalier, seigneur de Biville en Caux, fils et héritier de Robert de Constance de Biville, vendit à Vallon de Boisroger, inspecteur des manufactures, demeurant paroisse Saint-Etienne « l'héritage en friche et bois taillis vulgairement appelé le Désert à Paris, scis en cette même paroisse, entre les deux costés de la forest des Monts le Comte, dans le fond de la vallée de l'Epine ». L'acquéreur fut autorisé par le vendeur « de faire relever le fossé du fond ainsy que ceux qui seront nécessaires tant pour empescher le chemin qui passe dans iceluy que pour empescher les bestiaux de faire aucun dommage au bois de monseigneur le duc d'Elbeuf, mesme pour faire ce qui est nécessaire pour la conservation dud. héritage, vu qu'il est endommagé par l'impétuosité des ravines, jusqu'à la somme de 250 livres... »

Antoine Guillaume, chanoine de la Saussaye et ancien receveur de la collégiale, mourut le 10 décembre. François Harel, doyen du chapitre, et Louis Mouchard, chanoine, mandèrent le notaire d'Elbeuf pour apposer les scellés au domicile du décédé et plus tard faire l'inventaire de ses biens meubles, opérations qui furent faites en présence de Pierre Danest, maître des enfants de chœur.

Dans cet inventaire, nous trouvons quelques livres de théologie, « quatre livres de chansons nottées, un tableau représentant saint Louis, un baromettre termomettre, un pacquet de livres de musique, un livre relié en parchemin contenant 70 pages écrites, intitulé : « Mémoire des obits annuels dus à MM^{rs} du Chapitre ». — Mathieu du Domaine, clerc tonsuré, demeurant au collège d'Harcourt à Paris, eut la prébende devenue vacante par le décès de Guillaume.

Le 19, sur un exploit de Jean-Baptiste Gauthier, sergent, Jean Cantrel et Laurent Dupont, gardes en charge de la corporation des bouchers, convoquèrent leurs collègues, pour nommer d'autres gardes de la communauté. Jacques Dupont et Charles Bertin furent élus pour un an, et Jean-Baptiste Lebailly pour deux, tous à dater du 1er janvier suivant.

Bien qu'un peu longue et n'intéressant qu'indirectement notre ville, nous croyons devoir transcrire dans ses principales parties une requête au Parlement de Rouen, contenant de curieux renseignements sur l'entrepôt d'Orival, très important à cette époque :

« Sur la requeste présentée à la Cour par Jean-Baptiste Le Cordier de Bigars, chevalier, marquis haut justicier de la Londe, conseiller du Roy en ses conseils, président à mortier honoraire en son parlement de Normandie, expositive qu'à son dit marquisat de la Londe, est unie la seigneurie d'Orival, paroisse sur le bord de la rivière de Seine, dans laquelle on entrepose les vins destinés pour Rouen, la province de Normandie et l'étranger, venantes par eau et par terre, une partie des cidres qui s'envoient à Paris, les bois de chauffage et à bâtir des forêts voisines, pour Rouen et la route, les plastres et pierre qui s'employent dans le lieu même et paroisses circonvoisines, ce qui a exigé dans tous les temps qu'un certain nombre de personnes s'adonnent à faire les chargements, déchargements, encavements et décavements nécessaires, et qui sont assez fréquents, pour ne pas dire journaliers.

« Les prédécesseurs de l'exposant, en qualité de seigneurs d'Orival, ont estably et préposé par là en premier lieu 24, et ensuitte jusqu'à 36 personnes sous la dénomination de barbanneurs, chargeurs et déchargeurs, lesquels payent annuellement une rente et redevance de 16 boisseaux d'avoine mesure d'Elbeuf, qui tient lieu à l'exposant du droit de heurtage qu'on payait anciennement pour chaque bateau abordant aux quays d'Orival.

« Ces barbanneurs sont, au surplus, reçus en justice et assujetis à des règles pour le service du public. Ils élisent un syndic, lequel, indépendamment de l'obligation d'assembler et de payer la redevance de 16 boisseaux d'avoine, est tenu de veiller à ce que les travaux soient faits à la satisfaction des marchands ; ils se fournissent enfin de cordages, chemins et agrez nécessaires pour tous les travaux dont ils sont requis, et sont garants solidairement de la perte des vins, cidres et autres marchandises qu'ils chargent ou déchargent.

« Tel est d'ancienneté l'état des choses, et on peut dire que si l'exposant se portoit à l'intervertir, les marchands réclameroient, parce que certainement ils y trouvent leur avantage, en ce qu'ils sçavent à qui s'adresser pour faire faire incontinent leurs travaux, qu'ils sont faits par gens expérimentés et qu'en tout cas ils ont des garants sûrs dans le nombre de barbanneurs ; ce qui est si vray que, s'étant élevé, il y a 8 ou 10 mois, une difficulté entre Marin Gohé et les barbanneurs, ceux-cy lui dirent de faire faire son travail par qui il aviseroit ; ledit Gohé, au lieu d'user de cette liberté, recourut à l'exposant pour contraindre lesdits barbanneurs, ce qu'il fist.

« Les barbanneurs ainsy établis et sujets à faire tous les travaux dont ils sont requis, ont esté maintenus, vis-à-vis de ceux qui ont voulu s'y ingérer, dans le droit exclusif de les faire, et en dernier lieu par un arrêt de la Cour du 27 janvier 1730.

« Les droits et salaires desdits barbanneurs ont esté enfin réglés par une sentence de la haute justice de la Londe du 11 mars 1730, qui a fixé entr'autres le chargement ou déchargement du muids de touttes liqueurs à 2 sols, de la pipe à 5 sols, de la botte à 7 sols et du tonneau à 10 sols.

« Comme il s'est élevé depuis quelques années des difficultés entre les marchands et barbanneurs sur plusieurs dispositions de cette sentence, et singulièrement par rapport aux futailles d'une contenance extraordinaire que certains marchands ont introduites, et pour raison desquelles ils prétendoient ne point devoir payer relativement à leur véritable contenance, les officiers de la haute justice de l'exposant ont cru, pour faire cesser les équivoques et contestations résultantes de la sentence de 1730, devoir entendre et les marchands et les barbanneurs, tant sur les diverses dispositions de ladite sentence que sur toutes les opérations du barbanage, à quoy il a esté procédé; et en conséquence desdits soutiens, obéissances et prétentions respectives, il est intervenu sentence le 18 novembre dernier portant une fixation génerralle des salaires desdits barbanneurs ; au surplus, quelques dispositions sur le fait de la police desd. travaux, encore bien que quelques augmentations sur certaines futailles ne puissent estre réparties, telles que relativement à ce que quelques-uns des marchands ne veullent payer pour les pipes ou quart pipes que comme pour des demie bottes, pour les bottes ou presque bottes que comme pour les pipes, etc., et que les prétendues augmentations soient balancées par des diminutions.

« Si lesdits marchands croient avoir à se plaindre qu'ils appellent à la Cour, cette voie de droit leur est libre, l'exposant ne trouvera pas mauvais qu'ils y recourent : ce n'est pas celle que l'on vient de mettre en pratique.

« Marin Gohé, marchand de vin et de cidre, demeurant à Orival, a refusé de se conformer à cette sentence et prétendu continuer de suivre son usage, c'est-à-dire payer arbitrairement les travaux des barbanneurs qui, le 23 du mois dernier, le traduisirent par voye de haro devant le juge haut justicier de la Londe.

« Les parties ayant esté entendues sur le champ, Gohé fut condamné à payer le chargement dont il s'agissoit sur le pied fixé par la sentence du 18 novembre dernier, etc., avec dépens.

« L'unique party qu'il dut prendre, s'il croyoit pouvoir raisonnablement se plaindre, estoit d'appeler de cette ordonnance ou jugement. Dans le cas, enfin, où Dieulamant, marchand à Paris, pour le compte duquel les cidres en question ont dû estre chargés, croira devoir suivre l'effet de l'opposition du 8 de ce mois, c'est en la haute justice de la Londe qu'il doit procéder contradictoirement avec les barbanneurs, et par appel à la Cour.

« Dieulamant et Gohé, au lieu de tenir ces voies ordinaires, ont imaginé de recourir au bureau de l'Hôtel-de-Ville de Paris, et, sous prétexte que les cidres chargés par les barbanneurs estoient pour la provision de cette ville, ils ont fait rendre le 30 décembre dernier, sur le réquisitoire du procureur du Roy, une sentence portant évocation de la demande ou instance supposée pendante en la haute justice de la Londe, et les fins de cette évocation ainsy que du mandement obtenu par le procureur du Roy sont de faire juger que les barbanneurs représenteront les lettres patentes d'érection de leur communauté, et, à faute de ce, se voir faire défense de troubler et empêcher les marchands de faire charger leurs marchandises par tels ouvriers qu'ils jugeront à propos, etc.

« Le syndic et quatre barbanneurs ont esté assignés, en conséquence de cette sentence, à la requeste du procureur du Roy, par exploit du 8 de ce mois, et le même jour, Dieulamant et Marin Gohé leur ont fait donner de leur chef une assignation à comparoir à la huitaine au bureau de l'Hôtel-de-Ville de Paris, pour y procéder sur l'opposition que Dieulamant déclare former contre le jugement du 23 décembre, etc.; et au surplus, se voir faire deffense de troubler et empêcher les marchands et leurs commissionnaires dans la liberté de se servir de tels ouvriers qu'ils jugeront à propos, pour le chargement des marchandises au port d'Orival, etc.

« Cette sentence procède évidemment de ce que Dieulamant et Gohé ont déguisé au bureau de l'Hôtel-de-Ville de Paris l'état des choses, en quoy ils ont eu pour principe et pour objet de subordonner par une voye oblique et détournée à l'Hôtel-de-Ville de Paris :

« 1° les droits de l'exposant, ou plutost les prérogatives de sa seigneurie de la Londe dont Orival est un membre.

2° le bien ou le mal jugé de deux sentences de la haute justice de la Londe des 18 novembre et 23 décembre dernier, ce qui ne peut se soutenir :

« 1° pour donner lieu à une évocation et authoriser sous le nom de Dieulamant une intervention et la prise de fait et cause de Gohé, il a fallu supposer une instance devant le haut justicier de la Londe, et il n'y en a point... Si un tiers veut s'opposer contre le jugement, c'est en haute justice de la Londe qu'on doit se pourvoir.

« 2° pour contester le droit et qualité des barbanneurs, leur demander des lettres patentes, et à faute de ce conclure que deffenses leur seront faites, il a fallu administrer au bureau de la ville de Paris que ce sont des gaigne deniers qui, de leur mouvement et authorité, viennent de s'ériger en communauté ; et dans le fait, il est à la connoissance certaine de Gohé qu'ils tiennent leur état de barbanneurs des auteurs de l'exposant au droit de sa seigneurie, que tel est d'ancienneté l'état des choses, que les marchands en ont reconnu en tous temps et circonstances l'utilité et que le commerce est vraiment intéressé à ce qu'on le maintienne, puisque si les barbanneurs cessoient d'avoir le droit exclusif de faire les opérations de barbanage, il y auroit impossibilité de les contraindre à faire les chargements et déchargements, qu'ils seroient dégagés des obligations qui leur sont imposées... et que le prix et salaire des banneaux deviendroit inévitablement arbitraire de la part des chargeurs et déchargeurs volontaires, qui se régleroient sur les circonstances et la nécessité.

« En supposant que Gohé et Dieulamant ayent suffisamment réfléchi... c'est à la haute justice de la Londe, puis à la Cour qu'ils doivent s'adresser.

« L'exposant, que cette prétention intéresse directement, n'étant pas dans le cas de voir estre traduit en l'Hôtel-de-Ville de Paris pour soutenir les droits et prérogatives de sa seigneurie.

3º Afin de se ménager un prétexte pour recourir au bureau de l'Hôtel-de-Ville de Paris et surprendre sa religion, il a fallu luy donner lesdits barbanneurs d'Orival comme ne faisant que des chargements de cidres pour Paris et des déchargements de futailles venantes de Paris, au lieu que les chargements de cidres et poirés pour Paris ne feroient que la moindre partie des opérations des barbanneurs, qui déchargent, encavent et rechargent tous les vins entreposés à Orival pour Rouen, la province et l'étranger, une grande quantité de bois à bâtir et à brûler, des pierres, plastres et autres denrées et marchandises pour Rouen et les environs.

« Il est au moins singulier, dans de pareilles circonstances, de vouloir dépouiller le juge du lieu et la Cour de la connoissance de ces banaux et de leur salaire, pour les subordonner à l'Hôtel-de-Ville de Paris et au parlement de Paris. C'est ce qui oblige l'exposant d'avoir recours à l'authorité de la Cour ».

Cette pièce est suivie de la copie d'un arrêt du Parlement de Rouen, dont voici les principales dispositions :

« Vu par la Cour ladite requête et pièces y attachées ;

« La Cour a accordé et accorde audit Le Cordier de Bigars acte... Au surplus, sans avoir égard à la sentence du prévôt des marchands et échevins de la ville de Paris du 30 décembre dernier, a déchargé et décharge les nommés Le Marié, Duruflé, Le Picard, Féron et Le Cerf des assignations à eux données le 8 de ce mois, tant à la requeste du procureur du Roy de l'Hôtel-de-Ville de Paris, qu'à celle desdits Dieulamant et Gohé ; fait défenses auxdits Dieulamant et Gohé de faire aucune poursuite... — 14 janvier 1761 ».

« Son Altesse sérénissime très haut, très puissant et très excellent prince Monseigneur Emmanuel-Maurice de Lorraine, duc d'Elbeuf, pair de France, baron de Quatremare et de Grosley, seigneur chastelain haut justicier de Boissey le Chastel, seigneur haut justicier du Grostheil, la Haye du Theil et de la rivière de Seine depuis l'ombre du pont de Pont de l'Arche jusqu'au Gravier d'Orival, seigneur des fiefs de Criquebeuf-sur Seine, Saint Aubin jouxte Boulleng et Cléon, la Heuze, unis et incorporés au duché d'Elbeuf », emprunta, le 12 mars, étant à Elbeuf, à Luc Pierre Routier, bailli du duché, une somme de 4.000 livres, pour laquelle le duc s'engagea à lui servir une rente annuelle de 200 livres.

Un certificat de Me Flavigny, curé de Saint-Jean, mentionne qu'à cette époque la manufacture d'Elbeuf et tout le commerce local étaient dans la décadence.

Etant à Elbeuf le 25 avril, Charles Boscheron, chanoine régulier, prieur de Saint-Germain le Gaillard et curé de Mandeville, donna à loyer, pour huit années, à Jean-Baptiste-Vincent Béheraye, curé de Saint-Martin la Corneille, demeurant à Rouen, un petit trait de dîme dépendant de son bénéfice de Saint-Germain, situé à Saint-Martin, à condition qu'il ne percevrait aucune dîme sur le « Bois du Prieur ni sur un clos joignant le manoir dudit prieuré ». Le bail fut consenti moyennant 24 livres par an. — L'année suivante, Béheraye prit également à loyer, des chanoines de la Saussaye, un trait de dîme à Saint-Martin la Corneille, pour 48 livres par an.

En séance tenue au prétoire, le 29 du même mois, Robert Duboullé, ancien procureur et avocat au Parlement, fut reçu en qualité d'avocat fiscal de la haute justice du duché-pairie d'Elbeuf, fonctions auxquelles il avait été nommé le 16 octobre précédent, par le duc d'Elbeuf. — Quelques années après, Duboullé acheta le fief de la Bretèque, sis à Caudebec (Saint-Pierre-lès-Elbeuf).

Le 4 juin, Luc-Pierre Routier, avocat au Parlement, bailli d'Elbeuf, procureur du duc, bailla à loyer pour six ans, à Louis-Denis Civet, de Cléon, la garenne sise en cette paroisse, moyennant 600 livres par an, plus dix-huit douzaines de lapins également par an ; si le bailleur ne prenait pas cette quantité de lapins, le preneur serait tenu de lui payer 15 sols pour chacun de ceux en moins.

Le 9 du même mois, Louise Bourdon de Sainte-Thérèse, supérieure du couvent des Ursulines, et les religieuses de ce monastère, admirent comme sœur professe Marie-Madeleine-Elisabeth-Charlotte Lenoble, fils de Marie-Madeleine Flavigny, veuve de Georges Lenoble, de Rouen, moyennant une pension de 150 livres par an.

Par acte passé à Elbeuf le 11, Thomas-François Harel, doyen des chanoines de la Saussaye, bailla à loyer plusieurs traits de dîmes à Boscroger.

Une pièce du 7 août mentionne les personnages suivants comme exerçant en la haute justice d'Elbeuf : Luc-Pierre Routier, bailli ; Louis Grandin, son lieutenant ; Pierre-Louis Langlois, procureur fiscal ; Jean-Louis Maille et Maigret, avocats. On y trouve également les noms de Martin, Guenet, Osmont et Béranger, prêtres à Saint-Etienne, et celui de Jacques Etienne Dauvergne, chirurgien.

Jean Gosset, maître d'école, qualifié parfois de maître écrivain, de la paroisse Saint-Jean, mourut le 7 août, âgé de 73 ans.

Un acte du 6 octobre, passé à Elbeuf, mentionne « Mᵉ François-Antoine Pollet du Thuit, écuyer, seigneur du Quesné, demeurant à Paris, procureur de haut et puissant seigneur Messire Alexis-Bernard Le Conte, chevalier, marquis de Pierrecourt, demeurant également à Paris, seul et unique héritier de feue noble dame Anne-Marguerite du Pollet du Thuit, sa mère, à son décès veuve de Messire Louis-François Le Conte de Nonent, chevalier, seigneur de Pierrecourt, d'avec lequel elle était civilement séparée quant aux biens, et aussy seul et unique héritier dudit seigneur comte de Pierrecourt, son père ».

Les habitants des deux paroisses se réunirent le dimanche 29 novembre 1761, au prétoire d'Elbeuf, devant Pierre Routier, bailli du duché, assisté de Claude Duhutrel, son greffier, et de Maille et Delarue, trésoriers en charge de chacune des deux paroisses, sur une requête de Mallet, subdélégué de l'intendant, présentée par nombre d'habitants ou propriétaires du quartier Saint-Etienne, depuis le haut de la rue Meleuse jusqu'à la rivière de Seine, tendant à mettre à la charge publique du bourg les frais de l'enlèvement des graviers apportés par les ravines dans cette rue Meleuse et dans celle de Saint-Etienne (aujourd'hui nommée, pour partie, rue de la République), ainsi que les boues laissées par la Seine après son débordement.

L'assemblée délibéra et arrêta qu'il n'était pas permis d'admettre les principes de la requête sans blesser les règles de la justice. Le bourg, dirent les délibérants, a déjà assez de charges, sans les multiplier aussi indûment.

Me Louis-Charles-Alexandre Flavigny, prêtre habitué de Saint-Jean, fils de feu Alexandre Flavigny, conseiller et avocat du roi au bailliage et vicomté de Pont-de-l'Arche et procureur fiscal des hautes justices d'Elbeuf, reçut, en écus de six livres, de David Delarue, garde en charge de la communauté des maîtres drapiers de notre localité, une somme de 6.409 livres pour remboursement d'une rente que lui devait la communauté. L'acte est du 24 décembre.

Par un acte en date du même jour, Louis Sevaistre, drapier, administrateur de l'Hospice, bailla à loyer pour neuf années à Gabriel-Marin-Henri Guenet, prêtre habitué à Saint-Etienne et chapelain de l'hôpital, tous les biens appartenant à l'établissement situé rue Meleuse en la paroisse Saint-Etienne, consistant en « un ou plusieurs tènements de maisons et bâtiments avec les cours et jardins en dépendant qui faisoient l'ancien hôpital »; plus les tènements acquis par la maison hospitalière des sieurs Davoult, de Rouen ; de Me Flavigny, chanoine de Rouen ; et enfin les immeubles sis en la cour de la *Tête de Mouton* « tout et autant qu'en tenoit à ferme feu Nicolas-Joseph Delahaye, prestre », moyennant la somme de 850 livres par an.

A cette époque, Joseph Godet, fabricant de draps, frère de Pierre-Joseph Godet des Aulnays, ancien capitaine au régiment de Piémont, avait la procuration de son autre frère Nicolas Godet, négociant à Cadix (Espagne).

Me Flavigny, chanoine de la cathédrale de Rouen, était alors héritier de son oncle l'abbé Flavigny, décédé, d'une ferme sise à Eturqueraye ; cette propriété donna naissance à un procès, rapporté par Houard, qui ne finit qu'en 1764.

Louis-Charles de Lorraine, époux de Julie-Constance de Rohan, acheteur, mais qui n'avait pu prendre possession du duché-pairie d'Elbeuf, fut tué à la chasse en cette année 1761. Il laissait quatre enfants mineurs :

1º Charles-Eugène de Lorraine, prince de Lambesc, comte de Brionne et de Charny, pair et grand écuyer de France, gouverneur et lieutenant général de la province d'Anjou et du Pont-de-Cé, qui, deux ans après, devint duc d'Elbeuf, sous la tutelle de sa mère, après la mort d'Emmanuel-Maurice de Lorraine ;

2º Joseph-Marie de Lorraine, prince d'Elbeuf;

3º Josèphe-Thérèse de Lorraine ;

4º Anne-Charlotte de Lorraine.

En cette année également commencèrent par toute la France des procès contre les Jésuites. Mais ce ne fut qu'au commencement de la suivante que le Parlement de Normandie prononça leur suppression dans notre province. Par suite, le prieuré de Saint-Gilles et les biens qui en dépendaient furent saisis et mis en économat.

CHAPITRE XIV
(1762-1763)

Emmanuel de Lorraine *(suite)*, la comtesse de Brionne et le prince de Lambesc. — Travaux a l'église Saint-Jean. — Nouveaux statuts de la Charité de Saint-Etienne. — Mort d'Emmanuel-Maurice, duc d'Elbeuf. — Revente du chateau de la rue Saint-Etienne. — Inventaire du mobilier de ce chateau.

Il était question depuis bien longtemps, au conseil de fabrique de la paroisse Saint-Jean, de compléter la façade de l'église par un perron. Le 25 janvier 1762, Jean-Louis Maille, avocat, trésorier en charge, Mathieu Rouvin, aussi trésorier en exercice, Nicolas Godet, Robert Périer, François Rouvin et Jacques Sanson, tous députés de la fabrique paroissiale pour mener à bien cette entreprise, adressèrent une supplique au bailli, par laquelle ils remontrèrent ce qui suit:

« Après la construction faitte du grand portail de ladite église, lequel donne sur la grande rue, il fut différé à faire, faute de moyens, tant le perron de ce portail qu'autres ouvrages ustiles... Ce perron est indispensable non seulement pour la décoration de l'entrée de l'église, mais encore pour la commodité des fidèles qui la fréquentent... »

Après avoir rappelé différentes délibérations des membres du trésor paroissial à ce sujet les exposants ajoutèrent :

« On voit encore par ces délibérations, que la fabrique, pour la régularité de la façade de l'église et du cimetière sur la grande rue, veut faire clore et enfermer dans ce cimetière la plus considérable partie d'un petit terrain qui lui appartient, lequel aboutit sur cette grande rue et est entre l'église et la petite halle au bled appartenant à Monsgr le duc d'Elbeuf. A l'effet de cette régularité, la fabrique est dans l'intention de faire placer sur ladite grande rue, en cet endroit, une porte d'entrée de ce cimetière... »

Ils concluaient en demandant au bailli de se transporter sur les lieux, d'examiner le projet et d'en autoriser l'exécution. — Le bailli se rendit à ce désir et autorisa la fabrique à faire les travaux.

En 1762, dit François Dupont, on fit faire, à l'église Saint-Jean, « la porte du cimetière, qui étoit placée à l'encoignure de la boutique de Mr Etienne Patalier et de la chambre du trésor, et on la plaça au niveau du portail. On éleva, en même temps, le mur d'appui, qui séparoit cette partie du cimetière d'avec la halle, jusqu'à la hauteur de sept à huit pieds. On fit faire : les degrés le long du portail, une ouverture à la muraille de la tour, une porte à la droite de ce portail pareille à celle de la collatérale de la Vierge et une vitre sur ladite porte.

« On fit fermer en grille de fer tout le chœur,

ainsi que les deux autels des deux chapelles. On fit faire les stalles inférieures du chœur et les deux bancs des juges, lorsqu'ils demeurent dans la paroisse. On fit refaire les degrés du sanctuaire, ceux des chapelles, et on pava le tout, ainsi que le chœur en pierre de liais et en marbre, et enfin, on fit faire la Gloire au-dessus de la contretable ».

Feydeau de Brou, intendant de la généralité de Rouen, reconnut, le 25 janvier, que les travaux du quai d'Elbeuf avaient été bien faits et exécutés conformément au devis. Il approuva un supplément de dépenses, qui porta le coût total du quai à 86.688 livres.

Jacques Sanson était alors receveur des droits seigneuriaux du duché d'Elbeuf, et André Gancel receveur des droits d'octroi et payeur pour la communauté des habitants.

A l'audience de la justice d'Elbeuf tenue le 26 janvier, « fut dit par le procureur fiscal qu'il est d'usage, fondé sur le bien public, qu'il y ait des gardes bouchers en ce lieu ; que cette fonction avoit esté cy devant remplie par Jean-Jacques Dupont, Charles Lebailly, Charles Bertin et Jean-Baptiste Lebailly ; que le temps des susdits Dupont et Bertin est expiré du premier de ce mois. Pour quoy il a fait assembler les bouchers pour en nommer deux en leur lieu et place, et les bouchers présents ont nommé pour gardes Jacques Lerond pour un an et Honoré Vaguet pour deux ans ».

Le bailli confirma cette élection et procès-verbal de la nomination fut consigné sur le registre de justice, au bas duquel figurent les signatures des bouchers ci-dessus nommés, plus celles de Langlois, Guillaume Dupont, C. D. P. et Joacim Devos, aussi bouchers.

Le 2 mars, on procéda à l'inventaire du mobilier laissé par Louis Duramé, « médecin aux urines », décédé en la paroisse Saint-Jean où il demeurait.

Aux assises mercuriales du duché d'Elbeuf, tenues au prétoire de la rue Saint-Jean, le 20 avril, se trouvaient :

Pierre Routier, avocat à la Cour, bailli d'Elbeuf ; Louis Grandin, son lieutenant ; Robert Duboullet, avocat fiscal ; Pierre Langlois, procureur fiscal.

Jean-Nicolas Lefebvre, verdier ; Duhutrel, lieutenant de la verderie ; François Rouvin, greffier de la verderie ;

Louis-François Cabut, ancien avocat ; Jean-Louis Maille, Jean-François Maigret et Palfrenne, avocats ; plus les tabellions et autres officiers du duché.

A cette époque, les chanoines de la Saussaye, ayant Me Cabut, pour avocat, étaient en procès devant le tribunal du duché.

Depuis plusieurs mois déjà, on chantait à Caudebec une chanson malhonnête visant Marie-Catherine Saint-Ouen. L'auteur n'était autre que Me Pierre-Louis Langlois, procureur fiscal des hautes justices du duché pairie d'Elbeuf. Marie Saint-Ouen assigna le chansonneur devant le tribunal de Pont-de-l'Arche, le 10 mai 1762 ; un jugement fut rendu le 5 août, dont Marie fit appel devant la cour de Parlement de Normandie, en intimant un assez grand nombre de Caudebecais qui s'étaient fait les complices de Langlois en chantant publiquement la chanson incriminée ; mais sur des conseils qui furent donnés à Marie, on arriva à un arrangement, dont voici les principales dispositions :

« Pour terminer le procès... à l'encontre de Me Langlois... Fiacre Gouel, Pierre Gouel, Jean Tabouelle, Pierre Langlois, Nicolas Grimoin, Robert Viard, Michel Viard, Pierre Denis, Pierre Alix, Pierre Grimouin, J.-B. Grimouin, Nicolas Grimouin petit fils et Pierre Viard, tous accusés et décrétés de comparance personnelle, à l'occasion d'une chanson diffamante qui avoit été faite et chantée contre l'honneur et la réputation de ladite Saint-Ouen, il a esté par ledit Me Langlois, procureur fiscal, tant pour luy que pour les autres accusés, reconnu ladite fille Saint-Ouen pour honneste fille contre laquelle il n'y a rien à dire dans les mœurs ny dans la conduite et que mal à propos on avoit fait ladite chanson contre son honneur... »

« ...Elle a bien voulu se contenter de la somme de seize cens livres tant pour les intérests que pour les dépens, a esté renoncé par ledit Me Langlois à l'inquietter... ; au moyen de quoy, elle a déchargé ledit Me Langlois et tous les accusés de toutes demandes par elle formées et à former... » — Charles Langlois, frère du procureur fiscal, se rendit caution pour le payement de cette somme de 1.600 livres, qui fut complètement acquittée le 12 novembre 1763.

Les inhumations dans les églises se continuaient. Nous avons noté les suivantes : 7 avril, Marie-Anne Flavigny, 72 ans ; 22 avril, Laurent Lestourmy, prêtre sacristain, âgé de 64 ans, décédé l'avant-veille ; 14 août, Marie-Louise Dupont, 20 ans, fille de Pierre Dupont, fabricant. Tous trois reçurent leur sépulture dans l'église Saint-Jean.

Par acte passé à Rouen, le 16 juillet, Charles

Capplet, demeurant au Buquet, paroisse Saint-Etienne, vendit à Honorée Gosset, veuve de Jacques Flavigny, « le greffe du bailliage et de la haute justice du duché d'Elbeuf et siège de la haute de la Haye du Theil, le Theil et Boissey le Chastel... appartenant aud. sieur Capplet au droit qui luy en a esté acquis par remise qui luy en a été faite par le sieur Jean Charles Prosper Durand », par acte passé le mois précédent. — Cette vente fut consentie pour le prix de 1.500 livres.

Le 2 octobre, Claude Noël, curé de Crasville, « et titulaire de la chapelle de Saint-Félix et Adaucte, sise à Elbeuf, sur le haut de la coste appellée la coste Saint-Chaud », donna à loyer, pour neuf années, les terres dépendant de ce bénéfice, sises en côte, paroisse Saint-Etienne. Le preneur, Jean-Nicolas Lefebvre, s'engagea à payer un prix annuel de 60 livres.

Le 10 du même mois, le notaire d'Elbeuf se rendit à Boscroger pour, à la porte de l'église, devant les paroissiens assemblés, faire lecture d'un contrat par lequel Guillaume Martin de Thibouville, bourgeois de Rouen, détenu dans les prisons de cette ville, avait vendu à « François-Guillaume-Augustin Grenier, écuyer, conseiller du Roy, contrôleur ordinaire des guerres des troupes de la maison du Roy, demeurant à Rouen, c'est à sçavoir :

« Le fief, terre et seigneurie de Thibouville, scitué en la paroisse de Boscroger, qui est un huitième de haubert, relevant par foy et hommage du fief d'Hauville en Rommois, auquel il est dû... deux balles de ploc pour jouer à la paulme évaluées à six deniers par an... »

La vente fut consentie pour le prix de 44.000 livres.

Michel Langlois et Nicolas-Benoît Miége, gardes en charge de la corporation des chandeliers, avaient convoqué leurs confrères pour une séance, qui se tint le 12 du même mois, et dans laquelle on devait élire deux nouveaux gardes, dont l'exercice partirait de la Saint-Michel précédente et finirait à pareil jour de l'année 1764. Martin Hayet et Pierre Dugard furent élus, mais tous deux refusèrent d'accepter ce mandat et même de signer le procès-verbal de la séance.

Le 27 novembre, Abraham Sevaistre, prêtre, premier chapelain de Thuit-Hébert, demeurant à Elbeuf, dont il était originaire, bailla à ferme les grosses dîmes de Thuit-Hébert appartenant à son bénéfice, moyennant 850 livres par an.

Par acte passé à Elbeuf, le 10 décembre, Jean-Charles-François Le Cloutier de la Motte, chanoine de la Saussaye, en association avec François Lefebvre, boucher à Boscroger, prit à ferme les dîmes des entes des pépinières de cette dernière paroisse, appartenant à la collégiale de Saint-Louis, moyennant 7 livres par an.

Le 21 janvier 1763, Emmanuel de Lorraine adressa une supplique au lieutenant général du bailliage de Rouen, dans laquelle il exposa que, par contrat passé le 13 septembre 1748, Jean Roost, négociant à Paris, avait acquis de lui l'hôtel d'Elbeuf, sis rue du Vaugirard, moyennant certaines conditions, dont l'une était que le preneur lui paierait annuellement 7.500 livres de rente viagère,

Roost étant décédé le 17 septembre 1759,

en laissant des dettes considérables, sa veuve avait renoncé à sa succession. Toutefois, Jean-Baptiste-Guillaume Roost, son fils, avait accepté cette succession sous bénéfice d'inventaire ; mais il éprouvait beaucoup de difficultés pour s'accorder avec les créanciers de son père.

En ce qui concernait le duc d'Elbeuf, il lui était dû des arrérages de cette rente de 7.500 livres, et Emmanuel réclamait la constitution d'un capital pour assurer le paiement des annuités échues et celles à venir, ou au moins une caution sérieuse. En résumé, le duc d'Elbeuf appelait Roost fils devant le bailliage de Rouen pour l'obliger à trouver une garantie de 108.875 livres pour assurer le paiement de quatorze années de cette rente.

Cette affaire se termina d'elle-même, car, ainsi que nous le verrons bientôt, le duc Emmanuel mourut quelques mois après.

Nous avons vu qu'il existait à Elbeuf des ateliers pour la fabrication des estames au XVIe siècle. Cette industrie se perpétua dans notre localité, sans pourtant y prendre une grande importance.

Le 21 février, Jean Boullenger, « fabriquant bas estamier », prit un apprenti en la personne de Pierre-Prosper Noël, jeune frère de Jean-Baptiste-Joseph Noël, contrôleur des titres à Elbeuf. Le jeune homme devait rester trois années chez son patron, lequel prenait l'engagement de le nourrir, loger, coucher, chauffer et éclairer. — Les deux frères étaient fils de feu Joseph-Pierre-Gabriel Noël, aussi contrôleur des actes notariés et autres à Elbeuf, décédé le 2 de ce même mois de février.

Le 8 mars, Jean-Nicolas Lefebvre, officier

de la Monnaie de Rouen et verdier de la forêt d'Elbeuf, demeurant paroisse Saint-Etienne vendit à Joseph Godet, fabricant de draps, même paroisse, « la charge et office de verdier de ladite forest d'Elbeuf dite des Monts le Comte, laquelle luy appartient en conséquence de la démission à luy faite par M. Jacques-Christophe Colin, escuier, conseiller secrétaire du roi, le 10 janvier 1761... »

Cette charge rapportait 400 livres de rente annuelle à prélever sur les revenus du duché d'Elbeuf ; le titulaire avait en outre le droit de prendre chaque année du bois de chauffage dans la forêt jusqu'à concurrence d'une valeur de 200 livres.

Cette cession fut consentie moyennant 11.000 livres, et à la condition que « dans le cas où aux termes du contrat de vente du duche d'Elbeuf fait par Son Altesse le duc d'Elbeuf à feu Monseigneur le comte de Brionne, leurs Altesses princes et héritiers de mondit seigneur le comte de Brionne verraient au tems à venir à rembourser ledit sieur Godet et luy retirer ladite charge de verdier par le prix de 10.000 livres, en conséquence de la faculté à eux accordée par ledit contrat, ledit sieur Lefebvre ne serait susceptible d'aucune reprise à cet égard... »

Le 24 du même mois, à Elbeuf, Jean-Baptiste Dupont, bourgeois de ce lieu, stipulant pour François Dupont, son frère, procureur de « Messire Jean-Louis Berrier de la Ferrière; Messire Michel Robiche de Villaré, ancien avocat général aux requestes de l'Hostel, porteurs de la procuration de dame Adelaïde-Flore Berrier de la Ferrière, son épouse, et encore des sieurs Claude-Louis Guilmin des

Lausiers, François Landumier et Guillaume Cressas, avocat au Parlement, tous trois directeurs des créanciers dudit sieur de la Ferrière, lequel J.-B. Dupont bailla à ferme à Thomas Revel, charrieur et maréyeur, de la paroisse Saint-Estienne, la grande basse cour du château d'Argeronne... moyennant 110 livres par an». — Quelques années après, la seigneurie de Saint-Didier et le château d'Argeronne furent saisis et vendus au baron de Guenet de Saint-Just, conseiller au Parlement.

Par acte passé à Elbeuf, le 13 avril, Jean-Baptiste Isabel, curé de Berville-en-Roumois, bailla à ferme les dîmes de sa paroisse, moyennant 1.800 livres par an, à Alexandre Dehayes, de la Londe.

En mai, un procès fut engagé, à la requête de Michel Grandin, garde de la manufacture, contre Guillaume Havard, d'Elbeuf, qui avait été convaincu d'avoir fabriqué des draps avec des bouts de fils de laine provenant des fabriques elbeuviennes. La justice mena très activement cette affaire, mais elle se termina brusquement par la mort de l'inculpé, que l'on trouva pendu, le 31 de ce mois, dans son grenier, rue Saint-Jean. Le chirurgien Routier-Duparc fut appelé pour faire les constatations légales et dresser un procès-verbal. — En ce même temps, Charles Peullard, curé de la Haye-du-Theil, plaidait devant la haute justice de notre bourg.

La pièce suivante, extraite probablement des registres du Parlement de Normandie, est conservée aux Archives départementales :

« Sur la requête présentée à la Cour par le sieur curé et les échevins de la Charité de

Sainte Croix et Passion de Notre Sauveur et Rédempteur Jésus-Christ, instituée et érigée en l'église et paroisse de Saint Etienne d'Elbeuf, expositive que depuis deux cents ans il y a une société de quatorze frères nommée la Charité et Confraternité à l'honneur de Sainte Croix et Passion de Notre Seigneur et Rédempteur Jésus Christ, érigée en la paroisse de Saint Etienne d'Elbeuf, en vertu d'une bulle du Saint Siège, confirmée dans le même temps par le prélat du diocèse d'Evreux ; vu que cette Charité est des plus utilles au public, laquelle fut même établie dans un temps de maladie contagieuse, les frères servants enterraient les corps non seulement sur cette paroisse, mais encore dans les paroisses avoisinantes.

« Par l'ordre et l'arrangement de cette confrairie, elle fut fondée d'abord par des biens qui lui furent aumônés par différentes âmes pieuses ; il y a toujours un chapelain à la teste de cette confrairie ; il y a quatre bedeaux pour porter les corps, attendu que sur la paroisse Saint Etienne d'Elbeuf il y a des hameaux très éloignés, de sorte que non seulement cette société fait les services dans cette paroisse, mais encore dans touttes celles dont ils sont requis.

« Cette société s'est toujours comportée avec toutte la descence possible, et quand quelqu'un des frères s'est écarté de ses devoirs, il a été puni par l'échevin et les autres frères, suivant l'exigence du cas. Toutes les honnêtes gens, pour son maintient, se sont toujours fait un plaisir d'y passer.

« Comme les articles de leurs devoirs sont en grand nombre et qu'il y en a partie qui ne sont point usités ou qui sont mal entendus aujourd'hui, les exposants, sous l'autorité de la Cour, désirent mettre les articles, qui sont des devoirs de cette confrairie à exercer continuellement, plus au net et moins étendus, aux fins d'être exécutés relativement aux statuts qui sont :

« 1° Que ladite Charité sera composée, comme elle a toujours été, de douze frères servants, qui auront à leur teste un échevin et un prévost, chargés de faire faire à chacun son service et de tout ce qui peut encourir au bien d'icelle Charité. Ils porteront tous habit noir, et chaperon de même façon et couleur, dans tout ce qui regarde leurs fonctions ;

« 2° Qu'iceux frères porteront honneur et respect à l'échevin et au prevost, et entre eux auront des égards que l'on se doit les uns aux autres.

« 3° L'échevin, le prévost et les douze frères seront en habit noir, et chaperon de même et couleur dans tout ce qui regarde leurs fonctions.

« 4° Si quelqu'un desdits frères, après avoir servi le temps accoutumé, qui est de deux ans, veut se retirer, il sera tenu d'en avertir l'échevin dans trois mois auparavant au chapitre. Il sera libre au frère sortant de donner son chaperon à qui il jugera à propos, pourvû que la personne choisie soit de bonnes mœurs et du gré de M^r le curé. Ladite personne ne pourra le refuser sans raison légitime.

« 5° A l'issue des premières vespres de l'Invention de Sainte Croix, tous les frères restants et sortants, accompagnés de l'échevin et prévost, s'assembleront au chapitre, en présence de M^r le curé, pour la nomination d'un nouveau prévost, qui succèdera à l'ancien choisi l'année précédente, pour remplacer l'échevin sortant. Il sera élu à la pluralité des voix ; ce sera le plus aparent et le plus exemplaire des frères en service, à moins que quelques considérations particulières ne fît accorder cette dignité à un frère entrant.

« 6° L'échevin sortant donnera à l'entrant un état de tous les biens d'icelle Charité, qu'il lui remettra aux mains à l'issue des secondes vespres de l'Invention de Sainte Croix.

« 7° La confrairie sera tenue acquitter tous les ans les deux offices tant de l'Invention de Sainte Croix que de l'Exaltation de Sainte Croix, les obits qui précèdent et qui suivent ; pour l'acquit desquels ils payeront au clergé la somme accoutumée, comme pour leurs messes des dimanches et festes, quand elle sera chantée.

« 8° Aux festes solemnelles, triples de première et seconde classe, tous les frères servants assisteront à la grande messe, y officieront comme à la leur ; ils attendront pour aller à l'offerte que tous les trézoriers les ayent précédés. Aux processions, ils marcheront à la teste du clergé, précédés de leur croix, qui sera portée par leur clerc en tunique ; l'échevin et le prévost, du consentement de Mr le curé, portant chacun une torche ainsi que les autres frères, marcheront à côté du dez, dans les processions du Saint Sacrement de façon à éviter de la part des trézoriers des sujets de plainte, en évitant eux-mêmes d'usurper le pas de derrière qui leur apartient.

« 9° Tous les frères servants ne pourront se dispenser d'assister à leurs messes des dimanches et festes, ny aux inhumations, sans raison légitime, qu'ils seront tenus de dire à l'échevin au plus prochain chapitre, faute de quoy, ils seront par luy condamnés en six sols au proffit de la Charité pour la ville, et douze sols pour les hameaux de la paroisse, qu'ils luy payeront exactement ; à cet effet, ils auront pour les en avertir un clerc aux dépens de ladite confrairie, lequel clerc sonnera tous leurs offices et les accompagnera partout où besoin sera ; ledit clerc sera sujet aux mêmes peines en cas de délit ;

« 10º Le dimanche après les deux festes de Sainte Croix, tous les frères se trouveront au chapitre pour la criée des offices, qui seront exactement payés, par ceux mêmes auxquels ils auront été adjugés, à l'échevin, en luy rendant leur chaperon ;

« 11º L'échevin en charge sera obligé de faire dire un service solemnel à tous les échevins à leur mort ; d'aller en corps, avec le chapelain, leur dire les vespres ou les laudes, selon l'heure, et leur donner gratis les ornements de la confrairie ; la même chose s'exécutera pour un frère mort en service ; autrement, il ne sera tenu qu'à lui faire dire deux messes basses.

« 12º L'échevin sortant poura afranchir de droit la confrairie, sa femme, son fils ou sa fille aisnée seulement ;

« 13º Si quelqu'un des frères commet quelque indécence dans l'église ou quand il sera en service, ou ailleurs fait quelques insultes à M^r le curé ou son clergé, il sera tenu de les réparer par excuses ou par amendes auxquelles il sera condamné par l'échevin et les autres frères ; ils le déchaperonneront même suivant la gravité de la fautte, à la requête de l'offensé.

« 14° Ceux et celles qui désireront se faire inscrire sur le livre de la confrairie payeront chaque année 2 sols 6 deniers à ladite confrairie, qui pour cela sera obligée d'assister en corps à l'inhumation d'un chacun à son décès et de lui faire dire une basse messe. La recette de ces deniers se fera deux fois par an, dans les deux paroisses d'Elbeuf, par l'échevin et prévost, accompagnés du chapelain et du clerc ;

« La Cour voit que dans tous les articles cy dessus, il n'en est aucuns qui ne soient d'édiffication, et elle voit aussi que cette confrairie n'a été établie que pour le bien public et celui de l'Eglise, et elle est très édiffiante dans cette paroisse par la manière avec laquelle on se porte à exécuter les articles de ses statuts et prévenir les abus.

« Aujourd'huy, les exposants se pourvoient par devant la Cour, qui en tout a mis cette confrairie sous sa protection par les arrêts qu'elle a rendus quand quelqu'un en a voulu troubler l'ordre ; aujourd'huy quelques-uns des frères servants, prétendant que les anciens articles sont trop étendus et qu'ils ne sont pas clairs, veulent les interpréter au moyen de ceux cy-dessus qui sont mis sous les yeux de la Cour ; il ne poura y avoir de difficulté, et le bon ordre qui a toujours régné dans cette paroisse ne cessera d'être ; les exposants aident même l'église de leurs ornements, comme l'église de son côté les aide des siens.

« Dans cet état, les exposants espèrent de la justice de la Cour et de celle de Monsieur le procureur général, dont l'adjonction est demandée, que, pour la continuation de l'édiffication des fidelles, elle leur accordera leurs conclusions, pourquoi ils ont recours à l'autorité d'icelle :

« A ce qu'il plaise à la Cour, vu les anciennes bulles à eux accordées par le Saint Siège et confirmées par M^r l'évesque d'Evreux, sentences et arrêts et autres pièces y attachés en ordonnant l'exécution d'icelles, les 30 articles y mentionnés, expliqués et mieux entendus, les réduire à 14 articles cy-après, pour être observés et exécutés suivant leur forme et teneur lesquels consistent : (Suit une répétition des quatorze articles).

« Et ordonner que le présent arrêt de la Cour sera lu à la première assemblée et mis au coffre de ladite Charité pour être exécuté suivant sa forme et teneur relativement à la bulle de Notre Saint Père.

« Vu par la Cour ladite requête, signée de Sanson Lejeune, pour y être attachée et énoncée, conclusions du Procureur général du Roy et ouy le rapport du sieur Guenet de Saint Just, conseiller commissaire ; tout considéré :

« La Cour a ordonné et ordonne que la confrairie instituée et érigée en l'église paroissialle Saint Etienne d'Elbeuf continuera d'être composée de douze frères... » (Suit une nouvelle répétition des quatorze articles).

« A Rouen en Parlement, le saize juillet mil sept cent soixante trois. — GUENET DE SAINT-JUST ; DE MIROMESNIL ».

Le beau panneau sculpté, représentant le baptême de Jésus, que l'on remarque dans la chapelle des fonts baptismaux de l'église Saint-Etienne, porte la date de 1763.

Emmanuel-Maurice de Lorraine mourut à Paris le 17 juillet.

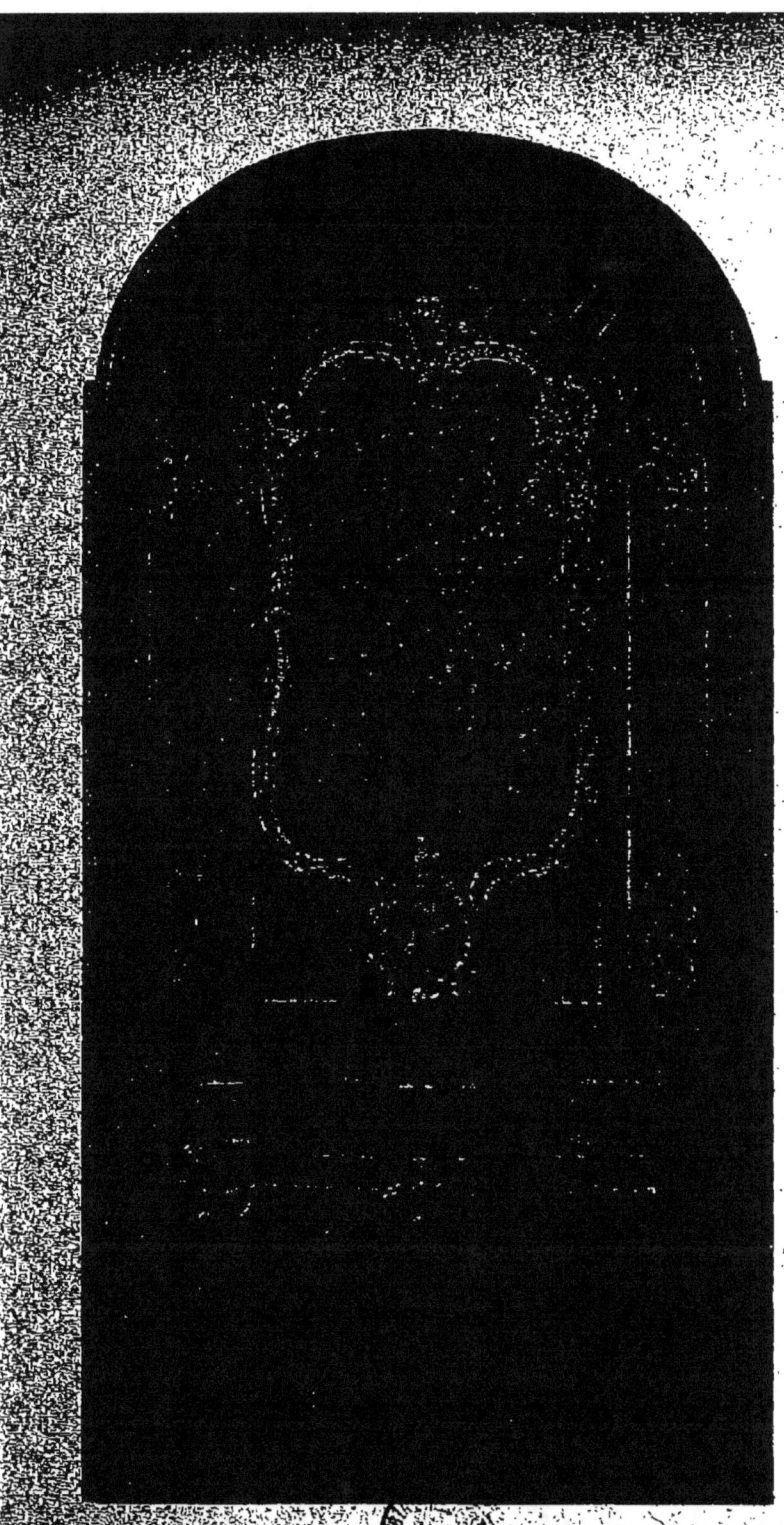

MEUBLE LOUIS XV DE L'ÉGLISE SAINT-ÉTIENNE

Aussitôt, un exprès fut envoyé au procureur fiscal de la haute justice d'Elbeuf pour faire apposer des scellés au château de la rue Saint-Etienne, placé sous la garde de Jean-Baptiste Chevalier dit Beaufort, concierge.

Le surlendemain 19, à cinq heures du soir, Pierre Levalleux, notaire royal ; Langlois, procureur fiscal ; Pierre Routier, bailli, et Louis Grandin, lieutenant, se rendirent au château pour cette opération, qui dura jusqu'au 23 juillet, car on dut inventorier des meubles et divers objets épars ne pouvant être renfermés et mis sous scellés.

Sont mentionnés dans cet inventaire : « Une vieille tapisserie de cuir dorré ; trois tableaux, dont un représente le château de la Saussaye, un autre un pot à fleur, et l'autre une figure ».

Dans les papiers on trouva :

Le bail des octrois et deniers communs du bourg, fait à Alexandre Kaisain, Jean-Baptiste Renault, Guillaume Corblin, Jacques Hamon, Robert Duval et Nicolas Osmont, le 15 mars 1749.

Le bail du duché d'Elbeuf, fait par Henri de Lorraine à Claude Emangard, Etienne-Gabriel Levert, Jean-Baptiste Dupont et François-Alexandre Quesné, le 7 mai 1730.

Le bail du même duché fait par le même à Nicolas de Baude, François-Alexandre Quesné et Pierre Hayet, passé à Rouen le 19 septembre 1746.

Le bail en cours du même duché, par Emmanuel-Maurice à dame Bertrande-Pellagie Milet, veuve de Jean Huault, écuyer, pour neuf années, commencées du 1er mai 1759, passé à Paris, devant Alleaume, notaire.

Le bail des Bruyères de Saint-Aubin, à

Jean Bachelet et autres, pour neuf années, à dater du 8 mars 1760.

Un sac de papiers concernant un procès que le duc Emmanuel avait dû soutenir contre le sieur de Saint-Vincent, seigneur de Saint-Martin de Cléon, au sujet de la garenne, des ravages causés par les lapins et des chasses en plaine dans cette paroisse.

Et quelques autres papiers, qui furent remis, ainsi que les premiers, aux mains du bailli.

Le défunt avait laissé un testament daté du 6 octobre 1760, et deux codicilles des 3 octobre 1761 et 18 avril 1762, qui furent déposés chez Mᵉ Lambert, notaire à Paris.

Aussitôt après la mort d'Emmanuel, les fabricants d'Elbeuf envoyèrent une députation à la comtesse de Brionne, tutrice du prince de Lambesc, son fils, pour lui présenter leurs compliments de condoléance, réclamer sa bienveillance « et se féliciter du bonheur qu'ils avaient de lui appartenir ».

Longtemps veuf de ses princes, dit M. Maille, le château d'Elbeuf ne les revit qu'en 1763. La première visite qu'il reçut fut celle de la comtesse de Brionne.

A l'arrivée de la comtesse, les chanoines de La Saussaye lui présentèrent leurs humbles respects. Ils en étaient déjà connus et lui avaient offert leurs hommages lorsqu'ils étaient allés visiter son époux à son avènement à la couronne ducale, et lui demander ses qualités pour les inscrire sur une cloche qu'ils faisaient fondre. Plus tard, elle avait reçu leurs compliments de condoléance au moment de la mort de M. de Brionne et du décès d'Emmanuel.

Après son voyage de 1763 à Elbeuf, la comtesse de Brionne, et probababablement aussi le prince de Lambesc, demeurèrent six années sans reparaître dans notre ville.

Son mari, le comte de Brionne, et le prince de Lambesc, son fils, eurent avec les chanoines de Saint-Louis les mêmes inégalités que leurs prédécesseurs. Tout en leur accordant aide et protection, le comte et son fils appesantirent leur domination sur le chapitre, et ne lui laissèrent que la faculté de protester.

Le 2 septembre 1763, P. Hayet, fabricant de draps, cautionna « le sieur Pierre de Flavigny, receveur pour le Roy des nouveaux droits sur les cuirs, demeurant à Montélimart, généralité d'Auch ».

Jean-Baptiste Capplet, de la paroisse Saint-Etienne, vendit le 16, son office de « huissier à cheval au Chastelet de Paris », à Pierre-Nicolas Chenest ou Cheners, sergent à Brionne, moyennant 400 livres de rente annuelle et viagère.

Le 22 septembre mourut Jacques Béranger, l'un des principaux manufacturiers de notre localité. Il laissait trois fils Jean-Baptiste et Jacques-Louis Béranger, aussi manufacturiers à Elbeuf, et Thomas Béranger, curé de Calleville.

Cinq jours après, Jacques-Louis Béranger, l'un des trois frères, acheta de Jacques-François Vallon de Boisroger, inspecteur des manufactures :

« La maison servant de château à feu Son Altesse sérénissime Monseigneur Emmanuel-Maurice de Lorraine, duc d'Elbeuf, sise en ce bourg, paroisse Saint Estienne, consistant ladite maison en vestibule, grand sallon, chambres, anti-chambres, sallons et autres appartements de fond en comble, avec les caves qui sont sous ladite maison, les pavillons à costé et les terrasses qui sont derrière et à costé de lad. maison ;

« Plus une autre maison et corps de bâtiment à usage de cuisine et d'office, avec les chambres et greniers dessus ;

« Plus les cours dépendantes desdites maisons, puits, grilles de fer servant de clôture de la cour..., bornées d'un costé les héritiers de Roch Potteau, le cimetière et presbitaire de ladite paroisse de Saint Estienne ; d. c. les héritiers de Jean Boissel et le sieur Thomas Frontin..., d'un bout lesdits héritiers de Roch Potteau et le sieur Jean Grandin..., et d. b. la grande rue.

« Item une autre cour appellée la basse-cour, avec tous les corps de bâtiments de fond en comble étant en icelle, à usages d'écuries, chambres, greniers, cuisines, étables, maison de jardinier, et jardin estant dans ladite cour.

« Plus un autre jardin faisant face à ladite première maison cy devant mentionnée, et finallement le jardin potager estant sur la droite en descendant le long dudit jardin..., le tout borné d'un costé les sieurs Louis, Jean, Jean-Baptiste et Pierre Grandin, le vivier de mondit seigneur et le sieur Pierre Flavigny...; d. c., les héritiers du sieur Alexandre Martorey, la veuve du sieur Nicolas Tallon, Mr de Boucout, la rue Notre-Dame, et le sieur Jean-Baptiste Dupont ; d'un bout, le courant des fontaines de Sadite Altesse Monseigneur le duc d'Elbeuf, et d. b. la grande rue,

« Et tout et autant qu'il en appartient aud. sieur de Boisroger... et qu'il a acquis de feu

Son Altesse Monseigneur Emmanuel-Maurice de Lorraine, duc d'Elbeuf, par contrat passé le 4e novembre 1749...; avec toutes les boiseries, armoires étans dans icelles, lambris, chambranles de marbre, de pierre et de bois, à l'exception seullement de touttes les glaces enquadrées et non enquadrées, tables de marbre, pieds d'estaux et généralement tous les meubles étans dans lesdites maisons, appartenant aux héritiers de feu mondit seigneur le duc d'Elbeuf; du nombre desquelles glaces et trumeaux ledit sieur de Boisroger se réserve néanmoins le droit de reprendre ceux qui lui appartiennent et qui lui ont esté vendus par feu mondit seigneur le duc d'Elbeuf, par acte passé le 5 novembre 1749..., lesquels trumeaux ne sont pas compris de la présente vente.

« N'est aussy du compris de ladite vente les portions de terrain qui sont dans le jardin potager qui ont été clamés et retirés par les sieurs Jean-Baptiste et Jacques Grandin sur ledit sieur de Boisroger..., et une portion de terrain venue du sieur Louis-Marin Guenet, qui est aussy réunie dans le potager...

Le vendeur remit à l'acquéreur « quarante cinq pièces d'écritures en papier et parchemin, en dix liasses, concernant la propriété desdits héritages ».

« A la charge...; à la charge encore de tenir certain accord fait entre ledit sieur de Boisroger et ledit sieur Jean-Baptiste Grandin, au sujet d'une ligne ou ligne et demye d'eau qu'il a promis lui donner d'une fontaine qui est dans le potager cy vendu... »

La vente fut consentie moyennant 38.000 livres, dont 20.000 comptant, et les 18.000

autres constituées en capital d'une rente de 900 livres.

Le 20 octobre, à la requeste de :

1° Louis Gervais, notaire au Châtelet de Paris, exécuteur testamentaire d'Emmanuel-Maurice de Lorraine, duc d'Elbeuf, représenté par Christophe Colin, écuyer, conseiller au Parlement de Rouen ;

2° De « très haut, très puissant et très illustre prince Charles-Godefroy de la Tour d'Auvergne, par la grâce de Dieu duc souverain de Bouillon, vicomte de Turenne, duc d'Albret et de Château-Thierry, comte d'Auvergne, d'Evreux et du Bas Armagnac, pair et grand chambellan de France, gouverneur et lieutenant général pour le Roy du haut et du bas pays d'Auvergne, de la ville de Cusset, représenté par J.-B. Blot, secrétaire de Son Altesse de Madame la duchesse de la Trémoille... »

3° De... « très illustre princesse Madame Marie-Victoire-Hortance de la Tour d'Auvergne, duchesse douairière de la Trémoille, comtesse de Taillebourg, veuve de très haut... prince Charles-René-Armand duc de la Trémoille et de Thouars, pair de France, prince de Tarante, comte de Laval et de Montfort, baron de Vitré et de la Ferté sur Perron, marquis d'Attichy, vicomte de Berneuil, président-né des Etats de Bretagne, premier gentilhomme de la chambre du Roy, brigadier des armées du Roy, colonel du régiment de Champagne, représentée par ledit sieur Blot... »

4° De « très haut... prince Charles-Juste de Beauvau, prince du Saint Empire romain, grand d'Espagne de la première classe, chevalier des ordres du Roy, lieutenant général des armées de Sa Majesté, capitaine d'une des compagnies des gardes du corps, grand maître de la maison de Sa Majesté le Roy de Pollogne, duc de Lorraine et de Bar, bailly d'épée et gouverneur des villes et châteaux de Barle-Duc et Lunéville, au nom et comme tuteur de très haute... princesse Anne-Louise Marie de Beauvau sa fille et de deffunte très haute... princesse Marie-Sophie-Charlotte de la Tour d'Auvergne... représenté par le dit sieur Blot...

5° De « très haut... prince Charles de Rohan, prince de Soubize, d'Epinoy et de Maubuisson, duc de Rohan-Rohan, pair et maréchal de France, capitaine lieutenant des gendarmes de la garde ordinaire du Roy, gouverneur et lieutenant général de Sa Majesté des provinces de Flandre et de Hainault, gouverneur particulier des ville et citadelle de Lille, représenté par ledit sieur Blot...

6° De « très haute... princesse Marie-Louise de Rohan-Soubize, gouvernante des enfants de France, veuve de très haut... prince Gaston-Jean-Baptiste-Charles de Lorraine, comte de Marsan, représentée par ledit sieur Blot...

« Et enfin, en présence dudit sieur Colin, fondé de pouvoirs de très haute... princesse Son Altesse Innocente-Catherine de Rougé du Plessis-Bellière, duchesse d'Elbeuf, marquise du Fay, baronne de Restrenon, de Vienne le Chatel, châteleine de Moreuil, de Glomel et de Meneval, veuve de feu monseigneur le duc d'Elbeuf, avec lequel elle étoit non commune de biens et créancière de sa succession... », Pierre-Louis Levalleux, notaire royal au bourg d'Elbeuf, procéda à l'inventaire «...après le décès de feu mondit seigneur le duc d'Elbeuf... dans la maison scize en cedit lieu paroisse de Saint Estienne, le tout mis en évidence par le sieur J.-B. Chevallier dit Beaufort, concierge de la maison et gardien des scellés par nous apposés... »

Jacques Behagnon, huissier commissaire-priseur de Paris, était aussi présent ; il procéda à la prisée des objets renfermés dans le château, et dont nous ne citerons que quelques-uns :

Dans la chapelle : calice, patène, christ, chandeliers, vases, cuvette, deux tableaux peints sur toile : une descente de Croix et une Vierge, un Christ peint sur bois, six carreaux de plume, aube, amict, chasubles, étoles, deux missels, etc.

Beaucoup de tapis et de tapisseries, des tentures, deux peaux d'ours, une estampe représentant Louis XIV, des tables de marbre, des glaces de 60 pouces de haut sur 42 de large, deux glaces de 50 pouces de haut et beaucoup d'autres plus ou moins grandes, de nombreuses pièces de damas, de tapisserie, de serge, d'indienne, de moquette, de velours, etc., de nombreux lits, pendules, fauteuils, presque tous très riches, armoires, bergères, sophas, de très grandes tapisseries de haute lisse à personnages.

Une chambre est citée comme donnant sur le jardin du curé de Saint-Etienne, une autre comme « ayant vue sur la terrasse ».

En une séance tenue au prétoire d'Elbeuf en ce mois d'octobre, on fit l'appel des officiers de la haute justice du duché. Répondirent ou se firent excuser :

Grandin, lieutenant ; Duboullé, avocat fiscal ; Langlois, procureur fiscal ; Joseph Godet, verdier ; Duhutrel, lieutenant ; Cabut, ancien avocat ; Jean-Louis Maille, Maigret, Pelfrenne et Bouvier, avocats ; Levalleux, tabellion d'Elbeuf ; Legendre, tabellion de Quatremare ; Hermier, tabellion de Boissey ; Hugresse, tabellion du Theil.

François Futrel, sergent d'Elbeuf ; Laurent Allain, sergent de la Haye du Theil ; Claude Noël, sergent de Boissey (la sergenterie de Boscroger était vacante ; la sergenterie et le tabellionage de Couronne étaient également vacants).

Louis Dumort, concierge des prisons d'Elbeuf ; Philippe Prevost, Pierre Chevalier, Nicolas Geoffroy, Jean-Baptiste Bourdet, Pierre Duvivier, Jean-Baptiste Dulondel, André Mouchard, Jean-Jacques Prévost, Jean-Baptiste Servant, Jacques Piédeleu, Jean Ferrant, Pierre Concedieu, Pierre Coquerel et Thomas Heudebourg, gardes ; Louis Auger et Jean-Louis Huet, gardes-facteurs ; Jacques Bréant, garde de la Haye-du-Theil ; Joseph Landemare, garde et messier de Thuit-Signol.

La justice d'Elbeuf instruisait alors un procès qui eut beaucoup de retentissement.

Dans le courant de septembre, plusieurs incendies avaient éclaté coup sur coup à Boscroger. Bientôt on découvrit l'incendiaire : c'était Anne Levasseur, femme d'Antoine Delamare. Arrêtée le 22 septembre et incarcérée dans la prison d'Elbeuf, les débats de son procès s'ouvrirent, des témoins furent entendus et le procureur fiscal produisit son réquisitoire, duquel nous extrayons la conclusion :

« Qu'elle soit condamnée à estre pendue et étranglée jusqu'à ce que mort s'ensuive, à une potence qui pour ce sera dressée en la place

v

du Coq ; ensuite de quoi son corps mort jetté au feu, bruslé et réduit en cendres et icelles jettées au vent ; tous les biens de laditte Levasseur déclarés confisqués, mais sur iceux préalablement pris la somme de 10 livres d'amende envers le Roy...»

Il faut croire que la sentence fut exécutée, car, le 26 mai de l'année suivante, on reçut à Elbeuf plusieurs exemplaires de l'arrêt de condamnation à mort d'Anne Levasseur, pour être affichés à Boscroger et paroisses des environs.

Robert Flavigny, marchand de Rouen, vendit le 6 novembre, à Louis-Robert Flavigny, son fils aîné, tout le tènement de maisons situé d'un côté de la ruelle aux Bœufs, borné d'un bout par la rue Meleuse et d'autre bout par la « sente des Pendus ».

Le 25, Jean-Nicolas Lefebvre, officier de la Monnaie de Rouen, fils de feu Nicolas Lefebvre, également officier en la Monnaie de Rouen, l'un des principaux bourgeois d'Elbeuf et qui y joua un grand rôle par la suite, emprunta 30.000 livres à Pierre Frontin, d'Elbeuf, moyennant 1.500 livres de rente par an.

Jacques-Joseph Telée fils Jacques, âgé de 29 ans, prêtre habitué à Saint-Jean, fut inhumé dans cette église le 29 novembre.

Le 28 décembre, il fut fait deux lots « d'une grande maison en plusieurs corps de bâtiment, à usage de manufacture de draperie, teinture et écuries avec les cour et jardin en dépendant, scitués en la paroisse de Saint-Jean, au bord de la rivière, devant laquelle se tient la grande halle au bled, provenant de la succession de Mʳ Thomas de Boissel, en son vivant escuier, conseiller secrétaire du Roy maisonet couronne de France et de ses finances, receveur des tailles à Montivilliers, à lui eschue par la succession de feus Mᵉ Guillaume de Boissel, en son vivant conseiller du Roy, receveur ancien et alternatif des tailles en l'élection de Montivilliers, et de dame Anne Viel, ses père et mère ».

L'un des héritiers était Thomas II de Boissel, fils de feu Jean-Baptiste Boissel, lequel était fils de Thomas Iᵉʳ de Boissel, seigneur de Routot, par l'acquisition que son père Guillaume Boissel avait faite de ce fief.

CHAPITRE XV

(1764-1765)

La comtesse de Brionne et le prince de Lambesc (suite). — Les bouchers contre le receveur de l'octroi. — Le chateau d'Elbeuf clamé par madame de Brionne. — Les 500 jetons de la manufacture de draps. — Le Glayeul et ses sources. — Erection d'une croix-chapelle place du Calvaire. — Encore les billets de congé.

Les Archives départementales conservent une belle pièce datée du 1er janvier 1764 et portant un cachet de cire noire aux armes de Louise-Julie-Constance de Rohan, comtesse de Brionne, par laquelle elle nommait aux fonctions de garde des bois et pêches du duché la personne de Thomas Leroy. En cette même année, la comtesse nomma ou renomma les autres gardes du duché d'Elbeuf et de la baronnie du Theil.

Après la retraite du marquis de Voyer, le prince de Lambesc, grand écuyer, fut nommé directeur des haras de Normandie, de Limoges et d'Auvergne ; l'arrêt est du 28 janvier. Le prince étant mineur, la comtesse de

Brionne, sa mère, administra les haras en son nom jusqu'en 1772.

Nous continuons à mentionner quelques inhumations dans nos églises. Jean Grandin, fabricant, âgé de 70 ans, avait été enterré dans celle de Saint-Etienne le 25 de ce même mois. Le 8 février, cette église reçut aussi le corps de Jean Capplet, huissier au Châtelet de Paris, mort à l'âge de 70 ans également.

Au commencement de mai, le procureur fiscal remontra au bailli que des particuliers envoyaient paître leurs bestiaux dans les bois du duché, sans en avoir le droit, et que le plus souvent ces animaux étaient mis dans de jeunes ventes, auxquelles ils causaient des dommages considérables ; que les charrieurs de cotret laissaient pâturer leurs chevaux pendant la nuit dans ces mêmes bois, et enfin que les ouvriers chargés du transport des bois coupés n'avaient point la précaution de museler leurs chevaux, de sorte que ces animaux, presque toujours affamés, broutaient les jeunes pousses ; il requit des peines contre les contrevenants.

Le procureur fiscal dit encore : attendu que les procès-verbaux forestiers étant jugés par le verdier en des « jours extraordinaires et contre l'ancien usage, les délinquants se trouvent dans l'impossibilité de venir répondre et se défendre » ; il demanda que les audiences de la verderie fussent tenues tous les quinze jours, le samedi, à neuf heures du matin.

Le bailli fit droit à ces diverses réquisitions. Des bourgeois, les premiers, furent traduits devant le verdier.

Le 8 mai, Mathieu Flavigny, curé de Saint-Jean ; « Pierre Vittecoq, trésorier en charge, et Jacques Quesney, trésorier en exercice son suivant », fieffèrent une terre appartenant au trésor, sise au triège du Vallot, bornée d'un côté par « la sente Pacquet ».

Ce même jour, le bailli donna acte à M⁰ Cabut, avocat, de la lecture des lettres de commission de capitaine des chasses du duché d'Elbeuf et de ses dépendances, données à Henri-Louis Lefebvre de Malembert, chevalier de Saint-Louis, le 16 avril précédent, par la comtesse de Brionne, au nom de son fils le prince de Lambesc.

Un différend s'éleva entre André Gancel, receveur de l'octroi et payeur municipal, et la corporation des bouchers-charcutiers qui se composait alors de Jean Cantel, J.-J. Dupont, Laurent Dupont, Charles Dupont, Vaguet, Butor, Desvaux, Lerond, Lebailly, Bertin, Berment, la veuve Jacques Dupont, la veuve Guenet, Aubé, Gueroult, Duvivier, Lebourg et Philippe, au total dix-huit membres.

On sait que l'édit du roi du mois d'août 1758 avait fixé le don gratuit à fournir par le bourg d'Elbeuf à 24.000 livres d'abord ; il fut porté à 30.000 livres par une déclaration interprétative de janvier 1759 ; mais cette somme de 30.000 livres avait été réduite à 22.500 livres en raison du paiment fait comptant.

La perception de cette somme, confiée au receveur du tarif d'octroi, sous la direction de quatre notables de la ville, avait du produire au moins suffisamment pour acquitter le bourg envers le roi, la perception ayant cessé au mois d'octobre 1762; peut-être, disaient les bouchers, « a-t-elle plus que rempli son objet ».

Comme la corporation des bouchers avait

payé environ 17.000 livres pour sa part, elle prétendait savoir pour combien les autres corps de métiers avaient contribué dans cette imposition. « Quatre habitants seulement en ont le secret, ajoutaient les bouchers, mais ils sont tellement accoutumés à dédaigner les autres » que les bouchers, autorisés par la corporation à cet effet, ayant pris « la liberté de demander au bureau, avec modération et ménagements, si le droit ou don gratuit, concédé pour un temps, serait perçu à l'avenir comme par le passé, c'est-à-dire sans en rendre compte, on leur fit cette réponse : « C'est à vous de payer et à vous taire. MM. les régisseurs n'ont point de compte à vous rendre ; ils ont des vues plus étendues qu'il n'est pas nécessaire que tout le monde sçache ; en un mot : payez et taisez-vous ! »

Cette réponse souleva la colère des bouchers; ils se plaignirent amèrement aux quatre régisseurs. Mais encore, suivant la corporation, « ces messieurs les méprisèrent au point de les traiter de nigauds ».

La corporation voulut tirer vengeance de cet affront et obtenir des comptes, car le refus d'en donner constituait pour eux une « irrégularité indécente et une contravention formelle à l'arrêt d'enregistrement de la déclaration du Roy, disant spécialement que les préposés à la recette compteroient annuellement du produit, en présence des maire et échevins... Il est vray qu'à Elbeuf il n'y a ni maire ni échevins, mais il y a des syndics régisseurs des droits du tarif ».

Bref, les bouchers donnèrent sommation le 16 mai, à Gancel, de rendre ses comptes sous trois jours. Celui-ci ne s'étant pas exécuté, la corporation l'assigna devant les juges de Pont-de-l'Arche, où l'affaire fut plaidée le 28 du même mois.

Devant le tribunal, Gancel objecta que c'était le commun des habitants de la ville d'Elbeuf qui l'avait commis à la recette; que c'était pour eux qu'il avait reçu et conséquemment qu'il n'en devait compte qu'à eux.

Il avait cessé sa perception par ordre de la communauté ou des régisseurs qu'elle avait préposés, et il avait rendu son compte aux régisseurs dès le 21 novembre 1762. Il ajouta que les régisseurs avaient convoqué la communauté des habitants le 13 mai, c'est-à-dire antérieurement à l'action des bouchers, afin de se faire décharger eux-mêmes.

Le 7 juillet, les pauvres malades d'Elbeuf firent une grande perte en la personne d'Elisabeth Flavigny, directrice de l'hôpital depuis 1739. Par testament, elle laissa tous ses meubles à l'établissement.

Le lendemain, les habitants des deux paroisses se réunirent et nommèrent pour diriger l'hôpital Mlle Cabut, qui conserva cette fonction jusqu'à sa mort, survenue en 1781.

Vers ce temps, Mathieu Maille donna à l'hôpital une maison sise rue Meleuse et alors à usage d'auberge portant pour enseigne la *Chasse royale*.

Une note de cette époque mentionne que le chemin pour aller d'Elbeuf à Bourgtheroulde passait par la porte de Rouen, qui était aussi celle du Bourgtheroulde, et que l'on montait la côte Saint Félix et Saint Auct. Tout près de la porte de Rouen, dans la grande rue de l'église Saint-Etienne, se trouvait une auberge où pendait pour enseigne *la Croix de Lorraine*, appartenant à Gabriel Bourdon, qui mourut le 25 juillet de l'année suivante et fut inhumé dans l'église, en sa qualité d'ancien trésorier de la paroisse.

Le 11 juillet, Jacques-Louis Béranger, fabricant de draps, obéit à la clameur sur lui intentée à titre de droit féodal et seigneurial, par exploit de Futrel, sergent à Elbeuf, à la requête de « très haute, très puissante et très illustre princesse Madame Louise-Julie-Constance de Rohan, comtesse de Brionne », veuve de Louis-Charles de Lorraine, comte de Brionne et de Charny, pair de France, au nom et comme tutrice honoraire de « très haut, très puissant et très illustre prince Monseigneur Charles-Eugène de Lorraine, prince de Lambesc, comte de Brionne et de Charny, pair et grand écuier de France, gouverneur et lieutenant général pour le Roy de la province d'Anjou, gouverneur particulier des villes et châteaux d'Angers et du Pont de Cé, son fils mineur aîné et dudit feu seigneur comte de Brionne, et en cette qualité duc d'Elbeuf, demeurante à Paris en son hostel, place du Petit Carrouzel, paroisse Saint Germain l'Auxerrois ; et du sieur Charles-Emmanuel de Quélus, secrétaire des commandements dudit seigneur prince de Lambesc, comme tuteur honoraire de mondit seigneur...

« Ladite clameur féodale et seigneurialle ainsy intentée, à l'effet d'avoir et retirer des mains dudit sieur Béranger, pour et au nom de mondit seigneur le prince de Lambesc... » la maison ayant servi de château et manoir seigneurial à Henri de Lorraine, duc d'Elbeuf, acquis par Béranger du sieur Jacques-François Vallon de Bois-Roger, par contrat du 27 septembre 1763, lequel de Bois-Roger avait acquis le château et ses dépendances d'Emmanuel-Maurice de Lorraine le 4 novembre 1749.

Les biens clamés consistaient en la maison principale de la rue Saint-Etienne, « avec les pavillons à costé et les terrasses qui sont derrière et costé de ladite maison ; une autre maison à usage de cuisine et d'office ; les cours, puits, grilles de fer servant de clôture ; la basse-cour avec ses bâtiments ; un jardin faisant face au château, et un autre jardin contigu au précédent.

Béranger fit donc remise du château et de ses dépendances à la comtesse de Brionne, moyennant la somme de 21.451 livres « tant pour le remboursement des 20.000 livres payées par ledit sieur Béranger au sieur de Bois-Roger que pour les intérêts de cette somme jusqu'à ce jour ».

Le dimanche suivant 15 du même mois, les propriétaires de biens-fonds habitant les hameaux du Buquet, de la Chouque et des Ecameaux s'assemblèrent chez la dame Flavigny-Gossel pour faire la répartition du nouveau rôle de la taille de la somme de 320 livres « pour et au lieu des droits de tarif qui se perçoivent à l'entrée sur tous les habitans du bourg d'Elbeuf, sans préjudice du sol pour livre ».

Nous trouvons sur cette pièce M. de Bois roger imposé pour « la Coste rangé » aux Ecameaux, à 13 livres 14 sols. Ce rôle avait été établi à la suite d'un procès intenté contre les habitants des trois hameaux, qui s'étaient refusés à payer.

Le 20, les administrateurs d'Elbeuf adressèrent à M. de Quelus une demande de réduction d'impôts, le bourg étant surchargé et payant beaucoup plus que d'autres localités d'une importance plus grande. Il leur fut répondu :

« *Paris, le 7 août 1764.*

« Je vous envoye, Messieurs, la réponse de M. de la Michodière, par laquelle il paroit que l'on traite Elbeuf comme toutes les autres villes. Je suis bien fâché que le succès n'ait pas répondu à vos désirs.

« J'ai l'honneur d'être très parfaitement votre très humble et obéissant serviteur : QUELUS ».

La justice d'Elbeuf avait à s'occuper, parfois, de plaintes assez singulières. Le 13 septembre, Jean-Baptiste Picard « maître en fait d'armes, breveté de Monseigneur le duc d'Harcourt, gouverneur de la province de Normandie », exerçant son art dans notre bourg depuis le 14 juin précédent, se plaignit aux juges d'avoir reçu une lettre anonyme signée : « Prest à boire », dans laquelle il était qualifié de « maître en fait d'armes donnant un coup d'épée dans une atignole en diligence », ce qu'il considérait comme une injure grave et en conséquence demandait l'intervention de la justice. Le bailli fit droit à sa demande et ordonna une enquête, qui n'aboutit pas du reste.

En ce même temps vivait un idiot, alors âgé de 28 ans, jouet des enfants d'Elbeuf et de Thuit-Anger, où il demeurait. Son intelligence était si peu développée que le curé de cette dernière paroisse n'avait pas voulu le faire approcher des sacrements, et il passait sa vie à mendier : c'était un nommé Guillaume Lesueur du Becquet, dont les ancêtres avaient occupé un certain rang et rempli des fonctions publiques dans la contrée.

Le 24 septembre, à une heure de l'après-midi, place du Coq, cet insensé frappa mortellement d'un coup de couteau un jeune homme du nom de Vincent Dorival, ouvrier teinturier, âgé de 22 ans, fils de Vincent Dorival, porteur de grains. Jean-François Routier Duparc vint constater la mort de la victime. On fit le procès du meurtrier, mais il ne nous paraît pas qu'il ait été condamné, de nombreux témoins ayant fait ressortir son irresponsabilité.

A la suite d'une émeute causée par la cherté des grains, les bourgeois d'Elbeuf réclamèrent qu'une brigade de maréchaussée fut établie dans ce bourg ; ils offrirent de couvrir les frais de casernement. Cette demande fut acceptée. C'est donc de cette époque que date l'établissement d'une brigade de gendarmerie dans notre localité.

Nous placerons ici la fin du travail de M. J. Drouet sur les jetons de la fabrique elbeuvienne, dont nous avons donné la première partie :

La délibération du 11 mars 1758 nous indique les motifs qui ont nécessité l'établissement de jetons pour la communauté des maîtres drapiers d'Elbeuf ; mais malheureusement elle se trouve à la dernière page du registre qui finit en 1758. Le suivant manque aux archives, car le plus voisin ne commence qu'en 1770 pour finir en 1773, et il nous est impossible de savoir si cette délibération a été suivie d'effet.

Par bonheur, nous n'avons pas été le seul curieux à s'occuper de cette question et un de nos devanciers, M. Molet aîné, a pu consulter les archives municipales à une époque où la lacune signalée ci-dessus n'existait pas, et il a consigné le résultat de ses recherches dans un journal de l'époque et dans une plaquette devenue fort rare ; nous croyons être agréable à nos lecteurss en en reproduisant les passages qui intéressent la fabrication de notre jeton :

« Du mardi 30 octobre 1764, en assemblée des maîtres de la manufacture d'Elbeuf, convoquée en la manière accoutumée, tenue en la chambre du bureau, en présence et sur la réquisition de M. de Biville, subdélégué de M. l'intendant, à l'effet de communiquer à la communauté l'avis de MM. les députés du commerce sur la demande de la dame veuve Marin Sevestre et fils, etc., etc.

« Dans la même assemblée, les sieurs gardes en charge ont fait observer que les assemblées, quelque soin que l'on prenne, ne sont jamais complètes et qu'il conviendrait, suivant le projet déjà proposé, d'établir des jetons dans la communauté qui seraient distribués à chacun des membres présents, sur quoi demandant que la communauté ait à délibérer.

« La compagnie examinant que les affaires de la fabrique restent souvent en souffrance faute de votants dans les assemblées, consent qu'il soit fait une boîte de *quatre cents jetons* du prix de 50 sols chacun, pour être distribués un à chacun des membres assistant aux assemblées ; et pour faire la première avance desdits jetons elle a autorisé le sieur Jacques Quesné, garde en charge, d'y employer les mille livres restées aux mains du sieur Michel Grandin, garde sortant, et par la suite la compagnie autorisera les gardes à venir recevoir sur chacun des membres les sommes nécessaires pour entretenir ladite bourse du susdit nombre des quatre cents jetons qu'ils remettront à la fin de chaque année à leurs successeurs, laquelle répartition se fera suivant l'usage ordinaire.

« Il est en outre arrêté qu'à l'avenir il ne se fera aucune assemblée soit générale, soit particulière, que de l'avis des six gardes et que l'empreinte des jetons sera, d'un côté le portrait du roi avec ces mots : « *Ludovicus décimus quintus artium protector* », et sur le revers une croix de Lorraine (patriarcale) au bas de laquelle seront deux ceps de vigne dont l'un, chargé de fruits, sera soutenu par la croix de Lorraine. L'autre, sans soutien rampant et sans fruit, et pour légende « *Sublato fulcimine languet* », (Son appui enlevé elle languira) ; dans l'exergue, « *Manufacture d'Elbeuf* ».

« La compagnie autorise en outre ledit sieur Quesné, garde en charge, de recevoir du receveur des domaines ce qui peut être dû à la communauté pour les arrérages de l'augmentation des finances des offices d'inspecteurs et de contrôleurs, payé le 30 avril 1759.

« Fait et arrêté lesdits jour, mois et an que dessus.

« Signé : Robert Grandin, Jacques Quesné, Louis-Robert Grandin, Pierre Hayet, Michel Grandin, Nicolas Godet, Charles Leroi, Louis Sevaistre, Louis-Robert Flavigny, Jean Nicolas Lecouturier, Nicolas Lefebre, Mathieu Quesné, J.-A. Quesné, Nicolas Bourdon, François Flavigny-Gosset, Louis Delarue, Jean-Michel Lefebre, Mathieu Sevaistre, Jacques Béranger, Jean-Baptiste Grandin, Pierre-Jacques Grandin, J.-N. Leroi, P.-D. Paut, Baptiste Béranger, Pierre Grandin, Mathieu Frontin, Pierre-Alexandre Delacroix, Pierre Maille, Jean Poulain, Joseph Godet, Jean Glin, Benoist Delarue, Nicolas Godet l'aîné, Pierre Lejeune, Louis Béranger, Joseph Duruflé, Louis Sevaistre fils, Jean-Baptiste Leclerc, Jean-Baptiste Delarue, Pierre Hayet fils, Jean Buquet, Louis-Robert Quesné, Charles Béranger, Nicolas Lefebvre-Quesné, Constant Godet, Nicolas Béranger, Henri Delarue, Nicolas-Louis Flavigny, Bernard Delarue, Prosper Godet ». *(Total : 49 signatures).*

Nota. — Selon la délibération du 30 octobre 1764, ci-dessus, nous avons vu que les jetons devaient être frappés aux emblêmes désignés et que la devise devait être *Sublato fulcimine languet*, elle a été remplacée par celle ci : *Tali fulcimine crescet*. On peut croire assurément que la comtesse de Brionne, mère et tutrice du duc Charles-Eugène de Lorraine, ne trouvant pas la première devise d'une expression convenable ni conforme aux documents du cabinet du prince, l'aura fait changer et que, si les emblêmes ont été l'objet de cette délibération, ce n'a été qu'avec l'assentiment de cette princesse, mais qu'aucune délibération subséquente ne mentionne le changement de la devise, qui n'a pu avoir lieu que sur la demande de la princesse, et c'est pourquoi les fabricants, par reconnaissance de la concession qu'elle leur faisait des armes ducales, lui ont fait don, pour elle et le duc son fils, de deux jetons d'or, frappés au même coin que ceux d'argent, comme nous l'avons dit ailleurs et ainsi qu'on va le voir par la délibération qui suit :

« Du jeudi 21 février 1765, dans la même assemblée, a été présenté par le sieur Jacques Quesné, précédent garde en charge, une *boîte* contenant les cinq cents jetons qu'il a été autorisé de faire faire par délibération, ainsi que *deux jetons d'or qui ont été présentés à Son Altesse Madame la comtesse de Briône.*

« Pour la distribution des jetons, il a été délibéré dans la même assemblée qu'après le protocole ordinaire des délibérations, il y sera de suite inscrit le nom de chacun des assistants, à qui seuls après la clôture de la délibération et leur signature, il leur sera distribué un jeton pour leur présence, précaution que nous avons cru devoir prendre pour engager nos confrères à y venir de meilleure heure.

« En outre, dans la même assemblée, il a été nommé MM. Jacques Grandin et Nicolas Lefebre pour l'examen du compte que leur présentera le sieur Jacques Quesné, précédent garde en charge.

« Il a été aussi délibéré dans la même assemblée que l'on autorise le sieur Louis-Robert Grandin, garde en charge, de faire quelques distributions de plusieurs bourses de jetons, après en avoir conféré avec plusieurs anciens.

« Fait et délibéré, lesdits jour, mois et an que dessus.

« Signé : Pierre Hayet, Louis Robert Grandin, Michel Grandin, Charles Lebourg, Mathieu Quesné, Jacques Grandin, Rouvin, Louis Sevaistre, P.-D. Paut, Nicolas-Pierre Lefebre, Pierre-Alexandre Delacroix, David Delarue, Jacques Quesné, Nicolas Godet l'aîné, Delarue de Freneuse, Jean-Baptiste Leclerc, Charles

Béranger, François Flavigny-Gosset, Nicolas Béranger, Jean-Nicolas Lecouturier, Jean-Baptiste-Pierre Grandin, B.-D. Flavigny, Jean-Michel Lefebre, Nicolas Lefebre. *(Total : 25 signatures)*.

« *Nota*. — Sans les deux actes ci-dessus nous serions aujourd'hui dans le vague, attendu que les archives du Chartrier du prince ont été enlevées en Autriche vers 1791. La délibération du 30 octobre 1764 est le seul document qui nous fait connaître les anciennes armes de notre ville, concédées comme on le sait par la maison ducale de Lorraine Elbeuf, et que nous avons précédemment décrites ailleurs ».

On voit par l'extrait ci-dessus, dit encore M. J. Drouet, que la délibération de 1758 n'a pas eu de suite et que ce n'est qu'en 1765 que les jetons de la manufacture d'Elbeuf furent réellement exécutés. Quant au changement de la devise signalé par M. Molet, il est réduit aux conjectures pour l'expliquer ; il n'en serait pas ainsi si les registres du bureau de la fabrique ne présentaient des lacunes semblables à celles que nous avons signalées pour celles des assembles générales, et qui, contrairement à celles-ci, paraissent avoir existé au temps où M. Molet faisait ses recherches.

On voit, en effet, par la délibération que nous avons citée, que le bureau de la fabrique avait une assez grande latitude dans l'exercice de ses fonctions, ce qui semble démontré et par le changement de légende approuvé par l'assemblée générale et par le nombre plus considérable de jetons émis que celui qui avait été primitivement fixé.

Un contrat de vente du 22 novembre mentionne plusieurs bâtiments « ayant leur entrée par la rue de la Geole, paroisse Saint-Jean, bornés par les héritiers François Flavigny, chirurgien, d'autre côté la rue de la Geole en partie et la cour de jurisdiction de ce lieu, et d'un bout le courant d'eau des fontaines de Monseigneur le duc ». Les habitants de ces bâtiments avaient droit de communauté « dans la cour du tennement de *la Rose* ». — L'acquéreur eut le droit de faire abattre « dans un bouquet situé vers le pré Bazile, une douzaine d'arbres, sans toutefois toucher à ceux qui formaient les rives du courant d'eau et des fontaines ». — Michel Flavigny était alors prêtre habitué à Notre-Dame-de-Bonne-Nouvelle à Paris.

Jacques-François Vallon de Bois-Roger, inspecteur des manufactures de Normandie, demeurant paroisse Saint-Etienne, avait assigné devant la justice seigneuriale d'Elbeuf, Pierre Lepel, charrieur de bois demeurant aux Ecameaux de Bosnormand, afin de lui faire excuse publique et condamner à une amende applicable à la décoration du prétoire, pour cause d'insultes proférées contre le plaignant ; mais par une transaction en date du 30 novembre, et après un désir de pardon exprimé par Lepel, celui-ci paya au sieur de Bois-Roger une somme de 5 livres 12 sols pour tous dommages-intérêts, s'engageant en outre à verser 20 livres à l'hôpital d'Elbeuf, s'il récidivait.

Le 6 décembre, Joseph Godet, verdier des forêts du duché-pairie d'Elbeuf, demeurant paroisse Saint-Etienne, vendit à Jean-Nicolas Lefebvre, officier en la Monnaie de Rouen, demeurant également en la paroisse Saint-Etienne d'Elbeuf, une portion d'héritage en jardin « nommée le Glayeul »... ; dans cette portion de terrain, se trouvaient « sept fontaines, desquelles le sieur acquéreur sera tenu de laisser couler toutes les eaux qu'elles produiront dans le courant d'eau qui passe le long des teintures des sieurs Sevaistre et Quesney et le sieur Godet vendeur, pas plus haut de l'endroit où est leur embouchure actuelle. Ladite portion de terrain en jardin cy vendue scize en la paroisse Saint-Jean, bornée d'un côté le sieur vendeur pour le restant dudit Glayeul, d'autre côté et d'un bout la Rigolle et le courant d'eau des autres fontaines de Monseigneur le duc d'Elbeuf...» ; cette vente fut faite pour le prix de 4.000 livres, plus 325 livres de rente.

Le lendemain, Lefebvre vendit à « Thomas-Mathieu Frontin, escuier, officier des écuries du Roy, demeurant paroisse Saint-Etienne, un héritage clos de murs de bauge, assis au bas de la coste de Saint Haut, borné d'un côté par les terres de la chapelle Saint Félix et Adaucte... et une petite maison scize en la même paroisse au triège du mont Rosty ».

Nicolas-Robert Maille et Pierre-Michel Maille étaient héritiers, par leur mère, au 11 décembre 1764, de Thomas de Boissel, en son vivant seigneur de Routot, « conseiller secrétaire du Roy, receveur et ancien et alternatif des tailles en l'élection de Montivilliers ». — Thomas était un descendant de Guillaume Boissel dont nous avons parlé.

Dans le courant de cette année 1764, on avait inhumé dans l'église Saint-Jean : le 3 mars, Jean-Louis Flambart, drapier, âgé de 68 ans ; le 19 juillet, Catherine Flavigny, âgée de 62 ans, veuve de Joseph Gosset, en présence de M⁰ Le Roy, curé d'Amfreville, et de Jacques-Benoit Maigret, ancien vicaire de la paroisse et alors curé de Saint-Amand-des-Hautes-Terres ; le 12 décembre, Louis Flavigny, âgé de 82 ans, fabricant ; sa veuve Marie-Geneviève Maille, mourut le 31 du même mois, mais on l'enterra dans le cimetière.

Le Dictionnaire d'Expilly, publié en 1764, répète ce qu'avaient déjà dit d'Elbeuf Piganiol et Savary. Nous n'y trouvons de nouveau que passage :

« Un petit ruisseau, qui vient d'un coteau voisin d'Elbeuf, fait aller les moulins à foulon, qui sont en grand nombre dans ce bourg, ce qui est fort avantageux à ses manufactures ».

Sous le nom de « foulons », d'Expilly désignait évidemment les teintureries et fabriques, car le foulage des draps s'opérait, comme précédemment et comme il s'opéra longtemps après, dans les vallées d'Andelle, d'Eure et d'Iton.

Parmi les habitants d'Elbeuf à cette époque, nous citerons : Robert Duval, lamier rôtier ; Louis-Jacques Grandin et J.-B. Béranger, prêtres habitués à Saint-Etienne ; Louis Sevaistre, administrateur ancien de l'hôpital ; Robert Périer, administrateur de cet établissement (1765) ; Mathieu Rouvin, fabricant de draps, qui avait été trésorier de Saint-Jean 1762-1763 ; Jean-Louis Maille, avocat, ancien trésorier de cette même paroisse ; Yves Eudeline. marchand de carton, vis-à-vis la rue Meleuse ; Louis Cavillon, maître en charge (1765) de la confrérie des Porteurs de grains ; Jacques Osmont fils feu Louis, tous deux aubergistes où pendait pour enseigne le *Bras d'Or*, paroisse Saint-Jean ; Jacques Marais, chirurgien ; Abraham Sevaistre, prêtre, prieur du Thuit-Hébert ; Etienne Patallier, prêtre habitué de Saint Jean.

Un fondé de pouvoir de « Pierre de Flavigny, controlleur des droits réunis sur la marque des cuirs de la ville de Cadix », reçut le 8 janvier 1765, une somme de « Me Jacques-Louis de Flavigny, avocat à la Cour et ancien bailly de ce lieu d'Elbeuf, stipulé par Me Mathieu Flavigny, son frère, curé de Saint-Jean ». Cette somme lui revenait « comme héritier à la représentation de Thomas de Flavigny, son père, de la demoiselle Elisabeth Flavigny, sa tante, en son vivant directrisse de l'hospital de ce lieu ».

Le 19 du même mois, Joseph Godet, verdier des eaux et forêts d'Elbeuf, reçut 4.000 livres de « Messire Louis de Flavigny, chevallier de l'ordre royal et militaire de Saint-Louis, capitaine au régiment de Piedmont infanterie, de présent logé au manoir presbytéral de Saint Jean chez M. de Flavigny, son frère, curé de la paroisse... »

Par acte passé devant Me Lesdeguive, notaire à Paris, le 23 du même mois, Anne Capplet, veuve de Jacques Martinet, écuyer, ingénieur du roi, vendit au prince de Lambesc la prairie nommée le Pré Basile, située près la rivière de Seine.

Flavigny, bailli honoraire, mourut en février.

Dans les premiers mois de 1765, François Carbonnier était vicaire à Saint-Jean ; Louis-Pierre Cabut et Routier du Parc, celui-ci fils du chirurgien du même nom, étaient prêtres habitués en la même paroisse.

En exécution d'un arrêt du Parlement de Rouen rendu le 2 mars, les notables d'Elbeuf s'assemblèrent le 21 avril suivant devant le bailli du duché et arrêtèrent que « quoique l'Hôtel-Dieu dudit bourg d'Elbeuf ait besoin de secours pour l'avenir, la communauté des habitants étant hors d'état d'ajouter à ses charges, la seconde moitié du don gratuit remise par Sa Majesté, suivant ses lettres patentes du 8 mars 1764, cesseroit d'être perçue ».

Cette délibération des habitants d'Elbeuf fut enregistrée sur les registres du Parlement. Elle est signée de Jacques Quesné, Maille, Godet, N. Godet, J.-B. Grandin, Rouvin père, N. Bourdon, L. Sevaistre, J.-B. Lecler, Ch. Leroy, Jean Lefebvre, Pierre Lefebvre ; Pelfresne, greffier, et de Routier, bailli.

Pierre-Louis Langlois, procureur fiscal, qui avait été déjà l'objet d'une plainte pour une chanson diffamatoire quelques années auparavant, fut de nouveau poursuivi à la requête de François Futrel, sergent à Elbeuf, pour « injures, insultes et maltraitements ». Le procès durait encore en avril 1765.

Un aveu rendu, le 10 avril, par les religieuses d'Elbeuf à Benigue-Etienne-François Porct, chevalier, seigneur de Boisemont, seigneur et patron d'Amfreville-la-Campagne, Saint-Amand des Hautes-Terres, Iville, Auvergny et autres lieux, procureur général du roi en la Cour des comptes de Normandie, est signé de Louise Bourdon de Sainte-Thérèse, supérieure du couvent ; Catherine Douillet, assistante ; Hélène Houssaye de Saint-Bernard, zélatrice, et Geneviève Sevaistre de Sainte-Croix, dépositaire.

Le 16 de ce même mois, Jacques Lerond et Jean-Baptiste Lebailly cessèrent leurs fonctions de gardes jurés pour la corporation des bouchers ; ils furent remplacés par Charles Dupont et Joachim Desvaux.

A l'assemblée des trésoriers de Saint-Jean, tenue le dimanche 28 avril, en présence du curé et à sa réquisition, celui-ci exposa que « Mgr l'évesque d'Evreux ayant envoyé des éclésiastiques pour faire une mission, laquelle est commencée depuis quinze jours, il sera nécessaire, en se conformant à l'uzage, de placer une croix à la fin de cette même mission, dont la dépense sera faitte d'aumosnes et charitez ; mais qu'il s'agit de délibérer à quel endroit de la parroisse, libre et apparent, on peut placer cette croix ; qu'après avoir marché avec plusieurs de MM^{rs} les Missionnaires, ils n'ont point trouvé de place plus commode qu'à l'endroit hors la porte de la Barrière, à la pointe des deux chemins venant du Pont-de-l'Arche et de Louviers à Elbeuf, auquel endroit est déjà placée une antienne croix en pierres dont le haut formant la croizée est presque totalement détruit; qu'il ne seroit question que de démolir cette même croix, dont les principales pierres, surtout celles qui servent de base et fondement, serviroient pour la construction de la nouvelle et diminueroient la dépense à faire.

« Sur quoy, l'assemblée, après avoir délibéré et considéré que la croix à placer ne peut l'estre qu'à l'endroit cy dessus désigné, a unanimement approuvé l'exposé et la résolution de M. le curé de faire placer la croix dont est question en laditte place sus désignée, même de prendre les pierres de celle actuellement subsistante pour et autant qu'elles pourront servir à la nouvelle ; et d'autant qu'il s'agit de la démolition d'une croix sur une place regardée comme place publique, laditte assemblée a authorisé le sieur Jacques Quesné, trésorier en charge, de présenter requeste à M. le bailly d'Elbeuf, aux fins d'obtenir l'authorisation nécessaire à mondit sieur le curé pour la démolition de l'ancienne croix et mettre en son lieu la nouvelle croix dont question... » Suivent les signatures de J. Quesné, J. Dupont, J.-M. Lefebvre, P. Lefebvre, Rouvin père, Ch. Le Roy, N. Roussel et Flavigny, curé.

Le lendemain, le bailli d'Elbeuf détermina l'emplacement du monument.

L'érection du nouveau calvaire amena un différend soulevé par un nommé Fosse, auquel s'applique un avis d'avocat, sans date, que nous avons sous les yeux :

« L'ordonnance qui permet la démolition de la vieille croix pour y en substituer une nouvelle... n'a jamais pu et n'a point en effet voullu autoriser qu'on empiétât sur aucun des fonds voisins.

« La propriété de l'intervalle entre le bâtiment de Fosse et le pied de l'ancienne croix ne pourroit faire de difficulté qu'entre le seigneur du lieu et Fosse, dont les contrats de possession ne vaudroient qu'autant qu'ils seroient soutenus par des aveux, qui sont des titres entre le seigneur et son vassal.

« Mais vis-à-vis de tout autre, les contrats de Fosse, qui le font aller en pointe jusqu'à l'ancienne croix, le mettent dans le droit de s'opposer à ce qu'on entreprendroit sur cette pointe, que ses auteurs ont bien voulu laisser vuide devant le bâtiment ».

. Que l'on nous permette une parenthèse :

CALVAIRE DE L'ANCIENNE PORTE DE PARIS
(Transporté dans le cimetière Saint-Jean)

Le bâtiment dont il est question était un atelier de maréchal-ferrant, qui subsista jusqu'au moment où M. Horcholle, pharmacien, notre contemporain, le fit démolir pour le remplacer par la construction actuelle. — Nous reprenons la suite de la consultation :

« Ainsi la tranchée faitte, étant d'un pied sur le terrain de cette pointe, doit être reformée et on doit se retirer de ce pied-là.

« Il faut encore faire attention que cette tranchée continuée sur les flancs du chemin neuf, chemin non seulement public et qui a coûté aux habitans, mais encore chemin de décoration, avance de deux pieds de trop sur ce chemin neuf, ce qui ne peut qu'occasionner des plaintes, des murmures, des blâmes et une opposition ; ce qu'on peut encore réformer en se reportant de deux pieds au midi, et ce qu'il convient de faire.

« Ces réformes faittes, Fosse satisfait par la première qui le regarde, n'aura plus rien à dire de juste, si ce n'est que dans le cas où pour conserver la nouvelle croix, on la couvriroit d'une chapelle, ce nouvel édifice, peu éloigné du sien, le masqueroit de façon à le priver de l'avantage d'avoir un bâtiment, une boutique, un cabaret, exposé à la plus grande veuë ; mais puisqu'on ne fait pas de chapelle ses plaintes sont prématurées. Il est vrai qu'il ne paroit pas qu'on s'interdise le droit d'en faire une, mais quand on voudra la faire, ce sera alors le temps où Fosse pourra spécieusement faire son opposition. Il peut même d'avance, par une signification, se déclarer opposant à l'édiffice d'une chapelle qui les masqueroit, parce qu'après cette déclaration on ne pourra faire de chapelle qu'avec son consentement ou en le faisant juger avec lui.

« Au reste, Fosse propose un moyen de conciliation. Il est de consentir que la nouvelle croix et la chapelle qui la mettroit à couvert, soient placées contre lui, c'est-à-dire contre son bâtiment, qui prendroit même pour mur celui de la chapelle.

« Ce qui ne peut que présenter des inconvénients, 1° En ce que Fosse serait censé donner un fond qu'on n'auroit néanmoins pris que pour lui faire plaisir ; 2° En ce que bien des personnes auroient moins de vénération pour une croix qui seroit à la porte, à côté des fenêtres de Fosse ; 3° En ce que Fosse ou ses successeurs pourroit établir un cabaret qui auroit pour mur de séparation celui de la chapelle et donneroit pour voisins des ivrognes.

« On pense, au surplus, que Fosse, pour éviter des incommodités qu'il croit prévoir, voudroit bien que ladite croix et sa chapelle, sans être de son bâtiment, n'en fut qu'à deux pieds ; sur quoy il est bon d'observer que, en supposant que cela soit bien, comme ce seroit toujours un changement, il ne pourroit être consenti que par une assemblée qui, en délibérant, devroit appeler Fosse pour signer à la délibération et arrêter avec lui les conditions ».

Langlois, procureur fiscal de la haute justice et duché pairie d'Elbeuf, après avoir pris communication de la délibération des trésoriers de Saint-Jean, donna un avis favorable au projet d'érection.

L'autorisation définitive fut signée par le bailli le 29 août.

Nous avons vu précédemment que la fabrique d'Elbeuf occupait des cardeurs et des fileurs à Oissel; il ressort d'un jugement rendu le 15 juin, qu'elle employait des façonniers jusqu'aux environs de Conches. Voici un extrait de cette sentence :

« ...En la Chambre du Bureau de la manufacture d'Elbeuf, nous Pierre Routier, avocat à la Cour, bailly dudit Elbeuf, juge de la police et manufacture dudit lieu, assisté de François Futrel, sergent au duché d'Elbeuf..., en présence du procureur fiscal et des gardes anciens et actuels, sur la cause entre Noel et Requier, maître cardeur fileur, demeurant en la paroisse du Fresne proche Conches, et Jean-Louis Béranger, fabricant audit lieu d'Elbeuf... » Ce jugement nous apprend également que le filage se payait à raison de 9 sols 6 deniers la livre,

Une assignation donnée à Mathieu Quesney, fabricant à Elbeuf, se rapportant à cette affaire, nous fournit quelques détails sur la condition des ouvriers de la fabrique d'Elbeuf:

« ...Dans l'instance pendante entre le sieur Béranger, requérant, contre le sieur Requier, défendeur... Le sieur requérant a d'autant plus lieu d'estre surpris du procédé dudit sieur Quesney que la loy et l'usage sont les moyens qui l'ont déterminé à fournir de la laine audit cardeur fileur. Il sçait, comme le sieur Quesney, que pendant un très long temps, à l'abry de quelque arrest du Conseil et notamment de celuy de 1749, le fabriquant avoit la liberté de tenir sous une espèce d'esclavage l'ouvrier de sa fabrique, qui ne pouvoit quitter son maître sans un consentement par écrit, auquel consentement on donnoit le nom de billet de congé.

« Mais le sieur Quesney doit sçavoir aussy

que l'année 1757, le Conseil, sans doute informé des abus que l'on faisoit de ses arrests et des désordres qui en résultoient, chargea M. Feideau de Brou, alors intendant de la généralité de Rouen, de s'informer des faits, ce qui ayant été par luy fait, il reçut avis que l'intention du Conseil étoit que le despotisme du fabriquant cessât, que l'ouvrier, recouvrant sa liberté et celle de travailler pour quy bon luy sembleroit sans qu'il luy fût besoin de billet de congé, avec ordre de faire connoistre sa volonté et décision du Conseil à ses subdélégués, pour y tenir la main et faire exécuter cet ordre communiqué à toute fabrique et regardé comme ayant fait force de loy...

«...Il se voit cependant que, depuis le deceds de M. de Brou, la fabrique d'Elbeuf a entrepris différentes fois de troubler cette liberté rendue à l'ouvrier ; mais cette entreprise ayant été le sujet de quelques représentations au Conseil, qui y forme une affaire encore indécise ; il faut attendre un nouvel ordre... »

Le bailli d'Elbeuf, dans un autre jugement rendu sur une affaire ayant divers points de connexité avec la précédente, ne tint aucun compte de la circulaire de 1757, et, se renfer-fermant dans l'arrêt de 1749, condamna Béranger et Requier, le premier à 300 livres d'amende et le second à 100 livres, pour avoir pris à leur service des ouvriers de Quesney, sans que celui-ci leur eût délivré des billets de congé.

Notons ici que l'usage des billets de congé s'est perpétué à Elbeuf jusqu'en 1870, et peut-être plus tard encore dans quelques fabriques. Les ouvriers en réclamaient souvent eux-mêmes, non pas pour se soumettre à une loi qui n'existait plus depuis longtemps, mais pour faciliter leur entrée dans une autre maison ; c'était en quelque sorte, pour eux, un certificat d'aptitude à l'emploi qu'ils sollicitaient.

On enterra dans l'église Saint-Jean, le 20 juillet, Pierre Bourdon, fabricant de draps, décédé à l'âge de 81 ans. — Quelques mois après, une fille de Jean-Baptiste Delarue de Freneuse fut enterrée dans le cimetière.

L'archevêque accorda une dispense de bans de mariage, le 2 septembre, à Armand-Constance de la Boullaye, écuyer, sieur de Bosc-Roger, et à Louise-Rosalie Flavigny, de Saint-Jean d'Elbeuf. — Les sieurs de la Boullaye portaient : *D'or au chevron de gueules, accompagné de trois cottes d'armes d'azur*.

Le Bosc-Roger dont il s'agit était une paroisse du pays d'Ouche, actuellement réunie à la commune de Gisay la-Coudre. Le domaine seigneurial de cette famille était l'un des plus beaux de la contrée. Il comprenait de magnifiques pièces d'eau et une île qui existe encore.

Les sieurs la Boullaye du xviiie siècle étaient probablement de très honnêtes gens ; mais ils étaient issus d'ancêtres fort mal considérés et qui valaient encore moins que leur réputation. M. Floquet nous apprend qu'ils étaient chefs d'une bande d'aventuriers, de bandits, qui désolèrent notre province après les guerres d'Italie, au xvie siècle. L'un d'eux assassina son oncle ; mais un autre fut tué dans l'église de Landepereuse. Au xviie siècle, un Jean de la Boullaye était « capitaine des gardes de Son Altesse de Lorraine ».

Pierre-Thomas Béranger, curé de Calville,

vendit, le 18 octobre, à Jean-Pierre Grandin, fabricant de draps, un bâtiment à usage de teinture avec ses chaudières montées sur leurs fourneaux et les ustensiles à l'usage de l'atelier, situé sur la paroisse Saint-Etienne, dans « la Cour aux Cerfs ».

Le 22, Pierre Grandin fils, drapier, mourut à Paris.

Le 30, les fabricants de chandelles se réunirent au prétoire, devant Routier-Duparc, bailli, auquel ils dirent : « Bien qu'il n'y ait pas de corps de maîtrise en ce lieu pour faire des chandelles, on y a toujours regardé comme intéressant de choisir tous les deux ans deux des plus honorables parmi ceux qui font ledit métier, pour remplir les fonctions de gardes, répondre pour les affaires de police, faire les visites et représenter le général toutes les fois que le cas l'exige ; que dans cette vue Martin Haillet et Pierre Dugard ont été choisis pour gardes, il y a trois ans, mais qu'il n'est pas juste qu'ils continuent leur gestion au-delà de l'usage ».

Les autres membres de la corporation appuyèrent Haillet et Dugard, qui avaient porté la parole, puis proposèrent Jacques Dupont et Pierre Lefebvre pour remplir les fonctions de gardes jusqu'à la Saint-Michel 1767, ce qui fut accepté par toute la compagnie. Les nouveaux gardes prêtèrent immédiatement le serment exigé et furent déclarés admis.

Le 6 novembre, la femme de Mathieu Racine, sieur des Vallots, et sa sœur, toutes deux nées Lesueur, vendirent à « Jean-Louis Oursel, laboureur, demeurant paroisse Saint Jean, une acre de terre en labour scize en la vallée de Saint Jean d'Elbeuf, au triège du Bocquet,

Chandelier, bornée d'un côté par la terre de la Léprosarerie et d'autre par les dames religieuses d'Harcourt... »

Une transaction fut signée, le 4 décembre, pour mettre fin à un procès qui s'était élevé entre Jacques Lizé, maître perruquier à Elbeuf, et « Louis Flambart, garde du corps du Roy de Pologne, de présent en cette ville ».

CHAPITRE XVI
(1766-1768)

La comtesse de Brionne et le prince de Lambesc *(suite)*. — L'ouvrage de Duhamel du Monceau. — Le greffe du bailliage. — Les déchets de fabrique. — Affaires de justice. — Nouvelle famine. — Encore la Fierte de saint Romain. — Les Flavigny-Gosset. — Baux pour l'abbaye du Bec-Hellouin.

Le 8 janvier 1766, Armand de Postis, écuyer sieur du Genetey, garde du corps de roi, demeurant ordinairement à Versailles, requit de la justice d'Elbeuf son incarcération dans la prison ducale, à l'effet de faire annuler une transaction qu'il avait signée dans les conditions suivantes, d'après ce qu'il déclara.

Un jour du mois de septembre 1752, étant alors âgé de 15 ans seulement, il chassait dans la plaine de Saint-Eloy de Fourques, assez maladroitement, car il manquait toutes les perdrix qu'il tirait. Un laboureur de cette paroisse, nommé Nicolas Laîné, se moqua de lui ; alors le jeune gentilhomme dirigea son arme sur le chien du moqueur et le tua. Laîné résolut de venger son chien. Quelques jours après, il aperçut de Postis, seul ; il alla vers lui et voulut le désarmer ; mais dans la lutte l'arme partit et la charge traversa les vêtements de Laîné, sans le blesser toutefois.

Le laboureur accusa le sieur du Genetey d'avoir voulu le tuer. Pour éviter l'exécution d'une condamnation, celui-ci signa une transaction, dont nous ne connaissons pas les termes, mais qui probablement consistait dans le versement d'une somme d'argent au profit de Laîné. Ce laboureur étant mort quelques années après, de Postis entreprit de faire reviser la sentence prononcée contre lui, et c'est pour y parvenir qu'il venait se constituer prisonnier à Elbeuf.

Marie-Rosalie Henry, âgée de 34 ans, femme de Louis Delarue, fabricant, fut inhumée dans l'église Saint-Jean, le 27 de ce mois.

Duhamel du Monceau avait fait paraître l'année précédente son ouvrage : *Art de la draperie, principalement pour ce qui regarde les draps fins*. Les fabricants d'Elbeuf achetèrent une certaine quantité d'exemplaires de cette publication, remarquable surtout par les belles gravures qui l'accompagnent. Nous en détacherons quelques passages :

« Il sort bien des espèces de draps des manufactures répandues dans les différentes provinces du royaume. Les fabriquants de draps en font de plus ou moins fins, de plus ou moins communs, suivant les laines qu'ils emploient ; car chaque fabrique travaille ordinairement une espèce particulière de draps. Les draps de Julienne & les plus belles fabriques de Sedan, tant en écarlate qu'en autres couleurs fines, & en noir, conviennent aux gens riches. Il en est de même pour la finesse & et les mélanges des draps de Van Robais et des Andelis. Les Louviers conviennent aux gens aisés. Les Elbeufs aux ouvriers. Châteauxroux fournit des draps pour les gens de livrée. Carcassonne, Nîmes, des draps fins & légers, pour le commerce du Levant. A Romorantin, Issoudun, Lodève, on fabrique des draps pour l'habillement des troupes : il y a encore des draps plus communs qui servent pour le vêtement des paysans et des gens de fatigue. Ainsi les différentes fabriques fournissent des draps plus ou moins chers, & propres aux personnes de toute condition.

« On juge bien que toutes ces fabriques n'emploient pas les mêmes laines, & qu'on ne les travaille pas de la même façon : les uns, après les avoir dégraissées, les font filer en blanc, & les autres ne les font filer qu'après les avoir teintes et mélangées de différentes couleurs : on teint aussi quelquefois en écheveau les laines filées en blanc, & d'autres fois on ne les teint qu'après que les draps ont été tissus.

« Les Gobelins et Sedan filent ordinairement en blanc. Abbeville, Louviers, Elbeuf, &c. font filer les laines, soit après qu'elles ont été teintes & mélangées, soit même avant. A Rheims et ailleurs, on fait filer en blanc, & on teint les écheveaux avant de les livrer aux tisseurs.

« Une exposition scrupuleusement détaillée de toutes les opérations de chacune de ces différentes fabriques, offre un champ trop étendu pour que nous osions l'entreprendre : nous nous sommes particulièrement attachés à traiter en détail de la fabrique des draps fins ; mais comme le fond de la fabrique est le même pour toutes les espèces de draps, & comme les différences ne roulent principalement que sur les différentes qualités de laine qu'on proportionne à chaque espèce de draps et aussi sur quelques circonstances qui regardent les apprêts, il s'ensuit que quiconque sera instruit de la fabrique des beaux draps, connoîtra bientôt celle des draps plus communs ».

Cette année-là se forma à Louviers une association de dix manufacturiers dans le but de perfectionner la fabrication des draps, de se soutenir mutuellement et d'étendre leurs affaires. Cet établissement, connu sous le titre de « la Société » eut son plein effet le 1er septembre. Ce fut alors que, chez nos voisins, on commença à fabriquer sous l'autorité du Conseil du roi, qui avait accordé plusieurs arrêts favorables à ce nouveau corps des fabricants.

Pierre-Louis Langlois, procureur fiscal au siège de la haute justice du duché-pairie d'Elbeuf, remit sa démission, le 4 mars, à la comtesse de Brionne.

La confrérie « des Frères associés au Sacré Cœur de Jésus, de la paroisse Saint Jean, stipulée par Mathieu Flavigny, curé », reçut des arrérages de rentes qui lui étaient dus par un habitant de Tournedos-la-Rivière. L'acte est du 1er octobre.

Le 24, on inhuma, dans l'église Saint-Etienne, Jacques Grandin, décédé la veille, à l'âge de 40 ans. — Louis-Michel Boisguillaume était alors clerc de la Charité.

Le 26 du même mois, Charles-Emmanuel Quelus, secrétaire des commandements et tuteur de Charles-Eugène de Lorraine, prince de Lambesc, duc d'Elbeuf, bailla à J.-B. Grandin, six pieds de terrain sur toute la longueur d'un jardin potager situé le long des fontaines, paroisse Saint-Etienne « bornés d'un côté par le mur de l'avenue de mondit seigneur », en échange d'un autre terrain sis en la même paroisse et contigu au précédent.

Marguerite Hayet, âgé de 78 ans, veuve de Charles Le Roy, trésorier, fut inhumée dans l'église Saint-Jean, le 25 octobre. — A cette époque, le clergé de cette paroisse comptait Michel-Antoine Gantier, sous-diacre, et Jean-Pierre Lenoble, acolyte. — Ce dernier joua un certain rôle à Elbeuf, pendant l'époque révolutionnaire.

Le 19 novembre, eut lieu le meurtre de Pierre Feste, âgé de 29 ans, soldat au « régiment royal de Vaisseaux », tué d'un coup de feu, inhumé le lendemain dans le cimetière Saint-Jean. — Nous reparlerons de cette affaire plus tard.

Le 22 décembre, Joseph Godet, verdier des forêts du duché et fabricant de draps à Elbeuf, transporta à J. B. Grandin une partie de 700 livres de rente rachetable par 14.000 livres, que Godet avait droit de prendre sur Jacques Maille, Charles Dubuc, Nicolas Ducrétot, Michel-Georges Petou, Michel-Nicolas Petou, Barthélemy Claudé, Marc Langlois, Louis Delacroix, François Lemercier et autres, tous associés des manufactures de Louviers, par arrêt du Conseil d'Etat du 12 août précédent, pour cause de fieffe qu'il leur avait du moulin à foulon qu'il possédait à Amfreville-sur-Iton.

Une ancienne note, placée sur un cahier provenant de l'hospice d'Elbeuf et conservé aux Archives départementales, est ainsi conçue :

« En 1766 et 1768, le sieur Pierre-Alexandre Lacroix a fait bâtir cette maison, qui a coûté 4 à 5.000 livres, qui a été un argent mal placé, vu que les maisons anciennes étaient louées 205 livres, et pour 5.000 on aurait des revenus de plus. L'on a de perte de cette bâtisse 105 livres de rente, et il a fallu en outre, sur cinq locataires, en dédommager deux à qui on a payé 93 livres ».

Le 17 janvier 1767, mourut Célerin-Nicolas Béranger, drapier, à l'âge de 37 ans ; on l'inhuma le lendemain dans l'église Saint-Etienne.

Un dimanche de la fin de ce mois de janvier, on lut à l'issue de la messe paroissiale de Saint-Jean et de Saint-Etienne, une ordonnance du roi prescrivant un impôt supplémentaire de 400 livres à prélever sur les habitants, pour leur part dans les frais de milice et d'équipement d'une levée d'hommes.

Des factures portant la date de 1767 s'appliquent à des réparations faites aux portes d'octroi d'Elbeuf. Nous trouvons mentionnées : la porte du « Neubourque », celle de Rouen, la porte de « Saint-Chaux », celles de Paris, de la Croix-Féret, du bord de l'eau, « du Brébasille » et « de la Plastrerie ». Cette dernière se trouvait à l'extrémité de la cour de la Plâtrerie, située entre les rues Saint-Jean et de Seine, vers la prairie que l'on désigna plus tard sous le nom de « Clos à Patallier », dans lequel est bâti l'Hôtel-de-ville actuel. — Ce mémoire nous donne donc la limite des maisons d'Elbeuf du côté Nord-Est ; cette limite était encore à peu près la même au commencement du xixe siècle.

Un autre mémoire de la même année nous apprend que, vers la porte du Pré-Bazille il se faisait de la fraude, car on dût construire une barrière « sur le duet » pour l'empêcher.

Pierre Thomas Bourdon, ancien militaire, mourut le 18 mars, à l'âge de 42 ans ; on l'inhuma dans l'église Saint-Jean.

Le 24, la comtesse de Brionne fit mettre en adjudication des travaux de réparation à faire aux deux moulins, aux halles, au prétoire et à la geôle d'Elbeuf.

Un édit royal du mois de mars créa deux nouvelles places de barbier-perruquier-baigneur-étuviste à Elbeuf. L'une d'elles fut acquise, en septembre suivant, par Pierre-Victorin Asse, greffier de la haute justice du duché, lequel la fieffa, en décembre, à Pierre Beaudouin, barbier-perruquier, paroisse Saint-Jean, moyennant 24 livres de rente annuelle, rachetable au denier vingt.

Claude Duhutrel, greffier de la haute justice, mourut le 9 mai, à l'âge de 73 ans.

Etant à Elbeuf le 27 juin, Louis-Jacques Delarue, curé de Martot, bailla à loyer, pour neuf années, les dîmes de sa paroisse, moyennant 700 livres par an.

Au 15 juillet, il y avait plainte déposée à la haute justice d'Elbeuf, présidée par Mᵉ Luc-Pierre Routier, avocat à la cour, bailli et juge en chef du duché et de la châtellenie de Boissey-le-Châtel, par Nicolas Lemercier, écuyer, sieur des Fontaines.

A cette même époque, des plaintes furent également déposées par le Bureau de la manufacture d'Elbeuf « contre ceux qui faisaient le commerce illicite de bouts de fils de laine, chaîne et trame, et contre les voleurs, recéleurs, dépositaires, et ceux qui achetaient lesdits bouts ».

Robert Tallon, bourgeois d'Elbeuf, alors ermier de la dîme d'Hauville en Roumois, appartenant à l'abbé Jubert de Bouville, comme chanoine et grand prévôt de la cathédrale de Chartres, en rétrocéda une partie le 28 juillet.

Le même jour, Honorée Gosset, veuve de acques Flavigny, vendit le greffe du bailliage et de la haute justice d'Elbeuf et sièges de la Haye-du-Theil, Grostheil et Boissey-le-Châtel, dont Asse était alors fermier, à « très haut, très puissant et très illustre prince Monseigneur Charles-Eugène de Lorraine, prince de Lambesc, comte de Brionne, duc d'Elbeuf, comte de Charny, pair et grand escuier de France, fils mineur de feu... et illustre prince Monseigneur Louis-Charles de Lorraine, duc d'Elbeuf, comte de Brionne et de Charny, pair et grand escuier de France, etc., chevalier des ordres du Roy et maréchal de ses camps et armées, stipulé par Me Robert Duboullé, procureur au Parlement et procureur fiscal du duché d'Elbeuf, au nom et comme fondé de la procuration de très haute, ... et très illustre princesse Madame Louise-Julie-Constance de Rohan, comtesse de Brionne, veuve de Sadite Altesse Monseigneur Louis Charles de Lorraine..., tutrice honoraire de mondit seigneur Charles-Eugène de Lorraine, duc d'Elbeuf, et du sieur Charles-Emmanuel Quelus, secrétaire des commandements de mondit seigneur prince de Lambesc, duc d'Elbeuf et son tuteur onéraire... »

Cette vente fut consentie moyennant la somme de 9.000 livres, constituée en capital pour une rente annuelle de 425 livres, exempte de tout impôt.

Ce greffe était aux mains d'Honorée Gosset par l'achat qu'elle en avait fait de Charles Capplet, le 16 juillet 1762 ; lequel Capplet avait clamé et retiré cet office de Jean-Charles Prosper Durand le 22 juin de la même année 1762. Capplet l'avait acheté de Marie-Anne Capplet, veuve de Jean-Jacques Martinet, écuyer, conseiller secrétaire du roi en la chancellerie de Rouen, seule fille et héritière de Pierre Capplet, le 26 novembre 1760. Nous avons dit qu'antérieurement encore il avait été démembré du duché d'Elbeuf, auquel il se trouvait réuni à nouveau par la vente qu'en faisait Honorée Gosset.

Angélique Duchesne, demeurant en sa terre des Monts, paroisse de Saint-Denis du Bosguerard, fondée de la procuration de Louis-François d'Acher ou Dacher, écuyer, chanoine de la Saussaye, encore mineur, autorisée par François-Placide d'Acher, son père, bailla à loyer une terre sise à Saint-Martin la Corneille. — Angélique signait : « Duchesne des Chastelliers ».

A cette époque, Pierre-Alexandre Delacroix, clerc tonsuré, demeurant en la paroisse Saint-Jean, était également pourvu d'un canonicat en la collégiale de Saint-Louis de la Saussaye; il était fils de Pierre-Alexandre Delacroix, bourgeois d'Elbeuf.

D'autres chanoines de la Saussaye étaient : Mathieu du Domaine, diacre, demeurant à Paris; Henri du Boille, prêtre, et Michel-Antoine Gantier, diacre.

Jean-Baptiste-Charles « de la Rue de Freneuze, bourgeois marchand fabriquant de draps à Elbeuf » est mentionné dans plusieurs actes de ce même temps,

Le 28 novembre, la justice d'Elbeuf procéda à la vente, chez Louis Loiselet, boulanger rue de la Barrière, d'un four à pain qui passait pour une petite merveille et était sans pareil dans la région. Ce four était en pierres de taille et briques, et l'on pouvait circuler tout autour.

Le 2 décembre, Nicolas Rivette, originaire d'Orival, alors « directeur de la Manufacture royale établie au château du Parc de la ville de Châteauroux », constitua une rente de 50 livres en faveur de son fils, Nicolas Rivette, « professeur au collège de l'Oratoire du Mans, accolythe du diocèze de Rouen, pour luy permettre de vivre plus commodément dans l'état ecclésiastique, moyennant qu'il y soit admis ».

Un nommé Primois, de Caudebec, entrepreneur de cardage et filage pour la fabrique d'Elbeuf, comparut le 10 décembre devant Pierre Routier, bailli du duché, pour répondre de défauts, provenant de son travail, que l'on avait reconnus sur plusieurs pièces de drap.

Le même jour, Pierre Maille fut nommé garde en charge pour l'année suivante. — Suivant la coutume, les anciennes marques furent brisées et celles au nom du nouveau garde apposées sur le registre des délibérations : au revers, elles montraient cinq fleurs de lys et une croix de Lorraine.

Nous trouvons dans un compte rendu au contrôleur général, en 1767, par les receveurs généraux de la généralité de Rouen, les détails qui suivent sur l'industrie lainière de notre région :

« Les plus importantes manufactures de la généralité sont celles d'Elbeuf, Louviers, Andely, Darnétal et Aumale.

« Ces cinq manufactures occupent plus de 18,000 ouvriers et vivifient tous les environs.

« Elles employent, en général, des laines d'Espagne, sauf Aumale, qui se sert des laines du pays.

« Elbeuf, Louviers, Andely, fabriquent des draps de première qualité, mais les deux derniers l'emportent sur l'autre seulement pour la beauté.

« Les draps d'Elbeuf sont d'un plus grand usage pour le peuple, parce qu'étant plus communs, ils sont à meilleur marché ; aussi la consommation en est-elle plus grande, et cette fabrique est beaucoup plus considérable que les autres.

« Celle de Darnétal lui fait concurrence pour les draps de première qualité.

« Louviers et Elbeuf occupent plus de 12.000 ouvriers ; Elbeuf l'emporte pour l'importance et Louviers pour la perfection, qui égale celle de Van Robais... »

Les vols de déchets de fabrique, qui se continuaient toujours donnèrent lieu à l'attestation suivante, datée du 12 janvier 1768, à propos d'un procès que soutenait la Manufacture d'Elbeuf devant la cour de Bouillon, contre Jean-Joseph Veul, de Montjoie en Palatinat, demeurant à Louviers, et Mathieu Haar, marchand à Hodimont :

« Nous, officiers de la haute justice et duché-pairie d'Elbeuf, attestons et certifions qu'à mesure que la manufacture d'Elbeuf s'est augmentée, les fabriquans en sont devenus plus exposés à essuyer des pertes essentielles par le vol qui leur est fait de leurs fils de laine ;

« Que ces fils proviennent de pièces de fil,

de portées de chaînes, de trame tirée des bobines, de fils retirés des chaînes sur les métiers, qu'on a soin de couper ou déchirer par bouts afin de les rendre moins reconnaissables ;

« Qu'il se trouve des gens assez hardis pour vendre, d'autres pour achepter et faire commerce de ces sortes d'objets ; que ce commerce illicite en soy, puisqu'il tend à ruiner ou du moins altérer la fortune des fabriquans, en même temps qu'il accoutume l'ouvrier à courir après un profit deffendu, a été réprimé en ce siège toutes les fois qu'il s'y est trouvé établi.

« Qu'au mois d'avril 1743, Anne Thorel, veuve de Pierre Poussin, accusée de faire ce commerce, on a saisi chez elle environ 150 livres de fils de laine de la Manufacture, en pièces ou perrots, portées de chaînes déchirées; que son procès a été fait extraordinairement, et que par sentence de ce siège du 3 may de la même année, cette femme a été déclarée duement atteinte et convaincue de ce commerce illicite, condamnée en 5 livres d'amende envers Son Altesse Monsgr le duc d'Elbeuf, en 10 livres d'intérêts envers la communauté des fabriquans et à un bannissement pour trois années à deux lieues des manufactures de la province ; après lecture duquel jugement faite à ladite Poussin dans les prisons de ce lieu, elle a déclaré consentir l'exécuter et l'a exécuté pour le ban, étant hors d'estat d'en faire davantage ;

« Qu'en 1763, un particulier de ce lieu, trouvé saisi de ces sortes de bouts, coupés en partie par longueur de trois, six et huit pouces, et en autre partie déchirés, fut aussy poursuivi extraordinairement ; qu'ayant soutenu dans ses interrogatoires avoir achepté ces bouts de fabriquans tant d'Elbeuf que de Louviers, ces fabriquans furent entendus comme témoins et accusés, ce qui cessa le 26 may audit an et que cinq jours après ce mesme particulier se trouva pendu et étranglé dans son grenier.

« Qu'en 1765, lesdits gardes jurés ont encore accusé et poursuivi en ce siège un autre particulier ouvrier de la Manufacture trouvé saisi d'un nombre considérable de ces mêmes bouts de fils de laine en chaîne et trame, coupés et déchirés, et que ce particulier a été condamné en 20 livres d'amende et 50 livres d'intérêts, outre la confiscation des marchandises saisies, pour être mises en terre et dissipées, de façon qu'elles ne pussent estre employées.

« Qu'on est en ce siège dans un usage constant de réprimer par des peines proportionnées au délit ceux qui vendent, acheptent et font commerce de ces espèces de fils, et que s'il est arrivé qu'on n'ait pas toujours fait payer aux contrevenants les sommes auxquelles ils ont pu estre condamnés, ce n'a pu estre que par leur état de pauvreté ». — Suivent les signatures.

Le 9 février, le bailli Routier ordonna que le nommé François Sébire dit le Grenadier, cabaretier au Bec-Hellouin, accusé de meurtre sur la personne du sieur Le Bastard, sergent commis à la sergenterie de Boissey-le-Châtel, serait arrêté et conduit aux prisons d'Elbeuf ; mais il ne paraît pas que le coupable put être saisi.

On fit le procès de l'accusé et, le 31 mai de l'année suivante, le tribunal d'Elbeuf présidé par le bailli, condamna Sebire, par contumace, « à estre étranglé et pendu jusqu'à ce que mort s'ensuive, à une potence qui pour cet effet sera dressée en la place publique du Coq de ce lieu d'Elbeuf ».

Le jugement porte encore que tous les biens du condamné seraient confisqués au profit du roi ou du seigneur ; mais que « sur iceux ou autres non sujets à confiscation, il sera préalablement pris la somme de cent livres d'amende au cas que la confiscation n'ait lieu au proffit du seigneur de cette haute justice ; et sera la présente sentence exécutée par effigie, en un tableau qui sera attaché, par l'exécuteur des sentences criminelles, dans la place publique du Coq de ce lieu d'Elbeuf ».

Henri Duhamel, curé de Saint-Etienne, donna à loyer, le 17 du même mois, pour neuf années, les dîmes de sa paroisse, moyennant 350 livres et « une demy corbeille de ses plus belles pommes de reinette contenant viron un boisseau et demy, et s'il arrivoit qu'il n'en récoltât pas pendant quelques années du présent bail, il devrait en donner le double l'année suivante ; plus six sommes de fumier, soit de vache ou de cheval, au choix dudit sieur curé... »

Pierre Frontin, ancien fabricant, né de parents appartenant à la Réforme, dut demander au roi la permission de fieffer à Joseph-Gabriel Guenet, maître teinturier, son ancien établissement de fabrication et de teinture. Le monarque lui ayant donné cette permission le 5 février, Frontin signa l'acte de cession le 24 du même mois.—Le brevet royal, sur parchemin est conservé en l'étude de Me Tesnières, actuellement notaire à Elbeuf.

Par lettre de cachet du roi, datée du 29, et sur la demande de la famille intéressée, le sieur Maille, avocat, fut enfermé à Saint-Yon de Rouen, pour cause de « dérangement d'esprit ». Il y fit son entrée le 27 mars, ainsi que le constate un reçu signé du directeur de l'établissement.

Le Pacte de famine eut des conséquences révoltantes, aussi ne voyait-on, alors, chaque jour, que des émeutes ; partout avaient lieu des mêlées où des personnes furent tuées. Pendant plusieurs années, le Parlement ne fut guère occuper qu'à procéder contre les émeutiers. En 1768 notamment, des troubles violents se déclarèrent, non seulement à Rouen, mais encore à Darnétal, à Elbeuf, à la Bouille, à Bourgtheroulde, et dans beaucoup d'autres endroits. « Ce n'étaient partout, dit M. Floquet, qu'attroupements, vociférations et scènes de pillage ». A partir du 22 mars, tous les magasins à blé de Rouen furent pillés ; on fouilla les couvents, et la provision de grains qu'ils conservaient furent enlevés par le peuple affamé.

Le Parlement, reconnaissant dans ces désordres le résultat de l'exportation des blés, qu'il avait lui-même provoquée, « se sentait plus porté à plaindre qu'à blâmer des hommes affamés, séditieux, uniquement, peut être, parce qu'ils avaient crainte de mourir de faim ».

Jean-François Maigret, avocat, mourut le 8 mai, à l'âge de 46 ans ; on l'inhuma dans l'église Saint-Jean, en présence de Jacques-Étienne Patallier, prêtre de cette paroisse. Il avait pour frère, Benoist-Jacques Maigret, curé de Saint-Amand-des-Hautes-Terres.

Robert Duboullé, avocat et procureur fiscal du duché, aliéna le 28 de ce mois, au nom du prince de Lambesc, une partie de la ruelle dite de l'Hôpital tendant à la Fosse-Liénard, « à prendre au midy au bout du mur de séparation fait faire par le Tarif, proche la grande porte de Pierre Védie, scise aux Trois Cornets, pour la conservation des droits du Tarif ».

La Chasse de saint Romain fut levée, cette année-là, par Jean-François Moissant, âgé de 26 ans, né à Elbeuf, sergent dans l'infanterie du roi, qui avait fait des recrues dans notre bourg, au mois de novembre 1766. Pendant plusieurs jours de suite, il avait été troublé dans ses opérations par un nommé Pierre Fête, ancien soldat, retiré à Elbeuf, où il « étoit connu pour tapageur furieux ». Non content d'insulter Moissant, Fête lui donna dans la rue des coups de sabre, et voulut le forcer à se battre. Moissant s'étant écrié : « Que n'ai-je mes pistolets ! », un enfant alla répéter ces mots à la sœur de Moissant, qui lui apporta ses pistolets. Insulté de nouveau et provoqué par Fête, Moissant tira sur lui et le tua. Il comparut devant le Parlement qui le condamna à mort ; mais, grâce à de hautes protections, il recouvra sa liberté après la cérémonie de la Fierte, à l'Ascension de l'année 1768.

Ces détails nous sont donnés par M. Floquet, d'après les registres secrets du Parlement ; mais si nous nous en rapportons à la lettre suivante du chancelier Maupeou, adressée au lieutenant de la maréchaussée de Caudebec, ce n'était pas d'un meurtre en partie excusable dont Moissant était accusé, mais d'un véritable assassinat :

« *Versailles, le 4 février 1767.*

« J'ay reçu, Monsieur, avec votre lettre du 28 janvier, l'extrait de la procédure que vous avez commencée contre le nommé Moissan, sergent du régiment du Roy, pour raison de meurtre par lui commis au bourg d'Elbeuf, en la personne du nommé Feste, soldat du régiment de Royal Vaisseau.

« Les dépositions des témoins entendus présentent ce meurtre comme un assassinat, et il n'est guère à présumer que Moissan soit susceptible de grâce, à moins que par la suite il ne se découvre des circonstances plus favorables.

« Ainsy, vous aurez pour agréable de continuer l'instruction de la procédure, et, avant de faire mettre à exécution le jugement, vous m'en rendrez compte en m'envoyant en même temps un extrait des nouvelles informations.

« Je suis, Monsieur, entièrement à vous : DE MAUPEOU ».

D'autres pièces nous apprennent que Constance Moissant, sœur du meurtrier, avait été poursuivie pour complicité et arrêtée, mais que l'instruction avait bientôt abandonné toute action contre elle.

L'année précédente, le privilège de saint Romain avait déjà sauvé de la mort un nommé Bellencontre, condamné au dernier supplice par la haute justice du marquis de La Londe, siégeant à Orival, pour avoir tué un nommé Lecesne.

Nous ne reproduirons pas les nombreux jugements qui furent prononcés par le bailli d'Elbeuf contre les individus convaincus d'avoir détourné ou acheté des déchets de fabrique ; nous n'en citerons que quelques-uns, dont le suivant :

Le 6 juin, Anne Buisson, fileuse à Boscroger, alors en prison à Elbeuf, sous l'accusation de commerce illicite de bout de fils et loquets de laine, fut condamnée au bannissement à trois lieues d'Elbeuf, pendant neuf ans, et 10 livres d'amende. Le jugement portait, en outre, que la pouche et les loquets volés seraient brûlés publiquement par le sergent de la haute justice, qui en dresserait ensuite procès-verbal. Lecture de cette sentence fut donnée à Anne Buisson, qui l'entendit à genoux en présence du procureur fiscal.

Le lendemain, au bailliage d'Elbeuf, Louis-Jacques Christophe fut reçu en qualité de sergent à Boissey-le-Châtel.

Le 18 juin, devant « Pierre-Louis-François Levalleux, seul notaire royal héréditaire au bourg d'Elbeuf, furent présents :

« Me Henry Duhamel, prestre curé de la paroisse Saint-Estienne ; Me Louis Grandin, lieutenant des hautes justices de la duché-pairie d'Elbeuf ; Jean-Baptiste Delarue, escuier, garde du Roy, chevalier de l'ordre royal et militaire de Saint-Louis ; Me Thomas-Nicolas Pelfrenne, avocat en ce lieu ; Mr Jacques-François Vallon de Boisroger, inspecteur pour le Roy des manufactures de la généralité de Rouen, et le sieur Jean-Baptiste Grandin, bourgeois de ce lieu...

« Lesquels de leur bon gré et volonté, sans aucune contrainte, ont par ces présentes certiffié et attesté à tous qu'il appartiendra, la vérité être telle que les sieurs Jacques-François Flavigny et François Flavigny frères, fils de feu sieur Jacques Flavigny et de feue dame

Honorée Gosset, ont, depuis quelques années, joint à leur nom de famille celuy de Gosset, non seullement pour les distinguer des autres Flavigny dudit bourg d'Elbeuf qui sont en grand nombre, que dans tous les actes qu'ils ont faits, dans et hors jugement, ils y ont joint lesdits noms de Jacques-François Flavigny-Gosset et François Flavigny-Gosset, mais encore pour jouir du renom et de la réputation que la dame veuve Gosset, leur ayeulle, s'est acquise dans la bonne fabrication de ses draps, qui est actuellement continuée par le sieur François Flavigny, le plus jeune de ses petits-enfants ; commerce que le sieur Jacques-François Flavigny aîné peut aussy prendre quand il le jugera à propos, étant fils de maître ;

« De plus, lesdits sieurs comparants certiffient que lesdits sieurs Flavigny sont très connus sous le nom de Flavigny-Gosset ». — Suivent les signatures.

Le 15 juillet, les religieuses Ursulines « assemblées en état de commun au son de la cloche en la manière accoutumée », nommèrent Jean Duruflé fils Jean, d'Orival, pour régir et administrer tous leurs biens, recevoir leurs revenus, rentes, remboursements, etc., compter avec les débiteurs et fermiers de la Communauté, donner quittances, faire poursuites et tous autres actes au nom du monastère, etc. — Signèrent : Madeleine Vignon de Saint-Joseph, supérieure ; Geneviève Sevaistre de Sainte-Claire, assistante ; Catherine Douillet de Saint-Augustin, zélatrice ; Marguerite Delacroix de Sainte-Agathe, Louise Bourdon de Sainte-Thérèse, Catherine Delamare de Sainte-Geneviève, Jeanne Onfray de Saint-Stanislas. — Cette procuration fut révoquée le 9 février

1770, avec défenses faites à Duruflé de s'immiscer à l'avenir dans les affaires du couvent.

Le 28, Jacques Sanson, d'Elbeuf, receveur des droits seigneuriaux du duché, vendit à Louis Leroy, receveur du duc de Bouillon en son domaine de Beaumont-le-Roger, « les droits de treizièmes dus pour raisons de fiefs, terres et seigneuries de la baronnie de Grosley », pour le prix de 89 livres.

Du 20 juillet au 26 octobre, Me Levalleux, notaire de notre bourg, rédigea de nombreux actes d'affermages de dîmes et de biens concernant l'abbaye du Bec-Hellouin. Ces baux commencent ainsi :

« Fut présent Louis-Ferdinand Cellier, avocat au Parlement de Paris, demeurant au Bec-Hellouin, au palais abbatial dudit lieu, fondé de la procuration géneralle et spécialle de Louis-Pierre-Sébastien Maréchal de Sainsey, écuyer, préposé par arrest du Conseil du 7 juin 1761, pour faire seul la régie, recette et administration des fruits, revenus et biens des bénéfices vacans à la nomination du Roy; en cette qualité chargé de régir les biens et revenus de l'abbaye du Bec-Hellouin, diocèze de Rouen, vacante par la démission de Son Altesse sérénissime Monseigneur Louis de Bourbon, prince du sang, comte de Clermont, passée... le 30 septembre 1766... »

Le prince-abbé démissionnaire était Louis II de Bourbon-Condé, âgé de neuf ans seulement quand, à la fin de 1717, le roi l'avait pourvu de l'abbaye du Bec-Hellouin. Il avait été baptisé aux fêtes de Noël et tonsuré deux jours après. En 1754, il était entré à l'Académie française et devenu, pendant son abbatiat, grand-maître des Francs-maçons français. Il mourut en 1771.

Nous résumerons brièvement les baux des biens de l'abbaye, passés à Elbeuf en cette année 1768, en mentionnant les loyers annuels, sans tenir compte des autres charges.

Des terres sises à Pont-Authou ; 170 livres par an ;

Les dîmes de Criquebeuf-la-Campagne ; 1.400 livres ;

La ferme de Fourquette à Saint-Eloy de Fourques ; 2.000 livres ;

Des terres à Saint-Paul de Fourques ; 70 livres ;

Deux bois en la même paroisse, 240 livres ;

Les dîmes de Mandeville ; 300 livres ;

Les dîmes d'Alincourt ; 400 livres ;

Les terres du manoir du Bosc, à Saint Denis du Bosguerard ; 440 livres ;

Les dîmes de Granchain ; 760 livres ;

Des terres à Ecaquelon et Aptot ; 440 livres ;

Les deux tiers de la grosse dîme de Duranville ; 1.050 livres ;

Un trait de dîme, à Beuzeville ; 240 livres ;

Le droit de pêche dans la Risle à Pont-Authou ; 72 livres, plus douze belles truites vivantes et deux cents écrevisses par an ;

La ferme de la Chambrerie, sise au Bec-Hellouin ; 600 livres ;

Les dîmes de Saint-Eloy de Fourques ; 3.060 livres ;

Les deux tiers de la grosse dîme de Grostheil ; 2.000 livres ;

La ferme de Saint-Paul de Fourques ; 1.760 livres ;

Un pré de huit acres, au Bec-Hellouin ; 260 livres ;

Un autre trait de dîme, à Beuzeville ; 340 livres ;

Un troisième trait de dîme, sis au même lieu ; 170 livres ;

Un quatrième trait de dîme, sis à Beuzeville ; 150 livres ;

Le grand manoir de Cerney et le petit manoir du Chesney ; 2.500 livres ;

Des terres à Grostheil ; 48 livres ;

Des terres à Saint-Taurin des Ifs et à Saint-Eloy de Fourques ; 105 livres ;

Un cinquième trait de dîme, à Beuzeville ; 90 livres ;

D'autres terres sises à Saint-Eloy de Fourques et à Grostheil ; 270 livres ;

Les dîmes de Saint-Germain la Campagne ; 1.533 livres ;

Les dîmes de Voiscreville ; 140 livres ; preneur : Claude Lejeune, curé de la paroisse ;

La moitié de la ferme des Granges, au Bec-Hellouin et à Malleville ; 2.550 livres ;

Des terres à Saint-Paul de Fourques ; 220 livres ;

Des terres au Bec-Hellouin ; 150 livres ;

L'autre moitié de la ferme des Granges ; 2.550 livres ;

Un sixième trait de dîmes, à Beuzeville ; 80 livres ;

Deux pièces de terre à Saint-Taurin des Ifs ; 400 livres ;

Des terres au Grostheil et à Saint-Paul de Fourques ; 100 livres ;

Les dîmes de Routot, 1.000 livres ;

Le pré des Buttes, au Bec-Hellouin, 36 liv. ;

Les dîmes de la Haye-de-Calleville, 600 livres ;

Seize acres de terre à Ecaquelon ; 360 livres ;

Le petit moulin à blé du Bec-Hellouin ; 280 livres ;

Les dîmes de Saint-Martin des Faulx ; 260 livres ;

Des terres, à Saint-Léger du Genetey ; 284 livres.

Par acte passé devant Me Levalleux, le 13 septembre, « Me Robert-Jean-Mathieu Leforestier, prêtre, chanoine de l'église collégiale de Saint Louis de la Saussaye et chapelain titulaire de la chapelle de Saint Félix et Adaucte, scize en la paroisse Saint-Etienne » bailla à ferme, pour huit ans, des terres dépendant de ce dernier bénéfice et se composant de « trois acres labourables dont la plus grande partie en coste, scizes en ladite paroisse, bornées d'un costé ladite chapelle, d'autre costé Mathieu Frontin, d'un bout J.-N. Lefebvre et d'autre bout le chemin de la Cavée tendant à la Londe ».

Le 5 octobre, Jacques-Julien Delamare, âgé de 20 ans, fut reçu sergent à Elbeuf, pour succéder à Pierre-François Fontaine.

Robert-Barthélemy Noël exerçait alors la profession de hacheur de bois de teinture. — Un titre de ce même temps mentionne « Pierre-Joseph Provost, lieutenant de perruquiers ».

Le 5 décembre de la même année, Jean-Jacques Bachelet dit Montbrun, de Saint-Aubin, convaincu de commerce illicite de pièces de fils de laine, fut condamné par le bailli « à estre mis et appliqué, par l'exécuteur des sentences criminelles, au carcan du Coq de la place publique de ce lieu d'Elbeuf et à y demeurer attaché pendant deux heures, depuis onze du matin jusqu'à une heure de l'après-midi du premier jour de marché du samedy qui suivra la signification de la présente sentence, auxquels jour et heure seront aussy brûlés en ladite place du Coq par l'exécuteur lesdits bouts de fil, perrots et autres objets contenus dans le sac saisi sur Bachelet», qui, en outre, fut condamné par ce même jugement en 10 livres d'amende envers le roi et 500 livres de dommages-intérêts envers la Communauté des fabricants d'Elbeuf.

La même sentence, que Bachelet entendit à genoux, portait encore que l'affichage et la publication du jugement à Elbeuf, à Saint-Aubin et ailleurs seraient à ses frais. Neuf autres individus, compromis également dans cette affaire, furent l'objet d'une nouvelle information. Bachelet en ce qui le concernait, déclara faire appel à la Cour.

Le 9, Jean Chouard et Pierre-Noël Flary, marchands papetiers et cartiers, associés, achetèrent pour le prix de 2.246 livres une maison sise en la paroisse Saint-Etienne, où ils s'installèrent ; précédemment, ils étaient établis en la paroisse Saint-Jean.

A la requête du procureur du roi en l'élection de Pont-de-l'Arche, signification fut faite le 9 décembre, aux échevins, syndics et trésoriers d'Elbeuf, d'une sentence de la même élection, datée de l'avant-veille, leur enjoignant de faire faire trois publications pour parvenir à l'adjudication de l'octroi.

En réponse à cet acte, le 21 du même mois, il fut signifié, à la requête des sieurs Flavigny, Périer, Maille et Jacques Grandin, échevins du bourg d'Elbeuf, à Augustin Canivet de Beaumont, avocat aux sièges royaux du bailliage de Pont-de-l'Arche et procureur du roi en l'élection du même lieu, qu'ils ne connaissaient point d'octroi appartenant à la communauté d'Elbeuf, et qu'ils étaient encore plus certains que cet octroi, en le supposant exister, n'avait jamais été perçu au bénéfice des habitants de ce bourg. Par ces raisons, ils n'avaient pas dû se prêter à requérir les trois publications ordonnées par le tribunal de Pont-de-l'Arche.

Un procès-verbal dressé en ce mois mentionne que les bâtiments sis rue Meleuse, formant ce qui avait été l'ancien hôpital, tombaient en ruines.

Nicolas Patallier avait eu, quelques années auparavant, un procès avec les représentants du seigneur d'Elbeuf, au sujet d'arbres excrus dans le clos Friollet, voisin de la forêt ducale. En 1768, il en eut un nouveau avec la comtesse de Brionne.

Il s'agissait d'ouvertures, pratiquées par Patallier, donnant sur une rue que la comtesse disait être du domaine non fieffé : « cette rue, au moyen du changement qui a été fait pour la fermeture du mur placé du consentement des habitans, pour le tarif, au bout d'icelle, remet de droit le fond au seigneur auquel il appartenoit avant », disait la comtesse.

Dans cette affaire, M⁰ Pelfrenne plaida pour la comtesse de Brionne, et M⁰ Maille pour Nicolas Patallier.

Le rôle des vingtièmes de l'industrie pour l'année 1768 nous fait connaître que la paroisse Saint-Jean comptait à cette époque 30 fabricants de draps. — L'année suivante, il n'y en avait plus que 26, et 27 en 1770.

CHAPITRE XVII
(1769-1770)

La comtesse de Brionne et le prince de Lambesc *(suite)*. — Faits divers. — Nicolas Lefebvre, Ier maire d'Elbeuf. — Remontrances de la Manufacture au ministre. — Elbeuf et Louviers contre les voleurs de déchets. — Hommage a Nicolas Bourdon.—La Fabrique s'adresse a Madame de Brionne. — Baisse des affaires. — Nouvelle lettre au ministre. — Mort du bailli. — Elbeuf devient ville.

Louis-Robert Grandin rentra dans un cautionnement par la remise qui lui fut faite, le 21 janvier 1769, d'une quantité de bois se trouvant dans un chantier sis « dans l'enclos appelé le Maurepas, paroisse Saint-Jean ».

Dans un acte daté du 25 de ce mois, nous trouvons un rappel de l'ancienne habitation de la veuve de Charles Ier de Lorraine, dame d'Elbeuf : François Rouvin fieffa à Charles Dantan, « marchand clincailler, une maison... avec deux chambres de premier étage, dont une s'étend sur une boutique où il y avoit anciennement une grande porte qui faisoit l'entrée de la cour à Madame..., le tout situé en la paroisse Saint-Jean, en la grande rue place du Coq, borné d'un côté M. le marquis de Poutraincourt, d. c. Jacques Guilbert ; d'un bout la grande rue et d. b. ledit sieur de Poutraincourt... »

Etant à Elbeuf le 3 février, le procureur de l'administrateur des biens de l'abbaye du Bec-Hellouin bailla à ferme :

Les dîmes de Saint-Aubin-d'Ecrosville, moyennant 600 livres par an ;

Le droit de coutume à Saint-Georges-du-Vièvre ; 300 livres par an ;

Les dîmes de Crestot ; 500 livres par an ;

La grosse dîme de Conteville près Caen ; 850 livres par an ;

Les dîmes de Saint-Georges-du-Vièvre ; 550 livres par an.

Le 7, « noble dame Marguerite Duchesne de Beauchamp, épouse de messire Jean-Baptiste Fermanel de Bressy, écuyer », tous deux demeurant à Vatteville, constitua pour son procureur Jacques-Pierre Fosse, bourgeois d'Elbeuf, « pour contester ou accepter le testament de feue demoiselle Rose Duchesne de la Heuse, sa sœur, en faveur de demoiselle Angélique Duchesne des Chastelliers, son autre sœur ; présenter les lots des biens des successions de Mr Robert Duchesne, écuyer, sieur des Monts, et de Madame Marguerite de Chalence (Chalange ?) père et mère de ladite dame de Bressy, ainsi que ceux de la succession de ladite demoiselle de la Heuse, dont elle est héritière avec ladite demoiselle Duchesne des Chastelliers et Madame Louise Duchesne, épouse de Mr Daché, écuyer...»

Ce dernier, François-Placide Daché, chevalier, officier d'infanterie, demeurant à Honfleur, avait un fils, Robert-François Daché, écuyer, encore mineur à cette époque, mais déjà pourvu d'une prébende de chanoine à la Saussaye.

Le 8 mars, Me Mathieu Flavigny, curé de Saint-Jean, présenta une requête à M. de Marnésia, évêque d'Evreux, tendant à ce que les six obits, dont nous avons parlé en 1720 et qui n'avaient pas été acquittés, fussent commués en quatre hautes messes et saluts à célébrer les quatre derniers jours de la semaine de Pâques. L'évêque donna l'autorisation demandée.

Le 13, Jean-Baptiste Huault, écuyer, demeurant à Elbeuf, déposa une plainte contre les auteurs et les distributeurs d'une chanson « sur le tourbillon ».

La communauté des habitants décida, le 26 mai, dans une assemblée générale tenue à « l'audience, faute d'appartement convenable à la ville » de prendre à loyer, pour neuf années, une maison sise sur la paroisse Saint-Etienne, à l'effet d'y loger le receveur du tarif et la gendarmerie, et d'en faire « la maison de ville ». Le bail fut signé le surlendemain, par Lefebvre, maire, Flavigny, Maille, Jacques Grandin et autres officiers municipaux ou notables.

C'est dans cet acte que nous voyons, pour la première fois, mention d'un maire à Elbeuf. Ce maire était Jean Nicolas Lefebvre, dont nous aurons l'occasion de reparler. Malgré toutes nos recherches, nous n'avons pu trouver de pièce se rapportant à sa nomination, qui fut faite par la comtesse de Brionne.

Le 31 de ce mois, le nommé François Sebire, fugitif, fut condamné en l'audience de la haute justice d'Elbeuf, par contumace, à être pendu sur la place du Coq, comme meurtrier de M° Le Batard, sergent de Boissey-le-Châtel. Le drame remontait au 26 mars 1768.

Nous avons sous les yeux le contrat de mariage, daté du 2 juin 1769, de Robert Bourdon fils Nicolas avec Rose-Julie Sevaistre, fille de Louis. Cette pièce est remarquable par la quantité de personnes qui la signèrent, au nombre de 164, appartenant pour la plus grande partie à la bourgeoisie de notre localité, à la petite noblesse et au clergé des environs.

Dans le courant de ce mois, M° Pierre Levalleux céda son office de notaire à Pierre Lingois.

Beaucoup d'Elbeuviens de nos jours ont conservé le souvenir de la cour Padelle, au milieu de laquelle se trouvait une petite cour carrée, pavée en silex glissants, remplacée par la rue Jacquard. Au siècle dernier, cette ruelle était fermée, à son extrémité orientale, par un mur destiné à empêcher l'entrée des denrées soumises aux droits d'octroi. Ce n'était donc qu'un cul-de-sac; il était bâti de vieilles maisons aux murs noircis et d'où s'exhalaient des odeurs infectes. Une partie des ouvriers d'Elbeuf habitaient ces taudis, moyennant quelques sous par semaine

Un puits commun, qui se trouvait dans cette cour, avait fait l'objet d'un procès, devant la justice du bailliage d'Elbeuf, dans les derniers mois de 1768. Le jugement et une transaction qui intervint en 1769 nous apprennent que la « cour à Padelle » portait précédemment le nom de « cour Gillot Bourdon », mais ne nous dit pas pourquoi elle avait changé de dénomination. Il ne nous paraît pas cependant qu'elle dût sa dernière à un propriétaire du nom de Padelle.

Une procuration du 16 juillet mentionne Pierre-Joseph Delarue, d'Elbeuf, officier de marine ; il était parent de Louis-David Delarue, fabricant de draps.

En ce même temps, les trésoriers de Marcouville plaidaient devant la justice d'Elbeuf, contre Jean-François de Guérin, écuyer, seigneur de leur paroisse.

Jusqu'à cette époque, on couvrait assez fréquemment, à Elbeuf comme dans d'autres villes et bourgs, les bâtiments en paille ; mais à la suite d'un terrible incendie qui détruisit la ville de Bolbec presque entièrement, le Parlement, par un arrêt rendu le 6 août, fit défenses de couvrir autrement qu'en tuiles ou en ardoises les bâtiments des villes et bourgs.

Par acte passé le 7 du même mois, devant Me Fouet, notaire à Nonancourt, Réné César-Auguste Grandin, écuyer, lieutenant de la connétablie, demeurant à Elbeuf, acquit le fief de Bois-Fallue, à Quesigny, dans la vicomté d'Evreux, que lui vendirent les frères de Bois-Milon, moyennant une rente de 2.400 livres, le service de 378 autres livres de rentes dues à divers et 7.800 livres comptant. L'année suivante, Guillebon reprit, à droit de sang et lignage, le fief acheté par Grandin.

Robert Grandin, fabricant de draps, ancien trésorier de Saint-Etienne, mourut le 11, dans sa 87e année ; il fut inhumé dans le cimetière, contrairement à ce qui se pratiquait généralement. — E. Gaillard était alors prêtre en cette paroisse.

Le 26 août, Jacques-Etienne Charles-Victor de Flavigny, écuyer, seigneur du Plessis, conseiller secrétaire du roi maison et couronne de France, demeurant à Elbeuf, reçut 1.500 livres d'Edouard-Nicolas-François-Réné Scott, lieutenant des vaisseaux du roi, moyennant quoi Flavigny s'engageait à acquitter l'excédent d'une rente due à la dame de Chambord de la Mésangère, comme en ayant été chargé par Scott lors du contrat de vente de la terre de la Mésangère, passé à Bourgtheroulde le 7 avril précédent.

Le 27, Nicolas Bourdon, fabricant de draps, fut reçu par le bailli d'Elbeuf en qualité de lieutenant de la verderie du duché, fonctions auxquelles il avait été nommé par lettres de la comtesse de Brionne, le 6 du même mois, en remplacement de Duhutrel, décédé.

Abraham Sevaistre, chanoine de la cathédrale de Rouen, fils de Louis Sevaistre, drapier d'Elbeuf, est mentionné dans plusieurs obligations de cette année.

Le 22 octobre, Jacques Béranger, fabricant de draps, et Pierre Alexandre Delacroix, tous deux administrateurs de l'hôpital, fieffèrent, moyennant 350 livres par an, à Bénard Join-Lambert et Hyacinthe Join-Lambert frères, maîtres teinturiers privilégiés à Darnétal, deux bâtiments dont un neuf édifiés dans une cour de la rue Meleuse, paroisse Saint-Etienne, venus à l'hôpital par un échange fait avec les Ursulines, le 17 avril 1657, et dans lesquels étaient des salles de malades, « avant la bâtisse de celles existantes aujourd'huy ». — Le procès verbal de la délibération des administrateurs de l'hôpital dans laquelle cette cession avait été décidée mentionne que ces immeubles étaient fort humides et pouvaient devenir inhabitables, et qu'il y avait avantage à les fieffer. Cette pièce est signée de Jacques Béranger, Pierre-Alexandre Delacroix, Baptiste Grandin, Rouvin père, P. Dupont, Nicolas Godet l'aîné, Périer, Jean-Baptiste Béranger, Louis Sevaistre père, Jacques Grandin, Flavigny, curé de Saint-Jean ; Duhamel, curé de Saint-Etienne, et Louis Grandin, lieutenant du duché.

Quelques jours après, les officiers de la haute justice d'Elbeuf se rendirent à Surville, afin de procéder à l'inventaire des registres paroissiaux, nécessité par le décès de Pierre Millet, survenu le 23 de ce mois.— Guillaume Martin était alors vicaire de Surville.

Il était en usage, paraît-il, dans la bourgeoisie elbeuvienne de cette époque de faire signer les contrats de mariage par de très nombreux notables. Celui de Pierre Dugard et de Rose-Julie Sevaistre, passé le 26 octobre, porte au moins 130 signatures.

Le 3 novembre, Jacques Étienne Patallier, prêtre habitué à Saint-Jean ; Laurent Patallier, Nicolas Patallier, marchands à Elbeuf, et Jean-Baptiste Patallier « louant le pieux désir de leur frère Jean-Pierre Patallier de se rendre au couvent des RR. PP. Pénitents de Rouen, pour y vivre et mourir sous le nom de frère Jérémie », constituèrent en faveur de ce dernier une rente annuelle et viagère de 60 livres, à dater du jour où il prononcerait ses vœux.

Le 28, Jean-Louis Harel fut reçu au bailliage d'Elbeuf, en qualité de sergent à Boissey-le-Châtel.

Le 29, Pierre-Gilles Lesieux, chanoine de

la Saussaye, agissant au nom du chapitre, vint à Elbeuf pour donner à loyer la dîme de 106 acres de terre, appartenant à la collégiale de Saint-Louis, sises en la paroisse de Martainville, « lesdites terres désignées dans l'acte de partage fait entre lesd. sieurs chanoines et les sieurs prieur et religieux de Préaux près Pont-Audemer, le 25 du présent mois ». Le bail fut passé moyennant 350 livres de fermage par an.

Le 1er décembre fut signé le contrat de mariage de Jean-Baptiste-Servant Huault, écuyer, fils aîné de Jean Huault, écuyer, conseiller secrétaire du roi en la chancellerie du Parlement de Bordeaux, avec Marie-Thérèse-Victoire Vallon de Boisroger, fille de l'inspecteur des manufactures à Elbeuf. Huault apportait 25.000 livres et sa future 30.000 livres, somme représentée par des rentes. — Suivent les signatures des fiancés et de leurs parents, puis celles de la comtesse de Brionne, du prince de Lambesc, des sieurs de Montigny, de Montaran, de la Luzerne, de Quincy, de Villeneuve, du Gerrier, du Fresne, de la Bapomerie, de la Chevalerie, d'Espinay, de Lux, de Biville, du Parc et autres, ainsi que celles de plusieurs bourgeois des familles Grandin et Godet d'Elbeuf, et du bailli Routier ; soit, au total, environ 90 signatures.

Par délibération du Bureau de la manufacture en date du 7 décembre, Louis-Robert Grandin, fabricant, fut déclaré adjudicataire des pennes et bouts des fabriques de draps. Le 11 avril de l'année suivante, Grandin donna pouvoir à André Adeline et ses fils, marchands à Rouen, de saisir tous bouts et pennes de la fabrique d'Elbeuf.

A la suite du décès de Jacques-Adrien Simon, chanoine de la Saussaye, sur la réquisition de Thomas-François Harel, doyen du chapitre, Pierre Lingois, le nouveau notaire d'Elbeuf, se rendit à la collégiale le 17 du même mois, pour procéder à l'inventaire des meubles et papiers laissés par le défunt. Cet inventaire est assez curieux, mais trop long pour être reproduit.

Louis-Robert Flavigny remplit les fonctions de garde de la Manufacture pendant l'année 1769.

L'empreinte du nouveau garde, que nous avons sous les yeux, différait un peu de celle que nous avons mentionnée en 1750. Au lieu de trois fleurs de lys et trois croix de Lorraine, nous y voyons cinq fleurs de lys et une seule croix de Lorraine.

Le Dictionnaire du Droit normand nous fait connaître comment se faisait alors le commerce des laines d'Espagne : Les étrangers envoyaient leurs laines à un correspondant de Rouen ; elles étaient vendues au terme de dix-huit ou vingt mois, puis les expéditeurs faisaient des traites sur leur correspondant, que ce dernier acceptait moyennant un intérêt convenu ; il avait, en outre, cinq pour cent du montant de la vente. Le correspondant était créancier privilégié sur les laines.

Vers cette époque, Jean-François Tassel, échevin en charge de la Charité de Saint-Jean, dessina une « table », qu'il fit graver ensuite aux frais de la confrérie, pour le tirage des « fréries » qui furent distribués aux membres de la Charité pendant les années suivantes.

En 1830, cette planche fut renouvelée, par les soins de M. Amable Yvon, échevin, sur les conseils de MM. Romelot, curé, et Lenoble, chapelain de la Charité. Le cuivre qui fut alors gravé est devenu, par acquisition, la propriété de M. l'abbé Renault, curé actuel de Saint-Jean, qui a bien voulu nous la confier, pour en tirer quelques exemplaires. Ci-contre est une reproduction de cette planche, dernier souvenir d'une association qui, à diverses époques, fit preuve d'un grand dévouement et qui disparut par l'introduction des chars dans les convois funèbres.

Le « Rolle de répartition de la capitation, fourage et ustancille de la paroisse Saint-Jean d'Elbeuf pour l'année 1770 » se trouve aux Archives municipales. On y conserve également celui de la paroisse Saint-Etienne pour cette même année.

Jacques-Nicolas Bourdon fils Nicolas, drapier, mourut le 7 janvier, à l'âge de 30 ans ; on l'enterra dans l'église Saint-Jean.

L'intendant de Rouen, par un mandement du 23 du même mois, informa la fabrique d'Elbeuf que le contrôleur général autorisait tous les manufacturiers d'Elbeuf à fabriquer des draps superfins, et qu'ils jouiraient des mêmes avantages que le sieur Frontin ; mais que l'estampe à y apposer devrait être particulière à chaque fabricant, afin que chacun « fut porté, par son intérest personnel, à soutenir la bonne qualité des draps de sa fabrique ».

En ce même mois, le trop fameux abbé Terray, contrôleur général des finances, écrivit au sieur de Boisroger une lettre que nous ne reproduirons pas, car l'intéressante réponse qu'y firent les manufacturiers d'Elbeuf fera suffisamment connaître le sujet traité par le ministre.

FRÉRIE » DE LA CHARITÉ DE SAINT-JEAN

« Monsieur le contrôleur général des finances,

« Les fabricants d'Elbeuf ont reçu avec soumission et respect les ordres de Votre Grandeur, convaincus, avec toute la France, que la justice et le bien de l'Etat sont les seuls motifs capables de vous déterminer. Ils prennent avec la plus grande confiance, la liberté de vous faire, Monseigneur, leurs observations sur ce que vous exigez d'eux.

« Il est évident que le compte que Votre Grandeur s'est fait rendre de l'état des fabriques ne l'a été que par des personnes peu instruittes ou mal intentionnées.

« On a représenté celle-cy sur le penchant de sa ruine, dégénérée dans sa qualité, par l'esprit d'indépendance qui s'est emparé de tous les entrepreneurs.

« Avant d'avancer des faits aussy graves, n'étoit-il pas, au préalable, juste et nécessaire d'examiner quelle est la situation actuelle, c'est-à-dire sy son commerce est diminué. Le premier effet de la mauvaise fabriquation eût été sans doute d'arrester la consommation.

« Sy, sans partialité, on eût fait cet examen, on eût vu qu'elle est toujours la même dans le royaume et chez l'étranger; que c'est en même temps la preuve la moins équivoque que la qualité de ses draps s'est soutenue, et l'éloge le plus complet des talens et des soins du fabriquant, qui s'est conservé sa réputation et la concurrence à la vente chez l'étranger, dans des circonstances où tous nos nos voisins, sans exception, établissent des manufactures chez eux, et dans un temps où l'on permet peut être trop librement l'entrée des étoffes étrangères.

« C'est avec la même inconsidération qu'on a demandé à Votre Grandeur l'ordre qui nous oblige à nous conformer aux règlements généraux et particuliers, sans restriction. On ne s'est pas donné la peine d'examiner si leur entière exécution étoit possible. Cette opération exige des connoissances et des réflexions qu'on ne s'est pas cru en état ou qu'on n'a pas voulu faire.

« On nous fait un crime d'admettre d'autres laines que celles portées par nos règlements, et de nous écarter de la loy qui nous est imposée de mettre 2.600 fils en chaîne pour fabriquer les draps ordinaires d'Elbeuf.

« Sur le premier chef, nous sommes en état de prouver que nous nous sommes toujours opposés à cette permission ; que nous avons réclamé, dans tous les temps, l'exécution de l'arrest de 1719 et celle de l'ordonnance de Mgr de la Bourdonnaye de 1755 ; que c'est contre notre advis qu'on a rendu l'arrest de de 1758 ; que, depuis, nous avons, en 1766, présenté un mémoire à M. de la Verdy, lors controlleur général, pour demander l'exécution de l'arrest de 1719 et de l'ordonnance de 1755, et que, dans le cas où il jugeroit convenable de laisser subsister celuy de 1758, il luy plût ordonner que le mot ELBEUF ne fut point écrit sur les chefs des draps fabriqués avec des laines inférieures, et qu'il leur fut apposé un autre plomb que celuy appliqué aux draps ordinaires.

« Nous sommes encore dans les mêmes sentiments, et nous osons avancer que c'est le seul moyen de conserver la réputation du drap d'Elbeuf et ne restreindre en rien l'industrie du fabriquant, qui, par ce moyen, est en état de satisfaire le goût du consommateur et d'essayer la fabrication de nouvelles étoffes, s'il juge que cela puisse augmenter la consommation.

« Est ce notre faute si l'arrest de 1758 a été rendu ? Est-ce à nous qu'il faut s'en prendre si nos représentations n'ont pas été écoutées, et notre conduite peut-elle nous mériter des reproches de « viser à l'indépendance et à « l'insubordination ? » — L'abbé Terray s'était servi de ces termes, dans sa lettre aux manufacturiers.

« Il est vray que les fabriquants d'Elbeuf ne mettent pas toujours 2.600 fils en chaîne ; mais il l'est aussy qu'ils ne s'écartent jamais de ce qu'exigent les règlements à cet égard que lorsqu'il leur est impossible de s'y conformer.

« Quels efforts n'ont ils pas faits pour y réussir et combien désireroient-ils pouvoir donner à leur filature le degré de perfection et de finesse qu'il faut pour cela ?

« Ils connaissent la sagesse des règlements de 1667 ; ils les regardent comme le fruit d'une combinaison juste, comme l'ouvrage d'une expérience suivie et raisonnée ; mais en rendant justice à leur utilité, ils ont la douleur de ne pouvoir les suivre.

« Lors de leur rédaction, la fabrique d'Elbeuf, beaucoup moins considérable qu'aujourd'huy, était presque la seule qui fut dans la province. Il n'était pas question de celles des siamoises de Rouen, des velours de coton, des draps d'Andely ; celle-même de Louviers, à peine établie, ne faisoit nulle sensation.

« L'ouvrier, alors plus commun, se conformait au désir et au besoin de celuy qui lui donnoit de l'ouvrage ; il était facile de luy faire atteindre et de la maintenir au point de perfection nécessaire. L'établissement des fabriques cy-dessus citées ou leur accroissement le rendit plus rare et, par une suitte nécessaire, plus indocile.

« Les fileurs, habitants de la campagne, éloignés de l'œil du maître, par conséquent moins surveillés, furent les premiers à dégénérer. La facilité de trouver de l'ouvrage les rendit indépendants, et, à la première réprimande, ils abandonnoient leurs maîtres.

« Sur les représentations qui furent faittes au ministère, intervinrent les arrests de 1723, 1735 et 1749. Ce dernier, revêtu de lettres patentes et registré au Parlement de Normandie, deffendoit aux ouvriers de sortir de chez leurs maîtres sans billet de congé, ou sans cause légitime trouvée telle par le juge de la manufacture. Ce frein empêcha la déprédation entière de la filature, et celle-ci ne seroit certainement pas portée au point où elle est, sans l'arrest du 13 février 1766, qui déclare que tous les ouvriers sont libres de quitter leurs maîtres, sans billet de congé, et de passer sous tel autre qu'ils jugeront à propos.

« Ainsy fut abrogée une loy sage, à laquelle les manufactures de Normandie devoient leur perfection et leur accroissement. Ainsy fut perdu en un instant le fruit d'un siècle de soins et d'attention !

« En vain avons-nous réclamé contre les dispositions de cet arrest sur requeste ; en vain avons-nous démontré qu'il portait tous les caractères de la subsoption ; en vain avons-nous observé qu'il casse une sentence contradictoirement rendue et que la jurisprudence universelle exigeoit que les parties intéressées fussent entendues ; que le procès était par appel d'une des parties au Parlement de Rouen, à qui il appartient d'en connoître ; et que la loy exigeoit encore que le pourvoy au Conseil n'eut lieu qu'après ses décisions.

« Cependant, nous y avons obéi, bien qu'il soit contraire à des arrêts réfléchis, minutés et revêtus du sceau de la loy. Est-ce bien là la conduitte d'hommes « en proie à l'esprit « d'indépendance » ? N'est-ce pas, au contraire, la preuve la plus marquée d'une soumission entière ?

« L'instant de la publicité de l'arrest de 1766 est l'époque où la filature a dégénéré... La cherté du commestible, qui a arresté la consommation de plusieurs manufactures de cette province ; la nécessité où l'ouvrier a été de travailler jour et nuit pour subvenir à ses besoins physiques et à ceux de sa famille, l'a rendu plus docile, l'a contraint de donner plus d'attention aux ouvrages dont il était chargé ; mais le prix des denrées reprenant son ancien cours (instant heureux auquel nous croyons toucher), quel frein pourra le retenir dans le devoir ? De quel moyen user pour l'obliger à approfiter les matières qu'on luy confie ? Et si, aujourd'huy, nous sommes forcés de nous écarter des règlements pour le compte des fils en chaîne, que sera-ce alors ?...

« Dans l'état où sont les choses, il est impossible que les fabriquants mettent 2.600 fils en chaîne à la majeure partie des draps qu'ils font ; ils sont forcés, malgré eux, d'en diminuer le nombre à raison de leur grosseur.

«Mais comme il pourroit résulter des abus

d'une permission illimitée, il est juste, et ils supplient eux-mêmes avec instance, qu'il plaise à Votre Grandeur d'y mettre des bornes, et d'ordonner qu'il sera défendu à tout entrepreneur de manufacture de mettre moins de 2.300 fils en chaîne, pour fabriquer un drap ordinaire d'Elbeuf ; que ces mêmes draps ne pourront avoir moins de deux aulnes un quart sur le métier, pour être réduits à cinq quarts tout prêts.

« Nous osons assurer qu'il ne peut résulter aucun abus de cette permission ; le but que l'on doit se proposer ne sçauroit être autre que de conserver au drap d'Elbeuf la qualité qui luy est propre, et on ne peut y parvenir qu'en combinant les rapports qui doivent se trouver entre la chaîne et la quantité de tissure que cette même chaîne est capable de recevoir.

« Si ces proportions ne sont pas gardées, il sera impossible de parvenir à faire une bonne étoffe. Si la chaîne ne porte pas un nombre de fils proportionné à leur finesse, le drap qui en résultera tournera à perte au fabriquant, par la grande quantité de trame qu'il recevra et deviendra trop étroit, pour n'avoir pas mis sur la largeur une quantité suffisante de matière.

« Si, au contraire, on met une trop grande quantité de fils, relativement à leur grosseur, elle ne pourra pas recevoir la quantité de trame convenable, et, par la raison du contraire, l'étoffe ne pourra jamais être réduite à la largeur qu'elle doit avoir après être foulée...

« ... Il est donc clair comme le jour que le nombre des fils nécessaires dans un temps où la filature étoit belle, ne sçauroit être le même dans celuy où elle est déprédée.

« Nous supplions Votre Grandeur qu'il luy plaise, pour le bien de cette manufacture, dans le cas où elle jugeroit convenable de laisser subsister l'arrest de 1758, ordonner que les draps fabriqués de laines inférieures ne seront point marqués du plomb ordinaire, et que le mot ELBEUF ne sera mis sur aucun des chefs ; que l'arrest de 1749, concernant les billets de congé, sera exécuté selon sa forme et teneur, attendu qu'il est on ne peut plus instant de remettre les ouvriers dans la subordination, et que la filature est au moment d'être tellement détériorée, qu'il ne sera plus possible d'observer de proportion pour la fabrication des draps ; permettre que le nombre des fils en chaîne puisse être réduit à 2.300, proportionnellement à leur grosseur ; que défenses seront faites d'en mettre un moindre nombre, et au dessous de deux aulnes et un quart de largeur, sous telles peines qu'il plaira à Votre Grandeur d'arbitrer ».

Les cinquante-trois fabricants d'Elbeuf présents décidèrent qu'un exemplaire de ce mémoire serait également envoyé à la comtesse de Brionne, avec prière de vouloir bien s'intéresser à faire obtenir à la Communauté les fins de sa demande.

En ce temps-là, la manufacture de Louviers était engagée dans une affaire pendante à Rocroy, au sujet de bouts et issues de fabriques. Il y avait déjà quatre mois que le différend existait quand les gardes de Louviers crurent devoir mettre ceux d'Elbeuf au courant de l'affaire, notre manufacture y étant elle-même intéressée. Voici ce dont il s'agissait :

Vers le mois de septembre de l'année précédente, un sieur Adeline avait annoncé aux gardes de Louviers qu'il avait connaissance de dépôts de bouts et issues provenant de Louviers et d'Elbeuf et offrait de les faire saisir, si on lui envoyait une procuration. Elle lui fut adressée aussitôt.

Adeline se transporta à Rocroy et y trouva, en effet, quatorze balles de bouts et de pennes des deux fabriques précitées. Mais cette affaire, bien engagée, devint tout à coup embarrassante pour les gardes de Louviers, par suite du conseil d'un avocat de Rouen, « d'ailleurs très célèbre », mais qui commit une grosse bévue dans la circonstance.

Cet avocat avait conseillé à la Communauté de Louviers, après la saisie des balles, de reposer l'affaire, pour « voir venir » les fabricants de Liège auxquels elles étaient destinées, au lieu de conseiller de les faire visiter tout de suite par des experts, les faire confisquer et procéder contre les voleurs.

Les fabricants belges profitèrent de cette inaction et de l'absence d'Adeline, que l'avocat avait fait revenir à Rouen ; ils présentèrent une requête pour demander main-levée, et y réussirent, grâce à la complicité du « procureur que le sieur Adeline avait fondé à Rocroy »; de sorte que l'on ne fut informé à Louviers de cette main-levée que lorsqu'il n'était plus temps d'y remédier.

Mais, par bonheur, il restait encore une dernière balle à Rocroy. Sur une autre requête présentée par les gardes de Louviers, les juges de cette ville ordonnèrent qu'elle fut saisie à nouveau et que visite en serait faite.

Deux experts de Sedan furent nommés. Ils

reconnurent que les trois quarts des bouts et pennes qu'elle contenait provenaient de la fabrique d'Elbeuf, et l'autre quart de celle de Louviers. Ils ajoutèrent qu'il s'y trouvait une certaine quantité de matières qui paraissaient avoir été volées, parce qu'elles avaient été détruites et non employées.

Adeline, resté à Rocroy pour surveiller l'affaire, écrivit à Louviers que son nouveau conseil et lui-même étaient d'avis qu'on en prévînt la manufacture d'Elbeuf, en l'engageant à intervenir au procès et déposer une plainte contre le nommé Bartin, de Rouen, qui avait signé la lettre de voiture, pour le faire arrêter, ainsi qu'un garçon tailleur qui paraissait être le prête-nom de l'expéditeur.

Les gardes de Louviers demandaient donc l'adjonction de ceux d'Elbeuf et estimaient qu'il vaudrait mieux présenter l'affaire à Rouen que de la laisser à Rocroy. Les fabricants d'Elbeuf, réunis le 14 février, furent aussi de cet avis. Ils chargèrent leurs gardes de se joindre à ceux de Louviers pour poursuivre les voleurs, ne fut-ce que pour jeter l'alarme chez les marchands de bouts.

Ce même jour, le garde en charge représenta à l'assemblée des fabricants que les services rendus depuis longtemps et dans toutes sortes de circonstances par Nicolas Bourdon exigeaient qu'elle ne différât pas davantage à lui prouver combien chacun de ses membres y était sensible.

Le registre porte: « La Compagnie n'a paru divisée que dans le choix des moyens les plus propres à ménager d'un côté la délicatesse d'un confrère désintéressé, et satisfaire de l'autre son vif empressement et luy en marquer sa reconnoissance. Après les réflexions respectives, les sieurs gardes ont été chargés de prier ledit sieur Nicolas Bourdon d'agréer, de la part de la Communauté, une boette d'or.

« En conséquence, a authorisé le sieur Louis Robert Quesné, garde en charge, à se procurer le plus tôt possible ce bijou, dont la dépense luy sera allouée dans son compte, telle qu'elle soit, estimant que sy dans tous les cas la prudence exige de l'économie, elle doit être exclue dans celuy-cy.

« La Compagnie n'en demeure pas moins convaincue que cette faible attention de sa part ne balancera jamais l'importance des services, dont l'avantage, sensible pour nous, passera jusqu'à nos descendants. Nous savons les apprécier assez pour reconnoître notre impuissance à les récompenser ». — Suivent les signatures des soixante-quatre fabricants présents au moment de cette délibération.

Parmi les services que rendit Nicolas Bourdon à la Communauté, il faut placer la rédaction des mémoires que nous avons déjà publiés et d'autres que nous relèverons par la suite.

Nous avons dit que copie du mémoire adressé à l'abbé Terray avait été envoyé à la comtesse de Brionne. Voici le texte de la lettre qui l'accompagnait :

« Madame, supplie humblement la communauté des fabriquans d'Elbeuf et remontre à Votre Altesse sérénissime que le sieur de Boisroger lui auroit notifié une lettre de M. le controlleur général, qui enjoint aux fabricants de cette manufacture de se conformer au règlement de 1667, sans restriction.

« L'impossibilité où nous sommes de suivre

ses ordres, nous oblige de luy faire passer nos observations, contenues dans le mémoire que nous prenons la liberté de remettre à Votre Altesse sérénissime.

« Quelque militantes que soient nos raisons, elles ne seront point écoutées sy vous ne daignez, Madame, nous accorder l'honneur de votre protection. Vous seule pouvez parer aux coups qu'on nous porte.

« Devenue l'objet de l'esprit systématique de l'ignorance et du préjugé, il semble que ce soit à raison de son importance qu'on fasse des efforts pour renverser cette manufacture. Les ordres que nous recevons du Conseil sont tous en contradiction les uns avec les autres. Les secousses qu'ils y ont occasionnées l'auroient sans doute détruite, sans les soins des membres qui la composent.

« Nous connaissons la droiture des hommes de premier ordre chargés de l'administration; mais ils ne peuvent tout voir par eux-mêmes; ils ne peuvent acquérir les connoissances de détail sans lesquelles on ne peut distinguer le possible d'avec ce qui ne l'est pas. Les personnes chargées de leur rendre compte ont-elles bien les qualités essentielles pour le faire? Que de motifs personnels peuvent les déterminer! Cependant elles jouissent de la confiance du ministre, sous le spécieux prétexte du « bien public ». Ces personnes obtiennent les ordres qu'elles désirent, et ont jusqu'icy rendu inutiles les efforts que nous avons faits pour nous faire entendre. Il en sera de même aujourd'huy sy Votre Altesse sérénissime ne prend pas notre défense.

« Nous croyons avoir mis dans le plus grand jour l'impossibilité de nous conformer à ce qu'on exige de nous. Sy on veut persister à nous y contraindre, qu'on nous enseigne au moins les moyens de le faire ; nous sommes tous prêts à les mettre en œuvre. Nous convenons de bonne foy que nous n'en connaissons point. Si on nous refuse, c'en est fait de cette manufacture !

« Jamais Votre Altesse sérénissime ne trouvera occasion d'employer son crédit pour chose plus juste et plus considérable ; il ne s'agit de rien moins que de conserver l'état aux entrepreneurs de cette manufacture, et la subsistance à un nombre infini d'ouvriers qui ne vivent que par elle... »

Le 25 février mourut Charles Lestourmy, âgé de 85 ans, et le lendemain décéda Martin Hayet, âgé de 72 ans. Tous deux furent enterrés dans l'église Saint-Jean.

Le 3 avril, on appela devant le bailli d'Elbeuf, juge de la manufacture, la cause de Pierre Hayet frères contre deux ouvriers tisserands, qui avaient rapporté « un drap mal tissu et remply de deffauts, ensemble pour avoir coupé viron trois aulnes de leur chainne qu'ils ont gardés ainsy que sept livres de traime ». La Communauté des fabricants se déclara intervenante au procès, attendu qu'il « étoit de la dernière importance d'arrester les vols continuels que les ouvriers font à chacun d'eux ». Les gardes furent autorisés à conclure devant le tribunal qu'outre l'amende en faveur des frères Hayet, les deux tisserands seraient condamnés à des peines corporelles.

Le 23 du même mois, devant Pierre Routier, bailli d'Elbeuf, fut lue une lettre de l'intendant de la généralité de Rouen, contenant que le contrôleur général l'avait informé que, depuis plusieurs années, l'usage des assemblées de commerce prescrites par l'article 59 du Règlement du mois d'août 1669, n'était pas observé par les fabricants.

Les manufacturiers présents dirent qu'à la vérité l'assemblée prescrite ne se tenait pas au mois de janvier, mais qu'une réunion générale avait lieu en décembre, très régulièrement, pour l'élection d'un garde, et à laquelle assistaient les juges de la manufacture, et que chaque fois qu'il avait « été question de la manutention des règlemens ou d'affaires qui intéressoient le commerce de cette manufacture, elle en avoit instruit nos seigneurs du Conseil par des mémoires...

« Il est hors de doute qu'on pourroit se promettre tous les avantages possibles du concours d'hommes dont l'intérest personnel est identique avec le bien général ; mais ce ne peut estre cependant qu'autant que le ministère aura égard à leurs représentations et à leurs avis. Si, comme par le passé, il en est autrement, toutes lesdites assemblées seront infructueuses et inutiles.

« Il est apparent qu'il ne se fabriquera pas à Elbeuf, cette année, la même quantité de drap qu'à l'ordinaire ; quelques-uns même des entrepreneurs ont diminué leur commerce et il est à craindre que les autres ne soient obligés de faire la même chose.

« Les causes de cette diminution sont : 1º le haut prix des matières premières ; 2º celuy du commestible, qui diminue et arrete la consommation ; 3º l'importation dans le royaume des étoffes étrangères ; 4º l'insubordination des ouvriers ; 5º les brigandages qu'ils exercent au détriment des entrepreneurs, et enfin les banqueroutes successivent qui se déclarent de touttes parts.

« C'est aux hommes de premier ordre qui sont à la teste du ministère à remédier, s'il est possible, aux deux premières et à la dernière cause ; une défense expresse, sous telles peines qu'il plaira à l'administration d'infliger, contre ceux qui font passer des étoffes étrangères, fera cesser la troisième ; de remettre en vigueur les lois qui établissent la subordination, ainsy que nous en avons eu l'honneur de le représenter par nos derniers mémoires, détruira la quatrième ; une loy stricte qui condamnera à des peines corporelles et qui mettra au rang des voleurs domestiques les ouvriers qui volent lesdites matières qui leur sont confiées, arrêteront les désordres de la cinquième ».

Le sieur Ducrocq de Biville, subdélégué de l'intendant à Pont-de-l'Arche, adressa, le 30 avril, au garde en charge du corps des fabricants d'Elbeuf, une lettre annonçant que l'intendant lui avait fait tenir le mémoire présenté par la Communauté à l'abbé Terray, ministre du roi, et demandant que l'assemblée des fabricants fut convoquée devant lui et devant le sieur de Boisroger, à l'effet de proposer les réformes que la fabrique d'Elbeuf désirait.

Cette lettre fut communiquée aux manufacturiers, le 3 mai. Ils estimèrent qu'il était nécessaire de nommer des commissaires pour établir par écrit les réformes à demander au ministre. Une assemblée générale serait ensuite convoquée en présence de M. de Biville, et les commissaires donneraient connaissance de leur travail. La commission fut nommée séance tenante : L.-R. Quesné, J.-B. Lecler,

Louis Delarue, Pierre Maille père, J.-N. Lefebvre, Nicolas Bourdon, L.-P. Hayet aîné, Ch. Leroy, Joseph Godet, Michel Grandin, Louis Sevaistre père et Pierre Grandin aîné la composèrent. La réunion eut lieu le lendemain 5 mai, avant que la commission eût terminé son travail, en présence de M. de Biville, qui lut le mémoire adressé par la Communauté au ministre, auquel les cinquante-trois fabricants présents donnèrent leur adhésion, ce dont le subdélégué dressa procès-verbal.

Le 26 du même mois, la Communauté rédigea et approuva un autre mémoire, également destiné au contrôleur général.

Après avoir adressé des félicitations et des remercîments au ministre pour l'intérêt qu'il prenait à la fabrique d'Elbeuf, elle exposa le tort que lui faisaient certains manufacturiers de l'étranger, par l'importation d'issues de chaînes provenant des fabriques françaises, et par des inscriptions qu'ils plaçaient sur leurs draps dans le but de tromper les acheteurs sur le lieu de fabrication. La Communauté ajouta :

« Les entrepreneurs des manufactures d'Elbeuf, instruits qu'il passoit journellement des balles composées de pennes et de déchets de fil, par les villes de Sedan, Rocroy et autres, pour le pays de Liège et le duché de Limbourg, jugeant que le peu que chacun d'eux vendoit de ces déchets ne pouvoit fournir un objet de commerce aussy considérable, et qu'il ne se trouvoit porté à un aussy haut point que parce que les ouvriers vendoient une partie des matières qu'ils sont obligés de leur confier, ils n'ont épargné ny soins, ny dépenses pour connoître les personnes qui faisoient ce commerce frauduleux et l'empescher.

« Ils donnèrent, en septembre 1767, ordre à un négociant de Sedan de faire arrester la première voiture chargée de ces marchandises qui passeroit par cette ville. De trente balles, onze seulement furent saisies, pour lesquelles ils sont encore en instance au conseil souverain de Bouillon.

« Dans le même temps, à peu près, ils firent saisir de ces déchets chez un particulier d'une paroisse voisine qui, à la vérité, fut condamné aux dépens par un arrest du Parlement de Normandie, mais qui a mis par son évasion les entrepreneurs hors d'état de se faire rembourser ; aussy tout homme sans aveu peut faire ce commerce illicite.

« En effet, depuis ce temps, les déprédations et les vols augmentent. Le brigandage est à son comble ; les fileurs ne rapportent plus le poids des matières qu'on leur a données ; quelques-uns ont été pris se faisant des bas avec ces mêmes matières. Les tisserands coupent une partie des chaînes sur les métiers et soustrayent jusqu'à huit livres de fil sur un drap, vol qui occasionne au propriétaire une perte de 50 à 60 livres.

« Le pays est plein de recéleurs, qui subornent les ouvriers. Il seroit trop long de détailler tous les moyens dont ceux-ci usent pour voler leur maître. L'effet en est tel qu'il n'est pas possible, sy le Conseil ne se porte à y mettre ordre, que les entrepreneurs ne soient contraints d'abandonner leur fabrique, pour éviter leur ruine totale.

« Pour obvier, autant qu'il étoit en eux, à toutes ces déprédations, ils arrestèrent, dans leur assemblée du 7 décembre dernier, qu'il seroit défendu, sous peine de 500 livres d'amende, à tous maîtres de vendre leurs déchets de fil à d'autres qu'à celuy d'entre eux qui s'en rendroit adjudicataire, sy mieux ils n'aimoient les employer eux-mêmes ; qu'il seroit pareillement défendu à l'adjudicataire, sous la même peine, d'en vendre à qui que ce fut.

« Ces précautions deviennent absolument inutiles, sy Votre Grandeur ne daigne faire rendre un arrest du Conseil revêtu de lettres patentes qui les mette à portée de le faire registrer au Parlement, portant défense... à tous fabriquants du royaume de vendre leurs pennes et déchets de fil à autre qu'à un maître de leur communauté respective ; que les ouvriers convaincus d'en avoir vendu ou retenu seront traités comme voleurs domestiques ; que ceux autres que les fabriquants de leur communauté qui les achepteront le seront comme recéleurs.

« Nous prenons la liberté d'observer que celle qu'ont les ouvriers de quitter leurs maîtres sans billet de congé, occasionne et facilite les vols des premiers, et c'est un des dommages que nous cause l'arrest du Conseil du 13 février 1766 contre lequel nous ne cesserons de réclamer.

« Il est de maxime que tout commerce avec l'étranger ne peut être profitable pour l'Etat qu'autant qu'on y exportera le surplus de nos denrées et les étoffes qui y sont manufacturées. L'effet du commerce d'importation détruit à la fois l'agriculture, l'industrie, occasionne nécessairement la dépopulation, en privant le peuple d'un travail duquel seul il peut tirer sa subsistance, et produit infailliblement avec le tems l'épuisement du numéraire.

« Les fabriquants ne s'arresteront point à donner des preuves des choses qu'ils avancent: elles sont toutes dans la classe des vérités senties qui n'en demandent point, et pour obtenir une nouvelle défense de laisser passer en France des étoffes étrangères, il leur suffit d'instruire Votre Grandeur qu'il s'y en introduit depuis quelque temps une quantité considérable.

« Le troisième abus sur lequel les entrepreneurs de la fabrique d'Elbeuf prennent la liberté de vous porter leurs plaintes, Monseigneur, ne mérite pas moins d'être réformé que les deux premiers ; c'est un genre d'entreprise bien capable de porter à leur manufacture les plus cruelles atteintes.

« Un nommé Martin Prat, de Lairat, fabrique des draps sur le chef desquels il met « Drap fin façon d'Elbeuf ». Ils sont actuellement saisis d'une pièce de ces draps, sur laquelle cette légende est brodée et qu'ils sont en état de mettre sous les yeux de Votre Grandeur. Cette contravention intéresse non seulement les fabriquants d'Elbeuf, mais encore le commerce en général, en y introduisant, sous le nom d'Elbeuf, des draps d'une qualité inférieure à ceux qui s'y fabriquent. Le consommateur trompé se dégoûte de cette étoffe, dont il regarde la qualité comme dégénérée. Ainsy la cupidité et l'infidélité d'un fabriquant peuvent détruire en peu de temps la réputation d'une fabrique considérable, qui ne s'est acquise que par plus d'un siècle de soins et par les efforts combinés des maîtres qui la composent.

« Dans tous les tems, l'administration s'est opposée à un abus sy considérable et sy contraire au droit naturel. Les règlements généraux de 1669 veulent qu'il ne soit mis sur le chef des étoffes que le nom, le surnom du fabriquant et celuy de sa demeure. Tous les arrests du Conseil d'Etat, ont confirmé cette disposition, tel celuy du 16 mars 1688...; celuy du 16 février 1692..., ceux des 13 mai 1718 et 14 juin 1719 ; ce dernier rendu contradictoirement, qui, en ordonnant que les fabriquants d'Orival ne mettront à l'avenir sur leurs draps que le mot « Orival », leur fait défense, sous quelque prétexte que ce puisse être, d'y joindre les mots « près Elbeuf ».

« C'est l'exécution de tous ces arrests que demandent les entrepreneurs de la manufacture d'Elbeuf et qui leur font espérer de votre justice, Monseigneur, que vous voudrez bien, vu la contravention de Martin Prat, de Layrat, le condamner en 1.500 livres d'amende, ordonner, en outre, qu'on fera couper sur tous les draps qui seront trouvés chez luy les mots « fin façon d'Elbeuf... » »

Les fabricants de Louviers et ceux de Sedan se joignirent aux manufacturiers d'Elbeuf pour appuyer ce mémoire. La communauté elbeuvienne désigna Nicolas Lefebvre et Pierre Hayet jeune pour agir en son nom et de concert avec les délégués des deux villes précitées.

Au printemps de cette année, la comtesse de Brionne nomma plusieurs officiers du duché d'Elbeuf. Nous citerons :

Louis-Alexandre Dumort, geôlier des prisons, admis le 20 mars pour succéder à son père Louis Dumort, décédé ;

Jean-Pierre-Joseph Langlois, sergent royal

du pled de l'Epée au bailliage de Pont-de-l'Arche, admis comme sergent à Elbeuf le 3 avril ;

Jacques-Philippe Viel, sergent royal à Pont-de-l'Arche, admis comme sergent à la Haye du Theil le 28 avril ;

Benoit-Antoine Chrétien, sergent au Theil, admis le 28 avril également, sur la présentation de Viel ;

Jean-Charles-Prosper Durand, admis, le 5 mai, comme fermier du greffe de la haute justice d'Elbeuf.

Le 4 août, les fabricants d'Elbeuf acceptèrent, conjointement avec ceux de Louviers, un accommodement qu'offraient trois individus sur lesquels le sieur Adeline, dont nous avons déjà parlé, avait fait saisir plusieurs balles de bouts de fils. Les conditions furent que les trois recéleurs payeraient tous les frais du procès et en outre 24 louis d'or pour dédommagement ; qu'ils reconnaîtraient que le commerce des bouts est illicite et s'obligeraient à ne plus l'exercer à l'avenir.

Dans cette même réunion, l'assemblée décida d'inviter la fabrique de Louviers à faire suivre le procès commencé contre deux autres individus de Givet.

Le lendemain dimanche mourut Luc-Pierre Routier, bailli d'Elbeuf et juge de la Manufacture, âgé de 55 ans. On l'inhuma le surlendemain dans l'église Saint-Jean.

En 1770, le défaut de fourrages fit beaucoup de tort à l'agriculture, dans les élections de Pont-de-l'Arche et de Pont-Audemer. Les moutons furent, en outre, attaqués d'une maladie qui en fit périr plus de la moitié.

Le 20 août, devant des notaires de Paris,

François-Marguerite-Joseph Courtin de Saint-Vincent, chevalier, capitaine de cavalerie, vendit au prince Charles-Eugène de Lorraine, prince de Lambesc, duc d'Elbeuf, représenté par Charles-Emmanuel Quélus, secrétaire de ses commandements, une petite terre sise à Cléon, bornée par la Garenne.

Une liasse des archives municipales contient un certain nombre de procès-verbaux dressés contre des particuliers qui introduisaient en ville des farines ou avaient fabriqué du pain avec des farines ne provenant point du moulin banal d'Elbeuf. Voici un extrait de l'un d'eux :

« L'an 1770, le 1er septembre, je François Guerre, garde des bois, chasses, étangs, rivières et banalité des moulins dans l'étendue du duché d'Elbeuf et dépendants de Son Altesse Madame la comtesse de Brionne..., certifié que j'aurois vu, dans ledit lieu d'Elbeuf, le garçon de Leroy, munier à St Cir la Campagne, monté sur un cheval rouge ; comme ce munier est connu pour... puisque ledit Leroy a été arrêté luy-même en chassant dans la banalité...

« Etant à la place du Coq, j'ai vu passer ledit garçon munier et son cheval qui estoit chargé de deux poches dans laquelle il y avoit viront trois boisseaux de bled, qui venoit du cotté de l'église Saint-Jean... J'ai pris les derrières — c'est-à-dire la rue de la Bague — pour aller l'attendre au Calvaire où je me suis mis contre un pillier du calvaire pour le voir venir de loin...

« J'ai arrêté ledit cheval... Le garçon a pris la fuite ; aussitôt est venu un homme qui s'est jetté sur la bride du cheval et qui m'a dit que c'étoit à lui la poche de bled... Il m'a dit qu'il étoit de St-Cir et que le munier lui avoit prêté son cheval. Je lui ai dit de venir avec moi chez le juge ; il est venu jusqu'à la porte de M. Flavigny où il voulût mettre la poche. M. Flavigny, qui étoit à la porte, me dit que c'étoit un de ses ouvriers et qu'il demeuroit à Martot. J'ai voulu mener l'homme devant le juge ; il m'a pris au collet et a jeté la poche de dessus le cheval par terre en me disant que je ne l'aurois pas.

« Pendant tout ce temps, il s'est amassé un grand nombre d'hommes et de femmes qui se sont mis à crier après moi, en disant à cet homme : « Prends ta poche et envoie-le faire f.... » Les autres juroient après moi. Vu que cela faisoit une rébellion d'une voie unanime contre moi, je me suis retiré... », etc.

Vers ce temps, la veuve Pierre Grandin, d'Elbeuf, désirant se remarier, pria Boula de Quincy, intendant du commerce pour la Normandie, de l'autoriser à continuer de marquer ses draps du nom de son premier mari. La Communauté d'Elbeuf, consultée, déclara à l'unanimité de cinquante-trois membres présents, que la demande de cette dame ne pouvait être acceptée sans manquer aux principes de l'équité.

La principale raison que cette dame allègue, dirent les fabricants, est l'étendue de son commerce ; or il est notoire qu'il n'est pas, à beaucoup près, un des plus étendus de cette Communauté, et que plusieurs veuves, avant elle, ont conduit des fabriques plus considérables que la sienne. Quant à la célébrité du nom qu'elle réclame, ce n'est point un bien qui lui appartient en propre : « l'avantage qu'elle en retire est l'effet du hazard et de la conformité du nom de baptême de feu son mary avec celuy du sieur Pierre Grandin l'aîné, dont la réputation doit passer à ses héritiers, comme une succession légitime.

« C'est ainsy que le Conseil en a jugé en accordant, par son arrest du 30 décembre 1766, au sieur Joseph Grandin la permission de continuer à faire marquer les draps de sa fabrique du nom de Pierre Grandin l'aîné, son père.

« La demande de la dame Grandin est une innovation qui pourroit entraîner les plus grands abus. Son exemple seroit suivy de plusieurs autres ; les veuves des fabriquants pourroient associer au nom de leur mari des étrangers dont l'inexpérience perdroit en peu de tems une réputation acquise, et priveroient les enfants de leur premier mariage des avantages qu'ils sont en droit de recueillir... »

Pendant la maladie du bailli Roulier, qui devait l'emporter, le siège de juge fut occupé par Louis Grandin, son lieutenant, puis par Magloire Hullot, avocat à Paris, postulant à ce siège, mais qu'il n'obtint pas.

Un nouveau bailli fut nommé le 1er octobre. Voici la charte donnée par la comtesse de Brionne à ce sujet :

« Louise-Julie-Constance de Rohan, comtesse de Brionne, etc., tutrice honoraire de Charles-Eugène de Lorraine, prince de Lambesc, duc d'Elbeuf, à tous ceux qui ces présentes lettres verront, salut :

« Sur le favorable rapport qui nous a été fait de la personne du sieur Guillaume Blin, avocat au Parlement, procureur du Roy au Pont-de-l'Arche, ainsy que de ses bonnes vie et mœurs, de ses sens, suffisance, capacité et expérience au fait de judicature, et qu'il est de la religion catholique, apostolique et romaine.

« Pour ces causes et autres bonnes considérations à ce nous mouvant, avons audit sieur Blin donné et octroyé, comme par ces présentes, donnons et octroyons l'office de bailly du duché d'Elbeuf et dépendances, vacant par le décès du sieur Routier Duparc, dernier possesseur d'iceluy ; pour, par ledit sieur Blin avoir doresnavant tenir et exercer ledit office, en jouir et user aux honneurs, autorité, prérogatives, franchises, privilèges, droits, fruits, profits, revenus et émoluments, tels et semblables qu'en a joui ou dû jouir ledit sieur Routier Duparc, et tant qu'il nous plaira.

« Si donnons en mandement à tous les officiers, vassaux et justiciables du duché d'Elbeuf et dépendances de reconnoître ledit sieur Blin en ladite qualité, et luy obéir ainsy qu'il appartiendra es choses concernant ledit office. En témoignage de quoy nous avons signé ces présentes, icelles fait contresigner par le secrétaire de nos commandements et sceller du sceau de nos armes. A Paris, le 1er jour du mois d'octobre 1770... »

Le Parlement de Rouen, en enregistrant cette charte, le 29 novembre suivant, accorda un délai de dix-huit mois à Me Blin pour vendre sa charge de substitut du procureur général du bailliage de Pont-de-l'Arche ; et le 4 décembre suivant, le nouveau bailli, après avoir fait enregistrer ces mêmes lettres au greffe de la haute justice d'Elbeuf, siégea pour la première fois, en présence des officiers et avocats du duché.

Deux maisons de fabrication de notre ville,

Robert Grandin, d'une part, Pierre et Amable Hayet frères, de l'autre, donnèrent pouvoir de les représenter en toutes circonstances commerciales à Mathieu Maille, commis du premier, et à Louis-Pierre Hayet, fils et neveu des seconds, qui allaient partir en voyage pour visiter la clientèle de ces industriels et l'augmenter. Ces procurations sont datées du 22 octobre.

Nous avons sous les yeux le contrat de mariage de Jean-Baptiste-Pierre Grandin, fabricant de draps, veuf, fils de Jean-Baptiste Grandin et de Marie-Marthe Godet, avec Marie-Marthe-Anne-Geneviève Hayet, fille de Jean-Louis-Nicolas Hayet et de Françoise-Geneviève Grandin. La mariée avait une dot de 20.000 livres, et le futur possédait une fortune de même importance. Suivant une habitude bourgeoise de l'époque, dont nous avons déjà fait mention, le contrat est suivi d'une foule de signatures — environ 170 — parmi lesquelles se trouvent celles du chevalier Flavigny, ancien capitaine d'infanterie; de Grandin de Fontenoy; de Béranger, curé de Calville; de plusieurs autres ecclésiastiques et de la plupart des principaux industriels d'Elbeuf.

Le premier spectacle public mentionné dans les nombreuses pièces de police et autres que nous avons consultées date de 1770. Un procès fut fait à des individus accusés d'avoir tapagé « à l'Académie des Pigmées ou représentation des marionnettes, otorisés par la police d'Elbeuf » et d'avoir empêché le spectacle de continuer. Les tapageurs furent arrêtés et conduits en prison.

A cette époque, Marie de Franqueville,

veuve de François Alorge, écuyer, seigneur de la Mare-Tassel, à Thuit-Signol, était en procès devant le bailliage d'Elbeuf.

Esprit-Robert-Marie Le Roux, baron d'Esneval. vidame de Normandie, en 1770, était le neuvième descendant de Guillaume Le Roux, ancien vicomte d'Elbeuf, nommé conseiller à la cour en 1499, charge qui fut remplie de père en fils pendant près de trois siècles.

Un édit royal de novembre 1771, créa des offices municipaux. La ville d'Elbeuf fut imposée à avoir un maire, un lieutenant, deux échevins, deux assesseurs, un procureur du roi, un greffier et un receveur-contrôleur des octrois. Ces neuf offices devaient rapporter au trésor de l'Etat une somme de 19.320 livres.

Les habitants décidèrent d'abord de ne pas acheter les charges municipales crées, persuadés que nul particulier d'Elbeuf ne serait assez dupe pour en traiter. Cependant, un garçon meunier, nommé Dubusc, acheta l'office de receveur. Comme cette place était absolument de confiance, et que Dubusc ne méritait pas, paraît-il, celle de la Ville, on députa à Paris pour obtenir du Conseil du roi la préférence sur l'acquéreur en faveur d'une autre personne ; ce que l'on ne put obtenir sans traiter des autres charges municipales.

CHAPITRE XVIII
(1771-1772)

La comtesse de Brionne et le prince de Lambesc *(suite)*. — Toujours les vols de déchets. — Plaintes des officiers d'Elbeuf. — Comment on obtenait la protection des puissants. — Le maire J.-N. Lefebvre et Madame de Brionne. — Un brevet de maitre drapier. — Les plans terriers des bourgeoisies de Saint Jean et de Saint-Etienne.

Après le coup d'Etat du chancelier Maupeou de la nuit du 19 au 20 janvier 1771, plusieurs membres du Parlement traversèrent Elbeuf pour se rendre au château du Bec-Thomas, où, bientôt, il y en eut une vingtaine de réunis.

Ces magistrats, ne sachant comment passer le temps, imaginèrent de jouer des comédies : « Par une singulière coïncidence, ils représentaient *le Retour imprévu* quand avis leur arriva qu'un rappel mettait fin à leur exil. Leur joie fut si grande, dit M. Maille, qu'ils la firent éclater en un bruyant feu d'artifice, tiré à cette occasion.

Le 25 janvier, Jean-Nicolas Lefebvre, maire

d'Elbeuf; Louis Grandin, Charles Le Roy, Nicolas-Antoine Louvet et David Delarue, échevins de cette ville, baillèrent à loyer pour neuf années, à Marie Vallée, veuve de Simon Martin, demeurant à Caudebec, au hameau du Bout-du-Gard, « les pailles et fumiers qui se trouveront journellement dans les quartiers et ruisseaux d'Elbeuf, ensemble tous les fumiers et vuidanges arrestés sous l'arche estante au bord de la rivière, à la charge par le preneur de nettoyer et curer au moins trois fois par an le dessous et les environs de l'arche en question, d'enlever les pailles et fumiers dans les rues, ruisseaux et quartiers de cette ville, et ce de manière qu'on puisse éviter pour raison desdits fumiers et pailles tous approchemens à la police, bien entendu néanmoins que s'il se trouvoit devant les maisons des monceaux de pailles ou fumiers et que ces objets fussent réclamés par quelques particuliers propriétaires d'iceux, il tomberoit à la charge de ladite preneure de les leur abandonner gratuitement... A la charge... par ladite preneure de porter annuellement à ses frais et dépens dix bannelées de gravier ou gravoion sur la chaussée tendante à la porte de Caudebec... et en outre payer le prix et somme de 27 livres de fermage par chacun an au bureau de la recette générale de l'hostel de ville d'Elbeuf... »

Une remontrance municipale au bailli d'Elbeuf, appuyée de l'avis du procureur fiscal du duché et signée de Lefebvre, maire; Grandin, Charles Le Roy, Louvet et David Delarue, échevins de la ville, porte la date du 12 février.

Au prétoire d'Elbeuf, le 23 du même mois,

le bailli Guillaume Blin donna acte au procureur fiscal :

« 1° De la représentation de deux lettres patentes données à Versailles, le 9 novembre 1768, accordant au prince de Lambesc ainsi qu'à ses successeurs le droit de choisir et nommer les maires d'Elbeuf, nouvellement établys dans ce bourg, sur trois sujets qui seront élus et qui luy seront présentés, conformément à l'article 6 de l'Edit de mai 1765 ; Sa Majesté luy cédant et transportant en tant que de besoin ledit droit de nomination qu'Elle s'étoit réservée par l'article 5 dudit Edit ; le relève aussi en tant que de besoin du délay qui s'est écoulé depuis l'enregistrement dudit Edit, attendu sa minorité ; lequel au surplus Sa Majesté a confirmé dans la propriété, possession et jouissance de tous les droits qui luy appartenoient dans sadite terre, seigneurie et duché pairie d'Elbeuf, tel qu'en ont joui ou dû jouir ses prédécesseurs et ainsi qu'ils sont reconnus dans les chartes et reconnoissances de 1688.

« 2° De l'arrest de la cour du Parlement de Rouen, rendu sur la requeste à elle présentée aux fins de l'enregistrement des lettres patentes cy-dessus, qui ordonnent qu'avant de faire droit, lesdittes lettres patentes seront communiquées à l'assemblée des habitans du bourg d'Elbeuf, convoqués en la forme prescrite par les Règlemens, aux fins, par eux, d'y apporter telle contestation qu'ils croiroient bien.

« 3° D'un extrait du registre des délibérations de ladite communauté d'Elbeuf, pour laquelle acte a été accordé, au procureur fiscal de la représentation qu'il a faite à ladite communauté desdites lettres patentes et arrest de la cour cy-dessus, ainsy que de l'aveu et dénombrement rendu au Roy en 1542...»

Par délibération des habitants de la paroisse Saint-Jean, en date du 6 mars 1768, le nommé Pierre Baron avait été choisi comme collecteur de la taille pendant quatre années. Mais, en 1771, les comptes présentés par lui parurent suspects, et il reçut sommation, par huissier, de déposer ses registres.

Un premier examen montra que le collecteur était redevable de 7.985 livres ; le déficit fut porté définitivement à 8.022 livres par une inspection plus minutieuse, et Baron fut condamné, par l'intendant de la généralité de Rouen, à rembourser cette somme. Ne s'étant pas exécuté, on l'arrêta, le 23 août 1771, et le transporta à la prison d'Elbeuf où il fut remis à la garde de Dumort, concierge.

La famille de Baron versa 3.000 livres pour indemniser, dans la mesure de ses moyens, la dette contractée par le receveur et, pour le surplus, la ville dut emprunter 5.000 livres, remboursables en six années par les contribuables. Cette affaire souleva de violentes récriminations, surtout à cause de la réimposition des 5.000 livres.

Baron s'acquitta deux ans après, car nous trouvons un reçu de J.-B. Chrétien, chargé du rôle de la capitation de la paroisse Saint-Jean en 1775, donné à Gancel, receveur général du tarif, mentionnant l'encaissement de 165 livres, solde de ce qui était redu par Baron.

Par acte passé à Elbeuf le 1er mars, François Fautelin, bourgeois de la ville, procureur de Jean-Baptiste Le Cordier de Bigars, seigneur de la Londe, Orival et autres lieux, président honoraire au Parlement de la Normandie, inféoda à Jean-Gabriel Fiquet, marchand de vin en gros à Rouen, une maison et un jardin sis à Orival, avec le droit de percer sous la roche une cave de telle longueur que ce dernier le jugerait à propos. Les terres et pierres provenant de ce travail devaient être portées « au port d'Orival dit port de la Beugle ».

Les archives paroissiales de Saint-Jean conservent les pièces d'un procès survenu entre le trésor et Louis-Nicolas Flavigny, qui prétendait, en vertu de certains arrêts et sentences, comme fils et héritier du dernier possesseur, avoir la préférence pour un banc adjugé avec les formalités voulues, à Bernard Flavigny, en payant le même prix que l'adjudicataire.

Ce procès dura assez longtemps et fut même porté devant le Parlement, lequel, par un arrêt daté du 16 mars 1771, débouta Louis-Nicolas, le condamna aux dépens et maintint Bernard dans la jouissance du banc.

Un procès du même genre avait déjà été soulevé dix ans auparavant, par le trésor de de la même église, contre Charles Le Roy, Louis Béranger, la veuve de Jean Duruflé et Nicolas Bourdon, tous fabricants de draps. La cause avait été portée au bailliage de Pont-de-l'Arche, dont la sentence prescrivit que les bancs en litige seraient mis en adjudication et appartiendraient au plus offrant et dernier enchérisseur.

Au 28 mars, Pierre-Jean Grandin, officier de la connétablie, gendarmerie et maréchaussée de France, fils unique de Jean Grandin le jeune, habitait Saint-Pierre-du Bosguerard.

Il vendit à Jacques Grandin père, fabricant de draps, une propriété sise à Elbeuf, contre le château ducal.

A cette époque, les gardes de la corporation des chandeliers étaient Jacques Dupont et Pierre Lefebvre. — Un acte de ce même temps mentionne Pierre Saillard, officier commandant de la maréchaussée d'Elbeuf en l'année 1768.

Il y avait alors un procès pendant devant la haute justice d'Elbeuf, entre Adrien Duval, sieur de Martot — petit fief sis à Vraiville — conseiller du roi, élu en l'élection de Pont-de-l'Arche, demeurant à Vraiville, procureur de « Messire Bernard Gabriel Jubert de Bouville, prêtre, docteur en théologie de la maison et société royalle de Navarre, abbé de l'abbaye royalle de Massey, prévost de Normandie en l'église de Chartres et en cette qualité ayant droit de percevoir les grosses dixmes de la paroisse de Vraiville, dont il est seigneur et patron », d'une part, et Robert Tallon, bourgeois d'Elbeuf, fermier des dîmes de Hauville, moyennant 3.350 livres par an, d'autre part.

Le même tribunal s'occupait également d'une emprise faite par des riverains du canal allant de la fontaine du Sud au moulin de Saint-Etienne, auquel canal ils n'avaient pas laissé la largeur réglementaire de sept pieds.

Vers ce temps, on apprit que le procès intenté devant la justice de Bouillon, par les manufactures d'Elbeuf et de Louviers, avait été perdu ; mais les fabricants des deux villes, auxquels se joignirent ceux de Darnétal, continuèrent à poursuivre tous les détenteurs de déchets provenant de leurs fabriques.

D'un autre côté, Nicolas Bourdon fut prié

de rédiger un nouveau mémoire pour solliciter du Conseil un arrêt semblable à celui que la Communauté de Sedan venait d'obtenir, lequel défendait le commerce des bouts, pennes, etc., dans toute l'étendue de cette fabrique.

Le corps de la Manufacture de draps se composait alors de Jean-Baptiste Lecler, Louis Delarue fils, B. Delarue, Louis Robert Flavigny, Jacques Grandin, Pierre Maille père, Louis Sevaistre père, Nicolas Bourdon, Delacroix, Joseph Godet, Delarue de Freneuse, Michel Grandin, Charles Leroy, Mathieu Quesné, Louis-Robert Grandin, Louis Robert Quesné, Pierre Maille fils, Jacques Béranger, Bernard Flavigny, Robert Bourdon, Mathieu Frontin, Bernard Delarue, Jean-Baptiste Delarue, Nicolas Godet aîné, Jean-Nicolas Le Couturier, Louis Sevaistre fils, Louis-Nicolas Flavigny, Jean-Michel Lefebvre, Jacques-Amable Béranger, Pierre Dugard, Nicolas-C. Leroy, Pierre-Joseph Duruflé, François Lebourg, François Flavigny-Gosset, Nicolas Chérel, Jean-Baptiste Flavigny, Mathieu Sevaistre, Joseph Duruflé père, Jacques Grandin fils, Constant Godet, Louvet fils et de quelques autres.

Le 8 avril, tous donnèrent pouvoir aux quatre gardes en charge de poursuivre Mathieu Neveu et Philippe Lemoine, accusés de vol de laine, arrêtés à la Bouille et transférés à Rouen par la maréchaussée, et de les faire revenir dans la prison d'Elbeuf, afin d'informer contre leurs complices.

Le lendemain 9, sur la représentation du maire et des échevins, le bailli d'Elbeuf fit défenses aux particuliers de s'approprier les pailles et fumiers des rues, qui avaient été adjugés à la veuve Martin, avec charge de les enlever au moyen d'un banneau à trois chevaux portant une clochette pour avertir le public de son passage.

Louis Sevaistre, fabricant de draps, avait un fils, Jean-Baptiste-Louis Sevaistre, qui était alors officier de dragons dans la légion royale.

En juin, Jean-François Routier-Duparc, chirurgien juré de notre localité, plaidait contre Marest, également chirurgien. — En ce même temps, la chronique elbeuvienne s'occupait beaucoup d'un scandale : une jeune fille de notre ville, dont les parents remplissaient des fonctions élevées, se trouva grosse des œuvres d'un bourgeois, son voisin. Conformément aux ordonnances, elle dut déclarer publiquement sa grossesse, que le bailli fit enregistrer au greffe, en recommandant à la jeune fille de veiller sur le fruit qu'elle portait.

En juillet mourut, au château de la Saussaye, Gabriel Parfouru, curé de Saint-Martin la Corneille. Trois mois après, des délégués de la haute justice d'Elbeuf se rendirent au domicile du décédé, pour enlever les registres de naissances, mariages et inhumations. A cette époque, Thomas Le Guay, chanoine de la Saussaye, desservait la paroisse de Saint-Martin.

A partir du 25 avril, Me Pierre Lingois, notaire à Elbeuf, ajouta à ses fonctions celles de notaire de la haute justice de La Londe, à cause de l'absence de Pierre-Louis Pourpoint, notaire à Bourgtheroulde. Des actes qu'il dressa en cette dernière qualité sont conservés aux archives de l'ancien tabellionage d'Elbeuf.

Année 1771

Le 26, le garde en charge informa les drapiers que le nommé J.-J. Bachet dit Montbrun, détenu aux prisons de Rouen « pour une somme de viron 2.400 livres qu'il devait à la fabrique d'Elbeuf, par arrest du département de Rouen, pour le commerce illicite de bouts de fil », proposait de payer 1.200 livres comptant et de donner caution pour le restant. L'assemblée donna pouvoir au bureau de traiter avec le prisonnier.

Ce même jour, la Communauté perdit un second procès intenté au criminel contre deux ouvriers accusés de vol de déchets. L'assemblée décida de faire appel du jugement devant le Parlement ; mais quelques mois après, sur le conseil de Duval, avocat à Rouen, elle résolut de ne point donner suite à cette affaire.

La sentence suivante fut rendue, le 29 août, par le bailli du duché, contre Philippe Lemoine et Mathieu Leneveu, prisonniers, comparants, et Gueroult, Viger et veuve Champagne, défaillants, accusés de vol de déchets de laine ou de complicité de vol.

Lemoine et Leneveu « sont condamnés à estre battus et fustigés nuds de verges, par l'exécuteur de la haute justice, dans les carrefours et lieux accoutumés de cette ville, par trois jours de marchés consécutifs, et à estre flétris d'un fer chaud en forme de trois lettres GAL sur l'épaule droite, en la place publique du Coq de cette ville, et ensuite à être menés et conduits à la chaîne pour y estre attachés et servir comme forçats sur les galères du Roy à perpétuité ».

Les défaillants, déclarés contumax, furent condamnés aux mêmes peines, sauf la femme Champagne « condamnée à estre fustigée par trois jours de marché et bannie du Royaume à perpétuité, après avoir esté marquée au fer chaud sur l'épaule dextre d'une fleur de lys ».

En outre, les cinq coupables furent condamnés solidairement en 1.000 livres d'intérêts envers la Communauté des fabricants, plus chacun à 10 livres d'amende au profit du duc d'Elbeuf, aux frais du procès, de l'impression, de l'affichage et de la publication du jugement à Elbeuf, La Bouille et autres lieux où l'on travaillait pour la manufacture elbeuvienne.

Ce jugement fut entendu à genoux par Lemoine et Leneveu. Le procureur fiscal en fit appel *a minimâ* devant le Parlement de Rouen.

Le mardi 1er octobre, en l'assemblée du corps de ville et des notables d'Elbeuf, devant Guillaume Blin, bailli, assisté de Duboullé, procureur fiscal, assemblée composée de Jean-Nicolas Lefebvre, maire, David Delarue, Pierre Hayet fils, Alexandre Delacroix et Pierre Lefebvre, échevins ; de Nicolas Patallier, conseiller, de Flavigny, curé de Saint-Jean, de Henry Frérot père, Jean Chérel, Jacques Lenoble, le chevalier Delarue, Louis Grandin, Louis-Robert Quesné, Jacques Dupont, etc., il fut rendu compte des démarches successifaites par Antoine Dudouit, conseiller de ville, et Jacques Dupont, notable, auprès de la famille de Pierre Baron, « pour obtenir qu'elle ajoutât quelque chose aux 3.000 livres déjà offertes, démarches restées infructueuses ».

Charles Leroy et Louvet, anciens échevins, furent invités à se rendre à Pont-de-l'Arche pour recevoir ces 3.000 livres. L'assemblée autorisa le maire d'emprunter au nom de la Communauté une autre somme de 5.000 livres, afin de pouvoir verser « à la recette des tailles 8.000 livres, à l'acquit de la Ville, pour la capitation, dixième denier et industrie ». — Suivent les signatures et celles de Durand, greffier de ville.

Cette somme de 5.000 livres fut versée par Louis Sevaistre, fabricant, moyennant 250 livres de rente annuelle. Nous avons vu précédemment quelles furent les causes de cet emprunt.

Le 8 octobre, Michel-Guillaume Bosquier, licencié en droit en l'Université de Caen, fut admis en qualité d'avocat à Elbeuf, par le bailli Guillaume Blin.

La comtesse de Brionne, mère et tutrice d'Eugène de Lorraine, prince de Lambesc, duc d'Elbeuf, donna à loyer la garenne de Cléon, le 13 octobre, à André Bellanger fils, maçon à Louviers, à charge de fournir au bailleur, chaque année, 18 douzaines de lapins, de ne tirer sur aucun lièvre ou perdrix, même de « ne porter fusil dans la plaine, sinon dans le contour de la garenne pour abattre les lapins », mais avec permission de fureter ceux qui s'écarteraient dans les bois des sieurs Landry et Bachelet. Le preneur ne pourrait demander aucune indemnité pour le cas où le duc chasserait ou ferait chasser dans la garenne; en plus, il s'engageait à payer 500 livres de loyer annuel.

Jean-Baptiste Lecler fut garde de la draperie pour l'année 1771. — Sa marque ne comportait, outre son nom et le millésime de l'année, que deux fleurs de lys et une croix de Lorraine.

Louis-Charles-Alexandre Flavigny, prêtre à Saint-Jean, assura par acte du 26 octobre, à

Françoise Beauchamp, sa servante, pour la récompenser de ses services, 250 livres de rente à dater du jour de la mort du constituant.

Les inhumations dans nos églises se continuaient avec une fréquence assez grande. Le 3 novembre, mourut Jacques-François Flavigny, procureur du roi au grenier à sel de Pont-de-l'Arche, âgé de 45 ans, et, deux jours après Catherine Flavigny, épouse de Jean-Baptiste Le Clerc, fabricant; ils furent enterrés dans l'église Saint-Etienne, en présence de Noël-Jean-Baptiste Degenetez, prêtre de cette paroisse.

Une fille de l'inspecteur de la Manufacture, Marie-Victoire-Thérèse de Boisroger, avait épousé Jean Baptiste-Servant Huault, écuyer. De ce mariage était né un enfant qui, âgé de quatre ans, mourut et fut enterré dans l'église Saint-Jean le 10 du même mois.

Edmond Gaillard, prêtre à Saint-Etienne, était alors fondé de pouvoirs d'Anne Couturier, veuve de Jacques-François Flavigny-Gosset, conseiller du roi et son procureur au grenier à sel de Pont-de-l'Arche. — Anne était la belle-sœur de François Flavigny-Gosset, fabricant de draps, tuteur d'Anne Flavigny, fille du défunt.

Une ordonnance de M. de Crosne, intendant de Rouen, en date du 7 janvier 1772, débouta le sieur Pierre Lejeune, habitant d'Elbeuf, de sa demande tendant à l'ouverture d'une porte dans le mur de sa propriété, qui servait également de clôture au bourg, « attendu que cette ouverture pourrait favoriser la fraude aux droits du tarif ».

En cette même année, on rédigea un mémoire sur la question de savoir si des pommes à piler récoltées dans Elbeuf et vendues au dehors étaient sujettes aux droits d'octroi. Il y fut répondu affirmativement.

Louis-Adrien Gamare fut reçu au bailliage du duché, en qualité de « maître apothicaire et épicier-cirier », le 23 janvier.

Vers ce temps, le procureur fiscal fit une remontrance au bailli d'Elbeuf ; nous en détacherons le principal passage :

« Il règne un désordre affreux dans la ville, un libertinage sans mesure. La jeunesse, dans les lieux publics, va perdre des sommes considérables qu'elle a prises à ses parents, les maîtres de billard et de caffé donnant impunément à jouer les dimanches et festes pendant l'office divin et dans toutes les heures de la nuit. Les rues sont dans la plus grande malpropreté ; l'énarrement fait des progrès indicibles dans les différents marchés. Il est temps de donner un frein à ces désordres, et on ne le peut qu'à l'aide de quelqu'un de sédentaire... »

Comme conclusion, le procureur fiscal demanda qu'un adjoint fut donné au sergent et commissaire de police, trop encombré de besogne. Le bailli commit François Futrel, sergent royal, pour exercer la police avec Fontaine.

Les archives municipales conservent la copie d'une lettre datée du 28 janvier, adressée par les officiers municipaux d'Elbeuf à un personnage dont le nom et la qualité ne sont point mentionnés. Cette pièce ne manque pas d'intérêt. En voici quelques extraits :

« Par votre lettre, Monsieur, du 26 de ce mois, vous nous instruisez du taux où les offices municipales de nostre ville sont portées conséquemment à l'édit registré en Parlement le 15 du mois de janvier dernier

« Nous voyons que la totalité des charges de nostre bourg, non comprises celles des trésoriers receveurs, est fixée à 45.000 livres. Il est vraysemblable que la personne qui a été employée à la taxation de ces offices s'est trompée ; elle aura pris Elbeuf pour quelque capitale de province, riche en biens patrimoniaux : ce n'est cependant, malgré le titre fastueux de ville, qu'on nous a forcé d'acheter il y a quelques années, qu'un bourg sans aucun patrimoine et dont l'hostel-de-ville est une chambre tenue à loyer...

« Pour obvier à l'arbitraire dans les impositions, toujours plus nuisible dans les lieux de commerce qu'ailleurs, Sa Majesté nous accorda, en 1708, de percevoir l'impôt de la taille sur les denrées de consommation, sur les entrées des marchandises des matières nécessaires à la fabrique des draps. Le tarif que nous présentâmes pour ce était bien au-dessus de ce que nous devions et pouvions payer pour nostre part contributive à l'impost de la taille ; aussi est-il dit, dans l'édit qui nous accorde ce tarif, que le surplus dudit tarif, l'impost de la taille prélevé et qui fut fixé dans cette année 1708 à 17.419 livres, seviroit à nos autres besoins... ; nous pensions par là avoir obvié au danger de l'arbitraire, nous tombâmes dans un autre.

« Par ce même édit, il est dit qu'il sera rendu compte, tous les ans, à l'intendant de la généralité, du produit du tarif. Qu'en est-il résulté ? Il y a eu des années heureuses où le commerce a fleury et où, par conséquent, le produit du tarif a esté plus fort, et de là on s'est authorisé à nous imposer pour nostre part contributive à l'impost de la taille, non au marc la livre, ny en raison des augmentations successives ordonnées par Sa Majesté, mais en raison du produit des années brillantes du commerce ; première injustice... »

Les officiers municipaux établissent ensuite, par des chiffres, qu'en quatre années, de 1768 à 1771 inclus, le tarif ou octroi ne produisit qu'un total de 88.284 livres, bien que la taille fût, au total pour ces quatre années, de 99.602 livres, d'où il était résulté un déficit de 11.318 livres.

« Nous voilà donc arriérés de 11.318 livres que nous ne sçavons où prendre. Ce n'est pas assez. La taille servant de baze pour la capitation et fourages, il en résulte que les habitants d'Elbeuf ont payé cet impost dans la même proportion que la taille, ce qui a fait monter les cottes de plusieurs contribuables à plus de 600 livres... alors que les plus forts contribuables de Rouen ne payent que 200 livres, bien que leur commerce et leur fortune excèdent de beaucoup ceux d'Elbeuf...

« Qu'est-ce qu'Elbeuf ? Un bourg composé d'environ 5.700 habitants formant à peu près 1.400 contribuables du nombre desquels se trouvent 70 fabriquants, dont les uns se soutiennent par une fortune honnête acquise par le travail et l'économie, les autres par le crédit, trop souvent perfide ; environ autant de marchands détaillants, aujourd'hui sans aucune consommation. Le reste des contribuables sont tous petits artisants et manouvriers dont un grand nombre, depuis cinq ans, n'a conservé son existence que par les secours.

« Ce tableau n'est point outré, et nous n'évitons d'entrer dans les détails que parce qu'ils nous affligent nous-mêmes et que le vray ne paroistroit pas vraysemblable... »

Au 6 février, Louis-Jacques de Manneville, écuyer, sieur du Roumois, et Louis-Nicolas de Postis, sieur du Houlbec, étaient plaignants à la haute justice d'Elbeuf, contre trois jeunes gens de Boscroger, tous frères, qui les avaient maltraités. M⁰ Michel-Guillaume Bosquier était l'avocat des deux demandeurs.

Les fabriques d'Elbeuf et de Louviers étaient alors engagés dans cinq procès : à Sainte-Ménehould, à Rocroy, à Givet et à Verviers, pour des affaires de déchets. Les inculpés ayant demandé des accommodements, la fabrique de Louviers proposa à celle d'Elbeuf de s'en contenter, ce qui fut accepté par les manufacturiers de notre ville, par délibération du 11 février.

Dans cette même séance, le garde en charge exposa que les maire et échevins de ville ayant présenté au contrôleur général une demande en suppression des nouveaux 6 sols pour livre établis sur le produit du tarif, il serait à propos que la Fabrique l'appuyât. L'assemblée partagea cet avis et décida de nommer une députation, tant pour cette affaire que « pour présenter les respects de la Communauté à Monseigneur le prince de Lambesc et luy demander l'honneur de sa protection... Et comme l'assemblée ne connoît personne plus en état de s'acquitter de cette commission que M. Nicolas Bourdon, elle charge les gardes d'engager ledit sieur Nicolas Bourdon à accepter laditte députation ».

Henri de Boille, chanoine de la Saussaye,

mourut le 27 février. Pierre Lingois, notaire, appelé à faire l'inventaire du mobilier du défunt, mit des scellés sur plusieurs portes au moyen d'un cachet « aux armes du notariat d'Elbeuf ». Antoine-Noël Deshayes, clerc tonsuré, demeurant chez le décédé, fut constitué gardien moyennant 20 sols par jour. — Michel-Antoine Gantier et Nicolas-Benjamin Loydin, chanoines de Saint-Louis, signèrent l'inventaire. — Antoine-Noël Deshayes fut pourvu du canonicat devenu vacant.

A la date du 6 mars, nous trouvons un nouveau contrat de mariage chargé d'une multitude de signatures ; c'est celui de Jacques-Pierre-Michel Grandin, fabricant, fils de Michel Grandin, aussi fabricant, et de Marie-Anne Flavigny, avec Marie-Anne-Catherine Béranger, fille de Jacques-Louis Béranger, également fabricant, et de Marie-Anne Godet. Les signatures sont au nombre de 198 ; nous notons celles des sieurs de la Hétraye, de Fontenay, du chevalier de la Boullaye, Flavigny de la Boullaye, Flavigny de la Boullaye du Homme, la Boullaye du Homme, d'Epineville, du chevalier Flavigny, ancien capitaine d'infanterie, etc.

Jacques-Etienne-Charles-Nicolas Flavigny, conseiller secrétaire du roi, maison et couronne de France et de ses finances, seigneur de la Mésangère, Gaillon, le Fay et autres lieux, demeurant en sa terre de la Mésangère, héritier de Charles Ansoult, son ayeul maternel et encore comme ayant acquis, de Scott de la Mésangère, une certaine quantité de rentes, en transporta une partie moyennant 15.175 livres, à Alexandre de Fontenay, négociant à Rouen, le 22 mars, par contrat passé à Elbeuf,

Le 25, décéda Pierre Louis-François Levalleux, âgé de 67 ans, ayant longtemps exercé le notariat à Elbeuf. Sur sa demande, il fut inhumé dans le cimetière Saint-Jean.

Le 13 avril, les tuteurs d'Anne Flavigny, fille de feu Jean-François Flavigny-Gosset et d'Anne Couturier, vendirent au nom de leur pupille, à François Flavigny-Gosset, fabricant de la paroisse Saint-Etienne, l'office de procureur du roi au grenier à sel du bailliage de Pont-de l'Arche, dont le père de l'enfant avait autrefois été pourvu. Cette vente fut consentie moyennant la somme de 6.000 livres.

Par le même acte, le preneur déclara qu'il n'acceptait cet office que d'accord avec les tuteurs de la jeune Anne et pour empêcher qu'il ne tombât en parties casuelles. Les provisions qu'il obtiendra, dit-il, pour l'exercice de cet office n'auront pour but que de faire jouir la mineure des gages, profits et émoluments attachés à cette charge, dont il rendra compte à Anne Flavigny à sa majorité, en résignant l'office ainsi acquis.

Marie-Louise Bourdon de Sainte-Thérèse était, à cette époque, supérieure des Ursulines ; les autres principales religieuses étaient Jeanne Onfroy de Saint-Stanislas, assistante ; Catherine Douillet de Saint-Augustin, zélatrice, et Geneviève Sevaistre de Sainte-Claire, dépositaire. — Le 15 avril, elles donnèrent à loyer un bâtiment neuf, que le Couvent avait fait construire sur la grande rue, à Pierre-Antoine Gautier, chirurgien. — Feu Levalleux, ancien notaire, avait un frère exerçant la profession de tourneur à Elbeuf, dont la fille était religieuse dans ce monastère.

Le 11 mai, Pierre-Joseph Delarue, officier

Année 1772

de marine, et Jacques-Joseph-Auguste-Armand Delarue, fabricant de draps, frères, tous deux de la paroisse Saint-Etienne, constituèrent une rente annuelle de 60 livres, en faveur de leur jeune sœur Catherine-Madeleine Henriette à partir du jour où elle serait admise à prononcer ses vœux au monastère de Sainte-Ursule d'Elbeuf. — A cette date, Pierre Le Roux était « maître de langue latine à Elbeuf ».

Le 26, Jean Charles Martinet, écuyer, demeurant à Boulogne-sur-Mer, héritier pour moitié de feue Marie-Anne Capplet, veuve de Jean-Jacques Martinet, écuyer, secrétaire du roi, tant en son nom qu'en celui de Louis-Aimable Martinet, son frère, écuyer, aide-major du régiment de Dauphiné, alors en l'île de Corse, reçurent de la princesse Louise-Julie Constance de Rohan, comtesse de Brionne, agissant au nom du prince de Lambesc, son fils, représentée par Robert Duboulley, avocat et procureur fiscal de la haute justice d'Elbeuf, la somme de 3.300 livres, qui, jointe à celle de 5.200 livres précédemment payée, formait la somme de 8.500 livres, représentant la valeur du greffe du bailliage du duché, auquel ce greffe fut ainsi réincorporé définitivement.

M. Parfait Maille rapporte que la comtesse de Brionne venait assez souvent à Elbeuf, « où ses manières lestes et dégagées et son esprit ont laissé, dit-il, des souvenirs encore vivants.

« Quand elle y séjournait, ou qu'elle y passait pour se rendre à Brionne, il lui est arrivé plus d'une fois de ne pas habiter le château ; elle descendait dans une maison du Glayeul, chez un M. Lefebvre, le premier maire qu'Elbeuf ait eu.

« Son arrivée était toujours l'occasion de fêtes et de réjouissances nombreuses, qui ne cessaient qu'à son départ.

« Se mettant à l'aise avec ses vassaux, les bons bourgeois d'Elbeuf, elle les admettait à sa toilette, leur ouvrait son boudoir, y recevait leurs hommages, pendant qu'on disposait ses mouches, qu'on la frisait, pommadait et fardait, se livrait volontiers, avec eux, à la conversation où sa langue, dit-on, s'est émancipée quelquefois.

« La comtesse de Brionne fut réputée pour sa beauté et son esprit, également célébrés dans les mémoires du temps.

« Chez elle était le rendez-vous de la société la plus recherchée, qui y était attirée par son urbanité, l'aisance de ses manières et par l'affabilité la plus séduisante.

« C'était une distinction que d'en recevoir une invitation, et ses convives étaient estimés heureux.

« Une anecdote qui eut lieu à sa table, amusa tout Paris, et devint, pour la révolution naissante, une arme, un trait acéré contre les vieilles institutions.

« La princesse s'était crue obligée d'engager à partager son repas, un certain gentilhomme breton, natif de Saint-Malo, personnage singulier, si taciturne qu'il ne faisait jamais de questions, et répondait à peine par des monosyllabes à celles qu'on lui adressait.

« Pour avoir raison de son silence, la comtesse de Brionne n'imagina rien de mieux que de défier un familier de la maison, le chevalier de Courten, commandant des gardes-suisses de le faire parler.

« Le chevalier accepta le défi, se plaça à

côté de l'original et lui fit à dessein les honneurs du festin.

« — Quel potage voulez-vous ? — Riz.

« — Quel vin buvez-vous ? — Blanc.

« Dix interpellations pareilles eurent des réponses semblables.

« Le chevalier commençait à se décourager, quand il réfléchit qu'il réussirait peut-être mieux en parlant à notre homme de son pays.

« — Monsieur, vous êtes de Saint-Malo ? — Oui.

« — Est-il vrai que cette ville est gardée par des chiens ? — Oui.

« — Parbleu ! c'est bien singulier !... Pourquoi ? — Ce n'est pas plus singulier que de voir le roi de France gardé par des Suisses !

« Le chevalier en eut assez et ne chercha plus à faire parler l'hôte de la comtesse de Brionne, qui gagna son pari.

« Notre princesse était admise chez madame Geoffrin, si connue par ses compagnies lettrées ; elle était un des ornements de ses salons et faisait partie d'un des cercles de ses soupers.

« Le groupe en était petit, et composé de trois femmes et d'un seul homme.

« Les trois femmes, assez semblables aux trois déesses du Mont-Ida, étaient la belle comtesse de Brionne, la piquante marquise de Duras et la jolie comtesse d'Egmont.

« Leur Pâris était le prince Louis de Rohan, etc., etc.

« Quant à la comtesse de Brionne, qui avait peu de rivales pour les appas, si elle n'était pas Vénus même, ce n'était pas que, dans la régularité parfaite de sa taille et de tous ses traits, elle ne réunît tout ce qu'on peut imaginer, pour définir ou peindre la beauté idéale.

v

« De tous les charmes, un seul lui manquait, sans lequel il n'y a point de Vénus au monde, et qui était le prestige de madame d'Egmont ; c'était l'air de la volupté, etc.

« Pour les lectures, c'était à dîner, de fortune chez madame de Brionne, que l'on se rassemblait.

« Il n'y avait de conviés que l'esprit, le goût, les grâces et la beauté, qui étaient seuls juges de l'ouvrage et du lecteur.

« Aussi pas un trait, tant soit peu fin ou délicat, qui ne fût vivement senti et applaudi; le silence indiquait ce qu'il y avait à retoucher, corriger et réformer.

« Telle était la société au milieu de laquelle fut élevé le second prince de Lambesc, dernier duc d'Elbeuf ».

Au cours des assises de *l'Association normande,* tenues fin août de cette présente année 1898, à Brionne, M. l'abbé Porée, curé de Bournainville, un des plus savants ecclésiastiques de l'Eure, a donné lecture d'un travail historique qu'il a consacré à la comtesse de Brionne, dont Voltaire, Marmontel, Mme de Genlis, Mlle de Lespinasse, Mme Vigée-Lebrun et tant d'autres ont vanté la beauté, l'esprit, l'agrément et le luxe des réceptions.

Il y a quelques années, M. l'abbé Porée a fait l'acquisition d'une petite gravure, d'un burin délicat, figurant dans un médaillon une scène en soi fort touchante, mais que l'artiste avait traitée, selon le goût du temps, à grand renfort d'emblèmes et d'allégories mythologiques. Ce médaillon a tout l'air d'un bronze que la comtesse de Brionne ou ses amis auraient fait frapper, en l'honneur du médecin, du nom de Richard, qui lui avait sauvé la vie.

Au bas de la gravure se voient les armoiries de Louis Charles de Lorraine, comte de Brionne, et celles de sa femme, Louise-Julie-Constance de Rohan, devenue veuve le 21 juin 1761. La cordelière, qui entoure les deux blasons, indique que l'exécution de la gravure est postérieure à son veuvage.

Des revers de fortune avaient atteint le maire J.-N. Lefebvre, qui se désintéressa totalement des affaires municipales, auxquelles il ne s'était d'ailleurs jamais beaucoup consacré. Il finit par remettre sa démission à la comtesse de Brionne.

Nous trouvons cette lettre, datée du 2 juillet de la même année et signée : Charles Le Roy, remplissant provisoirement les fonctions de maire d'Elbeuf, en remplacement de J.-N. Lefebvre :

« Nous avons conféré hyer, MM. Bourdon, Hayet et moi, sur les moyens à employer pour parvenir à l'acquisition des charges municipales... La voye des emprunts nous paroit tout aussy dangereuse que celle d'estre livrés aux traitants, et dans un temps où tous les moyens nous manquent pour payer les imposts actuels, où nous demandons des secours, des décharges, nous estimons contradictoire la permission d'emprunter, qui entraîne nécessairement avec elle celle de surcharger les habitants et de percevoir encore deux sols pour livre par dessus tous les autres droits, et lesquels deux sols pour livre seront encore eux-mesmes sujets aux 8 sols pour livre comme octroy... »

Charles Le Roy s'employa beaucoup pour défendre les intérêts de notre ville. Il alla trouver Mme de Brionne pour qu'elle s'intéressât aux affaires municipales et les appuyât auprès du ministre. Dans une autre lettre de cette même année 1772, adressée à l'un de ses cousins, il écrivit :

« Nous sommes toujours assez attentifs à réclamer la protection de Madame de Brionne, mais ne manquons-nous point au prince son fils, qui est aujourd'huy majeur ? En cette qualité, nostre prince pourroit trouver mal qu'on ne s'adresse point à luy ».

Une autre lettre signée : « De Barjolles », adressée à Charles Le Roy, nous indiquerait, si nous ne les conaissions déjà, les moyens de s'attirer l'appui des grands :

« ...Je vous prie, et autant que possible sans perdre de temps, d'envoyer un petit chevreuil à Madame Adélaïde, à Versailles, avec une lettre de MM. les officiers municipaux par laquelle ils luy marqueront que, sensibles à toutes les peines que Monsieur son époux veut bien se donner en leur faveur, ils la prient de vouloir bien agréer ce foible témoignage de leur reconnoissance. Dès qu'il sera parti, je vous prie de vouloir bien me l'écrire, afin que j'en fasse part à son mari. Vous sentez de quelle utilité, dans toutes ces affaires, la protection de l'un et l'autre peut vous être. L'on trouvera à Saint-Germain des voitures pour Versailles qui y porteront ce petit présent. La dépense ne doit pas être grande pour cet objet ; ...il est bon de le répéter de temps en temps ».

Il ne paraît pas que l'envoi du chevreuil eut beaucoup d'influence, car, peu de temps après, Nicolas Bourdon fut député à Paris pour défendre au ministère les finances de notre ville et la faire autoriser à emprunter 12.000 livres.

Ce n'était pas gratuitement que le sieur de Barjolles s'occupait des intérêts d'Elbeuf. Il envoya à Charles Le Roy un mémoire se montant à 3.907 livres 3 sols.

La municipalité elbeuvienne trouva sans doute ce compte trop salé, car elle demanda des détails à M. de Barjolles, lequel les établit ainsi :

« Droit de marc d'or et frais de chancellerie	2.952 l. 10 s.
« Gratification au 1er bureau	287 12
« do au 2e bureau	445 09
« do au 3e bureau	99 06
« Ports de lettres et fiacres .	42 16
« Copie de quatorze mémoires	42 »»
« Faux frais, messages, envois, etc..	37 10
Total. . . .	3.907 l. 03 s.

Dans cette même lettre, l'intègre M. de Barjolles conseillait aux officiers municipaux d'Elbeuf de « former une plainte contre la friponnerie des traitants ».

Par contrat du 7 juillet 1766, Jean-Nicolas Lefebvre, officier en la Monnaie de Rouen, ancien maire d'Elbeuf, et Marie-Anne Bichot, sa femme, avaient vendu une maison qu'ils possédaient à Dieppe. Lefebvre et sa femme étaient protestants. Un procès étant survenu entre eux et l'acquéreur, les tribunaux rendirent de nombreuses sentences sur cette affaire, que Houard a rapportée dans tous ses détails, à l'article « Protestants » et qu'il serait trop long de reproduire.

Nous retiendrons seulement des débats que le contrat de mariage des époux Lefebvre portait la date du 1er septembre 1746, que le

29 janvier 1772, la dame Lefebvre prit des lettres de séparation civile d'avec son mari, que les biens de Lefebvre furent décrétés au bailliage de Pont-de-l'Arche en la même année, et enfin que le premier maire d'Elbeuf se trouva complètement ruiné.

Le 16 juillet, Benoist Delarue et Jacques Quesné, tous deux fabricants, administrateurs de l'hôpital, baillèrent à loyer pour neuf ans, à Gabriel-Marin-Henri Guenet, prêtre à Saint-Etienne et chapelain de l'hôpital, « le tènement de bâtiments acquis par ledit hôpital de M. Flavigny, prêtre chanoine en l'église cathédrale de Rouen », un bâtiment situé dans la cour de la *Tête de Mouton*, plus un autre immeuble, le tout moyennant 650 livres par an.

Le même jour, Delarue et Quesné donnèrent également à loyer, à un ouvrier teinturier, un autre immeuble appartenant à l'hôpital, borné « d'un côté la ruelle de l'Equelette, d. c. divers, d'un bout les cimetière, maisons et jardin dudit hôpital ». Cet établissement avait donc un cimetière particulier.

Nous avons sous les yeux le commencement d'une facture, sur feuille de papier timbré, portant la date du 19 juillet 1756 et ainsi conçue :

« Doivent Messieurs Behic, Thevenot et compagnie, de Cadix, à Mr Louis-Robert Grandin, marchand fabriquant à Elbeuf, la somme de 12.289 livres, pour envoy des marchandises cy après qu'il leur a adressées pour payer comptant ». Le premier article se compose de sept pièces, portant des numéros entre 29.061 et 29.154, formant ensemble 223 aunes 3/8.

Le 23 juillet, il en coûta 220 livres, plus

des frais, à un boulanger de Saint-Ouen de la Londe et au meunier de Saint-Ouen de Poncheuil pour avoir été pris sur le territoire d'Elbeuf, conduisant une voiture chargée de blé. Le procès avait été fait à la requête de Dubuc, fermier des moulins d'Elbeuf.

Le contrat de mariage d'Henriette Delarue, fille de Louis-David, fabricant d'Elbeuf, avec un Italien nommé Gaspard Mecca, négociant à Lyon, daté du 28 juillet, ne porte pas moins de 240 signatures. — Celui de « François-Alexandre-Jacques » Quesné, fils de « François-Alexandre-Jacques » Quesné et de Marguerite Dupont, avec Marie-Geneviève-Julie Duruflé, fille de feu Jean Duruflé, n'en compte que 202.

Le garde de la manufacture, en l'année 1772, fut Louis Delarue.— Sa marque montre quatre fleurs de lys et deux roses, mais pas de croix de Lorraine.

Nous donnerons ici, la copie d'un des nouveaux brevets de maîtrise privilégiée de drapier d'Elbeuf :

« BREVET DE MAITRISE   « GÉNÉRALITÉ DE ROUEN
   DE DRAPERIE   VILLE D'ELBEUF

« J'ai reçu de Jacques Lefebvre la somme de huit cents livres pour la finance d'un des quatre brevets ou lettres de privilèges de drapier tenant lieu de maîtrise, créés par Edit de mars 1767, vérifié où besoin a été, pour, par l'acquéreur, être reçu et installé incontinent et sans difficultés par le bailly, ou sénéchal, ou autres juges qu'il appartiendra, en vertu de la présente quittance des finances duement contrôlée, qui lui tiendra lieu de brevet; en jouir avec tels et semblables droits dont jouissent les autres maistres jurés, sans aucune distinction ny différence, et sans qu'il soit tenu de faire aucun chef-d'œuvre ny expérience, ny subir aucun examen, payer banquets, droits de confrairie, ny aucuns autres droits que les jurés de la dite maîtrise ont accoutumé de prendre et faire payer à ceux qui veulent estre reçus maistres, dont il demeurera dispensé et exempté,

« Avec faculté audit acquéreur de mettre et tenir sur les ruës et en tels lieux et endroits que bon luy semblera, étaux, ouvroirs et boutiques garnies d'outils et autres choses nécessaires pour l'usage et exercice de ladite maîtrise, de la même manière et ainsi que les autres maistres ayant fait chef-d'œuvre et expérience ; être appellé en toutes assemblées et visites, pouvoir être fait garde et juré dudit métier ; jouir, et, après son décès, sa veuve et enfants, des mêmes facultés, privilèges, franchises et libertés dont jouissent et ont droit de jouir les anciens maistres ; et, en outre, dans le cas où il serait étranger, de l'exemption du droit d'aubaine, avec faculté de résider dans le Royaume, y exercer son commerce, art et métier, y tenir et posséder tous biens meubles et immeubles qu'il pourroit avoir acquis ou acquérir par la suitte, ou qui luy seroient légués ou délaissés, en jouir, ordonner et disposer par ordonnance de dernière volonté, donation entre vifs ou autrement, à ses enfants nés et à naître en légitime mariage, héritiers ou autres capables de luy succéder, pourvu qu'ils soient regnicolles, et à luy de succéder à ses parents résidant dans le Royaume, de mesme que s'il était originairement natif d'iceluy... »

Plusieurs autres fabricants vinrent, à partir de cette époque, s'installer à Elbeuf, qui compta bientôt soixante-treize manufacturiers.

Le 25 août, à l'assemblée générale des membres de la manufacture, tenue devant Guillaume Blin, bailli du duché, le garde en charge exposa que les efforts réitérés faits par la fabrique d'Elbeuf pour réprimer les abus n'avaient encore produit aucun effet.

L'importation des tissus étrangers, le commerce des déchets, les vols de fabrique, l'infraction aux réglements de Martin Prat étaient autant de causes qui ruinaient la manufacture d'Elbeuf. Décidée à tenter un dernier effort, l'assemblée pria le bailli, en sa qualité de juge de la manufacture, de soumettre au contrôleur général les réclamations de la corporation.

Ce même jour on mit en adjudication deux balles de laine qui avaient été saisies sur deux voleurs, alors dans les prisons d'Elbeuf. Elles furent adjugées à Charles Delarue.

En décembre, ces deux détenus firent présenter à l'assemblée des fabricants une demande d'élargissement. La Communauté la leur accorda, à condition qu'ils quitteraient Elbeuf sur le champ, et qu'à l'avenir « ils n'en approcheraient qu'à vingt lieues de distance », faute de quoi ils seraient repris et réintégrés dans la prison.

Cette année-là, Roland de la Platrière, qui écrivit sur diverses industries et dont les ouvrages sont intéressants à plusieurs points de vue, fit un' assez long séjour dans notre ville, où il recueillit divers documents pour ses publications.

A cette époque, Louis-Joseph Flavigny, fils

et unique héritier de feu Louis Flavigny, était entrepreneur de la Manufacture royale des draps d'Andely, par succession à son père.

Trois actes passés à Elbeuf pendant le mois d'octobre concernent des membres de trois branches distinctes de la nombreuse famille Flavigny. Sont nommés dans le premier : Louis-Charles Alexandre Flavigny, prêtre de la paroisse Saint-Jean, fils de feu Alexandre Flavigny, avocat du roi à Pont-de l'Arche. Dans le second, Jean-Baptiste Flavigny, sous-brigadier des grenadiers à cheval du roi, fils mais non héritier de Jean Flavigny, garde de la ville et marchand de vins à Paris. Dans le troisième, Jacques-Etienne-Victor de Flavigny, écuyer, secrétaire du roi, audiencier maison et couronne de France et de ses finances, seigneur de la Mésangère, Gaillon, le Plessis et autres fiefs, fils et unique héritier de feu Jacques-Louis Flavigny, bailli d'Elbeuf.

Aux assises mercuriales du duché d'Elbeuf, tenues à l'audience de la haute justice le 20 octobre, étaient présents :

Louis Grandin, lieutenant du bailli, président ; Robert Duboullé, avocat et procureur fiscal ;

Joseph Godet, verdier ; Nicolas Bourdon, lieutenant de la verderie ; François Rouvin, greffier de la verderie ;

Jean-Louis Maille, ancien avocat ; Thomas-Nicolas Pelfrenne, Louis-Pierre Bouvier ; Louis-Michel Sanson, Pierre-Victorin Asse, Louis-René Morin, Guillaume Bosquier et Jean-Robert Le Huré, avocats.

Les tabellions d'Elbeuf, Quatremares, Boissey, Grostheil et Couronne.

François Futrel, commissaire ; les cinq

sergents, le concierge de la prison, les gardes et facteurs de bois du duché.

Nous avons sous les yeux le « Plan à vue des héritages situés en la Franche Bourgeoisie de Saint Jean d'Elbeuf et hors l'enceinte du bourg dudit lieu, tant en maisons, masures, terres labourables et préries que bois taillis, pour servir à l'assiette de la capitation du même lieu, fait au mois d'avril 1772 ».

Le centre de ce plan est occupé par le carrefour du Calvaire, dont le Christ fut transféré plus tard, avec ses quatre piliers et le dôme qui le surmonte, au cimetière Saint-Jean, où on le voit actuellement.

Devant la place du Calvaire, au bout de la rue de la Barrière, se trouve la « barrière » ou porte de Caudebec.

La rue du Cours est figurée ; deux rangées d'arbres partent du Calvaire jusqu'à la « route du Port ». Un bâtiment existe à l'angle du Cours et de la rue allant à l'église de Caudebec ; ce bâtiment subsiste encore de nos jours.

Une sente représente la Petite Rue du Cours actuelle, on n'y voit aucune construction.

A l'autre extrémité du Cours, derrière le Calvaire, se trouve un tènement de maisons qui n'est pas à l'alignement sur cette voie et forme un retour d'équerre sur la rue de Louviers. Ces bâtiments furent démolis vers 1855, lors de la construction de la maison Horcholle.

A l'entrée de la rue de Louviers, — aujourd'hui rue de Caudebec — à droite, nous voyons trois petites masures. En face de la rue Corblin actuelle, sur le côté sud de la rue de Louviers, se trouve un bâtiment. On n'en rencontre ensuite un autre qu'à l'angle de la rue du Bout-du-Gard ; ce dernier a été démoli vers 1890.

La section centrale de la rue du Bout-du-Gard est beaucoup plus habitée ; nous y remarquons sept bâtiments du côté ouest, après lesquels se trouve la « ferme du Pavillon ».

Entre la rue du Bout-du-Gard et la ligne que suit la rue actuelle du Neubourg, mais qui ne figure pas sur le plan en question, se trouve la « Fosse Liénard ». L'usine à gaz a été bâtie sur son emplacement. Une pièce de terre longeant la fosse de l'ouest à l'est est portée comme appartenant à la fabrique de Saint-Jean.

Le triège du « Tapis-Vert » est indiqué. A l'ouest de ce triège, du côté droit de la rue du Neubourg actuelle, en montant, se trouvait le « clos Malz-Aise ». Dans tout ce quartier, traversé par les sentes de la Saussaye et de Saint-Cyr, il n'existait aucune construction.

En revenant dans la direction du bourg, nous voyons la « Ferme des Trois Cornets », dans laquelle sont deux bâtiments. Une sente « tendant au Vallot » est figurée à l'ouest de cette ferme.

Nous remarquons une autre sente « tendant au Vallot » qui n'est autre que la rue du Vallot actuelle ; il y existait, à gauche en montant, un bâtiment qui subsiste de nos jours.

Le « grand chemin du Neubourg » actuellement rue de la Justice, est indiqué avec plusieurs constructions. Nous remarquons au haut de cette voie, sur le côté gauche, avant sa jonction avec le chemin de l'« Eclette », le « Bois au Baron » et l'« Enclos du Petit-Louis ».

Dans la partie nord de la ville actuelle, depuis la rue du Cours jusqu'à la Seine, il n'existe de constructions que dans la ferme de « la Cerisaie », à laquelle accède une sente partant du bourg d'Elbeuf.

Les rues de la Porte-Rouge, des Champs et de Marignan actuelles sont établies sur l'emplacement de l'« ancien chemin tendant au Pont-de-l'Arche » qui se soudait au chemin de halage, un peu au-dessous de la rue du Port.

La section de la rue de Seine comprise entre le fleuve et l'angle sud-ouest du jardin de l'Hôtel-de-Ville, et toute la rue Constantine ont remplacé une ancienne sente, figurée sur le plan, qui débouchait dans la rue de Louviers à la hauteur de la rue Saint-Amand actuelle.

Ces sentes, auxquelles il convient d'ajouter le chemin de halage, constituaient alors toute la voirie d'Elbeuf dans les quartiers actuels de l'Hôtel-de-Ville, du Maurepas, de la rue de Paris et de la rue Deshayes. Toute la partie nord de la ville de nos jours est divisée, sur ce plan, en une infinité de parcelles de terres, la plupart en prairie et le reste en labour, sans aucune construction.

Mais la franche bourgeoisie de Saint-Jean d'Elbeuf s'étendait sur un grand quartier de Caudebec. Tout le côté nord de la rue de Louviers en faisait partie ; tout le côté ouest de la rue de l'Eglise également, y compris le quartier de la Vignette.

Sur ce plan, figurent l'église de Caudebec, le calvaire de l'ancien cimetière, aujourd'hui converti en place publique, la place de l'Orme, sur laquelle cet arbre est représenté, et, à quelques pas au-dessus, sur la place également, un autre calvaire, qui fit donner à ce carrefour le nom de « la Croix » sous lequel le désignent encore quelques vieux habitants de Caudebec.

Nous allons maintenant examiner le « Plan à vue des maisons, masures, terres labourables et bois taillis assis et situés dans les limites de la bourgeoisie de Saint-Etienne d'Elbeuf, fait au mois de janvier 1773 ».

Le centre de ce plan représente le Mont-Duve, entre les chemins des Ecameaux et du Thuit Anger. A la jonction de ces deux chemins se trouve un calvaire, désigné dans d'autres pièces sous le nom de la « Croix-Féret ». Devant ce calvaire, à l'extrémité de la rue de l'Hospice, on voit la « Porte de la rue Meleuze ».

A droite du chemin des Ecameaux, un quartier est nommé le « Triège de la chapelle Saint Haut ». La « Chapelle Saint Haut-Saint-Phélix » y est indiquée, mais non le Chêne à la Vierge, bien que le « Grand chemin tendant d'Elbeuf au Bourgtheroulde » soit représenté.

Entre la chapelle Saint-Auct et la « Carrière Mulot », lieu de jonction des routes du Bourgtheroulde et du Buquet actuelles, le triège du « Val Larron » est porté au plan. Une sente met ces deux points en communication.

Sur le côté gauche du chemin du Thuit-Anger, au pied du Mont-Duve, vient se souder, sur ce plan, un « ancien chemin ruiné » qui se trouve au fond de la cavée ; il conduisait, auparavant, à Thuit-Anger également.

La rue Bertaud actuelle est située sur l'ancienne « sente de l'Hôpital » qui se prolongeait alors jusqu'à la « sente de l'Eclette ».

Le « grand chemin du Neubourg », aujourd'hui rue de la Justice, est la principale voie figurée sur ce plan. A la hauteur de l'école des Frères, se trouvait la « Porte du Neubourg », la principale d'Elbeuf, car c'est par elle que passaient tous les grains du plateau d'Amfreville.

Un « Etat des pauvres secourus de la paroisse Saint-Etienne », en 1772, indique qu'il y en avait 14 aux Ecameaux, 6 au Buquet, 49 rue Meleuze et 39 au Mont-Rôti. Chacun recevait de 2 à 8 sols par semaine.

CHAPITRE XIX
(1773-1774)

Le prince de Lambesc, duc d'Elbeuf *(suite)*. — Charles Le Roy, deuxième maire de la ville. — Les vingtièmes. — Travaux considérables a l'église Saint-Jean. — Mesures d'hygiène. — Grave accident a Saint-Jean ; nouveaux détails sur les travaux. — Le don de Jean Poulain.

Louis XV ayant été informé que les offices municipaux d'Elbeuf, créés par l'édit de novembre 1771, n'avaient pas encore été levés, nomma, le 3 janvier 1773, Charles Leroy aux fonctions de maire, Joseph Godet et Charles Delarue de Freneuse à celles d'échevins, et continua à Charles-Jean Durand les fonctions de greffier, jusqu'à nouvel ordre. Le roi ordonna aux habitants d'Elbeuf de les reconnaître en ces qualités, et à M. de Crosne, intendant de la généralité de Rouen « d'y tenir la main ». L'acte original de cette nomination porte la signature du roi et celle de Bertin, ministre.

Une ordonnance de police du 18 de ce même mois, comportant treize articles, est conservé aux Archives départementales.

Entre autres choses, il enjoint aux habitants d'Elbeuf de balayer les rues quatre fois par semaine ; en temps de neige, de la relever et mettre en tas. Il défend de jeter des eaux par les fenêtres, de placer à celles-ci des pots de fleurs ; de porter dans la rue du charbon allumé autrement que dans des vases bien clos ; de jouer à la balle, au battoir, au martinet, dans les rues ; de tirer des coups de feu sur la voie publique ; de jouer à la toupie, au taupin et à tous autres jeux sur les degrés des églises ; de jouer sous les halles les dimanches et fêtes pendant les offices, etc.

On sait que la rue de la Rochelle, doit son nom à une ancienne masure du quartier, qui le portait ; nous retrouvons cette propriété mentionnée dans un acte de ce mois de janvier :

« Pierre-Alexandre Delacroix, drapier fabricant, a vendu au sieur Mariquer, laboureur, demeurant paroisse Saint-Etienne, une maison contenant trois vergées, close de haies mortes et partie de mur en bauge, vulgairement appelée la Rochelle, sise en cette ville, rue Notre-Dame, bornée d'un côté la ruelle tendant à la rivière, d'autre côté Louis et J.-B. Grandin, d'un bout la noë et courant d'eau des fontaines de Monseigneur le prince d'Elbeuf et d'autre bout la rue ». La vente fut consentie moyennant une rente de 50 livres, racquittable par 1.000 livres, plus les charges ordinaires envers le suzerain.

Une procuration de cette même époque nous fournit les titres, qualités et filiation d'un des principaux habitants de notre ville :

« Fut présent Me Guillaume Blin, conseiller du Roy et son procureur au bailliage du

Pont-de-l'Arche, juge en chef du bailliage ducal d'Elbeuf, des chastellenies de Boissey-le-Chastel, la Haye-du-Theil, le Theil, et baronnie de Quatremares ; juge de police des manufactures, aides, eaux et forests du même lieu ; héritier en partie du sieur Julien Blin, son père, lequel l'était de Mᵉ Louis Blin, écuyer, conseiller secrétaire du Roy, maison, couronne de France et de ses finances, seigneur des marquisats de la Fontaine des Houx et autres lieux, et de Mᵉ Jean Blin, écuyer, seigneur des villes d'Aizy, de Pacy et de celle de Nonancourt, seigneur de Maupertuis et autres lieux ; ledit sieur Julien Blin, héritier en outre de Mᵉ Jean Chauffry, prestre, docteur de la faculté de Sorbonne, chanoine de la cathédrale de Rouen et conseiller au Parlement de Normandie », etc.

Cette procuration fut donnée à son frère Thomas-Etienne Blin, maître des ponts de Paris, pour transiger dans un procès que Guillaume soutenait devant le Parlement de cette dernière ville.

Le 4 février, Germain-Edme Blonde, « marchand naturaliste », exposa au bailli que « dans le cours de ses voyages, il avait recueilly une quantité de coquillages de différentes espèces, desquels il avait fait différents morceaux d'ouvrages très curieux, comme dessert, arbres, fleurs, animaux et personnages » et demanda l'autorisation de les mettre en loterie. Il y aurait 41 lots et 150 billets au prix de 6 livres l'un. Cette loterie fut autorisée par le bailli.

A cette époque Zacharie Osmont, vitrier doreur, rendait déjà quelques services à l'église Saint-Jean, où il devint bedeau. Nous le retrouverons pendant la période révolutionnaire. En ce temps également, Edme Gaillard était prêtre habitué à Saint-Etienne.

Les 3 mars et jours suivants, il fut procédé à l'inventaire du mobilier laissé par Mᵉ Robert Duboullé, avocat, procureur fiscal du duché d'Elbeuf, décédé le 14 février précédent à l'âge de soixante-trois ans. Cet inventaire, fort curieux, mais trop étendu pour que nous puissions le relever, donne la composition de la bibliothèque du défunt et divers détails intéressants.

Un autre acte, daté du 5 mars, concerne Jean-François Tassel, peintre et sculpteur, demeurant à Elbeuf.

Nous avons dit que Henri Lefebvre de Malembert avait été nommé à l'office de capitaine des chasses du duc d'Elbeuf en 1764. Ce poste lui fut comfirmé le 30 mars 1773, par le brevet suivant :

« Charles-Eugène de Lorraine, prince de Lambesc, duc d'Elbeuf, grand écuyer de France, gouverneur et lieutenant-général pour le Roy en sa province d'Anjou, gouverneur particulier des ville et château d'Angers et du Pont-de-Cé, grand sénéchal héréditaire de Bourgogne, à tous ceux qui ces présentes lettres verront, Salut ;

« Sur le favorable rapport qui nous a esté fait de la personne du sieur Lefebvre de Malembert, ancien capitaine de cavalerie et chevalier de l'ordre royal et militaire de Saint-Louis, ainsy que de ses bonnes vie et mœurs, et de la manière dont il remplit depuis neuf ans la place de capitaine des chasses de notre duché d'Elbeuf ;

« Pour ces causes et autres bonnes considérations nous mouvant, nous avons confirmé la nomination, faite en 1764, dudit sieur de Malembert ; le nommons et establissons de nouveau capitaine des chasses dans l'étendue de notre duché d'Elbeuf et dépendances, pour par luy jouïr et user de ladite place aux honneurs, authorités, prérogatives, privilèges, franchises et exemptions y appartenants, en tant qu'il nous plaira. Mandons au bailly et autres officiers de justice dudit duché de le maintenir dans ladite place, sans exiger de luy un nouveau serment ; enjoignons aux garde chasses ainsy qu'à tous vassaux et censitaires de le reconnoistre en ladite qualité.

« En témoignage de quoi nous avons signé ces présentes... à Paris, le trentième jour du mois de mars 1773... Charles-Eugène DE LORRAINE, prince de LAMBESC ». Et plus bas : « Par Son Altesse, MULLER ».

Peu de temps après, de nouveaux gardes furent nommés par le duc, et tous prêtèrent serment devant le bailli du duché.

Marin-Louis Guenet, maître teinturier, mourut le 13 avril, à l'âge de 79 ans ; on l'enterra dans l'église Saint-Etienne.

Le samedi 24 avril, on apprit à Elbeuf que Nicolas Allais, laboureur, demeurant à Thuit-Anger, avait été assassiné à onze heures du matin, de deux coups de fusil, dans l'avenue de cette paroisse, par le seigneur du lieu. La veuve de la victime, nommée Marie-Anne Lecarbonnier, déposa une plainte au bailliage d'Elbeuf le lundi suivant 26.

Le seigneur de Thuit-Anger était François-Félix de Rouen, chevalier, patron du lieu, seigneur aussi de Bosnormand, de Saint-Pierre de Bosguérard et de Conches-Douville.

Il avait épousé la nièce de Nicolas-François du Resnel, chanoine de Saint-Malo, qui lui avait apporté en mariage le fief d'Harcourt dit Bellou, sis à Thuit-Signol. Il blasonnait : *D'azur, au chevron d'or, accompagné en pointe d'une roue de même, au chef engreslé d'argent, chargé de trois molettes de gueules.*

Le 10 mai, une rente de 150 livres fut constituée en faveur des Ursulines d'Elbeuf, pour l'admission dans leur couvent, comme fille de chœur, d'Augustine Le Vannier, fille de feu Martin Le Vannier, premier échevin d'Evreux.

Le 13 juin, décéda Pierre Hayet, drapier, âgé de 88 ans ; on l'inhuma dans le cimetière.

Le 15, Me Pierre-Benoist Calais, avocat au Parlement, ci-devant lieutenant du bailliage vicomtal de Brionne, se présenta en l'audience du bailli du duché et lui demanda l'enregistrement de lettres de provision pour la charge d'avocat et procureur fiscal au siège d'Elbeuf, à lui données à Paris, le 29 mai précédent, par la comtesse de Brionne, comme procuratrice du prince de Lambesc son fils. Conformément aux conclusions de Louis Grandin, lieutenant du duché, Calais fut reçu en ses nouvelles fonctions, après avoir prêté serment.

Le brevet suivant fut lu et enregistré au bailliage d'Elbeuf, quelques jours après :

« Aujourd'huy 28e juin 1773, le Roy étant à Versailles, sur le compte qui a été rendu à Sa Majesté de la conduite, de la capacité et expérience qu'a acquis dans l'art de la chirurgie et de la pharmacie le sieur Jacques Marest, maistre en chirurgie de la ville d'Elbeuf, où il exerce conjoinctement ces deux professions depuis huit années consécutives, à la satisfaction de tous les gens de l'art et des citoyens de la ville d'Elbeuf, et voulant empêcher qu'il ne soit troublé dans l'exercice desdites professions, d'autant plus compatibles l'une avec l'autre que ledit sieur Marest a fait conjoinctement et séparément toutes les études qui y sont relatives ; Sa Majesté luy a permis et permet d'exercer conjoinctement la chirurgie et la pharmacie dans ladite ville d'Elbeuf, sans que pour raison de ce il puisse luy estre imputé de contrevenir aux Ordonnances, Statuts et Réglements desdites deux communautés, ny qu'il puisse estre troublé par les sindics d'icelles. Et pour assurance de sa volonté, Sa Majesté m'a commandé luy expédier le présent brevet, qu'elle a signé de sa main et fait contresigner par moy conseiller secrétaire d'Etat et de ses commandements et finances. — Louis ». Et au dessous : « Philippeaux ».

M. Frère signale l'existence d'un manuscrit *in-folio* de cinquante-deux pages, par F.-D.-P. Latapie, portant pour titre : « Voyage de Rouen, ou Observations sur l'état actuel des arts et manufactures de Rouen, Elbeuf, Louviers, Andely et Evreux, faites dans les mois de mai, juin et juillet 1773 ».

Vers ce temps, l'abbé Grésil, chanoine de l'église de Rouen, intercéda en faveur d'un individu de la Bouille, condamné à la requête des fabricants d'Elbeuf. La Communauté répondit qu'elle ne pouvait « user d'indulgence sans autoriser, en quelque sorte, les vols et les brigandages qui se commettaient chaque jour dans la fabrique d'Elbeuf ». Et comme les gardes ne pouvaient suffire à poursuivre les malfaiteurs, tant ils étaient nombreux, l'assemblée décida de nommer un procureur, pour terminer les divers procès entamés. Elle fit choix de Durand, greffier de la haute justice d'Elbeuf.

Jacques François Vallon de Boisroger, inspecteur pour le roi des manufactures de Normandie, à la résidence d'Elbeuf, constitua, le 26 août, un titre de rentes de 150 livres, en faveur de Jacques-Michel, son fils, pour lui faciliter de parvenir aux ordres sacrés.

Au 19 septembre, M° Thomas Pelfrenne, avocat à la cour, demeurant à Elbeuf, était « postulant au siège de la haute justice du duché ».

Le 6 octobre, dames Louise Bourdon dite de Sainte-Thérèse, supérieure des Ursulines ; Jeanne Onfroy dite de Saint-Stanislas, assistante, et Geneviève Sevaistre dite de Sainte-Claire, dépositaire, baillèrent à ferme des terres que le monastère possédait à Incarville.

A cette époque, Guillaume-François Lecarbonnier, originaire de notre localité, était curé de la Huanière, près Beaumont ; nous le trouvons mentionné dans un acte, avec Louis Dantan, jardinier du duc d'Elbeuf, demeurant rue Saint-Etienne.

Une autre pièce concerne « M. Jean de la Rue, ancien garde du corps de Sa Majesté, chevalier de l'ordre royal et militaire de Saint-Louis, capitaine de cavalerie » et M° Jean-Pierre Lenoble, vicaire de Saint-Jean.

Le 18 de ce même mois, décéda Pierre Maille, drapier, à l'âge de 74 ans ; on l'inhuma dans l'église Saint-Jean.

La ferme de la Cerisaie appartenait alors à la veuve de Jacques Grandin, qui l'avait baillée à loyer moyennant 650 livres par an ; mais le fermier, s'étant trouvé dans l'impossibilité de la faire valoir, en fit remise à la propriétaire le 19 octobre. Cette ferme consistait en une masure contenant deux acres, plantée d'arbres fruitiers, close de haies vives et de murs en pierre et bauge, sur laquelle masure étaient plusieurs bâtiments tant à usage de maître que de fermier ; elle comprenait en outre neuf acres de terre labourables et cinq acres de prairies. La ferme de la Cerisaie fut rebaillée à loyer, le 20 octobre, à raison de 850 livres, plus des journées de cheval, par an.

Pierre Grandin aîné et Benoist Delarue, fabricants, gardes en exercice de la Communauté des fabricants de draps d'Elbeuf, donnèrent procuration, le 23 novembre, à Prosper Durand, greffier de la haute justice et de ladite Communauté, pour recevoir les arréages de deux parties de rentes dues à la corporation, la première de 600 livres, qui se percevait sur les recettes des tailles de Pont-de-l'Arche ; la seconde de 300 livres, sur le receveur des domaines et bois de Rouen.

Le commencement d'une pièce, datée du 15 décembre, est ainsi conçu : « Bonaventure Delastre, maître serrurier à Elbeuf, adjudicataire des ouvrages à faire à la nouvelle route pour ce qui concerne la portion à laquelle la ville d'Elbeuf est imposée, suivant l'adjudication passée par devant M. Dagomer, subdélégué de Monseigneur l'Intendant, ce jourd'hui, à la caution du sieur J.-B. Hannoy, menuisier à Elbeuf, constitue pour son procureur général et spécial le sieur Vincent Védie, entrepreneur de ponts et chaussées, demeurant à Freneuse ».

Mᵉ Jean Poulain, prêtre de Saint-Jean, acheta, en 1773, la seigneurie de la Pyle, près le Neubourg, de Pierre Guenet de Saint-Just, conseiller honoraire au Parlement.

La chapelle Saint Roch, aujourd'hui Saint-Louis, à l'église Saint-Etienne, menaçant ruine, on la consolida « au moyen d'un pilier et d'un contrefort arc-boutant, sous la direction du sieur Chefdrue, architecte ».

Cette année-là, la fabrique de Thuit-Anger paya à Duval, menuisier à Elbeuf, « la somme de 100 livres et 20 livres que M. le curé a bien voulu donner pour aider au parfait payement de deux stalles et sièges placés dans le chœur ».

Les archives municipales concervent « les noms de MM. les fabriquants d'Elbeuf, suivant leur rang, année 1773 ». Nous en trouvons 4 du nom de Bérenger, 8 de celui de Grandin, 6 Delarue, 4 Bourdon, 2 Delacroix, 4 Godet, 6 Quesney ou Quesné, 2 Leroy, 6 Flavigny, 1 Le Clerc, 1 Frontin, 1 Dupont, 2 Lefebvre, 1 Couturier, 2 Sevestre, 4 Duruflé, 1 Lejeune, 2 Maille, 1 Dugard, 1 Chéret, 2 Louvet, 1 Lebourg, 1 Patallier, 1 Menaige, 1 Gosset, 2 Hayet et 1 de nom illisible, soit au total 68 manufacturiers.

Le registre des vingtièmes pour l'année 1774, conservé aux Archives du département, nous fournit l'indication des revenus de tous les propriétaires d'Elbeuf ; nous n'en relèverons que quelques-uns :

« Paroisse Saint-Jean :

« M. de l'Epinay, curé, un presbytaire 100 livres ; pension congrue payée par M. l'abbé de Saint-Taurin 700 livres ;

« La fabrique de l'église, terres louées, 354 livres, 35 sols, 8 deniers ;

« La confrérie de Saint-Jean, une maison, 30 livres :

« L'hôpital d'Evreux, une maison hospitalière, 300 livres, et une masure, louée 308 livres ; une autre maison, louée 275 livres ;

« Une rente due à l'hôpital d'Elbeuf, 140 livres ; une rente foncière de 26 livres, dont 20 au trésor de Saint-Etienne et 6 au trésor de Saint-Jean ;

« Le prince de Lambesc paye 377 livres au chapître de la Saussaye, 10 livres à l'abbaye de l'Isle-Dieu et 150 livres à l'église Saint-Etienne.

« Robert Bidois paye une rente de 40 livres à l'hôpital d'Elbeuf.

« Nicolas Godet paye 42 livres au trésor de Saint-Jean, et Pierre Patallier 25 livres.

« Paroisse Saint-Etienne :

« L'hôpital d'Elbeuf, trois maisons rapportant 377 livres, et une autre 48 livres.

« Les dames Ursulines, manoir et clos, 300 livres ;

« La dixme du curé, 300 livres ;

« L'hôpital des pauvres, deux corps de logis, 600 livres ;

« La chapelle Sainte-Marguerite, un clos, 60 livres ;

« L'abbé Dauphin, chanoine, un corps de bâtiments, 50 livres ;

« Duhamel, curé, un presbitaire et terres louées, dixme, 510 livres ;

« La fabrique de l'église, terres louées, 12 livres ;

Les religieuses Ursulines, maison conventuelle, 400 livres, douzième déduit ; maison et terres louées, 1.184 livres ;

« Les dames religieuses d'Harcourt, terres louées, 296 livres.

« La confrairie de Saint Jacques, une maison, 26 livres ;

« L'Hôpital général d'Elbeuf, une rente, 152 livres ;

« Les dames Ursulines, une rente, 75 livres ;

« Le trésor de Saint-Etienne, une rente à lui due, 22 livres, une autre rente 8 livres... »

On trouve aux Archives municipales, le rôle pour la corvée des chemins, pour chacune des paroisses Saint-Jean et Saint-Etienne, y compris les hameaux du Buquet, de la Chouque et des Ecameaux.

La paroisse Saint-Etienne comptait alors 32 fabricants de draps, 3 basdestamiers, 1 siamoisier, 7 maîtres teinturiers, 1 collier, 1 marchand d'urine, 1 avocat, 1 chirurgien, 2 armuriers, 2 joueurs de violon, etc. Il y avait 4 écoles : elles étaient tenues par les sieurs Duboc et Lebel, et les dames Lothon et Naudé. — Louis Delaporte était fermier de l'hôpital. Cinq contribuables furent exemptés de l'impôt de capitation, l'année suivante, parce que leurs immeubles avaient été incendiés.

Charles Fréret, conseiller du roi, élu à Pont-de-l'Arche, propriétaire de la sergenterie de l'Eau du duché, s'étendant depuis le Pont-de-l'Arche jusqu'au Gravier d'Orival, demanda au duc d'Elbeuf de l'autoriser à prendre un commis pour sa sergenterie. Il fut fait droit à sa demande le 18 janvier.

Des pluies abondantes, survenues les 15, 16 et 17 février, causèrent d'assez graves dégâts dans notre contrée, notamment dans la vallée de l'Oison. L'église de Saint-Ouen-du-Poncheuil, bâtie au lieu appellé maintenant

« le fond du Montpoignant » et dont le cimetière n'a complètement disparu que dans ces dernières années, fut envahie par les eaux sur une hauteur de six à huit pouces, qui laissèrent après leur retrait une épaisse couche de vase ; ce que constata le notaire d'Elbeuf, appelé par Jean-Baptiste Leclerc, curé, et les membres de la fabrique paroissiale.

Un déversement du mur et des piliers qui s'était produit à la collatérale de la Vierge de l'église Saint-Jean, faisait craindre une nouvelle chute de l'édifice. Comme le trésor paroissial possédait alors une somme de 17 à 18.000 livres, on songea non seulement à entreprendre la démolition du mur et des piliers de cette collatérale et leur reconstruction avec arcs-boutants au dehors, mais encore à un pareil ouvrage de l'autre côté.

Il est cependant vrai, dit François Dupont, « que, lors de l'adjudication, on étoit décidé à conserver le mur de la collatérale de Saint-Nicolas, qui étoit bien droit et fort bon, comme on peut le voir par ce qui en reste ; mais, depuis l'adjudication, on observa deux choses : la première, que la forme de voûte que l'on adoptoit exigeoit, pour la solidité, des piliers et arcs boutants, ce qui entraîneroit une dépense assez considérable pour les fonder et les lier à l'ancienne muraille, et qu'en la conservant, on économiseroit peu de chose ; la seconde, que, par la largeur donnée à la collatérale de la Vierge, elle se trouvoit de quatorze à quinze pouces plus large que celle de Saint-Nicolas, et que dans un édifice aussi beau et aussi considérable, la régularité devoit être la première loi.

« On se détermina donc à démolir cette muraille ».

Le lundi 2e février 1774, il fut procédé par devant Louis Thiroux de Crosne, intendant de la généralité de Rouen, à l'adjudication au rabais des travaux de reconstruction nécessaires à l'église Saint-Jean d'Elbeuf, sur une longueur de 54 pieds environ « à prendre depuis la partie neuve vers le portail jusqu'aux pilliers du chœur, sur la largeur de 57 pieds dans œuvre ; scavoir : la nef de 20 pieds et les bas-côtés d'environ 13 pieds 6 pouces ; la nef 45 pieds 6 pouces de hauteur, sous clef, et les bas-côtés 29 pieds 3 pouces, voûtés en voûte d'arrêtes en pierre de Saint-Leu, avec des arcs doubleaux et clefs saillantes, formants des plattes bandes ravalées sur toute la longueur des voûtes, nef, bas-côtés et lunettes, le tout sous la conduite, direction et conformément au devis qui en a été dressé par le sieur Gilbert, architecte à Rouen, duquel devis il sera donné communication au bureau de l'Intendance... ou chez le sieur Bernard Delarue, demeurant à Elbeuf, trésorier en charge de ladite paroisse ».

L'article premier comprenait la démolition de la couverture en tuile, tant sur le comble de la nef que sur ceux des bas-côtés ; la tuile rangée sur les parties de voûte restant vers le portail, ou descendue dans le cimetière ; la démolition des voûtes, murs et piliers de la nef, ainsi que celle des voûtes, murs et piliers butants des bas-côtés, et l'enlevage des fondations à deux pieds de profondeur : les matériaux de ces démolitions rangés pour ne point gêner la voirie.

L'article 2 comprenait la reconstruction en

maçonnerie : « Le mur du bas côté de gauche en entrant dans l'église sera reculé et mis d'alignement à celui nouvellement fait vers le portail ; pour cet effet, il sera construit en fondation, deux arcades en décharge à contre-sens l'une sur l'autre, dans chaque travée qui sont au nombre de trois. Elles seront prises en coupes sur les murs de fondations, entre les gros pilliers buttants de ce côté ; elles formeront toute l'épaisseur du mur qui est d'environ 4 pieds, et auront au moins 18 pouces de coupes : l'extradose de l'arcade supérieure fera le niveau du dessous du pavage du rez-de-chaussée de l'église.

« De ce même côté, il sera fait trois pilliers buttants de 2 pieds et demi d'épaisseur sur 3 pieds de saillie, pris au nud desdits pilliers, au dessus des retraites ; il sera observé dans chaque trumeau les saillies des corps de pilastres intérieurs, tels qu'elles sont pratiquées vers la chapelle des fonts, et une porte de 6 pieds de largeur pour communiquer dans le cimetière.

« Les trois pilliers des arcades qui séparent la nef d'avec ce bas côté seront fondés de deux assises de pierre en contrebas du pavage de l'église, sur lesquelles s'élèveront les murs de retraites desdits pilliers ; ils seront chacun de 5 pieds 6 pouces de large sur 4 pieds 9 pouces d'épaisseur, et formeront des pans arrondis dans les angles, tel que celui nouvellement construit en face d'un de ceux de la chapelle des fonts ; ils auront aussi 4 pieds de hauteur de dessus la retraite jusque sur le pavage de l'église.

« Le même ouvrage sera fait aux trois autres pilliers opposés de ladite nef, faisant le côté droit d'icelle en entrant dans l'église, et à celui en face du pillier dernièrement construit dans ladite nef ; il y sera fait les incrustements et repaississements nécessaires pour lui procurer la même décoration que celle de son oposé correspondant. Les mêmes repaississements seront faits aux deux pilliers qui séparent le chœur d'avec la nef, afin que cette nef et les bas-côtés reçoivent la même décoration qui subsiste dans l'ouvrage neuf vers le portail.

« Le mur du bas-côté à droite en entrant dans l'église sera refait comme son opposé, avec une porte donnante dans le cimetière, à la réserve des arcades en fondation qui ne seront point nécessaires, attendu qu'il sera placé sur ces mêmes fondations, et en construisant seulement deux assises si besoin est ; il aura les même hauteur et épaisseur que celui de l'autre bas-côté ; il sera cependant d'une travée plus longue, vu qu'il n'a été reconstruit de ce côté que l'arc buttant de la travée ensuite du clocher, au lieu que, de l'autre côté, il y en a deux travées de faites, dans l'une desquelles est observée une chapelle des fonts : à ce moyen, il y aura quatre pilliers buttants à faire comme ceux du mur de l'autre bas-côté.

« Sur ces murs de retraite s'élèveront les murs des bas-côtés et les pilliers buttants dans la hauteur de 29 pieds, compris deux assises en pierre dure pour les couronner, la dernière desquelles sera taillée en gouttière de 4 pouces au moins de profondeur sur 20 pouces de large, posés en ciment à joints recouverts pour recevoir les eaux des combles desdits bas-côtés ; il sera observé dans celui à gauche trois bayes de croisée de chacune 7 pieds 6 pouces de largeur sur 15 pieds 9 pouces de haut, dans la même forme de celles qui existent dans l'ouvrage neuf proche les fonts, et dans celui de droite, cinq autres bayes de la même largeur, hauteur et décoration de celles ci dessus. La croisée qui est sous le clocher sera démolie pour être reconstruite conformément à celle qui lui est oposée à gauche de la chapelle desdits fonts. On observera dans la construction des susdits murs les naissances, retombés et harpes pour recevoir tant les voûtes que les lunettes des susdits bas-côtés.

« Les six pilliers des arcades de la nef s'élèveront comme les susdits murs, de même que les repaississements des septième et des deux séparant le chœur d'avec la nef, en observant également les naissances, retombés et harpes pour les voûtes et lunettes desdits bas côtés, ainsi que les saillies et avant-corps des pilastres, impostes et archivoltes, tels que ceux du pillier en face de celui à droite de la chapelle des fonts.

« Au-dessus des arcades, qui seront d'environ 9 pieds de large sur 26 de haut, s'élèveront les murs de la nef, dans lesquels seront observées les saillies des bossages, des chapiteaux corinthiens, celles des architraves, corniches et archivoltes, conformes aux profils qui seront donnés par l'architecte, dans lequel cas ceux existant vers le portail seroient reformés et refaits semblables à ceux que l'architecte donnera. Il sera aussi observé deux assises en pierre dure dans lesdits murs formant encorbellement sur les voûtes des bas-côtés, dont la dernière sera taillée en gouttière pour recevoir les eaux tant des combles de la nef que celles des bas-côtés, lesquelles eaux se rendront par deux goutières en pierre, de même construction que celles ci-dessus, qui traverseront sur les voûtes desdits bas côtés pour se rendre dans les goutières dont il a été parlé ci-devant aux murs des susdits bas-côtés, le tout conformément à ce qui est exécuté dans la partie neuve. Au-dessus de ces goutières continuera l'élévation des murs de la nef, qui sera d'environ 47 pieds, à prendre de dessus les retraites jusque sous les plattes-formes du grand comble de la nef ; ces murs seront également couronnés de deux assises en pierre dure, dont la dernière sera taillée en goutière. On observera au-dessus des arcades huit bayes de croisée semblables à celle vers les fonts et à celle donnante dans le clocher ; il y sera observé une fausse croisée, conformes aux précédentes, qui seront chacune de 6 pieds 6 pouces de large sur 10 pieds 6 pouces de haut ; on laissera dans lesdits murs les naissances, retombés et harpes pour recevoir la voûte et les lunettes de la nef.

« Ensuite seront faites les voûtes des nef et bas-côtés, telles qu'elles sont exécutées vers le portail ; elles prendront depuis l'ouvrage neuf, vers ledit portail, jusques et compris la travée recordante avec les pilliers du chœur ; celle du bas-côté à droite sera d'une travée plus longue, en ce qu'elle comprendra celle recordante avec le clocher. Toutes ces voûtes seront de 8 à 9 pouces d'épaisseur en leurs clefs, et plus si celles dernièrement faites se trouvent plus épaisses.

« Il sera fait neuf arcs buttants extérieurs, pour contenir la poussée de la voûte de la nef ; scavoir, quatre à gauche de la nef et cinq à droite ; ces arcs buttants seront construits de façon à former un quart de cercle ou un quart d'élipse, dont la clef buttera et se reliera avec le corps du mur de la nef. La naissance de l'intradose desdits arcs sera à plomb, de l'intérieur des murs des bas-côtés, avec un mur de culée de 8 pieds 1/2 de haut, qui s'élèvera à plomb de l'extérieur des pilliers buttants ; le tout sera couronné par une assise en pierre dure taillée en coupes et en bahut par dessus, ou avec un refouillement en goutière conformément à ceux dernièrement faites ».

L'article 3 est relatif aux gros fers : « Il sera placé cinq chaînes de fer sur les voûtes de la nef dans chacun des trumeaux ; ces chaînes seront composées de chacune quatre barres de fer quarrées de 18 lignes, assemblées et retenues l'une avec l'autre par des talons et des moëses serrées avec des coins en fer. Les deux premières qui passeront dans le mur de la nef, auront un œil soudé d'un bout, à travers duquel passera une ancre en fer de 5 pieds de long, de 2 pouces quarrés, battu dans la pierre aux deux tiers hors-d'œuvre de l'épaisseur du mur de ladite nef.

« Il en sera fourni neuf autres sur les voûtes des bas-côtés, composées chacune de trois barres arrêtées et retenues comme celles ci-dessus par des talons, moëses, coins, œil soudé et ancres de 5 pieds, battus les uns dans les piliers de la nef et les autres dans les murs des bas-côtés.

« Il sera posé six étriers de fer plat de 6 lignes d'épaisseur et de 2 pouces de large, pour soutenir les entraits et les poinçons du grand comble ; ils auront au moins 18 pouces de longueur de branche le long des poinçons, avec un talon à chaque bout, arrêtés sur les poinçons avec deux clous et un bouton à tête et clavette, qui traversera les branches des étrillers et poinçons.

« Il sera fourni dix colliers de fer pour les tuyaux de descente, suivant l'usage ordinaire, de même que cinq potences pour les goutières, avec plattes-bandes et équerre en fer pour suporter et entretenir lesdites goutières ».

L'article 4 concerne la charpente : « Il sera fait quatre fermes pareilles à celles qui existent vers le portail; sçavoir une pour le raccordement du chœur avec la nef ; elles seront composées d'un entrait, un poinçon de 18 pieds, deux arbalétriers, deux branches ou demi-entraits et quatre bouts de faîte de 14 pieds de long.

« L'ancienne charpente sera mise en chantier pour la travailler et la rendre conforme à celle dernièrement faite vers le portail; tous les chevrons seront de portant ferme, tels qu'ils sont de présent, et les quatre travées à reconstruire augmentées chacune de quatre chevrons, n'en ayant actuellement que huit dans chaque travée.

« La charpentes des deux bas-côtés sera aussi mise en chantier, notamment celle de la sous-aile à gauche, afin de la rendre conforme à ce qui est exécuté le long de la sous-aile à droite, c'est-à-dire qu'elle formera un comble à deux égoûts, composé d'une ferme sur chaque trumeau, et les chevrons seront à quatre sous-lattes...

L'article 5 a trait à la couverture des combles, qui devront être lattés de neuf avec des lattes en cœur de chêne sans aubier. La tuile sera tiercée dans sa longueur et suivra le même pureau que celle vers le portail.

L'article 6 comprend la menuiserie : « Il sera fait deux portes à deux battants en bois de chêne d'Hollande, pour communiquer des sous-ailes dans le cimetière. Ces portes seront d'assemblage avec panneaux arrasés par le dedans, attiques et parquets ; les bâtis seront de 2 pouces d'épaisseur, le tout conforme au dessin que donnera l'architecte.

La serrurerie fait l'objet de l'article 7 : « Les deux portes ci-dessus seront ferrées avec pentures à équerres haut et bas sur les battants de fermeture, verrouils à ressort, serrures à deux tours et deux verroux de travers montés sur platine avec valets...

« Il sera fait neuf vitraux en fer pour les croisées des sous-ailes, tels que ceux qui sont de présent aux deux côtés de la chapelle des fonts..., avec un panneau ouvrant de deux croisées en deux croisées.

« Il en sera fait sept autres pour les croisées de la nef de même échantillon, façon, quantitité de vergettes et boulons à clavettes de celles qui existent de présent au-dessus de la travée de la chapelle des fonts ; il en sera peinte une dans le corps du clocher correspondante à celle de la nef ».

L'article suivant est relatif à la plomberie, comprenant cinq tuyaux de descente pour recevoir les eaux du grand comble de la nef, et cinq goutières en plomb pour jeter les eaux dans le cimetière.

L'article 9 a pour objet la vitrerie : « Les seize vitraux dont il est parlé dans l'article 7 seront garnis de panneaux de verre en plomb, dans le même genre de ceux qui existent près la chapelle des fonts, en faisant servir les vitraux peints de deux en deux dans les croisées des bas-côtés, la fabrique se réservant les susdits vitraux peints qui sont actuellement dans les bas-côtés ; elle rendra à l'entrepreneur la quantité qui se trouvera de ces vitraux peints pour exécuter le présent article; le surplus restera au profit de ladite fabrique, en ce qui concerne seulement les verres peints, les autres devant être fournis par l'entrepreneur.

L'article suivant règle la peinture d'impression des fers des vitraux, tuyaux de descente, etc.

L'article 11 porte que toute la pierre dure sera la meilleure des carrières de Caumont, sans bizet dans les parements... Toute la pierre tendre sera de Saint-Leu... Toute la charpente sera en chêne... Tous les fers proviendront de Conches...

L'article douzième et dernier est beaucoup plus intéressant : « Seront faits tous les ragréments tant intérieurs qu'extérieurs, et les moulures des entablements, archivoltes, impostes, bases de pilastres et autres conformément à ce qui existe vers le portail...

« La sculpture des chapiteaux corinthiens intérieurs sera à la charge de l'entrepreneur ; ils sont au nombre de douze, en y comprenant ceux qui seront raportés par incrustement au pillier qui suporte le clocher et à ceux du chœur ; celle des quatre chapiteaux du même ordre au portail sera à la charge dudit entrepreneur, ainsi que les deux agraffes sur les portes des collatéraux, le couronnement des croisées au-dessus desdites portes composé de têtes de chérubins et de nuages, le bas-relief au-dessus du vitrau du milieu dudit portail composé d'une figure de la Religion assise sur des nuages et tenant une croix dans ses bras, ou de deux génies d'anges tenant une croix avec une banderolle où sera écrit : Agnus Dei qui tollis, etc. Les modillons seront aussi finis dans la corniche du portail, tels que l'exige l'ordonnance corinthien, ainsi que le restant des moulures qui sont à pousser tant dans ladite corniche qu'aux chambranles des portes et croisées, reboucher aussi les trous de chantier laissés lors de la construction du portail, et fournir deux vases en pierre sur le couronnement des deux pilastres des bouts du portail ».

La fabrique s'engagea à faire démonter les bancs, chaire à prêcher, banc-d'œuvre, vitraux, porte-christ, stalles et autres meubles qui pourraient être endommagés dans le travail, et de payer à l'entrepreneur la somme de 20.000 livres pendant le cours de la bâtisse. « Le surplus du prix auquel montera l'adjudication sera payé suivant les termes qui seront fixés par l'arrêt du Conseil qui interviendra.

« L'entrepreneur s'obligeant de rendre ladite église couverte à Noël de l'année 1774, et de suite faire les voûtes pour rendre le tout fait et parfait et nettoyé de vuidange tant à l'intérieur qu'à l'extérieur, afin que le tout soit débarrassé pour la fête de Saint-Jean-Baptiste de l'année 1775, le tout à la garantie de l'entrepreneur pendant quinze années, sauf les cas fortuits ou évènements imprévus ».

L'adjudicataire fut d'abord Chefdrue, entrepreneur à Elbeuf, moyennant 51.000 livres ;

mais par un « tiercement » signé le 2 mars suivant, l'entreprise fut définitivement adjugée au sieur Delaroche, de Lisieux, pour la somme de 45.000 livres.

On commença à démonter les vitraux le lundi 7 mars 1774. Il était convenu suivant le devis « que l'on ne feroit que des feintres entre les gros arcs boutants pour porter la muraille du côté gauche, côté par lequel on a commencé, et bâtir sur les anciens fondements desdits arcs boutants, mais l'on s'est aperçu que ces anciennes fondations ne seroient pas suffisantes pour supporter l'édifice, ce qui a donné l'occasion de faire des fondations en neuf qui ont été creusées dans la profondeur de 10 pieds ou environ jusqu'à la hauteur du pavage de l'église. On a placé dans le fond, sur la terre ferme, un lit de cailloux sur lequel on a posé la première pierre, le mardi 26 avril 1774, dans la largeur de 6 pieds, sur la longueur de l'ouvrage à faire », écrivit un contemporain.

En mars, la justice d'Elbeuf eut à s'occuper d'un vol considérable commis au château de la Lande, sis à Grostheil, appartenant à madame d'Ernemont.

A cette époque, Marie-Louise Grandin, fille de « feu Jacques-Henri Grandin et de Jeanne de Montès Gonnès de Sandoval », née en Espagne, dont nous avons déjà parlé, habitait le couvent de Saint-Louis à Rouen.

En ce même temps, Louis Grandière était « maître à danser » à Elbeuf.

Le bailli d'Elbeuf fit écrire ce qui suit, le 9 avril, sur les registres de la haute justice :

« Sur ce qui nous a été représenté par le procureur fiscal que différents propriétaires, pour curer leurs retraits ou fosses, font, au mépris de notre ordonnance de janvier 1773, déposer dans les rues de ce lieu les vidanges de ces mêmes retraits ou fosses, pour les faire conduire à la rivière par le secours de l'eau du moulin de Saint-Étienne, ce qui cause un préjudice considérable, non seulement à la commodité, mais encore à la santé des habitants de ce lieu.

« Pour y remédier, le procureur fiscal requière qu'il soit ordonné que lesdits retraits ou fosses ne puissent estre curés dorénavant sans congé ny permission de justice ; que les vidanges de ces retraits soient portées à la rivière ; que deffenses soient faittes aux propriétaires de souffrir que lesdites vidanges soient déposées dans les rues pour les faire conduire à la rivière par les eaux du moulin..., à peine de 50 livres d'amende. Que deffense soit pareillement faite aux meuniers de lâcher l'eau dans la rue pour faciliter l'enlèvement desdites vidanges qui y auroient été déposées... » etc. Le bailli rendit une ordonnance conformément aux conclusions du procureur fiscal.

Pierre-Marc-Antoine de Languedor, chevalier, marquis du Bec-Thomas, comte d'Averton, président au Parlement, gouverneur de la ville d'Aumale, avait, le 17 avril précédent, à la suite du décès de Jean Saas, prêtre, dernier titulaire, présenté à la chapelle Sainte-Marie, érigée dans la cour du manoir seigneurial du Bec-Thomas, la personne de Jacques-François Routier du Parc, prêtre de Saint-Jean d'Elbeuf, pour obtenir ce bénéfice ; mais, le 2 mai suivant, le marquis revint sur sa décision, et, par un acte passé dans notre ville, annula la présentation qu'il avait faite, laquelle pourrait, dit-il, être considérée comme irrégulière et nulle. Témoins : François-Louis Bigot, ancien syndic des avocats au Parlement, et Jean-Joseph Noël, contrôleur des titres à Elbeuf.

Chaque fois que le bailli modifiait la taxe du pain, le sergent de la haute justice, accompagné du tambour de ville, parcourait les carrefours et publiait le nouveau tarif ; mais tous deux se faisaient payer cette publication par les boulangers, ce qui était un abus.

Quand le bailli fut instruit de ce fait, il fit nettement défense au sergent, à ses commis et au tambour de percevoir aucune somme des boulangers de la ville ou de ceux des environs qui apportaient du pain au marché.

Par devant Robert-Mathieu Cavellet, notaire à Pont-de-l'Arche, comparurent le 19 juin Anne-Henri Le Cordier, écuyer, sieur de Boisenval, conseiller du roy, receveur des tailles de l'élection de Pont-de-l'Arche, et Jacques Fréret, curé d'Heudicourt-en-Vexin, tous deux syndics des créanciers de Thomas Lemaitre, avocat, ancien commis à la recette des tailles de Pont-de-l'Arche, qui, en cette qualité, vendirent plusieurs immeubles sis à Cléon, aux trièges de l'Homme-Mort et des Vallots, appartenant à Lemaître.

A l'audience du 12 juillet, le procureur fiscal représenta au bailli d'Elbeuf que « nonobstant l'ordonnance de ce siège du 18 janvier 1773, les habitants de ce lieu laissent dans les rues tout ce que les ravines apportent, tant en caillou que terre, que cet abus est poussé si loin que depuis trois semaines au moins que cette ville a éprouvé une ravine considérable, plusieurs habitants, qui auroient dû, aux termes de l'article 4 de la susdite ordonnance, enlever ce que la ravine a apporté devant leur porte dans les vingt-quatre heures, sont à commencer à y travailler ; que cette négligence est d'autant plus répréhensible qu'en certains endroits de ces rues, ce qui y a été apporté par la ravine fait un obstacle au cours du ruisseau et une barrière aux immondices qu'il pourroit entraîner, et qui, par leur long séjour nuisent en même temps à la sûreté et au passage des autres citoyens ; que si cet abus a pour cause première la négligence de quelques habitans, il se trouve authorisé par l'inaction, la mauvaise volonté et même la désobéissance du sergent de ce siège, qui, au lieu d'écouter le zèle qu'il doit à ses fonctions, l'obligation de faire exécuter les ordonnances du siège et l'obéissance qu'il doit à ses supérieurs, non seulement voit tous les jours les abus qui s'y passent, mais même malgré les ordres réitérés dudit procureur fiscal, se dispense de marcher les rues et d'assigner ceux qui négligent de les nettoyer.

« Pourquoy requière ledit procureur fiscal qu'il soit enjoint à Fontaine, sergent de ce siège, de veiller que les rues soient exactement balayées les lundis, mercredis, vendredis et samedis, aux heures fixées par l'ordonnance du 8 janvier 1773... »

Le procureur fiscal réclama également l'exécution de l'article 9 de cette même ordonnance, fixant l'heure à laquelle les aubergistes, cuisiniers et revendeurs pouvaient entrer dans le marché. Le bailli fit droit à ses conclusions.

Le 15 de ce même mois de juillet, décéda François-Alexandre Quesné, âgé de 77 ans ; on l'inhuma dans l'église Saint-Jean. — Jacques Joseph-Marie Lenoble, qui joua un certain rôle pendant la Révolution, était déjà vicaire de cette paroisse.

Jean-Baptiste-Jacques-Louis Béranger, vicaire de Calville, fils de Jacques Béranger, fabricant de draps, âgé de 25 ans, mourut à Elbeuf le 26 septembre ; il fut inhumé dans le cimetière Saint-Etienne. A cette époque, Sever Surteau était prêtre en cette paroisse.

Jusqu'à ce moment. les administrateurs de l'hospice avaient été nommés pour quatre années, pendant lesquelles chacun était receveur durant deux ans ; mais il fut décidé que le service serait réduit à l'avenir à deux années, dont une de recette.

Pendant les travaux de l'église Saint-Jean, alors en pleine activité, un grave accident se produisit. Le récit de l'évènement nous a été laissé par Osmont aîné, qui en fut témoin :

« Un très grand malheur est arrivé en ladite ouvrage, le samedi 3 décembre 1774. Des établis qui étaient faits pour faire la voûte de la collatérale gauche, une partie, qui étoit le milieu, ayant manqué, ils étoient au nombre de cinq personnes, qui ont tombé, sçavoir : M. Jacques-Etienne Patallier, prêtre sacristain de ladite église, qui a été légèrement blessé. Le sieur Gabriel Colbry, apareilleur de laditte ouvrage, qui est mort le même jour, âgé de 60 ans, quoiqu'il fut porté à l'hôpital. Le malheur ayant arrivé sur les trois heures après midi, il est mort sur les cinq heures, sans qu'on ne lui ayent pu tirer aucune parole ; il a seulement reçu le sacrement de l'extrême-onction audit hôpital ; il a été rapporté mort de l'hôpital à l'église Saint-Jean, dont il a été inhumé dans le cimetière, contre des petites maisons qu'il avoit bâties pour se loger pendant l'ouvrage de laditte église, et l'inhumation a été faite le 5 du même mois. Il a aussi tombé deux ouvriers de M. Lenoble père, serrurier, dont un des enfants dudit sieur et un compagnon qui a été quinze jours à l'hôpital sans aucune fracture. Et un ouvrier maçon tailleur de pierre qui a été un peu fracturé à une épaule, cependant elle n'a été qu'un peu froissée par une planche en tombant. Ce qui a fait que lesdits ouvrages ont cessé ».

Voici la fin de ces notes sur les travaux de l'église :

« L'ouvrage a recommencé et continué au mois de janvier 1775. L'autre côté de l'église a commencé à être démonté le lundi 27 mars. Dans ce même temps, il a été placé un méridien au dehors de laditte église par M. Bernard Flavigny, le vendredi 7 avril, dont moi Osmont l'aîné je l'ait doré.

« L'on a bâti sur les fondations de l'ancienne muraille, quoique les ayant renforcées au-dessus de bien 2 pieds sous œuvre, l'on a fait neuf les fondations des arcs boutants à 11 pieds de profondeur du rez-de-chaussée dans la même façon de ceux de l'autre côté, et l'ouvrage conduite par Millon, appareilleur, dont la cérémonie de la première pierre a été posée par maître Jean Poulain, prêtre de cette paroisse, le 31 juillet 1774, à sept heures du soir.

« Cette première pierre est celle de la base moulée du premier pillier proche le chœur, du côté droit, faisante face à la grande nef, dont il a été posé une plaque de plomb où est écrit ou gravé dessus et à la hâte : « Le 31 juillet « a été posé cette pierre par Maître Jean Pou-

TOUR DE L'ÉGLISE SAINT-JEAN

« lain, prêtre de cette paroisse. — Maître
« Mathieu Flavigny, curé. — M. Louis de la
« Rue, fabricant, trésorier en charge. »

« Laditte ouvrage finie et agréée, et avoir dit la messe d'action de grâce le vendredi 14 juin 1776, dont laditte messe a été chantée en musique par plusieurs musitiens d'Elbeuf de laditte paroisse et deux étrangers, quoique l'on ayent entré au chœur pour y chanter la première grande messe le dimanche 2 juin, jour de la Sainte-Trinité ».

François Dupont a noté que les travaux de reconstruction faillirent être suspendus au bout de la première année, parce que l'entrepreneur, auquel le trésor n'avait qu'une somme modique à donner et qui n'allait pas au tiers du prix du travail, manqua de fonds et de crédit. « Heureusement, la paroisse possédoit pour lors un généreux citoyen, un vertueux ecclésiastique, M. l'abbé Poulain, des bienfaits duquel la ville et l'église sont remplies.

« Il vint au secours du trésor et de l'entrepreneur, en prêtant gratuitement une somme de 12.000 livres, dont il reçut quatre reconnoissances de la part des trésoriers, pour lui être payées d'année en année après la bâtisse. A sa mort, arrivée le 25 janvier 1780, on n'a trouvé que trois de ces reconnoissances ; son zèle pour l'église et sa générosité l'ayant probablement porté à déchirer le quatrième.

« On observera ici, pour l'instruction de nos arrières-neveux, que tous ces ouvrages ont été faits à neuf, y compris les fondements, à l'exception cependant du pilier au-dessus du gros pilier de la tour et des deux piliers à droite et à gauche de l'entrée du chœur, qui n'ont été que revêtus, les fondements, après les fouilles faites, ayant été trouvés parfaitement bons ».

Nous avons cru devoir publier toutes les notes parvenues à notre connaissance sur la reconstruction partielle de l'église Saint-Jean au siècle dernier, supposant que certains détails pourraient être utiles aux architectes qui, dans l'avenir, seront appelés à faire de nouveaux travaux à cet édifice.

CHAPITRE XX
(1775-1776)

Le Prince de Lambesc *(suite)*. — Les offices municipaux. — La ville rentre dans son octroi. — Dépenses municipales. — Le paupérisme. — Suppression des jurandes. — Jean Louis Maille, avocat, 3ᵉ maire d'Elbeuf. — L'affaire Roussel ; intéressant mémoire ; histoire de l'organisation municipale et des impots communaux. — Un questionnaire de Turgot. — Plan d'administration pour la ville.

A la réunion du corps municipal tenue le 3 janvier 1775, Charles Le Roy, maire, donna lecture d'une lettre du contrôleur général. En conséquence de cette lettre, il avait fait lever au bureau des parties casuelles l'arrêt du Conseil du roi accordant la remise, au corps municipal d'Elbeuf, des charges créées par l'édit de novembre 1771. Le roi enjoignant à la communauté des habitants d'Elbeuf de faire pourvoir desdits offices un « homme vivant et mourant sous le nom duquel seront payés les droits casuels auxquels lesdits offices peuvent être assujettis, le maire prie l'assemblée de nommer l'homme vivant et mourant qu'il convient de faire pourvoir desdits offices ».

Les présents étaient, outre le maire, Pierre-Alexandre Delacroix, Joseph Godet, Delarue de Freneuse, Flavigny, curé de Saint-Jean ; Frérot père, Jacques Lenoble, Jacques Dupont, André Gancel, Calais, Guillaume Blin, avocat et procureur du roi au bailliage de Pont-de-l'Arche, bailli, haut-justicier d'Elbeuf, et Durand, greffier. A l'unanimité, ils désignèrent André Gancel, demeurant paroisse Saint-Etienne.

Nous avons dit que les offices créés par l'édit de novembre 1771, étaient ceux de maire, un lieutenant de maire, deux échevins, deux assesseurs, un procureur, un secrétaire-greffier garde des archives, deux conseillers trésoriers-receveurs mi-triennaux et alternatifs des deniers et revenus patrimoniaux et d'octrois, et deux contrôleurs mi-triennaux et alternatifs des trésoriers-receveurs.

Vers ce temps, la Cour des Comptes de Normandie enregistra sur ses mémoriaux un « arrest du Conseil et des lettres patentes permettant d'acquérir et réunir, au corps de la ville d'Elbeuf, les offices municipaux rétablis par l'édit de 1771 ».

Le 3 mars, le procureur du roi à Pont-de-l'Arche fit signifier aux officiers municipaux d'Elbeuf :

1° Un arrêt de la Cour des comptes, aides et finances de Normandie du 25 février précédent, ordonnant que les officiers de l'élection de Pont-de-l'Arche seraient tenus de déléguer l'un d'eux pour procéder à l'adjudication de l'octroi d'Elbeuf. — Cet arrêt avait été rendu sur la requête du procureur général à la Cour des Comptes, les officiers municipaux de notre localité s'étant refusés de requérir l'adjudication, bien qu'ils y fussent obligés par les réglements.

2° Une ordonnance rendue en l'élection de Pont-de-l'Arche, le 2 mars 1775, commettant pour procéder à l'adjudication de cet octroi le sieur Duval de Marlot, conseiller au siège de Pont-de-l'Arche.

Le 22 du même mois, à la requête du procureur du roi à Pont-de-l'Arche, il fut intimé aux maire et échevins du bourg d'Elbeuf d'être présents à l'adjudication de l'octroi qui devait avoir lieu le lendemain 22.

L'octroi adjugé consistait en six deniers par pot de vin, trois deniers par pot de cidre, deux deniers par pot de poiré ou de bière, vendus à Elbeuf et lieux en dépendant, par les hôteliers, cabaretiers et autres, vendant des boissons en détail seulement, et dix sols par muids de vin en cave au bourg et faubourgs d'Elbeuf. Cette adjudication fut faite pour cinq années et neuf mois, à partir du 1er avril 1775, au profit du sieur Gancel, receveur du tarif d'Elbeuf, moyennant la somme de 1.520 livres par an.

Les archives municipales possèdent une copie d'une requête, sans date, présentée au roi en son Conseil, par Charles-Eugène de Lorraine, prince de Lambesc, duc d'Elbeuf, dans laquelle il revendique l'octroi dont il s'agit, dont il avait joui jusqu'à l'arrêt de la Cour des Comptes de Normandie, du 3 mars 1775, qui en avait ordonné l'adjudication au profit de la ville.

Dans cette requête, le prince exposait qu'en 1636 le roi ayant fait un emprunt des bourgs et villes du royaume, la communauté des habitants d'Elbeuf avait été taxée, pour sa part, à 10.000 livres ; mais que, étant hors d'état d'en faire le payement, elle avait eu recours au duc d'Elbeuf, son seigneur, et que la duchesse d'Elbeuf, qui gérait les biens de son mari, avait prêté les 10.000 livres, à la condition que les habitants lui aliéneraient l'octroi consenti par lettres patentes du 23 juillet 1637, pour en jouir jusqu'à l'acquit de l'emprunt. « Or, dit le duc, il s'en faut de beaucoup que cet emprunt soit acquitté ».

M. de Biville, subdélégué à Pont-de-l'Arche, demanda des renseignements à Elbeuf, par trois lettres, des 30 juin, 2 et 23 juillet 1775.

A l'une de ces lettres, le maire et les échevins d'Elbeuf répondirent que le 28 juillet 1637, Madame la princesse Catherine-Henriette, légitimée de France, duchesse d'Elbeuf, voulant faire quelque chose pour la décoration de son bourg, comme fontaines, quais et autres choses, avait donné à perpétuité, aux habitants d'Elbeuf, 600 livres de rentes à prendre sur les revenus de l'octroi qui lui avaient été abandonnés à titre de remboursement de la somme de 10.000 livres par elle avancée, « pour être employées d'abord à soulager les nécessiteux affligés de la contagion qui pour lors faisoit de cruels ravages dans la ville, et ensuite à la décoration de ladite ville ».

Le maire et les échevins ajoutèrent que la ville avait joui pendant un grand nombre d'années de cette donation ; mais qu'en 1657, Charles de Lorraine, deuxième du nom, duc d'Elbeuf, époux de la princesse donatrice, étant décédé, ses créanciers avaient fait arrêt sur tous ses revenus, comprenant l'octroi, aliéné en 1637. Les habitants d'Elbeuf ayant présenté requête aux commissaires nommés par le roi pour la liquidation de la succession, afin de revendiquer la donation qui leur avait été faite, une ordonnance de main-levée était intervenue à la date du 3 septembre 1668, et que, jusqu'en 1690, la ville avait continué de de jouir de la donation.

A cette époque, dirent encore les officiers municipaux dans leur réponse à M. de Biville, « le roi Louis XIV ordonna qu'à chaque renouvellement du bail des fermes, il serait fait adjudication des octrois concédés aux villes et bourgs ». A partir de ce moment, l'octroi revint en entier à la ville, soit par un supplément de finances donné au prince, soit, ce qui paraît plus probable, que le produit de l'octroi n'équivalant pas aux frais de perception et au paiement de la rente de 600 livres donnée à la ville, le prince en avait fait abandon. Mais en 1705, le prince Henri, duc d'Elbeuf, anéantissant de sa seule autorité la donation de son aïeule, joignit cet octroi à ses domaines, que la ville a réclamé vainement en 1773. En résumé, le maire et les échevins conclurent que c'était à bon droit que, par l'adjudication du 23 mars 1775, le produit de l'octroi faisait retour à la ville.

Peu après, les habitants d'Elbeuf rentrèrent dans la jouissance de cet octroi. La recette, pendant le premier exercice, se monta à 164 livres.

Elbeuf avait des réverbères en 1775. Nous avons en main une liasse dans laquelle se trouve une facture présentée à la ville par Bouvier dit Verdure, chaudronnier, pour réparations faites à ces appareils d'éclairage :

« Ray sous dé trois plaque des reverberre et fournit six porte mêche............ 1 liv. 12 s.
« Payé à Rouen pour les avoir fait er gean tay.......... 19 — »»
« Pour les avoir dé soudé et les avoir ray sous dé et ray montay dant les rayver ber. 16 — »»

Après ce mémoire, nous relevons deux articles dus, par la ville également, à Gamare, apothicaire, pour l'entretien de la « boëte servant aux noyés » :

« 6 gros d'esprit volatil de sel armoniac............... 12 sols
« 1 livre d'eau-de-vie camphrée animée d'esprits volatil de sel armoniac........... 2 liv. 8 —

Vient ensuite une facture de Josse, cordier, pour fournitures diverses faites en cette même année 1775, parmi lesquelles nous noterons deux traits pour tirer la pompe de la ville, des cordes pour les réverbères du port d'Elbeuf, de la porte de Rouen, du Bras-d'Or, de la rue Meleuse, de la porte Féret, du Château, du Couvent, du Coq, etc.

Un mémoire de Heutte, jardinier, s'applique à la fourniture des arbres plantés rue du Cours : 36 livres. — Une autre facture nous apprend que six bancs en bois peints en vert, montés sur pierres, furent placés sur cette promenade.

A cette époque, la pompe à incendie était à la garde d'un chaudronnier de la ville, qui devait l'entretenir en bon état et « la faire jouer » tous les mois devant des délégués de la municipalité.

En cas d'alarme, le pompier devait sortir la pompe, requérir le premier passant venu et la conduire sur les lieux du sinistre.

Les voisins de l'immeuble en feu étaient tenus d'apporter leurs seaux pleins d'eau, de les vider dans la pompe et d'aller les remplir ensuite au plus près pour continuer le service, mais quand les habitants plus éloignés étaient eux-mêmes arrivés, ils prenaient la place des premiers.

Le plus grand soin était apporté par les habitants pour éviter les incendies et il n'y en eut jamais de considérables au siècle dernier.

Le 13 janvier décéda, à l'âge de 62 ans, au manoir presbytéral de Saint-Jean, chez Mathieu Flavigny, son frère, curé de la paroisse, le sieur Louis de Flavigny, écuyer, ancien capitaine au régiment Infanterie-Piémont, chevalier de l'ordre de Saint-Louis. Il fut inhumé dans la chapelle de la Vierge de l'église Saint-Jean, par Me Le Roy, curé d'Amfreville-la-Campagne, en présence du curé Flavigny, de Jean-Pierre Lenoble, vicaire, de Jacques-Etienne Patallier et Dussaussoy, prêtres de la paroisse.

Le 6 mai, le peuple de Louviers, avant l'heure de la grande halle, s'empara des premiers sacs de blé arrivés, dont il offrit un prix en baisse. Les laboureurs qui se dirigeaient vers le marché, ayant été prévenus du mouvement, retournèrent sur leurs pas et se cachèrent. Les cavaliers de la brigade de Louviers se mirent à leur poursuite et les forcèrent à apporter leur blé à la halle ; mais il n'y eut point de pillage.

Le 9 mai, il y eut des murmures au marché de Pont-de-l'Arche ; il en fut de même aux halles de Bourgtheroulde et d'Elbeuf. Le 20 du même mois, à Louviers, un soulèvement faillit éclater ; le blé valait 7 livres 12 sols le boisseau.

En juin, la valeur du blé baissa un peu ; on le vendait à Elbeuf 18 livres 10 sols la mine, et à Pont-de-l'Arche 19 livres 10 sols. Il remonta en juillet. Les autorités de cette dernière ville se plaignirent à Rouen de ce que, pendant plusieurs nuits de ce même mois de juillet, des vagabonds avaient « égorgé » des seigles et des blés dans la paroisse de Poses ; des soldats furent envoyés pour surveiller les récoltes.

Pendant que l'on travaillait à l'agrandissement de l'église Saint Jean, des curieux encombraient le chantier, gênaient les travailleurs et leur présence faisait craindre des accidents. Le bailli fit défense à ces curieux « d'apporter aucun trouble ou empêchement aux ouvriers travaillant à l'église... à peine de dix livres d'amende ».

Dans la nuit du 10 au 11 juin « un quidam fut surpris, sur les deux heures de nuit, faisant remise à la voiture d'Elbeuf à Rouen, de plusieurs ballots renfermant des fils et bouts ; pourquoy M. Constans Bourdon, garde en charge, et M. Pierre Maille le jeune, accompagnés de Me Fontaine, sergent en ce lieu, auroient fait saisir et déposer au greffe de cette ville lesdits ballots, au nombre de quatre ».

Le nommé Delacroix fut arrêté ainsi que sa femme. On trouva chez eux un paquet de fils, et, dans un puits, situé près de leur cuisine, une pouche des mêmes fils. Les fabricants se réunirent le lendemain 12 et donnèrent leur procuration à Constant Bourdon, Bernard Delarue, Mathieu Frontin et Benoît Delarue, gardes, afin de poursuivre au nom de la Communauté les auteurs et complices de ces détournements.

Les signatures figurant au bas du pouvoir nous fournissent les noms des membres de la manufacture d'Elbeuf :

Jacques Grandin l'aîné, François Flavigny-Gosset, J.-B. Delarue, Joseph Flavigny, Louis-Robert Grandin, J.-B. Lecler, Joseph Godet fils, Jacques Béranger, Joseph Godet père, Michel Grandin, David Ménage, Louis Robert Quesné, Louis Béranger, Jacques-Pierre Grandin, J.-B.-Pierre Grandin, Nicolas Louvet fils, Pierre Hayet, Jacques Quesné, Louis Robert Flavigny père, Louis-Robert Flavigny fils, P.-A. Delacroix, Moïse Duruflé, Louis Delarue, Jean-Nicolas Lecouturier, Parfait Grandin, Bernard Flavigny, Louis Sevaistre fils, Mathieu Quesné, Constant Le Roy, Joseph Duruflé, Pierre Dugard, Jacques-Pierre Delacroix, Baptiste Flavigny, Pierre Maille le jeune. Pierre Maille l'aîné, Prosper Godet, Louis-Nicolas Flavigny, Henri de la Rue, Nicolas Patallier, Louis-Joseph Quesné, François Lebourg, Robert Bourdon, Jean Louis Béranger, Alexandre Béranger, Amable Béranger.

Les registres de la haute justice portent à la date du 8 juillet, cette note concernant le sacre de Louis XVI :

« En conséquence du réquisitoire verbalement donné par le procureur fiscal de ce siège, tendant à ce qu'en considération du Sacre du Roy, il nous plaise ordonner que chacun des habitans de cette ville soit tenu à illuminer le devant de sa maison demain dimanche, 9 du présent, à commencer à huit heures et demie du soir jusques à minuit, à peine de 10 livres d'amende contre quiconque desdits habitans qui négligeroit de satisfaire à la sentence à intervenir.

« Nous avons, faisant droit sur la présente réquisition, enjoint à tous les habitans de cette ville d'illuminer ledit jour, demain dimanche, de huit heures et demie du soir à minuit, chacun le devant de sa porte, à peine de 10 livres d'amende... Enjoignons au sergent de veiller à l'exécution de la présente... BLIN ».

Le 31, un nommé Ferrant, maçon à Surtauville, tira un coup de fusil chargé à balle, sur Thomas Gasse, garde des chasses du prince de Lambesc, et le blessa au bras. Enfermé dans la prison d'Elbeuf, Ferrant consentit, le 22 du mois suivant, à payer 2.000 livres au blessé et à sortir du royaume ensuite.

Jean-Mathieu Leforestier, chanoine de la Saussaye et titulaire de la chapelle « Saint-Phélix et Saint-Haut », bailla à loyer pour neuf années, le 20 juillet, à Pierre Mariquier, laboureur, qui les tenait précédemment, les trois acres de terre sises en la paroisse Saint-Etienne appartenant à cette chapelle : « aura ledit preneur doit de curer la carrière où se perdent les eaux à la descente de la coste et d'en porter la terre sur celles présentement louées ; fournira au bailleur tous les ans, un boisseau de grosses noix d'Orival, mesurées comble », et paiera 50 livres de loyer par an.

Mariquier était] également fermier des dîmes de la paroisse Saint-Etienne.

Claude Le Ricque, ancien curé de Petit-Couronne, chanoine de la Saussaye, mourut en son manoir canonial le 3 août, où, le même jour, le notaire d'Elbeuf se rendit pour faire un inventaire, à la requête de Claude-Anne Le Ricque, prêtre, originaire de Rougemontier, en présence de Pierre Danais, maître des enfants de chœur.

La mère du prince de Lambesc adressa cette lettre aux officiers municipaux de notre ville :

« Paris, le 7 octobre 1775.

« J'ay reçu, Messieurs, votre lettre et n'ai pas perdu un moment à m'occuper de vos intérêts. J'ay vu M. l'Intendant. Je verrai M. d'Ormesson. Enfin, je ferai tout ce qui dépendra de moy pour alléger les charges excessives que supportent votre ville. Mon fils et moy, nous désirons vous donner des preuves de notre estime.

« Vous avez dû recevoir une lettre du ministre qui approuve la délibération que vous m'avez remise lorsque j'étois à Elbeuf. J'étois bien sûre de la validité du titre de mon fils. C'est un avantage pour vous autant que c'est une convenance pour luy. Vous m'enverrez donc, messieurs, le procès-verbal et la présentation de trois sujets, sur laquelle il nommera le maire.

« Vous connoissez, Messieurs, tous les sentimens que j'ay pour vous ; personne ne vous honore et ne vous considère plus parfaitement.

« De Rohan, comtesse de Brionne ».

François Flavigny-Gosset, drapier, âgé de 48 ans, mourut subitement, le 11 octobre ; on l'inhuma dans l'église Saint-Etienne. C'était l'un des plus importants et des plus riches fabricants d'Elbeuf, ainsi que le prouve l'inventaire dressé après son décès. Parmi les ouvrages composant sa bibliothèque, figurent *l'Encyclopédie* et plusieurs autres dénotant le goût du défunt pour la littérature et les sciences.

Cette année-là, La Rochefoucauld, archevêque de Rouen, demanda par circulaire aux curés de son diocèse de lui envoyer un état exact des fonds destinés dans leurs paroisses pour le soulagement des pauvres, des établissements formés par la charité et des ressources qu'ils pouvaient trouver.

En général, les curés répondirent que les pauvres étaient nombreux, presque partout abandonnés par les gros décimateurs à la charge des curés, qui eux-mêmes avaient de la peine à vivre ; les paroisses étaient désolées par les mendiants étrangers et presque nulle part il n'y avait de fondations en faveur des indigents.

Voici quelques extraits des réponses faites par des curés des environs d'Elbeuf ; elles donneront une idée de la situation du peuple des campagnes à cette époque.

A Bourgtheroulde, les moines du Bec-Hellouin, gros décimateurs, faisaient une aumône de 72 livres par an.

A Gros-Theil, 800 communiants, 1.300 âmes ; pendant l'épidémie de flux de sang, il y avait eu 700 malades et 150 victimes : « les malades mangeaient la paille de leurs lits, leurs draps ; d'autres se sauvaient et allaient se jeter à l'eau ». Pas de secours de l'abbaye du Bec, qui cependant possédait les grosses dîmes.

Me Duval, curé de Boscherville, répondit que, dans sa paroisse, il n'y avait aucun fonds pour le soulagement des pauvres.

Mᵉ Frémont, curé de Boscroger, exposa que sa paroisse était fort étendue, qu'elle comptait beaucoup de pauvres, qui ne recevaient aucun soulagement de personne : « Je suis hors d'état de leur donner du pain, étant moi-même à portion congrue. A force d'importuner les religieux de Saint-Ouen de Rouen, gros décimateurs, j'ai réussi quelquefois à obtenir d'eux de légers secours. Il serait nécessaire que chaque paroisse nourrît ses pauvres, pour éviter le vagabondage des gens valides. »

Mᵉ Goholin, curé de Cléon, répondit que sa paroisse ne possédait aucune ressource pour les pauvres, dont le nombre était grand, surtout celui des pauvres honteux : « Je connais bien le pays, depuis 54 ou 55 ans que je suis curé. »

Mᵉ Drauguet, curé de Saint-Ouen-de-Thouberville, écrivit à l'archevêque qu'il y avait 450 communiants dans sa paroisse, dont les nombreux pauvres n'avaient d'autres recours qu'à leur pasteur et aux personnes charitables.

Mᵉ Lambert, curé de Sotteville-sous-le-Val, répondit que la paroisse ne possédait aucun fonds de secours, qu'il était la seule ressource de ses pauvres.

Mᵉ Yvelin, curé de la Bouille, fit connaître que les pauvres de sa localité possédaient une fondation produisant 5 livres 5 sols par an.

Enfin, Mᵉ Noyon, curé de Saint-Aubin-jouxte-Boulleng, fit réponse que les pauvres de sa paroisse avaient le profit d'une quête faite chaque dimanche à la grand'messe ; que sa paroisse comptait quinze familles très pauvres. Les autres, ajouta-t-il, « artisans pour la plupart, sont menacés des atteintes de la misère, si l'ouvrage vient à manquer, ce qui arrive souvent, ou s'il survient des maladies. Un grand nombre de malheureux aux prises avec la rigueur d'un dénuement général ; un plus grand nombre encore qui n'en sont éloignés que par la distance qu'il y a de la santé à la maladie : voilà la triste situation de ma paroisse. »

Les autres curés des environs d'Elbeuf et celui de Saint-Etienne de notre ville aussi répondirent très probablement aux questions de l'archevêque, mais leurs lettres ne sont pas parvenues jusqu'à nous. Néanmoins, par celles que nous venons d'analyser, il est facile de se rendre compte de l'état des populations de notre région à cette époque.

Jean-Baptiste Deshayes de la Martinière, conseiller du roi et président au grenier à sel de Pont-de l'Arche, demeurant à Boscroger, vint à Elbeuf, le 11 décembre, où il rencontra Pierre-Gilles Lesieux, chanoine de la Saussaye, lequel, au nom du chapitre de l'église collégiale de Saint-Louis, lui donna à loyer, pour huit années, les grosses dîmes de Boscroger, non compris la dîme des entes, celles des porcs de lait, des bois taillis, des pois verts, ni les dîmes des cantons du Désert et du Marais. Mais celle des fruits, sauf dans le cimetière et les cours du curé et du vicaire, fut comprise dans le bail, consenti pour le prix annuel de 4.500 livres.

Le preneur était tenu, en outre, de faire à divers les rentes suivantes : 40 boisseaux de blé, 50 gerbes, 40 autres boisseaux de blé et 50 gerbes, 18 boisseaux de blé et 18 boisseaux d'avoine, plus une somme de 24 livres à la Charité de Boscroger, 100 sols à l'archevêque,

100 sols à l'archidiacre, 800 gerbes à 104 pour cent au marquis de la Londe, 400 gerbes au chapitre de la Saussaye. Et encore, de fournir aux chanoines, le jour de Saint-Pierre, un quart de bon cidre ; de fournir des chaises, faire nettoyer et aménager l'appartement du chapitre pour recevoir les chanoines. Pour conclure le marché, M⁰ Lesieux reçut du preneur un pot de vin de 450 livres.

Le 14, Jacques Bourdon, conseiller au bailliage de Rouen, fils et héritier de feu Jacques Bourdon, avocat au Parlement, avocat fiscal d'Elbeuf, et de dame Anne-Marie, reconnut devoir au couvent de Sainte-Ursule d'Elbeuf, 150 livres de rente annuelle pour la dot de Louise-Marguerite Bourdon, sa sœur, alors supérieure de cette communauté, suivant un contrat du 23 juillet 1735. Il y avait donc alors au moins 40 ans que Louise Bourdon était dans ce monastère ; son écriture, à cette époque, était extrêmement tremblée, mais très bien formée.

Les charités de Saint-Jean et de Saint-Etienne se prirent de querelle cette année-là et ne purent, jamais depuis, se retrouver ensemble et se prêter un mutuel appui.

M. Maille assure que ces deux sociétés poussèrent parfois l'inconvenance jusqu'à porter et enterrer les morts, violons en tête, verres et bouteilles à la main.

Pierre Constant Bourdon exerça la fonction de garde de la manufacture en 1775. L'empreinte de sa marque, que nous avons sous les yeux, ne laisse voir que trois fleurs de lys ; il est possible, cependant, qu'elle portât une croix de Lorraine en chef et une autre en pointe, entre les emblèmes de France.

Bernard Delarue succéda au précédent, pour l'année 1776. Sa marque, presque complètement effacée, ne permet de reconnaître qu'une fleur de lys et les deux chiffres ..76.

Jacques Bourdon, par acte du 2 janvier 1776, vendit son office de conseiller au bailliage et siège présidial de Rouen, moyennant la somme de 1.500 livres. — A cette époque, Jean-Louis Maille était doyen des avocats d'Elbeuf, et Noël-J.-B. Degenetez, prêtre, habitué à Saint-Etienne.

Le 28 février, Frédéric-François de Nollent, chevalier, seigneur et patron de Limbeuf, se reconnut débiteur envers « Mathieu Racine. sieur des Vallots, demeurant à Elbeuf ».

Par un édit royal de février, enregistré au Parlement de Paris, le 12 mars suivant, les jurandes et communautés de commerce, arts et métiers furent supprimées. Nous ne relèverons que quelques articles de cet édit, prélude de la Révolution :

« Art. I. — Il sera libre à toutes personnes, de quelque qualité et condition qu'elles soient, même à tous étrangers, encore qu'ils n'eussent point obtenu de nous des lettres de naturalité, d'embrasser et d'exercer dans tout le royaume, et notamment dans notre bonne ville de Paris, telle espèce de commerce, et telle profession d'art et métiers que bon leur semblera, même d'en réunir plusieurs : à l'effet de quoi nous avons éteint et supprimé, éteignons et supprimons tous les corps et communautés de marchands et artisans, ainsi que les maîtrises et jurandes. Abrogeons tous privilèges, statuts et réglements donnés auxdits corps et communautés, pour raison desquels nul de nos sujets ne pourra être troublé dans l'exercice de son commerce et de sa profession, pour quelque cause et sous quelque prétexte que ce puisse être.

« II. — Et néanmoins seront tenus ceux qui voudront exercer lesdites professions ou commerce, d'en faire préalablement leur déclaration devant le lieutenant général de police, laquelle sera inscrite sur un registre à ce destiné, et contiendra leur nom, surnom et demeure, le genre de commerce ou de métier qu'ils se proposent d'entreprendre ; et en cas de changement de demeure ou de profession, ou de cessation de commerce ou de travail, lesdits marchands et artisans seront également tenus d'en faire la déclaration sur ledit registre, le tout sans frais ; à peine contre ceux qui exerceroient sans avoir fait ladite déclaration, de saisie et de confiscation des ouvrages et marchandises, et de cinquante livres d'amende...

« XIII. — Défendons expressément aux gardes-jurés, ou officiers en charge des corps et communautés, de faire désormais aucunes visites, inspections, saisies ; d'intenter ou poursuivre aucune action, au nom desdites communautés ; de convoquer, ni d'assister à aucune assemblée, sous quelque motif que ce puisse être, même sous prétexte d'actes de confrairies, dont nous abrogeons l'usage ; et généralement de faire aucunes fonctions en ladite qualité de gardes-jurés, et notamment d'exiger ou de recevoir des membres de leurs communautés aucune somme, sous quelque prétexte que ce soit, à peine de concussions ; à l'exception néanmoins de celles qui pourront nous être dues pour les impositions des membres desdits corps et communautés, dont le recouvrement, tant pour l'année courante que pour ce qui reste à recouvrer des précédentes années, sera par eux fait et suivi dans la forme ordinaire, jusqu'à parfait paiement.

« XIV. — Défendons pareillement à tous maîtres, compagnons, ouvriers et apprentifs desdits corps et communautés, de former aucune association ni assemblée entr'eux, sous quelque prétexte que ce puisse être. En conséquence, nous avons éteint et supprimé, éteignons et supprimons toutes les confrairies qui peuvent avoir été établies tant par les maîtres des corps et communautés, que par les compagnons et ouvriers des arts et métiers, quoique érigées par les statuts desdits corps et communautés, ou par tout autre titre particulier, même par lettres-patentes de nous ou de nos prédécesseurs. »

Le 12 mars, Anatole Leprince, receveur des rentes seigneuriales du duché d'Elbeuf, nomma pour le remplacer dans ses fonctions, Louis Martin, directeur des archives du duché.

Le 15, François Rouvin, âgé de plus de 80 ans, remit sa démission entre les mains du prince de Lambesc de son office de greffier de la verderie du duché, en faveur de François Yves, son petit-fils.

Le 8 avril, Michel Dajon, tourneur, de Tourville-la-Campagne, se reconnut débiteur envers « Messire Jacques-Etienne-Charles-Victor de Flavigny, écuyer, conseiller secrétaire du Roy maison et couronne de France et de ses finances, seigneur châtelain de la Mézengère, seigneur du Plessis-Gaillon, le Fay et autres lieux, demeurant à la Mézengère ».

Le 9, « Louis le Comte, sieur de Montuley,

ancien chirurgien en chef sur les vaisseaux tant de guerre qu'en marchandises, maître en chirurgie, chirurgien major des milices du quartier de la Marmelade, isle et coste Saint-Domaingue, demeurant à Elbeuf », fit une donation de 600 livres de rentes à Marie Fauquet, avec laquelle il se maria. — Sever Surleau était alors prêtre habitué à Saint-Etienne. — Louis Regardenbas est mentionné dans un acte du 15, comme « commis portier pour le tarif d'Elbeuf à la porte de la Croix-Ferret ».

Au 17 avril, Pierre-Philippe de Brezé, écuyer, capitaine à l'hôtel royal des Invalides, demeurant « en la paroisse Saint-Louis de la Saussaye, était plaignant contre l'abbé Flambart, chanoine de la Saussaye, « auteur d'un libelle diffamatoire en vers, publié et répandu ». Le sieur de Brezé fit appeler comme témoin devant Me Blin, bailli d'Elbeuf, le sieur de Reel, aussi chanoine de la collégiale de Saint-Louis.

Jean-Prosper Durand, alors greffier des hautes justices d'Elbeuf, était fils de feu Adrien Charles Durand, ancien maître en chirurgie dans notre ville.

Voici un extrait d'un contrat d'apprentissage, daté du 30 mai : « Pierre Louis Delaplanche, maître perruquier, paroisse Saint-Jean, s'oblige à recevoir chez luy Nicolas Dupont... et de lui enseigner et montrer son état de perruquier... ; lequel Dupont s'oblige d'apprendre de son mieux, d'obéir audit sieur Delaplanche en tout ce qu'il luy commandera d'honneur et de licite, de veiller à la conservation de ses intérêts, et de l'avertir s'il avoit connoissance qu'il luy soit fait quelque tort.

Le présent traité est fait pour trois années, à courir du jour où il sera registré à la Chambre de la communauté des maîtres perruquiers d'Elbeuf. Delaplanche nourrira, logera et chauffera Dupont, et si ce dernier tomboit malade, il devra travailler gratuitement chez Delaplanche, après ces trois ans, pour remplacer le temps perdu pendant la maladie ».

Le 30 mai, Nicolas Roussel, marchand de notre ville, fit donner sommation aux maire et échevins d'avoir à convoquer une assemblée générale des marchands, bourgeois et habitants aux fins de délibérer sur le point de savoir si le tarif devait subsister, ou s'il serait remplacé par la taille.

Le corps de ville n'ayant tenu aucun compte de cette sommation, Roussel et d'autres Elbeuviens présentèrent une requête aux président et conseillers en l'élection de Pont-de-l'Arche, afin d'obtenir mandement pour appeler devant ce siège la municipalité d'Elbeuf et la faire condamner à convoquer une assemblée générale des habitants. Ce mandement ayant été obtenu par Roussel et consorts, ils le firent signifier au corps de ville le 10 juillet, avec assignation à comparaître devant les juges de l'élection de Pont-de-l'Arche.

Le maire et les officiers municipaux demandèrent alors l'avis d'un avocat à la cour des Aides de Rouen ; celui-ci considéra comme mal fondée l'action de Roussel.

Néanmoins, le 22 du même mois, une sentence fut rendue au bailliage de Pont-de-l'Arche, qui, conformément aux conclusions du demandeur, ordonna la convocation d'une assemblée générale des habitants d'Elbeuf, pour délibérer sur l'abolition ou la continuation du tarif. Signification de cette sentence fut faite au corps municipal le 25 juillet.

Le maire Maille informa M. de Biville, subdélégué à Pont de l'Arche, de cette sentence. M. de Biville émit l'avis que l'on devait en faire appel devant le Conseil d'Etat. Il l'informa également des propos injurieux tenus contre le corps de ville par le sieur Asse, avocat à Elbeuf, qui, publiquement, avait dit que le coulage de 10.000 livres, existant dans la perception du tarif, allait au profit de ceux qui géraient la ville, etc.

Dans un mémoire présenté par la municipalité, au sujet de cette affaire, nous trouvons des détails très intéressants :

Elbeuf était alors peuplé de 5.500 habitants, d'après le recensement de 1774. Son sol, très borné, ne devait compter pour rien dans son trafic. C'était à la proximité de Rouen, aux belles et abondantes sources qu'Elbeuf renferme et à l'industrie de ses habitants que cette ville devait son aisance et sa réputation.

En 1708, dit le mémoire, deux fabriques florissaient dans son sein. L'une, de tapisserie de point de Hongrie et de Bergame, qui, malgré le talent des maîtres fabricants, n'avait pu résister à la mode, qui la proscrivit depuis 1740. L'autre, de draperie, dont les produits étaient connus en France et à l'étranger sous le nom de drap d'Elbeuf. « Cette dernière fabrique est si ancienne, qu'après l'avoir suivie pendant 4 ou 500 ans, par les titres et monuments qui existent encore, son origine se perd dans la nuit des siècles ». — Nous aurions bien quelques observations à faire sur ce dernier alinéa, mais nous passons, croyant avoir suffisamment démontré que le tissage des draps, seul, avait pu occuper quelques habitants d'Elbeuf avant le milieu du xve siècle, mais que l'industrie lainière, telle qu'elle existait à Rouen, à Louviers et ailleurs, y était inconnue.

« Ces deux fabriques, par leur nature différente, n'étaient qu'émules et ne pouvoient devenir rivales. Elles seules pourvoyoient à la subsistance de toute la population, qui n'étoit composée que des maîtres, des ouvriers qu'ils employaient et d'un petit nombre d'artisans et marchands chandeliers, épiciers, de toile et bonneterie, car on ne peut mettre en compte le peu de personnes retirées et vivant de leurs revenus.

« A cette époque de 1708, ces deux fabriques, quoique également protégées par le Gouvernement et guidées par les réglements du célèbre Colbert, n'avoient point encor pris l'essort qu'on en devoit attendre ; un vice destructeur et bien ancien s'y opposoit : c'étoit l'arbitraire dans la distribution des impôts.

« Ce monstre, dont toutes les passions les plus contraires au maintien de la société forment l'ensemble : l'ignorance, l'envie, la jalousie, la haine et la vengeance ; ce monstre, destructif de toute industrie, qui ne fait que des dissimulés et des lâches qui, pour se soustraire à une juste répartition des impôts, employent toutte l'étendue de leur industrie, et laissent une surtaxe à payer à ceux qui ne connoissent que la simplicité, la vérité et la bonne foy.

« A cette époque, l'homme à tallent qui vouloit le montrer était sûr d'une augmentation de la taille. Comme la répartition de l'impôt se faisoit à tour de rôle, le cardeur, le tondeur, le tisserand, devenus répartiteurs et collecteurs, ne laissoient pas échapper l'occasion de faire sentir à leurs maîtres la dûreté du pouvoir qui leur étoit confié.

« C'étoit des requêtes continuelles à l'intendance ; c'étoit des procès sans fin et qui tous les ans se renouvelloient à l'élection. Les uns, pour se soustraire à la passion ou même à un juste taux d'impositions, achetoient des petites charges dans les greniers à sel et dans les élections voisines ; les autres, se retiroient à Rouen, pour y jouir du droit de bourgeoisie. Nos registres sont remplis des déclarations que faisoient ces émigrans.

« Telle étoit la composition de la Ville, et telles étoient les causes de l'état de langueur où se trouvoient les fabriques et toute la population, lorsqu'en 1708, nos prédécesseurs d'un consentement unanime, sollicitèrent et obtinrent comme une grâce de Sa Majesté Louis XIV, pour vingt années, la commutation de la forme usitée pour la perception de la taille en droits sur toutes les denrées et marchandises qui seroient entrées, fabriquées, débitées et consommées dans laditte ville, et dont eux-mêmes combinèrent et présentèrent le tarif.

« Ils furent si satisfaits de cette forme de perception que, lorsqu'il fut question, en 1728, de demander la prorogation de ce tarif près d'expirer, on voit par le registre des délibérations, sous la date du 2 décembre 1727, qu'il fut proposé par quelques-uns, dans l'assemblée générale de la communauté, d'admettre la forme usitée dans la ville d'Evreux pour la perception de la taille, parce que, disait on, on éviteroit ainsi les frais d'adjudication et de régie... Dans l'assemblée du 22 février suivant, cette proposition fut rejetée.... et il fut arrêté d'une voix unanime que non seulement Sa Majesté seroit suppliée d'accorder la prorogation de ce tarif, mais encore la permission de lever le quart en sus des droits y portés, pour acquitter la capitation et autres impôts ; et ce, disent-ils, pour éviter les haines et les animosités que toute autre forme entraîne après soi ».

Le mémoire ajoute que cette requête fut favorablement accueillie, de même qu'une autre, présentée en 1747, pour obtenir le tarif à perpétuité.

« En 1773, Sa Majesté, pour subvenir aux dettes et engagements immenses de l'Etat, exigea 8 sols pour livre sur tous octrois, dons, concessions, tarifs, etc. Les officiers municipaux firent alors leurs très humbles représentations et exposèrent que leur tarif n'étoit que la représentation de la taille, qu'il paroissoit par l'Edit que cet impôt n'y étoit pas sujet, et qu'ils attendoient de la justice de Sa Majesté d'en être déchargés.

« Leur requête n'ayant pas été écoutée, ils crurent, pour éviter les tracasseries que les fermiers de ce nouveau droit auroient pu leur susciter, devoir accepter un abonnement qui leur étoit offert moyennant 12.000 livres chacun an.

« Telle étoit la situation de la ville, lorsque dans cette présente année 1776, deux particuliers, l'un nommé Moyse Sentier, homme sans état, sans fortune, écrasé, abîmé par vingt procès pour fraude de droits d'aides et de tarif ; l'autre nommé Nicolas Roussel, chan-

Année 1776

delier, repris et multé deux fois depuis dix-huit mois pour fausses déclarations aux droits d'entrée, se sont unis pour satisfaire leur vengeance et leur animosité. Ils ont entrepris de persuader au public que le tarif étoit une forme injuste pour la perception de la taille..., qu'on percevoit sans titre..., qu'il n'y avoit que les fabriquants de draps qui avoient part à l'administration...., qu'en rejettant ce tarif et admettant la perception de la taille comme elle est en usage dans les campagnes, chacun d'eux, depuis le premier jusqu'au dernier, deviendroit à tour de rôle répartiteur et collecteur de cet impôt..., qu'on payeroit presque plus rien, etc.

« Il n'en falloit pas davantage pour obtenir des signatures qu'on alloit solliciter de porte en porte. Ledit Nicolas Roussel, muni d'un certain nombre de signatures, s'est avisé, le 30 mai dernier, de sommer M. Maille, avocat et maire de la ville... »

Nos lecteurs connaissent les actes judiciaires qui alors furent faits. Le mémoire combat ensuite le retour au régime d'avant 1708, et préconise les avantages du tarif par des raisons que nous ne croyons pas utile d'établir à nouveau. Mais nous empruntons encore à ce curieux document le passage suivant :

« Dès le commencement du siècle, la communauté, composée de deux paroisses, nommoit tous les ans, dans des assemblées particulières, un trésorier pour régir la fabrique de l'église. Ce trésorier, pris indifféremment de tous les ordres, faisoit en même temps les fonctions de sindic dans sa paroisse. C'étoit à lui que les ordres soit du Conseil, soit de l'Intendance, ou de tout autre tribunal étoient adressés.

« Lorsque ces ordres regardoient la ville en général, les deux sindics se communiquoient et indiquoient, si besoin étoit, le jour et l'heure d'une assemblée générale, qui se tenoit à huis ouverts au prétoire de la juridiction de ce lieu. Lesdittes assemblées étoient annoncées au prône de chaque paroisse, et la cloche en indiquoit l'ouverture. Elles se tenoient sous les yeux du bailly ou de son lieutenant. Les sindics en exercice exposoient la question en présence de tout le public, mais il n'y avoit que les sindics en exercice et les anciens sindics qui eussent voix délibératrice.

« A ce moyen, le peuple étoit instruit de la question et des motifs de la délibération qu'on y prenoit. Ces sindics délibérans, pris de tous les ordres qui composoient la communauté, c'est-à-dire fabriquants de draps et de tapisserie, chandeliers, épiciers, serruriers, boulangers, perruquiers, etc., étoient toujours de cinquante à soixante lorsqu'ils s'y trouvoient tous. Et il est essentiel d'observer que, pendant plus de soixante ans, le tableau de ces sindics qu'on a conservé, apprend que dans la paroisse Saint-Jean, qui est la plus nombreuse, il n'y avoit pas plus de sindics fabriquants que des autres états ; et que dans la paroisse Saint-Etienne, où se trouve un plus grand nombre de fabriquants et un plus petit nombre d'autres particuliers aptes à ces sortes de places, le nombre des sindics fabriquants, à deux ou trois près, ne l'emportoit pas sur celui des sindics des autres ordres.

« Lorsqu'il fut question de composer le corps de ville, conséquemment au réglement de 1766, la communauté, divisée en huit classes, fit élection des notables, sçavoir : un de la classe ecclésiastique ; un de la classe des nobles et officiers militaires ; un des officiers de justice ; deux de la classe des avocats, notaires et bourgeois vivant noblement ; trois de la classe des fabriquants de draps ; deux pour la classe des chirurgiens et marchands ; deux pour la classe des boulangers, bouchers, perruquiers, cabarretiers ; deux de la classe des laboureurs et des artisans ; en tout quatorze notables, dont trois seulement sont de la classe des fabriquans. Il est donc justiffié que la prépondérance des fabriquans dans les délibérations publiques, soit avant, soit après le réglement de 1766, est une chimère, ou que s'il en ont eu, elle a été accordée à la confiance que les autres ordres ont eu en leurs lumières, et non pas à leur nombre.

« Venons présentement à la manière dont les impositions se faisoient et se font encore aujourd'huy :

« Aussitôt que les mandemens pour la taille et la capitation étoient arrivés, les sindics en exercice les faisoient lire à l'issue de la messe. Le mandement de la taille était ensuite remis au receveur du tarif pour l'acquitter des deniers de son produit, et ledit receveur ou les administrateurs nommés pour la régie de ce tarif, après avoir examiné le compte du produit de l'année précédente, le mettoient sous les yeux de toutte la communauté en général... Si le tarif n'avoit point produit la somme nécessaire pour acquitter la taille, le déficit étoit joint au rolle de la capitation ; si au contraire il avoit produit plus, le boni était appliqué à acquitter partie du rolle de la capitation. Et cette capitation se répartissoit comme elle se fait encore aujourd'huy, à cette différence que ce ne sont pas les sindics qui font cette répartition, mais les officiers municipaux, depuis le réglement de 1766.

« Pour procéder à la répartition de cette capitation, le receveur du tarif donne un état exact de la quantité de balles de laine entrées pendant l'exercice précédent et un état détaillé de la quantité employée par chaque fabriquant. Alors, les officiers municipaux... tirent la somme qui doit être payée par la fabrique, qui est les deux cinquièmes de la somme portée dans le mandement de la capitation... et chaque fabricant est taxé en raison de l'importance de son industrie..., et si l'on entend des plaintes, elles ne tombent que sur l'extrême fardeau des impôts, et jamais sur l'injustice de la répartition...

« Ces deux cinquièmes déduits et payés par soixante maîtres, restent trois cinquièmes qui sont répartis sur 1.400 contribuables. De ce nombre, 150 environ composent le corps des marchands épiciers, chandeliers, de toiles, de bonneterie, etc., et tous les artisans nécessaires aux besoins d'une petite ville. On connoit, par le tarif, l'industrie de quelques-uns d'eux, et c'est cette connoissance qui sert de règle pour fixer leur cotte. Quant aux autres, qui font un très petit nombre, quoiqu'on n'ait sur eux les mêmes lumières, il saute aux yeux qu'en supposant que le corps des fabriquants ait la prépondérance dans cette répartition, on ne peut leur prêter aucun motif de passion, puisque par la fixation de leur part, il ne peut leur revenir aucun soulagement.

« Restent, après cela, 12 à 1.300 contribuables, tous ouvriers attachés à la fabrique ; les uns sont tondeurs, les autres tisserands, laneurs, teinturiers ; chacun étant distingué sur le rolle par sa qualité est cotté à différentes sommes, parce qu'on sçait que le tondeur gagne par jour quelque chose de plus que le laneur, et ainsi des autres, par conséquent, point d'arbitraire pour cette très nombreuse classe...

« ... S'il étoit essentiel d'être sage et prudent dans la combinaison des droits à établir sur les denrées, il l'étoit encore plus d'être retenu et réservé sur ceux à établir sur les matières premières. De cette réserve et retenue dépendoit : 1° Le sort des fabriquants qui n'auroient pu entrer en concurrence pour le débit de leurs draps, ni avec les autres manufactures de France, ni avec celles de l'étranger, si les droits n'eussent pas été modérés ; 2° Le sort de toutte la communauté y étoit lié, puisque c'est cette fabrique qui, par les talents et l'industrie de ses entrepreneurs, a fait de si grands progrès que toutte la population d'Elbeuf et de 20 à 25,000 âmes répandues dans les campagnes voisines, tirent toutte leur subsistance

« Quand on dit toutte la population d'Elbeuf, on n'excepte aucun des marchands détaillants ni artisans. C'est cette fabrique qui fait descendre tous les jours dans la ville cette foule d'ouvriers des campagnes qui, venant apporter leurs ouvrages chez les maîtres, vont ensuite faire leurs emplettes chez tous les marchands et artisans, et tous ces opposants sont coupables de la plus noire ingratitude de vouloir arracher le toit qui les abrite ! »

Nous arrêterons là les extraits de cet intéressant mémoire, qui mériterait d'être publié en entier, à cause des renseignements qu'il fournit sur l'état de notre ville et de sa fabrique au xviiie siècle.

Un autre document, plus volumineux encore et non moins utile à consulter que le précédent, est la « Réponse que font les officiers municipaux de la ville d'Elbeuf, au mémoire présenté par Nicolas Roussel et joints, sur la question de savoir si le tarif pour la prescription de la taille est avantageux ou nuisible à la Communauté ».

Cette affaire dura plus d'une année. Enfin, le 2 décembre 1777, le Conseil d'Etat ordonna que les droits du tarif d'Elbeuf continueraient à être perçus. Signification en fut faite à Nicolas Roussel, le 9 janvier suivant.

M. Parfait Maille a fait don aux archives communales d'Elbeuf d'une pièce intéressante pour l'histoire de notre industrie que nous reproduisons presque dans son entier ; elle est datée du 31 août 1776 et fut adressée au ministre Turgot :

« RÉPONSE DES FABRIQUANTS DE DRAPS D'ELBEUF aux éclaircissements demandés par Monseigneur le Controlleur général.

« Le nombre des fabriquants est, cette année 1776, de soixante-dix maîtres.

« D. — En vertu de quel tittre la communauté a-t-elle été formée ?

« R. — En vertu des Réglements qui luy ont été donnés par M. de Colbert en 1667, lesquels ont été homologués par arrest du Conseil Royal du Commerce le 13e may et enregistrés au greffe du duché d'Elbeuf, le 2 aoust suivant.

« D. — A t-il été créé dans cette communauté des offices qu'elle a réunis ?

« R. — Par édit de febvrier 1745, il a été créé des offices de controlleur inspecteur que la communauté a réunis et pour lesquels elle a payé 13,200 livres, et par arrest du Conseil du 18 octobre 1758, il a été demandé à cette communauté la somme de 6,000 livres par augmentation de finance sur la ditte charge de controlleur inspecteur, qu'elle a aussi payée.

« D. — Y a-t il des gages ou des droits attribués à ces offices ?

« R. — Les gages attribués à ces offices consistent sçavoir :

« 1º En une rente de 600 livres, payée par le Receveur des tailles de Pont-de-l'Arche, laquelle, sous la déduction des vingtièmes et sol pour livre, droit de quittance et autres petits frais, produit net 520 livres.

« 2º En une autre rente de 300 livres payée par le Receveur général des domaines et bois de la généralité de Roüen, laquelle, sous la déduction des vingtièmes et sol pour livre, et droit de quittance, produit net 268 livres 10 sols.

« D. — La communauté a-t elle des immeubles fictifs autres que les gages et droits attribués cy-dessus ?

« R. — La communauté possède à titre de fieffe la maison où se tient le bureau pour la visitte des draps, pour laquelle fieffe, la communauté paye 80 livres de rente et viron 20 livres pour les réparations annuelles.

« D. — La communauté a-t elle du mobilier, et quel est-il ?

« R. — La communauté ne possède d'autre

mobilier que des chaises couvertes de paille, une table et quelques autres meubles d'aussi peu de valeur qui se trouvent dans l'appartement où elle tient ses assemblées.

« D. — La communauté a-t-elle des dettes passives et quelles sont-elles ?

« R. — Le détail des dettes passives se trouvera dans le bordereau cy annexé.

« D. — La communauté a-t-elle des charges d'obligation autres que les dettes cy-dessus ?

« R. — Non...

« D. — La communauté a-t-elle des charges annuelles et volontaires ? Quelles sont-elles et qu'en est le montant ?

« R. — La communauté paye annuellement :

« 1º Aux officiers de justice pour vacations aux assemblées et procès au bureau, la somme de .... 220 livres

« 2º Au receveur de la ville pour l'état des balles........... 24 —

« 3º Au consierge du bureau pour ses gages................ 150 —

« 4º Au graveur, « pour les nouvelles marques »........... 56 —

« 5º Pour le chauffage et autres petits frais.................. 250 —

« D. — La communauté est-elle entrée en quelque confrérie authorisée, ou en forme-t elle une en son particulier ?

« R. — Non. La communauté n'est d'aucune confrérie ; elle fait dire tous les ans deux grandes messes, l'un le jour de Saint-Louis et l'autre la veille de la nomination d'un garde ; pour cela elle paye 20 livres.

« D. — Combien coûtent les frais de réception en la maîtrise ?

« R. — La communauté ne reçoit rien pour la réception, tant des fils de maîtres que des apprentifs. Le récipiandaire est tenu de payer au prince la somme de 500 livres pour l'usage de ses eaux.

« D. — Quelle somme est levée annuellement sur chaque maître, tant par la communauté que par les jurés pour leur compte particulier ?

« R. — Il n'est rien payé aux jurés ou gardes ; ils donnent leur temps gratis et n'ont aucune exemption. Et pour fournir aux charges et dépenses de la communauté, le garde en exercice taxe à 5 ou 6 sols, plus ou moins suivant les cas, les balles de laine qui sont entrées dans la fabrique ; ensuitte, il fait payer à chaque maître la quotte part suivant le nombre des balles de laine qu'il a fait entrer et fabriquer. Cette taxe ou imposition n'acquitte pas la communauté de sa capitation ni d'aucun autre impost.

« D. — En quel état sont les comptes de la communauté ?

« R. — Le dernier compte... a été rendu le 7 décembre 1775, il n'en reste qu'un à rendre et qui sera reçu à la fin de cette année 1776.

« Les dettes passives de la communauté des fabricants de drap d'Elbeuf se composaient de :

« 80 livres de rente perpétuelle et irracquittable pour la maison où se tenait le bureau destiné à la visite des draps ;

« 120 livres de rente, dont le capital avait servi à rembourser à Louis Delarue d'une partie de l'argent qu'il avait prêté à la communauté le 28 janvier 1746, afin d'acquérir les offices de contrôleur-inspecteur ;

« 20 livres, pour des réparations annuelles ;

« 400 livres de rente à l'Hôtel-Dieu d'Elbeuf, dont le capital de 8,000 livres avait été employé à rembourser Louis Delarue d'une somme prêtée afin d'acquérir les offices mentionnés précédemment.

« 65 livres de rente à l'Hôtel-Dieu d'Elbeuf, dont le capital de 1,300 livres, avait servi comme ci dessus.

« 500 livres de rente au sieur Le Moine, de Nancy, dont le capital de 5,000 livres avait été employé : 1° aux frais d'un nommé Goslion, envoyé par le conseil « pour faire l'expérience d'un retordoir », 2° pour les frais de deux procès contre les sieurs Maille et Flavigny.

« 100 livres pour l'intérêt de 2,000 livres, ayant servi à payer l'augmentation de finance demandée, par arrêt du conseil, le 18 octobre 1758, sur les offices de contrôleur-inspecteur. »

Cette pièce est signée de Bernard Delarue, garde de la manufacture.

La marque de Benoist Delarue, aussi garde de la fabrique pour l'année 1776, porte quatre fleurs de lys, mais aucune croix de Lorraine. Celle de Pierre Grandin l'aîné, qui lui succéda, montre, au chef et en pointe, une croix de Lorraine accostée de deux fleurs de lys.

Les registres du Conseil d'état portent, à la date du 1er novembre 1776, le plan d'administration définitif pour la ville d'Elbeuf. En voici les principales dispositions :

« Le Roy étant en son conseil, a statué et ordonné, statue et ordonne ce qui suit, pour être exécuté par provision :

« Art. 1er. — Le bureau ordinaire de la ville d'Elbeuf sera composé d'un maire, de quatre échevins, d'un procureur-syndic faisant les fonctions du ministère public, d'un receveur et d'un greffier, sans cependant que le procureur-syndic, le receveur et le greffier puissent avoir voix délibératrice dans les assemblées.

« Art. 2. — Il sera en outre choisy dix notables dont le bailly de la haute justice d'Elbeuf sera toujours le premier. Ces dix notables, avec le bureau ordinaire de la ville et ceux qui auront cy-devant exercé la place de maire, formeront le conseil général de la ville et représenteront la communauté des habitants.

« Art. 3. — Le maire exerce ses fonctions pendant trois ans, et les échevins pendant deux ans, en sorte qu'il en soit nommé deux tous les ans et qu'il reste toujours deux anciens échevins.

« Le maire sera nommé par le sieur prince de Lambesc, duc d'Elbeuf, sur trois sujets qui luy seront présentés et qui seront élus en la forme cy-après prescritte.

« Art. 4. — Le procureur-syndic, le secrétaire-greffier et le receveur rempliront leur charge pendant six ans et pourront être continués autant de fois qu'il sera jugé convenable pour le bien de la communauté. Les notables rempliront leur place pendant cinq ans et il en sortira d'exercice deux tous les ans.

« Art. 5. — Les sujets qui seront choisis pour remplir la place de maire seront pris parmy les échevins ou parmy ceux qui auront été notables. L'élection se fera dans les quinze premiers jours du mois de décembre, dans une assemblée du conseil général de la ville, à la pluralité des suffrages, qui seront donnés par scrutin ; et ceux qui seront élus entreront en exercice le premier jour du mois de janvier suivant.

« Art. 7. — Ne pourront ceux qui auront été nommés aux différentes charges de la ville refuser d'en remplir les fonctions, sous quelque prétexte que ce puisse être, à moins qu'ils n'en ayent obtenu une exemption expresse du Roy. Veut cependant Sa Majesté que ceux qui auront rempli la place de maire et échevins pendant le temps pour lequel ils auront été nommés, ne puissent être continués ny être nommés de nouveau, même après plusieurs années, si ce n'est de leur consentement.

« Art. 8. — Touttes les assemblées, tant générales que particulières, seront convoquées à la diligence du procureur-syndic par l'ordre du maire ou, en son absence, par l'ordre de l'officier qui le remplacera, toutes les fois que ces assemblées seront jugées nécessaires.

« Il sera, à cet effet, envoyé des billets, signés du secrétaire-greffier, à tous ceux qui devront y assister. Elles se tiendront dans l'Hôtel de Ville ou, en cas d'empeschement, dans la maison du maire. Les délibérations prises dans ces assemblées ne pourront être exécutées que lorsqu'elles seront signées au moins de huit officiers ou notables ayant voix délibératrice.

« Art. 9. — Tous les rolles d'impositions ou contributions qui devront être faits par les officiers municipaux. ainsy que le logement des gens de guerre, seront faits et arrêtés dans l'Hôtel de Ville. par les maires et échevins. Les adjudications du tarif des octrois, des biens patrimoniaux, de l'entretien des réverbères, de la réparation du pavé des ruës et des autres objets qui sont à la charge de la communauté, se feront pareillement dans l'Hôtel de Ville.

« Art. 10. — Il ne pourra à l'avenir être donné aucun alignement pour la reconstruction des maisons et bâtiments étant sur les ruës de la ville, soit par le lieutenant de police de ladite ville d'Elbeuf que par tous autres officiers ayant ce droit, qu'après y avoir appelé le maire ou, en son absence, le premier échevin ou autre officier qui le remplacera. Dans le cas où il s'élèveroit quelques difficultés sur ces allignemens, il en seroit rendu-compte au secrétaire d'Etat ayant la province de Normandie dans son département. Il sera sursis à la reconstruction jusqu'à ce qu'il ait fait connoître les intentions de Sa Majesté.

« Art. 11. — Il sera fait inventaire des titres, papiers et documens concernant la ville, et lesdits inventaire et titres seront déposés dans les archives de la ville, sous deux clefs, dont l'une sera toujours aux mains du maire et l'autre aux mains du secrétaire-greffier, comme ayant la garde des archives.

« Authorise Sa Majesté, les maire et échevins de se procurer, par les voyes convenables des copies authentiques de tous les actes et délibérations qui concernent la dite ville et qui pourroient se trouver soit dans le greffe du bailliage seigneurial de la ville d'Elbeuf, soit dans d'autres dépôts.

« Art. 12. — Toutes les dépenses ordinaires et celles qui n'excéderont pas la somme de deux cens livres seront ordonnées par le bureau ordinaire de la ville ; toutes celles qui excéderoient cette somme ne pourront être ordonnées qu'après qu'il en aura été délibéré dans l'assemblée du conseil général, et que le sieur intendant et commissaire départy y aura donné son aprobation.

« Art. 13. — Il ne pourra être fait aucune députation ny entreprendre aucun procès, soit en demandant soit en deffendant, qu'en vertu d'une délibération du conseil général, approuvée par ledit intendant et commissaire départy dans la généralité de Rouen ; mais dans le cas où la ville auroit des représentations à faire au Conseil du Roy, ou des affaires à suivre, soit à Paris, soit à la Cour, elle pourra charger de ses intérêts telle personne qu'elle jugera convenable, après qu'il en aura été délibéré dans une assemblée du conseil général, pourvu cependant que les dépenses auxquelles cette commission donnera lieu n'excèdent pas la somme de deux cens livres.

« Art. 14. — Le receveur sera tenu de donner tous les mois, au bureau ordinaire de la ville, un bref état de sa caisse, contenant la recette et la dépense qu'il aura faitte pendant le mois, et il donnera tous les ans un compte général de sa recette et de sa dépense, avec les pièces justificatives, lequel compte sera réglé et arrêté dans une assemblée générale, sur le rapport qui en sera fait par deux commissaires qui auront été choisis, soit parmy les échevins, soit parmy les notables, pour en faire l'examen.

« Art. 15. — Tous les comptes qui auront été ainsy rendus ne seront regardés comme clos et deffinitivement arrêtés qu'après avoir été examinés et raportés dans la forme prescrite par l'article cy dessus et après avoir été examinés et visés par le sieur intendant et commissaire départy dans la généralité de Rouen.

« Art. 16. — Le receveur de la ville ne pourra faire aucuns payemens autres que ceux contenus dans l'état qui luy sera remis, si ce n'est sur un mandement ou ordonnance signée du maire ou, en son absence, de deux échevins, dont l'objet aura été délibéré dans une assemblée générale, suivant l'exigence du cas.

« Art. 17. — Toutes les affaires importantes seront portées dans le conseil général de la ville, telles que les dépenses qui excéderoient la somme de deux cens livres, la reddition de l'examen des comptes du receveur, les procès à entreprendre ou à soutenir, autres cependant que ceux qui auroient pour objet de faire payer les fermiers, rentiers et débiteurs, les élections des officiers municipaux et notables, les députations et génerallement tout ce qui pouroit occasionner des répartitions sur les habitans. Les autres affaires ordinaires et courantes seront traittées dans le bureau ordinaire de la ville.

« Il ne pourra être donné de permission d'ouvrir des portes dans les murs de la ville, ny rien changer auxdits murs, sans que les officiers municipaux y aient été authorisés par Sa Majesté.

« Art. 18. — Les maire et échevins en exercice seront exempts de logement des gens de guerre, de guet et garde, pendant le temps qu'ils rempliront leurs places, mais ils ne jouiront d'aucune exemption d'imposition.

« Art. 19. — Veut Sa Majesté que le présent réglement soit exécuté par provision et jusqu'à ce qu'il en soit autrement ordonné, nonobstant tous édits, déclarations ou usages qui pouroient y être contraires. Et s'il survenoit quelques difficultés sur son exécution,

Sa Majesté ordonne qu'il en sera rendu compte au secrétaire d'Etat ayant la province de de Normandie dans son département, pour être par Sa Majesté ordonné ce qu'il appartiendra.

« Fait au Conseil d'Etat du Roy, Sa Majesté y étant, tenu à Fontainebleau, le premier novembre mil sept cens soixante-seize : Bertin » et un paraphe.

Un contrat, du 18 novembre, mentionne qu'il y avait six cents chaises dans l'église Saint-Jean ; elles furent baillées à ferme par Louis Flavigny, trésorier, à la suite d'une adjudication publique, à Nicolas Nouvel, bedeau, moyennant 720 livres par an.

Jacques-Nicolas Goy, inspecteur des manufactures, demeurant à Rouen, porteur de la procuration de Jean-Charles Martinet, écuyer, demeurant à Boulogne, fils de Jean Martinet, ancien inspecteur des ponts et chaussées, et de Marie-Anne Capplet, vendit un clos à rames, en côte, situé rue Meleuse, pour le prix de 6,000 livres, à Jean Boullenger, basdestannier, demeurant à Elbeuf. L'acte est du 3 décembre.

A cette époque, Jacques Marest était « maître en chirurgie et apothicaire à Elbeuf ». Des pièces de procédure de cette même année concernent Benoist-Jacques Maigret, curé de Saint-Amand-des-Hautes-Terres, frère de feu Jean-François Maigret, avocat à Elbeuf.

CHAPITRE XXI
(1777-1778)

Le Prince de Lambesc *(suite)*. — Suppression de la garenne de Cléon. — Une mort mystérieuse. — Le duc d'Elbeuf impose un réglement aux chanoines de la Saussaye. — Comptes de l'hopital. — Caractère des Elbeuviens. — Les dragons de Lorraine a Elbeuf.

Dans plusieurs actes passés au château de Montpoignant, le 3 janvier 1777, Michel Guillaume Bosquier prend les titres de « conseiller du roy et procureur en l'Hostel-de-Ville d'Elbeuf ».

Dans un autre du même mois, il est qualifié d'avocat au chapitre de la Saussaye.

Deux des principales notabilités de notre ville moururent le 11 janvier : Jacques Grandin, fabricant, ancien administrateur de l'hôpital, ancien échevin, âgé de 77 ans, et Jean-Louis-Nicolas Hayet, également fabricant et ancien échevin, âgé de 56 ans. Tous deux furent inhumés à Saint-Etienne, le premier dans le cimetière, le second dans l'église, en présence de Duhamel, curé, Osmont, vicaire. Peu après, arriva François-Philippe Decaux, qui résida à Saint-Etienne comme prêtre habitué.

Un arrêt du Parlement de Rouen, daté du 17 février 1777, ordonna que les arrêts et règlements qu'il avait rendus précédemment, et notamment ceux des 15 mars 1723 et 9 mars 1732, seraient exécutés selon leur forme et teneur. En conséquence, il fut fait défenses aux teinturiers, chapeliers, brasseurs, savonniers et tous autres manufacturiers se se servant de chaudières et échaudoirs, tant de la ville et faubourgs de Rouen que des villes et bourgs circonvoisins, surtout ceux de Darnétal, Orival, Elbeuf, Louviers, Andely, la Bouille et Caudebec, d'employer des bois à brûler, sous peine de 150 livres d'amende pour la première fois, « les dites chaudières et échaudoirs brisés en cas de récidive, même de tenir boutique fermée pendant six mois, de destitution de maîtrise et de plus grandes peines s'il y écheoit ».

Le 26 février, Louis Grandin, lieutenant du bailliage ducal, vendit à François-Louis-Joseph Grandin l'aîné, écuyer, prévost de la connétablie et maréchaussée de France et négociant à Elbeuf, une grande maison sise devant le presbytère de Saint-Etienne, bornée par l'avenue du château du prince de Lambesc, moyennant 20.000 livres.

Les biens de Jean-Nicolas Lefebvre, ancien maire, avaient été, au moins en partie, saisis à la requête de « Philippe-Thomas de Godard d'Authieul, lieutenant pour le roi des ville et citadelle de Nancy, au bailliage de Pont-de-l'Arche, le 22 novembre 1773 ». Un Rouennais, coréligionnaire de Lefebvre, nommé

Pierre Seray, écuyer, avait acquis une grande maison, avec cour et jardin et une portion de terrain, « en glayeul » près ladite maison, « laquelle portion de terrain est actuellement une espèce de Rigolle ou vivier ».

Après en avoir obtenu la permission du roi, le protestant Seray, par acte du 2 mars 1777, revendit cet immeuble à Jean-Louis-Benoist Delarue, fabricant de draps, pour le prix de 48,000 livres.

La garenne que nos seigneurs possédaient à Cléon avait fait de tout temps le désespoir des habitants de cette paroisse, de St-Aubin et de Freneuse. Des textes nombreux démontrent, en effet, que la multitude des lapins qu'elle contenait dévastait les cultures des trois localités et forçait même la plupart des paysans à ne pas cultiver leurs terres, lesquelles restaient en friche.

Mais comme il n'y avait pas à contester les droits de ses puissants propriétaires, la garenne de Cléon subsistait encore au siècle dernier.

Cependant, les habitants de la presqu'île, outrés par la misère que leur causait la garenne, s'étaient entendus, vingt ans auparavant, pour réclamer au duc d'Elbeuf des dommages-intérêts. Ils étaient soutenus, dans leur entreprise, par Landry, seigneur de Saint-Aubin et de Freneuse, et par le curé de cette dernière paroisse. M. de Brou, intendant de Rouen, appuya leurs réclamations. Il faut croire qu'ils obtinrent quelque satisfaction, car on n'entendit plus parler de cette affaire pendant plusieurs années, mais de nouvelles plaintes surgirent plus tard.

Alors, le duc d'Elbeuf prit le parti, sur des

conseils qui lui furent donnés, de supprimer sa garenne.

Le 11 mars, le prince de Lambesc donna à loyer, pour douze ans, à Jean Lequeu et à Martin Hédouin, de Cléon, à Nicolas-Louis Renault dit Grospoisson, Jacques Dautresme, syndic, et Etienne Fréret, de Freneuse, « le terrain de la garenne de Cléon, contenant 89 acres 34 perches, sans de ladite garenne rien réserver, tout et autant qu'en tenait Adrien Farin, fermier de ladite garenne avec les objets du second bail cy après, le tout ensemble contenant 101 acres 3 vergées 25 perches, mesures du duché d'Elbeuf.... à la charge, par lesdits preneurs : 1º de défricher ladite garenne le plus tôt possible et de la convertir en terre de labour ; 2º ladite garenne ainsi défrichée, labourée et fumée sera rendue à la fin du premier bail en bon état, etc. » Ce bail fut consenti moyennant 1,150 livres par an. L'autre partie de la garenne fut prise à loyer le même jour, par la même société.

Sur la demande de nos administrateurs communaux, l'intendant de la généralité de Rouen autorisa d'employer 3.000 livres, part contributive de notre localité, en 1777, pour la confection de la route du Neubourg, à paver la traverse d'Elbeuf, alors en fort mauvais état. Cette autorisation est datée du 10 mars.

Au 28 mars, Nicolas Flambard, chanoine de la Saussaye, après avoir été détenu en vertu d'une lettre de cachet du roi dans la maison des Cordeliers de Verneuil, avait été transféré en celle des Cordeliers de la Garde en Beauvaisis. Ce jour-là, on fit l'inventaire des meubles qu'il avait dû laisser à la Saussaye, lors de son arrestation.

A cette époque, Jean-Robert Lehure se qualifiait « d'acolite du diocèse de Lisieux, avocat au Parlement de Paris, chanoine de l'église collégiale de Saint-Louis de la Saussaye » où il demeurait.

Le 28, à une assemblée générale tenue à l'Hôtel-de-Ville, se trouvait Jean-Louis Maille, doyen des avocats du bailliage et maire d'Elbeuf ; Michel Grandin, Mathieu Quesney, Pierre Grandin aîné, Pierre-Constant Bourdon, échevins ; G. Biin, bailli ; Duhamel, curé de Saint-Etienne ; de Malembert, François Dupont, Jacques Delacroix, Louis-Robert Grandin, Louis Delarue, notables, et Bosquier, procureur syndic.

Il fut dit que l'intendant avait demandé à la Ville de donner 3.000 autres livres, et d'employer les 6.000 livres à la route d'Elbeuf, par la Côte-Verte et Couronne, avec promesse de l'intendant de fournir au moins pareille somme de 6.000 livres.

L'assemblée y consentit, dans la confiance que cette route serait rendue praticable avant le commencement de l'hiver suivant, et en même temps demanda à l'intendant de nommer un ingénieur pour le pavage de la chaussée d'Elbeuf jusqu'au Calvaire, prolongement de la route de Rouen.

Cette délibération fut approuvée et homologuée par l'intendant, le 25 avril suivant. Le devis de ces travaux, dressé par de Cessart, ingénieur en chef des ponts et chaussées, se trouve aux archives municipales, avec d'autres pièces concernant ce pavage.

En exécution d'une ordonnance royale, il fut procédé, le 20 mars, au tirage au sort entre les garçons et les hommes veufs sans enfants habitant la paroisse Saint-Jean, pour la levée d'un soldat devant servir pendant six ans.

Il se trouva 89 hommes, dont 37 exemptés pour diverses causes, 12 infirmes et 24 n'ayant pas la taille requise. 16 seulement prirent donc part au tirage, qui fit sortir le nom d'Amable Lemercier, âgé de 21 ans.

Au tirage de la paroisse Saint-Etienne, 64 hommes se présentèrent, dont 14 exemptés, 8 infirmes et 25 trop petits. Le sort tomba sur Jean Romain Lefebvre, âgé de 18 ans.

Le 10 avril, Jacques Vallée, laboureur au Theillement, — qui, plus tard, devait faire partie, comme député de l'Eure, de la Convention Nationale, et qui fut l'aïeul ou le bisaïeul de M. Hurel, du Theillement, l'auteur de la *Stéphanie* — se présenta au notariat d'Elbeuf, pour déposer un pouvoir que lui avait remis Jacques Signard, prêtre, héritier de Marie-Jeanne Signard du Hameau, femme civilement séparée de Louis-Marie Aprix, écuyer, sieur de Vimont, et, en sa qualité d'héritier, seigneur du fief du Val, sis au Theillement ; ce pouvoir, afin d'assigner devant le bailli d'Elbeuf, Louis de Planterose, ancien conseiller au Parlement, seigneur de Tilly, lequel avait fait arracher des arbres appartenant au prêtre, qui, pour ce dommage, demandait 2.000 livres d'intérêts.

Le 30 avril, François-Thomas Yves fut reçu greffier de la verderie, à la suite de la démission pure et simple de Rouvin, son aïeul.

Sur la réquisition de Pierre-Benoît Callais, avocat et procureur fiscal de la haute justice, le notaire Lingois se rendit au château de la rue Saint-Etienne, pour apposer des scellés sur les parties des appartements qu'occupait « messire Henry-Louis Lefebvre de Malembert, ancien capitaine de cavalerie, chevalier de Saint-Louis, inspecteur des haras du Roy départi en la généralité de Rouen, et conservateur des chasses de Monseigneur le prince de Lambesc en son duché d'Elbeuf », décédé du 16 juin, d'un coup de mousqueton qu'il s'était tiré étant seul, dans la forêt du Mont-Duve. On ne sut jamais les motifs de ce suicide et l'on ne put émettre que des suppositions.

Le sieur de Malembert était fils de Jean-Nicolas Lefebvre, premier maire d'Elbeuf et alors ruiné. La comtesse de Brionne l'avait fait entrer dans la maison de son fils le prince de Lambesc, et fait pourvoir d'un office dans les haras, en reconnaissance de brillantes réceptions que son père lui avait faites, dans son manoir du Glayeul, pendant ses séjours à Elbeuf.

Jean-Nicolas Lefebvre, frère du défunt, pas plus que la veuve du sieur de Malembert, dont il était séparé de biens, du reste, ne se présenta en qualité d'héritier. Le procureur fiscal fit vendre le chien et le cheval qui se trouvaient au château du prince, et ordonna un inventaire ; celui-ci ne prit fin que le 5 août. Entre autres choses, on trouva une somme de plusieurs mille francs dans trois sacs et une bourse sur lesquels le suicidé avait écrit : « Ces trois cas *(sic)* de chaqun 1.200 livres, sont de la caisse des haras ainsy que l'or qui est dans cette bourse ».

A cet inventaire, fut présent Jean-Nicolas Zens, capitaine de cavalerie allemande, maître d'équitation du prince de Lambesc, personnage dont il fut beaucoup parlé au commencement de la période révolutionnaire et que nous retrouverons plusieurs fois.

Nous avons dit que la famille de Lefebvre de Malembert était protestante, mais elle n'était pas la seule de notre ville, car les familles Frontin, Néel, Couturier, David, Barjolle et d'autres encore probablement appartenaient également à la religion reformée. Elles se réunissaient de temps à autre.

Par traité passé le 6 juillet, Pierre Gallain, de Saint-Etienne-du-Rouvray, se rendit adjudicataire des travaux de pavage de la « ville d'Elbeuf ». Le travail, immédiatement commencé, fut terminé deux ans après.

Le garde de la manufacture, pendant l'année 1777, fut Mathieu Frontin. Sa marque porte une croix de Lorraine deux fleurs de lys en tête, et les mêmes meubles en pointe.

Vers ce temps, le prince de Lambesc envoya à la Saussaye son avocat, le bailli, le procureur fiscal, le feudiste et un sergent du duché, afin d'inspecter le chartrier de la collégiale, le faire mettre en ordre et redresser quelques griefs.

L'année suivante, le prince, qui se disait patron et fondateur de la collégiale, voulut s'en faire le législateur, et, dans ce but, lui fit adresser par le procureur fiscal du duché d'Elbeuf, une charte en forme de règlement, dont le procureur demanda au chapitre l'enregistrement.

Cette nouveauté excita une grande rumeur dans la compagnie. Le chapitre décida d'envoyer à Paris une délégation, pour porter ses doléances au prince de Lambesc et à la comtesse de Brionne, sa mère.

Les députés partirent un vendredi, par Rouen, se présentèrent le lendemain à Paris, à l'hôtel du prince et de la princesse, situé sur la place du Petit-Carrousel, mais ils étaient à Versailles.

Malgré leur absence, le chef du conseil de Monseigneur, dit M. Parfait Maille, voulut bien, en faveur des députés, avancer la réunion du conseil.

Admis dans son sein, après avoir longuement soutenu et débattu les intérêts du chapître, voyant qu'ils ne pouvaient rien gagner, que tous les conseillers étaient portés contre eux et prétendaient exercer une autorité absolue sur la collégiale, les députés se retirèrent et quittèrent Paris.

A peine de retour, se présentèrent à La Saussaye Me Guillaume Blin, bailli du duché ; Calais, procureur fiscal ; Durand, greffier et Fontaine, sergent, requérant du chapître l'enregistrement d'un arrêt du Parlement de Paris, portant homologation de la charte en forme de règlement, dressée par le prince.

Sur cette sommation, le chapitre s'assembla et, lecture faite dudit arrêt, décida qu'il serait inscrit tout au long, ainsi que la charte, sur le registre des délibérations, « afin de donner à son Altesse des marques de soumission et de respect ; à la réserve, sous le bon plaisir de Monseigneur, de lui faire telles représentations qui de droit, et même de pourvoir contre ledit arrêt, si le cas l'exige, n'entendant d'aucune manière préjudicier aux intérêts du chapitre en quoi que ce soit ».

Dans la suite, le chapitre se soumit entièrement aux prescriptions du prince et accepta purement et simplement le règlement, sauf deux chanoines qui protestèrent contre le règlement, l'arrêt d'homologation, tout acquiescement et généralement contre tout ce qui pourrait être fait au préjudice des dispositions imprescriptibles de la fondation ; « déclarant lesdits chanoines, que les actes d'acceptations ne sont que des actes de complaisance, qu'ils persévèrent dans les réserves y consignées et demandent acte de leur protestation... »

Bien que Louise Bourdon fut toujours au couvent des Ursulines, elle n'avait plus la direction du monastère, sans doute à cause de sa vieillesse. A la date du 8 novembre, Jeanne Onfroy de Saint-Stanislas était supérieure ; Madeleine Vignon de Saint-Joseph, assistante ; Geneviève Sevaistre de Sainte-Claire, zélatrice, et Louise Bourdon, dépositaire.

Celui qui entreprendrait d'écrire l'histoire de notre hospice municipal ne devrait pas négliger de consulter un cahier de format couronne, conservé aux Archives départementales, et auquel nous avons fait nous-mêmes de larges emprunts. Et comme nous n'avons encore présenté aucun des anciens comptes de cet établissement, nous allons relever, dans ses parties principales, celui que rendit Baptiste Lecler, administrateur pendant l'exercice 1777-1778.

Le chapitre des recettes se compose :

1° Des rentes foncières et hypothèques « dues audit Hôtel-Dieu, comme elles sont portées au livre terrier ». Elles se totalisent par 1.797 livres 7 sols 8 deniers.

2° Des fermages et loyers, formant un total de 1.411 livres.

ANNÉE 1778

3º Des quêtes, aumônes et autres sources de recettes, s'élevant à 2.263 liv. 2 s. 3 d., et parmi lesquelles figurent : la quête de Saint-Jean, pour 552 liv. 17 s. ; celle de Saint-Etienne, pour 639 l. 51 s. 9 d. ; la quête des Rogations, 9 l. 2 s. ; la quête du Saint-Sacrement, 201 l. 10 s. 6 d. ; la quête du plat et le produit des chaises, 132 l. 6 s. ; le tronc, 6 l. 1 s. ; les aumônes 17 livres ; l'herbe du cimetière 6 livres, la vente de quatre demi-muids, 5 livres ; la vente de vieilles hardes 11 liv. 10 s. ; une vente de son, 25 livres ; adjudication de la viande de carême, 200 livres ; une recette de M. Duverger, quartier-maître du régiment de Lorraine, pour les 5 sols 6 deniers par jour de soldats malades traités à l'hospice, 80 livres 10 sols ; l'année de pension payée par Mlle Prévost, 260 liv. ; de « la petite demoiselle Leprince — ou Le Prince — pension 120 livres » ;

4º Des comptes et obligations, s'élevant à 984 liv. 17 s. 1 d.

Le chapitre des dépenses se compose :

1º Des charges annuelles, dans lesquelles nous trouvons : M. de Pierrecourt, 55 livres ; au trésor de Saint-Jean, 20 livres ; au trésor de Vitot, 200 livres ; rentes seigneuriales au duc d'Elbeuf, payées à Martin, son receveur, 10 l. 17 sols ; une année à M. Guenet, chapelain, 228 livres ; une année à M. Duparc, médecin, 100 livres ; une année à M. Rouvrel, chirurgien, 30 livres ; aux trois servantes, chacune à 50 livres, 150 livres. Le total se monte à 794 l. 17 s.

2º Des réparations ; la principale dépense concerne un mur et sa couverture en chaume, 102 l. 3 s. Nous trouvons une somme de

20 sols payée à Cauchois, cour du Mouton, pour la part de l'hôpital dans l'établissement d'une planche au courant d'eau, laquelle planche avait coûté 8 livres. Le total se chiffre par 265 livres.

3º Des dépenses de consommation : 28 sacs de blé, de 26 à 32 livres l'un : 813 livres ; au boulanger « pour cuiture », 36 livres ; pain blanc, 90 livres ; 15 pipes de petit cidre, de 36 à 42 livres l'une, 558 livres ; 3 demi-muids de vin pour 180 livres ; 2 autres demi-muids de vin pour 105 livres ; une autre fourniture de vin pour 34 livres ; 2.907 livres de viande à 7 et 8 sols la livre, ensemble 993 livres ; 8 cordes de bûches de 24 pouces, pour 160 livres ; 3/4 de bûches de 42 pouces, 27 liv. ; 5.500 cotrets gris, 989 livres ; 50 bourrées, 15 livres ; pour avoir fendu les bûches, 12 livres ; 2 minots de sel, 112 liv. 4 s. ; beurre, 96 l. 6 s. ; chandelle, 43 liv. 15 s. ; 15 mois d'huile pour les lampes, 114 livres à 14 sols, 79 l. 16 s. ; « 240 demions » de lait, 10 liv. 17 sols ; 7 pots d'eau-de-vie à 40 sols l'un, 14 livres ; 50 bottes de paille, 12 livres ; entretien de la pompe, 8 livres ; 7 paquets de lin 31 l. 12 s. ; façon d'une pièce de toile de 74 aunes, 37 livres. — Comme on le voit, l'hospice achetait du lin et le faisait filer et tisser.

Blanchissage de cette pièce de toile 13 liv. ; 12 corbeilles, 15 l. ; 7 aunes de canevas, pour envelopper la viande, 8 l. 8 s. ; cordes pour étendre le linge 16 liv. 16 s. ; repassage du linge, 10 l. 10 s. ; raccommodage des robes, camisoles et linges, 38 liv. 10 s. ; dépenses journalières pour volailles, pois, fèves, orge, « sarragin », balais, cierges pour les messes, gens de journée, le jardinier et différentes choses nécessaires aux besoins de la maison, suivant le journal de Mlle Cabut, 654 l. 18 s. Au total, ces dépenses de consommation se chiffrent pour l'année à 4.517 livres.

4° Des médicaments. — Il avait été payé à Gamare, apothicaire, pour drogues, sucre, huile, poivre, clous, riz, savon gris, 198 l. 10 s. ; pour 62 livres de miel, 31 livres ; à un étranger pour rhubarbe, manne, séné et autres drogues, 56 l. 10 s. Le total de cet article se chiffre par 677 l. 8 s.

Au résumé, l'excédent des recettes — 6.450 livres — sur les dépenses — 6.256 livres — se montait à 200 livres, somme qui fut remise aux mains de Louis Delarue, successeur de Lecler, dont les comptes furent examinés et reconnus exacts, le 8 novembre 1780, par les anciens administrateurs de l'Hôtel-Dieu, lesquels étaient Benoît Delarue, Louis-Robert Flavigny, Louis Delarue, Pierre Alexandre Delarue, Pierre-Alexandre Lacroix, Louis-Nicolas Flavigny, Michel Grandin, en présence de Jean-Baptiste Lecler ; Duhamel, curé de Saint-Etienne ; Guillaume Blin, bailli d'Elbeuf, et Calais, procureur fiscal.

Dans le compte de l'année suivante, nous remarquons une dépense pour « cafetière », d'autres pour bonnets en toile et des fichus pour les malades, un achat de six paquets de lin et fabrication de toile, huit aunes de molleton pour raccommoder les habits, et encore deux minots de sel pour le prix relativement énorme de 112 l. 4 s. — Aux recettes figurent : quête de la messe de la Reine 25 livres; soldats et dragons malades, 230 livres.

Nous ne mentionnerons dans les comptes

de l'année 1780 qu'un seul article : « Donné au trésor de Saint-Jean 9.000 livres à cinq pour cent » ; les 459 livres d'intérêts de cette somme pour porter aux recettes des exercices qui suivirent. Enfin, dans d'autres, postérieurs aux précédents, figurent 11 l. 16 s., produit de la vente des « hardes des morts » et, l'année suivante, 21 l. 8 s. de même provenance, plus 90 livres pour trois boisseaux de sel.

Me Marie-Antoine-Michel Berment, prêtre, chanoine de l'église collégiale de Saint-Louis de la Saussaye, au nom et comme député des chanoines, bailla à ferme, le 22 janvier 1778, à Laurent Patallier, marchand plâtrier, à Elbeuf, une parcelle de pré, sise dans « la prairie de Saint-Jean d'Elbeuf » au triège de de la Cerisaie. — C'est encore sous le nom de la Prairie que quelques anciens habitants de notre ville désignent le Champ-de-Foire.

Le 7 février, Me Louis Maille, avocat, maire de la ville d'Elbeuf, Louis-Joseph Grandin, Constant Bourdon, François Dupont, Jacques Delacroix, échevins ; Me Blin, bailli d'Elbeuf ; Henri Duhamel, curé de Saint-Etienne ; Louis-Robert Grandin, Louis Delarue, Louis-Robert Flavigny, Bernard Flavigny et Charles Capelet, notables de la ville, donnèrent procuration, au nom du corps municipal d'Elbeuf, à Charles-Prosper Durand, greffier et secrétaire de la ville, pour soutenir un procès pendant, par appel, devant la Cour des aides de Rouen, contre un nommé Vallemont, débitant de liqueurs, demeurant à Elbeuf.

Une lettre signée « Anson », datée de Paris, 28 janvier 1778, adressée à un fonctionnaire d'Elbeuf, accuse réception d'une autre mentionnant que « les troubles renaissent à Elbeuf, après un arrêt qui devoit naturellement faire cesser toutes constestations ». Cet arrêt, dit Anson, rendu contradictoirement après une discussion longue et scrupuleuse, ne me paraît pas susceptible d'opposition.

L'île de l'Epinette, avons-nous dit, doit son nom à un clos qui se trouvait sur la rive du du fleuve, du côté d'Elbeuf, et que baillèrent à ferme, le 17 février, à Nicolas Aubé, boucher, de la paroisse Saint-Jean, « dames Jeanne Onfroy de Saint-Stanislas, supérieure ; Madeleine Vignon de Saint Joseph, assistante ; Geneviève Sevestre de Sainte-Claire, zélatrice ; Louise Bourdon de Sainte-Thérèze, dépositaire, Marguerite Delacroix de Sainte Agathe, Thérèze Louvet de Sainte-Félicité, et Hélène Vignon de Saint-Michel, touttes relligieuses discrettes du couvent et monastère de Sainte-Ursule, d'Elbeuf ». Ce clos, en nature de pré, enceint de haies vives, était situé « dans la bourgeoisie d'Elbeuf, paroisse Saint-Jean et appelée le clos de l'Epinette ». Il comprenait une oseraie sur le bord de la rivière de Seine, et était borné par la ruelle du Port.

Le 26 mars, Charles Lecompte, « ancien officier de vaisseau du Roy, demeurant à Quillebeuf », requit le notaire pour lever des scellés en une maison de la rue Meleuse, et inventorier les objets mobiliers laissés par feue Marguerite Lecompte, veuve de Charles Le Thouin.

Un acte du 8 avril mentionne Marie de Macon, dame du fief de Raciney, en la paroisse de la Trinité du Mont, comme veuve depuis huit mois de Henri-Louis Lefebvre de Malembert, chevalier de Saint-Louis, mort à Elbeuf.

Le 23 mars, décéda Louis-Alexandre-Marie

Béranger, fabricant de draps, âgé de 45 ans ; on l'inhuma dans l'église Saint-Jean.

Nicolas Godet aîné, drapier de la paroisse Saint Etienne, qui avait administré notre hospice de 1762 à 1764, mourut le 31 du même mois.

Nous avons une lettre du maréchal duc d'Harcourt, datée du 25 mars et adressée à M. de Crosne, par laquelle il expose à celui-ci que le prince de Lambesc exprime le désir que les cinq escadrons de son régiment de dragons de Lorraine, commandés pour aller à Vernon remplacer le régiment de Conti, fussent rassemblés à Pont-de-l'Arche et y tinssent garnison.

L'intendant de Crosne répondit, trois jours après, que cela était impossible, à cause du petit nombre d'écuries que comptait cette ville, laquelle pourrait à peine recevoir un escadron. Il ajouta qu'il n'y avait même pas de ville dans la généralité de Rouen où l'on put rassembler le régiment pour y rester pendant quelque temps : « Les villes de Vernon, Louviers, Gisors, Elbeuf et Evreux pourroient contenir chacune deux escadrons, mais elles seroient on ne peut plus gênées pour le logement de cinq ».

Un acte du 16 avril mentionne Louis-Jacques Hamon, « cy-devant aubergiste à l'auberge du Coq, paroisse Saint-Jean ».

Le 22 du même mois Jean Baptiste Leclerc « administrateur économe de l'Hôtel Dieu de la ville d'Elbeuf, bailla à ferme 20 acres 1/2 et 20 perches de terre, appartenant à l'hôpital, sises dans quatre paroisses du Vexin.

Le 20 juin, « messire François-Ferdinand-David Langlois, chevallier, seigneur et patron de Criquebeuf-la-Campagne, ancien capitaine d'infanterie, chevallier de l'ordre royal et militaire de Saint-Louis, conseiller au Parlement de Normandie... ayant épousé Marie-Emilie Bourdon, fille unique de feu Me Jacques Bourdon, conseiller honoraire au bailliage de Rouen », constitua pour son procureur général et spécial Paul Bailly de Roncière, ancien officier de cavalerie, demeurant à Saint-Etienne d'Elbeuf. — Langlois signait de ce seul mot « Criquebeuf ».

A cette époque, Laurent Patallier était fondé de pouvoir de son frère Jean-Baptiste Patallier, « régisseur des grosses forges de Chambray ».

Le savant Le Pecq de la Clôture a fait, en 1778, le tableau du caractère des habitants d'Elbeuf :

Le peuple d'Elbeuf, dit-il, est laborieux, actif, obligeant, sobre, entièrement occupé aux différens travaux des fabriques. Les habitans sont fort intelligens dans le commerce, et n'ont entr'eux qu'une sorte de rivalité, celle de mieux faire, la plus capable d'exciter leur émulation. Ils sont honnêtes, généreux avec les étrangers, plus économes, peut-être, dans leur intérieur.

« Les femmes y partagent ordinairement les soins de la fabrique. On y voit régner l'union dans les familles, et cette vraie sollicitude qui fait partager également les peines et les plaisirs du ménage. La fidélité parmi les époux, la tendresse des pères, le respect filial et l'intimité domestique sont des qualités qui semblent réservées à cette ville heureuse, qui m'a vu souvent témoin de ces antiques vertus ».

Le célèbre médecin rouennais qui écrivit

ces lignes était souvent venu à Elbeuf et connaissait bien l'esprit de ses habitants ; mais le tableau qu'il en fit se rapportait plutôt à la bourgeoisie et à la classe moyenne.

Les ouvriers, dans leur ensemble, méritaient également les éloges que Le Pecq adressait à la population de notre ville ; mais tandis que les manufacturiers étaient relativement lettrés, les ouvriers des fabriques restaient plongés, par les conditions de leur existence, dans une ignorance profonde, car les enfants ne recevaient à peu près aucune instruction.

Les Elbeuviens, quoique assistant assez régulièrement aux offices religieux, n'étaient, à proprement parler, que fort peu dévots ; mais ils étaient très superstitieux.

Leur croyance au merveilleux les portait à de nombreux pélerinages, et ils avaient des saints guérisseurs pour une grande quantité de maladies.

Saint Eutrope, à Surtauville, était invoqué pour la guérison de l'hydropisie ; saint Clair, à Thuit-Signol, pour les maladies d'yeux ; saint Maur, à la Saussaye, afin de délivrer les agonisants ; saint Mein, à Criquebeuf, pour les ulcères et blessures aux mains ; sainte Véronique, à Bec-Thomas, pour les pertes, même d'argent ; saint Martin, à Saint-Martin-la-Corneille, pour le « carreau » ; saint Mamert à Caudebec, pour les maux de ventre des femmes ; saint Nicolas, à Saint-Didier, guérissait des fièvres ; saint Gilles, à Saint-Aubin, de la peur ; saint Vincent, à Freneuse, des convulsions ; saint Onuphe, à Tostes, des douleurs rhumatismales ; saint Sec, au Neubourg, les enfants chétifs, etc., etc.

ÉGLISE DE SAINT-CYR-LA-CAMPAGNE

Année 1778

L'un des pèlerinages les plus en vogue, à cette époque où la propreté et l'hygiène laissaient tant à désirer, était celui de Saint-Cyr-la-Campagne, où, dans l'église dont nous reproduisons ci-contre un dessin, on priait le patron de cette paroisse de délivrer les enfants des maux qu'ils avaient au visage. Il fallait que le père ou la mère s'y rendît, à jeun, avec l'enfant malade. C'était une petite fortune pour les auberges de l'endroit, car, après le pèlerinage, on y prenait toujours un réconfortant quelconque.

Le prince de Lambesc voulut montrer ses soldats aux Elbeuviens, qui probablement se seraient bien passés de ce plaisir. Il fit donc venir trois escadrons du régiment de Lorraine, avec l'état-major et les nombreux équipages de la suite du prince, colonel et propriétaire du régiment. Le casernement des hommes et des chevaux, dont une partie était arrivée en juin, jetèrent la ville dans des frais, dont l'état ne fut établi que dix mois après ; il se chiffra par 2.189 livres.

Diverses notes nous apprennent que ces soldats prirent leurs logements partie chez les habitants, partie à la Cerisaie et à Caudebec. Le lieutenant-colonel habita le château de la rue Saint-Etienne. Les dragons quittèrent Elbeuf le 24 août. L'année suivante, notre ville eut une autre garnison de dragons du régiment de La Rochefoucault.

Cette année-là, les prisons d'Elbeuf reçurent de nombreux soldats déserteurs, notamment des régiments de Lorraine-Infanterie et de Nivernais.

Un mémoire de Jourdain, serrurier, s'applique à des travaux faits à la porte de Paris, à la porte des Trois-Cornets, à la maison de ville occupée par les dragons, etc. Cette année encore, on répara la chaussée de la rue de la Barrière, jusqu'au Calvaire.

Une autre pièce, sur laquelle se trouvent les signatures de Maille, maire d'Elbeuf, et de Rodier, receveur-syndic, porte que des treize réverbères que comptait la ville, il y en avait deux sur le quai, un à la porte de Paris, un à la porte de Rouen, un à la fontaine « du Sur » et un au Coq.

A une réclamation portée à M. de Crosne, intendant de la généralité de Rouen, par un sieur Rouzée, grainetier, et transmise par M. de Crosne au maire de notre ville, ce dernier écrivit : « Le maire et échevins d'Elbeuf ont l'honneur de répondre que lorsqu'un nouveau citoyen s'établit dans Elbeuf, on l'impose à une modique somme pour la première année. Ils en donnent pour raison l'incertitude de la réussite de cet établissement. Nous n'avons aucun égard au prix des loyers, sçachant par expérience que l'homme industrieux peut faire autant de commerce dans une petite maison qu'un homme moins actif dans une plus grande. Rouzée ne fut imposé qu'à 6 livres en 1777 ; mais étant informés que son commerce est florissant et des plus considérables dans son genre, nous n'avons point hésité à l'imposer à 15 livres pour cette année... »

Nous ne dirons que quelques mots d'un conflit qui s'éleva pendant l'été de 1778 et dans lequel notre ville était partie intéressée.

Le 23 juillet, une signification fut faite aux maire et échevins d'Elbeuf. Elle portait qu'ils avaient pris de haute lutte la maison décrétée sur Jean-Louis Béranger, sans s'adresser aux personnes qui étaient en droit de la louer, et qu'elle resterait à leur compte à raison de 600 livres par an.

Le 9 septembre, les maire et échevins protestèrent contre cette signification. Cette protestation amena une réponse de L.-M. Sanson, avocat à la cour et contrôleur des saisies réelles au bailliage de Pont-de l'Arche. Il paraît que cette affaire se termina par un bail judiciaire de la maison saisie.

Le 26 juillet, Charles-Eugène de Lorraine, duc d'Elbeuf, se trouvant au château d'Elbeuf, nomma un procureur général pour sa baronnie de Grosley, en la personne de Gabriel-Pierre Duval, procureur fiscal et conservateur des bois et chasses de ladite baronnie, demeurant à Beaumont-le-Roger.

Un des justiciables de la haute justice d'Elbeuf était, à cette époque, Aimable-Joseph Le Danois, chevalier, seigneur des Essarts, Tourville-la-Rivière et Bédanne, haut justicier de Tourville et des Authieux, conseiller au Parlement, représentant sa femme, née Marie-Louise-Isabelle Mauduit de Tourville, fille unique de feu Joseph Louis Antoine Mauduit de Tourville, en son vivant conseiller à la Cour des comptes, lequel était fils de Louis Mauduit, écuyer, secrétaire du roi, et de Marie-Thérèse du Thuit.

François Grandin, dont nous avons parlé plusieurs fois, mourut le 31 juillet, à l'âge de 83 ans.

Louis Grandin, lieutenant en la haute justice du duché, constitua par acte du 6 août, un titre de 50 livres de rente sur la tête de Charles Le Bourgeois, acolyte du diocèse de Rouen, pour lui faciliter les moyens de parvenir à la prêtrise. Nous retrouverons aussi M° Ch. Lebourgeois pendant la révolution.

On n'ignorait pas, à cette époque, que les matières lainières grasses pouvaient s'enflammer spontanément. Aussi, le 8 août, Louis Bérenger, garde en charge de la Manufacture, pria le bailli de rendre à leurs propriétaires six balles et quatre ballots de fils et bouts déposés au greffe de la haute justice, après la saisie qui en avait été faite sur un individu d'Elbeuf, condamné par contumace, « ces matières s'étant échauffées au point de pouvoir s'embraser et causer quelque accident funeste au moment qu'on y penseroit le moins ».

Une lettre adressée par M. de Crosne, intentendant de la généralité, au prince de Lambesc, mentionne que celui-ci avait recommandé au premier un mémoire présenté par les habitants d'Elbeuf, au sujet de l'exécution des projets de la municipalité entre la place du Coq et la rue de la Justice. L'intendant assurait le prince de tout son concours. Cette lettre est du 19 août 1778.

Une autre lettre de M. de Crosne, adressée à la municipalité d'Elbeuf et portant la date du 3 octobre 1778, rejette une demande en diminution d'impôt présentée par notre ville.

Le maire d'Elbeuf et les échevins rendirent exécutoire, le 12 septembre, le rôle établi pour le carnet des chemins en 1778. La paroisse Saint-Jean figure dans cet état pour 1.781 l., et celle de Saint-Etienne pour 1.330 livres.

François-Adrien Boïeldieu, le célèbre compositeur, était né à Rouen, le 15 décembre 1775. Un peu plus de deux ans après, il eut une sœur, Marie-Françoise-Eulalie Boïeldieu, que l'on baptisa, le 24 janvier 1778, en l'église

Saint-Vincent de Rouen, par permission du curé Le Prince ; François Boïeldieu, vicaire de Saint-Nicolas, fut son parrain, en compagnie de Marie-Austreberte Lefrançois, marraine. L'enfant, placée en nourrice à Elbeuf, paroisse Saint-Jean, mourut le 13 septembre de la même année, à l'âge de huit mois. L'acte de décès porte qu'elle était fille d'Antoine-Adrien-Dauphin Boïeldieu et de Suzanne Lefrançois, de la paroisse Saint-Vincent de Rouen.

La marque de Louis Béranger, garde en 1778, montre quatre fleurs de lys et deux croix de Lorraine. — Cette année-là, François Yves, fabricant à Louviers, abandonna cette ville pour celle d'Elbeuf, où la corporation des drapiers le reçut, sans même lui faire prêter un nouveau serment.

Charles Capplet, du Buquet, avait été poursuivi pour entreprise dans la forêt ducale d'Elbeuf. Le procès devait se terminer par la soumission suivante :

« Je soussigné Charles Capplet... fais ma soumission à Son Altesse Madame la comtesse de Brionne et à Messeigneurs les princes ses enfants... de représenter le tombereau ou banneau qui a été saisi sur moi, le 24 novembre dernier dans la forêt d'Elbeuf au triège de la Vente du Buquet, où je faisois charger de la terre pour la faire entrer, par une ouverture que j'avois faite sur ladite forest, à mon héritage..., fais également ma soumission de remplir les trous... et de tenir mon héritage clos du côté d'icelle forest, même de rentrer ma haie sur moi, si, par l'examen qui sera fait de la contenance de mon terrain, il se trouve que j'en occupe plus que je n'en dois avoir ; me soumettant en outre, si je n'exécutois pas ce que dessus, à tous dépens, dommages et intérêts, même de païer l'amende qui seroit düe à leurs dites Altesses... A Elbeuf, ce 7 décembre 1763 ».

Ce procès était encore pendant en 1778, et ce ne fut que le 27 octobre de cette dernière année qu'une transaction intervint entre les représentants Charles Capplet et Louis Martin, directeur des Archives du duché d'Elbeuf, par laquelle ils constituèrent 10 livres de rentes au prince de Lambesc.

Les archives du notariat d'Elbeuf contiennent dans le volume de l'année 1778, à la date du 28 novembre, un brevet sur parchemin portant la signature de Louis XVI et celle de son ministre Bertin, par lequel le roi accorde à Thomas-Mathieu Frontin, fabricant, de la paroisse Saint-Etienne, issu de parents protestants, la permission de vendre une terre sise au Bosnormand, hameau des Ecameaux.

Un nouveau maire devant être nommé pour entrer en fonctions au 1ᵉʳ janvier de l'année suivante, le prince de Lambesc écrivit à M. Maille, maire d'Elbeuf :

« Paris, 16 décembre 1778.

« J'ai reçu, Monsieur, la lettre que m'avez écrite de la part du corps municipal de ma ville d'Elbeuf, pour me proposer les trois sujets qui ont eu la majorité des voix pour la place de maire. Quoique je les juge également dignes et capables de la bien remplir, je choisis le sieur Mathieu Quesney.

« Je me ferai un véritable plaisir d'assurer le succès des sollicitations du député qui sera envoyé ici, et si j'étais absent, il pourra s'adresser à ma mère, qui voudra bien lui rendre ce service à mon défaut.

« Soyez persuadé que personne, Monsieur, ne vous honore plus que moi. — LE PRINCE DE LAMBESC ».

Disons, en passant, que le prince de Lambesc dont les archives municipales conservent un certain nombre d'autographes, avait une fort belle écriture ; certaines de ses lettres même pourraient être données comme modèles de la jolie écriture française du siècle dernier, à laquelle nous voudrions voir revenir.

Au contrat de mariage passé devant les notaires de Paris, le 21 décembre, entre Joseph-Marie de Lorraine, prince d'Elbeuf, capitaine au régiment de Lorraine-Dragons, et Louise-Auguste Elisabeth-Marie-Colette de Montmorency, le prince de Lambesc déclara que, pour conserver dans sa maison la propriété du duché-pairie d'Elbeuf, il était dans l'intention d'en établir une substitution perpétuelle en faveur de ses descendants mâles ou, à défaut, en la descendance masculine de Joseph-Marie de Lorraine, prince d'Elbeuf, son frère, et ses descendants mâles, jusqu'à trente mille livres de revenu.

On verra bientôt que le prince de Lambesc donna suite à ses intentions et qu'il obtint du roi des lettres patentes à ce sujet.

Jean Poullain, prêtre, demeurant à Elbeuf, et Pierre-Maxime Flavigny, prêtre, chanoine en l'église cathédrale de Rouen, étaient propriétaires de terre relevant de la seigneurie de Fouqueville, appartenant au chapitre métropolitain de la cathédrale de Rouen.

CHAPITRE XXII
(1779)

Le prince de Lambesc *(suite)*. — Pierre-Mathieu Quesné, 4ᵉ maire d'Elbeuf. — Projet de création d'une maison de ville et d'une caserne pour la maréchaussée ; lettres patentes du roi. — Ouverture de la rue Poulain. — Conflit au trésor de Saint-Etienne. — Autres lettres du roi ; suppression des manufactures royales. — Nouvelle garnison de dragons. — Pierre Maille et les murs d'enceinte d'Elbeuf.

Mathieu Quesné, fabricant de draps, entra en fonctions comme maire d'Elbeuf, le 1ᵉʳ janvier 1779.

Le 4, Marie-Antoine-Michel Berment, chanoine de la Saussaye et procureur du chapitre, vint à Elbeuf pour passer une transaction et signer un nouveau bail des dîmes de Boscroger. Le preneur fut Charles Hubert, curé de cette dernière paroisse.

Le 8, Jean-Baptiste-Pierre Grandin, porteur des lettres de provision du prince de Lambesc, en date du 12 décembre précédent, fut admis au bailliage d'Elbeuf en qualité de garde-marteau de la verderie du duché, par suite de la démission de Jean-Nicolas Lefebvre.

La municipalité fit, en ce temps-là, un règlement en vingt-cinq articles, dont l'original est conservé aux archives de notre ville, concernant le service des « portiers » de l'octroi d'Elbeuf, dont le nombre était de cinq et les postes : porte de l'Eau ; à l'extrémité de la rue Saint-Etienne (porte de Rouen ou du Bourgtheroulde) ; à l'extrémité de la rue Meleuse, à la jonction des chemins des Ecameaux et du Thuit-Anger (porte de la Croix-Féré) ; rue de la Justice à la hauteur de la rue Traversière (porte du Neubourg), et à l'extrémité de la rue de la Barrière (porte de Paris). M. Parfait Maille a publié ce règlement (tome II, p .361 et suiv.).

Il y avait longtemps que les Elbeuviens méditaient de prolonger la rue du Neubourg — c'est-à-dire les rues de la Justice et Isidore-Lecerf actuelles — jusqu'à la place du Coq, et de faire ainsi traverser la ville du sud au nord, jusqu'à la Seine, au moyen de la rue Saint-Jean, par une voie qui mettrait en communication directe le plateau du Neubourg avec le quai, et de justifier le titre de ville que portait Elbeuf. Mais la chose n'était pas alors si simple qu'elle le serait de nos jours. Il fallait d'abord l'agrément du prince de Lambesc et l'autorisation du roi, sans compter les formalités d'expropriations et autres ; et le projet qu'on avait également de profiter de la circonstance pour acheter des bâtiments adjacents à l'effet de les transformer en maison communale, en caserne pour la maréchaussée en logement pour le receveur des droits communaux et en magasin de pompes à incendie, augmentait encore les difficultés.

Le 30 août 1777, l'administration municipale avait pris une première délibération à ce sujet, et, le 27 octobre suivant, les maire et échevins avaient été autorisés à solliciter un arrêt du Conseil royal ou des lettres patentes du roi, à l'effet d'acquérir plusieurs bâtiments sis place du Coq, que l'on appelait alors « la grande place de la ville », la seule d'Elbeuf à cette époque.

En janvier 1779, le roi donna les lettres demandées ; elles furent présentées au Parlement de Rouen, le 3 mars suivant ; mais le Parlement, avant de les enregistrer, ordonna qu'une enquête fut faite sur les lieux, par l'abbé de Bosc-le-Comte, conseiller à la Cour, après six proclamations à l'effet d'en avertir les intéressés.

Voici le texte des lettres du roi, dont une copie est conservée dans les archives du notariat de Me Tesnière :

« Louis, par la grâce de Dieu, roi de France et de Navarre, à tous présens et à venir, salut.

« Nos chers et bien aimés les maire et échevins de la ville d'Elbeuf nous ont fait exposer que dans une assemblée générale, tenuë le vingt-sept octobre dernier, il auroit été reconnû que, depuis plus de soixante ans, le corps de ville a formé le projet de percer en droite ligne une ruë qui communique de la grande ruë du Neufbourg ; mais que la médiocrité des revenus de la ville n'avoit pas permis aux officiers municipaux d'entreprendre l'exécution d'un projet également utile et agréable à la ville, quoique cet objet n'exigeât tout au plus qu'une dépense d'environ vingt-cinq mille livres.

« Cette difficulté, qui avait arrêté jusqu'à présent les maire et échevins de la ville d'Elbeuf, se trouve aujourd'huy en quelque sorte applanie par l'offre, que fait un citoyen de la ville, de donner purement et simplement une somme de dix mille livres pour contribuer à faire l'acquisition de ces bâtimens, et que d'ailleurs la plupart de ceux à qui ils appartiennent consentent de donner à la ville toutes sortes de facilités pour leur en payer le capital.

« Des circonstances aussi favorables ont porté d'autant plus volontiers les officiers municipaux à faire ces acquisitions, qu'il doit en résulter les plus grands avantages, tant par rapport à l'embellissement de la ville, qui devient de jour en jour plus intéressante par la multiplicité de ses manufactures, que parce qu'elle trouvera une augmentation de revenus ou une diminution de charges dans l'acquisition de ces bâtimens, et qu'en outre elle se procurera non seulement la facilité d'y loger commodément et sans frais la brigade de la maréchaussée qui est établie dans cette ville, mais encore de pratiquer dans le même emplacement un magasin pour y déposer les pompes de la ville, un bureau pour y loger le receveur de ses droits et une chambre propre à tenir les assemblées de l'Hôtel de Ville ; mais que ces acquisitions ne pouvant être faites sans notre permission, lesdits maire et échevins de la ville d'Elbeuf nous ont très humblement fait supplier de leur accorder nos lettres patentes sur ce nécessaires.

« A ces causes et autres à ce nous mouvant de l'avis de notre Conseil, qui a vû la délibération du 27 octobre 1778 et attachée sous le contre-scel de notre chancellerie ; de notre grâce spéciale, pleine puissance et authorité royale, nous avons permis et par ces presentes signées de notre main, permettons auxdits maire et échevins de la ville d'Elbeuf, d'acquérir de toutes personnes qu'il appartiendra, et aux charges, clauses et conditions qui seront convenuës et arrêtées dans une assemblée générale qui sera tenuë à cet effet en l'hôtel commun de ladite ville d'Elbeuf :

« 1º Les bâtimens qui masquent la rue du Neufbourg, afin de lui procurer une communication sur tous points de vuë avec la place du Coq ; 2º Les bâtimens nécessaires tant pour y fournir un logement ou casernement à la brigade de la maréchaussée établie en cette ville, que pour procurer à ladite ville une chambre pour y tenir ses assemblées, un bureau pour y loger le receveur de ses droits et un magazin pour y déposer les pompes et autres ustensiles de la ville, authorisons, en conséquence, lesdits maire et échevins à passer avec les propriétaires desdites maisons..., etc.

« Donné à Versailles, au mois de janvier, l'an de grâce 1779 et de notre règne le cinquième. Louis ».

Le samedi 13 mars, Andrieu, huissier à Elbeuf, se transporta, à la requête des maire et échevins, sur la place du Coq, où se tenait alors le marché, et fit à haute voix lecture de ces lettres patentes.

Le lendemain dimanche, pareille lecture fut faite par le même, à la requête des mêmes, devant le principal portail des églises Saint-Jean et Saint-Etienne, à l'issue de la grand'messe paroissiale. Les deux samedis et di-

dimanches suivants, la lecture fut renouvelée aux marchés et devant les églises.

Le 26 du même mois, Mathieu Quesné, maire, convoqua François Dupont, Jacques Delacroix, Jacques Quesné, Bernard Flavigny, échevins ; J.-N. Lefebvre, Charles Le Roy, Jean-Louis Maille, anciens maires; Blin, bailli du duché ; Duhamel, curé de Saint-Etienne ; Huault, Louis-Robert Grandin, Louis Delarue, Charles Capplet, J.-I. Routier du Parc, notables, à l'effet de savoir si l'on persistait toujours dans le projet d'acquérir les immeubles visés, dont partie était la propriété du marquis de Poutrincourt, et l'autre partie du sieur d'Auteuil. L'ensemble des frais d'acquisition et de construction était évalué à 87,500 livres.

L'assemblée, à l'unanimité, donna son approbation au projet, et les maire et échevins furent autorisés à traiter avec les vendeurs au mieux des intérêts de la ville.

Par suite, Nicolas du Resnel de Bosc-le-Comte, conseiller à la Cour, vint à Elbeuf, le mardi 30 mars, en compagnie de Me Jean Charles, écuyer, procureur du roi, et de Me Auguste Mustel, écuyer, conseiller notaire à la Cour, ayant à leur suite Etienne Rielle, l'un des huissiers du Parlement, pour entendre les dépositions faites par plusieurs personnes qui avaient été assignées par le procureur du roi.

Comparurent séparément et déposèrent : Routier, prêtre, habitué de Saint Jean, âgé de 57 ans ; Me Henri Duhamel, curé de Saint-Etienne, âgé de 52 ans ; Mathieu Flavigny, curé de Saint-Jean, âgé de 69 ans ; J.-B. de la Rue, ancien garde du roi, chevalier de Saint-Louis, âgé de 55 ans ; J.-B. Huault, écuyer, âgé de 40 ans ; Jean-Louis Maille, avocat, âgé de 58 ans ; Louis-Joseph Grandin, âgé de 49 ans ; Marie-Constant Bourdon, âgé de 47 ans, et autres habitants d'Elbeuf.

Tous déclarèrent que le projet était d'une très grande utilité pour les habitants et le commerce d'Elbeuf, que les intérêts du roi n'auraient rien à souffrir de l'ouverture de la rue et que la ville était reconnaissante envers l'abbé Poulain qui avait donné une somme de 10,000 livres pour l'acquisition des immeubles à démolir et construction à faire entre la place du Coq et la rue de la Justice.

Le 15 avril suivant, en assemblée extraordinaire, présidée par Mathieu Quesné, le maire exposa où en était l'affaire d'ouverture de rue entre la place du Coq et la « belle rue qui est derrière ».

Il rappela que la municipalité s'était flattée d'être dispensée des droits de sceau et marc d'or, puisque la ville répondait au désir du roi pour le casernement de la gendarmerie ; mais qu'à cause d'une guerre très dispendieuse, il n'avait pas été possible d'obtenir la faveur espérée.

Il ajouta que les bâtiments à conserver étaient à usage de fabrique, qu'il faudrait faire des aménagements coûteux pour les disposer en caserne pour la maréchaussée et qu'un emprunt de 10,000 livres était nécessaire. L'assemblée arrêta qu'on prierait le roi d'autoriser cet emprunt.

Le 20 avril, la municipalité elbeuvienne prit conseil de deux avocats de Rouen, MM[es] Bigot et Moulin, sur les points suivants :

La ville d'Elbeuf, désire acquérir une maison pour la démolir et ouvrir une rue. Est-il dû un droit d'indemnité au seigneur pour pour l'ouverture de cette rue? Le seigneur peut-il exiger un droit d'indemnité là où le roi ne peut exiger le droit d'amortissement? La ville d'Elbeuf étant en franche bourgeoisie, le seigneur peut-il exiger les droits des treizièmes?

La municipalité exposa également à ses conseils que, pour obéir aux ordres du roi, qui voulait que la brigade de maréchaussée fut casernée, la ville se proposait, en outre, d'acquérir une maison pour y loger la brigade d'une part, et de l'autre en faire la maison de ville. Les avocats furent consultés sur ces autres questions :

Outre le droit d'amortissement que le roi fait percevoir sur la valeur du sol seulement, et non en raison des bâtiments qui sont des sus, est-il dû un droit d'indemnité au seigneur? Ce droit d'indemnité ne doit-il pas être restreint à la valeur du sol?

Les deux avocats, consultés séparément, répondirent dans un sens favorable aux intérêts du duc d'Elbeuf.

Le 22 mai, Louis-Jacques Hamon père vendit au corps municipal d'Elbeuf, représenté par Pierre Quesné, fabricant, maire de la ville, demeurant paroisse Saint-Etienne, François Dupont, Jacques Delacroix, François-Jacques Quesné et Robert-Bernard Flavigny, également fabricants de draps, échevins, « les objets cy après, pour estre abbatus et percer une ruë pour communiquer de la place du Coq à la rue de la Justice..., une maison à usage d'auberge où pend pour enseigne le *Coq*, avec les cour et écuries et tout ce qui dépend de ladite auberge du *Coq* », moyennant 600 livres déjà payées à Hamon, 4.000 livres déjà payées également, et la constitution d'une rente de 300 livres en faveur du vendeur, à partir de la Saint-Jean prochaine.

Michel Grandin, autre échevin et fabricant de drap, cautionna la ville envers le vendeur.

En réponse à une lettre que lui avait adressée l'assemblée municipale, le prince de Lambesc écrivit au corps de ville :

« A Valenciennes, le 2 juin 1779.

« Soyez persuadés, Messieurs, qu'en toute occasion je me ferai un plaisir de vous prouver ma bienveillance et de protéger les demandes justes que vous serez dans le cas de former auprès du gouvernement.

« Je ne puis qu'approuver vos projets d'acquisitions pour l'avantage et l'embellissement de la ville, et je lui fais bien volontiers la remise entière des droits d'indemnité qui me seroient dus pour ces deux objets.

« Je suis, Messieurs, votre très affectionné serviteur.

« Le Prince de Lambesc.

« A MM. les officiers municipaux de la ville d'Elbeuf ».

Le corps municipal décida de transcrire cette lettre sur le registre de ses délibérations, afin de transmettre cet acte de bienfaisance à la postérité.

Le 25 juin, fut passé un second achat de propriété place du Coq. La ville était représentée par Quesné, maire d'Elbeuf ; Jean Nicolas Lefebvre, bourgeois ; J.-L. Maille, avocat, et Charles Le Roy, fabricant, ancien maire d'Elbeuf. Le vendeur était Louis Robert Quesné, qui avait sa fabrique dans l'immeuble cédé.

L'acte porte que cette propriété était située entre la place du Coq et la ruelle de la Bague, sur laquelle étaient les presses du vendeur. Elle était bornée d'un côté par la cour Pinterville. La vente fut consentie moyennant la somme de 33.000 livres.

Ce contrat est suivi d'une copie de lettres patentes du roi autorisant cette acquisition, et accompagnée du devis des travaux à faire dans l'immeuble.

Le 1er avril précédent, avaient eu lieu à Saint Jean, les obsèques de Jacques-Charles-Victor Fouque de Marancourt, contrôleur des octrois, originaire de Caen.

Un acte du 7 avril concerne Jean-Nicolas Letellier, émouleur de grandes forces, rue Meleuse. — Par un autre du même temps, Louis Flavigny, entrepreneur de la manufacture royale des Andelys, donna sa procuration à Jacques Lefebvre, aussi émouleur de grandes forces, demeurant paroisse Saint-Jean.

Louis XVI étant à Marly, le 5 mai, signa des lettres patentes, qui furent enregistrées au Parlement de Paris le 19 du même mois. Après une série de considérants d'un assez grand intérêt, mais trop étendus pour que nous puissions les reproduire, se trouve une ordonnance, de laquelle nous ne relèverons que les articles concernant l'industrie lainière :

« Article Ier. — Il sera désormais libre à tous les fabricans et manufacturiers, ou de suivre dans la fabrication de leurs étoffes, telles dimensions ou combinaisons qu'ils jugeront à propos, ou de s'assujettir à l'exécution des règlemens.

« II. — Il sera incessamment procédé à la rédaction de nouveaux réglemens de fabrication ; à l'effet de quoi les communautés de fabricans, dans les principaux lieux de fabrique, seront tenus de nous adresser promptement des mémoires dans lesquels ils indiqueront la manière dont les étoffes devront être fabriquées suivant leur dénomination ; pour, lesdits mémoires vus et examinés, être ensuite statué ce qu'il appartiendra.

« III. — Les étoffes de draperie, sergeterie, et toutes les étoffes de laine, indistinctement, qui seront fabriquées d'après les règles prescrites, continueront de porter les lisières indiquées par les anciens règlemens ; et porteront en outre, aux deux chefs, la lettre *R* tissée sur le métier, ainsi que la dénomination de l'étoffe, le nom du fabricant, et celui du lieu de fabrique ; lesdites étoffes seront portées en toile et au sortir du métier au bureau de fabrique, pour y recevoir, si elles sont reconnues de bonne fabrication, une marque provisoire en huile et en noir de fumée, à laquelle sera substitué après les apprêts, s'ils ont été donnés suivant les règles prescrites, un plomb portant d'un côté le mot *réglée* et le *millésime*, et de l'autre le nom du bureau de visite. Et à l'égard des étoffes de même nature, qui seront fabriquées d'après des combinaisons arbitraires, leurs lisières seront rayées à mille raies, dans telle couleur que les fabricans jugeront convenable d'adopter, pourvu néanmoins qu'il y ait alternativement un fil noir ou bleu plus gros, et plusieurs fils de telle couleur que ce soit, plus fins dans l'intervalle. Lesdites étoffes libres ne seront présentées au bureau de visite qu'après les apprêts, pour y recevoir, vérification faite de leurs lisières, un plomb d'une forme différente que celui destiné aux étoffes réglées, et qui portera d'un côté l'indication du bureau de visite, et de l'autre seulement le millésime.

« XI. — Toutes les étoffes de fabrique nationale, sans distinction, pourront circuler librement dans tout le royaume et y être mises en vente, pourvu qu'elles soient revêtues du plomb de règlement ou de celui d'étoffes libres, ainsi que de celui de teinture. Abrogeons expressément le plomb de contrôle prescrit par les articles XXXIX et XLII des règlements généraux, et les arrêts des 14 décembre 1728 et 5 décembre 1730.

« XII. — Il ne sera dorénavant accordé aucun titre de manufacture royale, excepté pour les établissements uniques dans leur genre. Et à l'égard desdits titres ci-devant concédés, voulons que les entrepreneurs qui les ont obtenus, soient tenus de rapporter en notre conseil, dans le délai de trois mois, les arrêts en vertu desquels ils en jouissent, pour être par nous déterminé l'époque à laquelle ledit privilège doit cesser ; et faute par eux de se conformer aux dispositions du présent article dans le délai ci-dessus prescrit, avons dès à présent déclaré ledit titre de *manufacture royale* éteint et supprimé.

« XIII. — Les fabricants qui auront exploité de père en fils pendant soixante ans, et avec une réputation soutenue, la même manufacture, pourront apposer eux-mêmes à leurs étoffes les plombs prescrits, et seront dispensés de les présenter au bureau de visite, après néanmoins y avoir été autorisés par nous, et sera ladite autorisation révoquée en cas d'abus.

« XIV. — Les anciens règlements concernant la fabrication, vente et expédition des draps destinés pour le Levant, seront exécutés jusqu'à ce qu'il en soit par nous autrement ordonné ; nous réservant de nous expliquer incessamment sur cet objet ».

Outre la question d'ouverture d'une nouvelle rue, dont nous reparlerons tout à l'heure, les Elbeuviens s'entretenaient d'une prétention élevée par Louis-Robert Grandin, fabricant de la paroisse Saint-Etienne, de se soustraire aux charges publiques lui incombant. Le procès-verbal suivant mettra le lecteur au courant de cette affaire, qui fut suivie d'une seconde du même genre, soulevée par un autre membre de la famille Grandin, et dont nous rapporterons les incidents en temps nécessaire :

Le 9 mai, sur la réquisition de Moïse Duruflé, fabricant, agissant comme trésorier en exercice de la paroisse Saint-Etienne, Me Lingois, notaire, se transporta chez le curé Henri Duhamel, qui présidait une assemblée composée de Jean-Baptiste Grandin père, David Delarue, Thomas Védie, Pierre Lejeune, Jean-Baptiste-Pierre Grandin, Charles Capplet, Joseph Flavigny, Pierre Dugard, Moïse Duruflé, Joseph Godet fils, Louis Michel Grandin et Jacques-Pierre Grandin, tous trésoriers anciens ou modernes de la paroisse.

Dans cette réunion, Moïse Duruflé remit sous les yeux de la compagnie : 1º Une délibération du 5 avril précédent qui nommait pour trésorier de la paroisse Saint-Etienne la personne de Louis-Robert Grandin ; 2º La signification faite à la requête de ce dernier d'une commission de « proviseur de foin, paille et avoine du Roy », à lui expédiée en l'année 1756, et de la défense faite par ledit Grandin de le nommer marguillier ; 3º Une autre délibération de la fabrique paroissiale, prise le 18 du même mois d'avril précédent, qui autorisait Moïse Duruflé et les trois autres trésoriers alors en exercice de consulter sur le point de savoir si l'opposition et le refus de Louis-Robert Grandin étaient fondés, et si véritablement il pouvait se dispenser d'occuper la charge de marguillier.

Moïse Duruflé exposa à l'assemblée qu'il avait consulté les sieurs Bigot, Hervieu, Le Bourgeois de Belleville, Moulin, Frémont, Ducastel et Lizot, tous avocats au Parlement, lesquels avaient formellement déclaré que Louis-Robert Grandin était mal fondé dans ses prétentions. Duruflé donna lecture des avis de ces avocats, puis demanda si la compagnie persistait dans la nomination de Grandin et entendait exercer des poursuites contre lui.

Le curé Duhamel dit qu'il croyait juste de mettre sous les yeux de l'assemblée les avis des sieurs Duval et Briant, également avocats, contraires à l'opinion émise par les premiers et semblant décider en faveur de Grandin. Il demanda s'il fallait donner lecture de ces deux consultations. Jean-Baptiste Grandin répondit que c'était inutile. David Delarue et Védie furent d'un avis contraire ; mais la majorité repoussa la lecture.

Ensuite le curé Duhamel invita l'assemblée à décider si l'on poursuivrait Grandin. La majorité se prononça contre. La minorité déclara persister dans la nomination et se réserva expressément de faire signifier à Grandin la délibération qui le nommait marguillier.

Lejeune proposa de nommer Bernard Jean Lambert, maître teinturier, pour remplacer le récalcitrant, sans tirer à conséquence pour le débat engagé. Cet avis fut adopté à l'unanimité, et Jean Lambert fut élu pour entrer en service le lundi de la Pentecôte qui suivit. La fabrique paroissiale, également à l'unanimité, fit des protestations contre ce que voudrait plus tard opposer Grandin par suite de la nomination de Jean Lambert.

Mais celui-ci, auquel s'adressa Godet fils pour l'informer du vote qui avait été émis, refusa à son tour d'être marguillier, alléguant qu'il était déjà chargé d'un service et que d'ailleurs il possédait une charge l'exemptant de la gestion du trésor. En conséquence, la fabrique paroissiale de Saint-Etienne fut appelée de nouveau, dans une séance qui se tint également au manoir presbytéral, le 16 mai.

L'abbé Duhamel, pour éviter toute difficulté, proposa la nomination d'un autre bourgeois. Les trésoriers déclarèrent qu'ils s'en tenaient à leur délibération du 5 avril qui nommait L.-R. Grandin, et autorisèrent Moïse Duruflé à lui faire signifier cette nomination. Le curé fut d'un avis opposé.

La signification fut faite par Andrieu, huissier, à Grandin, qui allégua à nouveau que sa « commission de proviseur de foin, paille et avoine de Sa Majesté » qu'il avait obtenue en 1756, avait le privilège de le dispenser du service qu'on voulait lui imposer.

La fabrique paroissiale se réunit de rechef le 30 du même mois, pour délibérer sur cette affaire, qui provoquait de plus en plus la curiosité publique, aussi bien en la paroisse Saint-Jean qu'en celle de Saint-Etienne.

Jean Baptiste Grandin père, l'un des trésoriers, proposa de ne pas persister dans la nomination de L.-R. Grandin à cause de son âge et de sa vue, et de remettre à un autre temps la nomination d'une personne possédant aussi une charge, pour savoir si cette charge donnait le privilège de se soustraire à celle de marguillier.

Jean-Baptiste-Pierre Grandin, autre trésorier, dit que l'assemblée du 16 mai était illégale, n'ayant point été proclamée, suivant l'usage, et qu'il fallait recommencer l'étude de la question.

Jean-Baptiste Parfait Grandin déclara que c'était la présente délibération qui était illégale, et que l'affaire intéressant toute la paroisse, il fallait convoquer une assemblée générale. Pierre-Henri Hayet fut du même avis.

Le curé Duhamel, président, émit l'opinion que, afin d'éviter un procès, on n'obligeât personne à être trésorier.

Mais la majorité donna pouvoir à Joseph Godet fils et à Louis-Michel Grandin, également trésorier, de poursuivre l'affaire par toutes voies de droit. La minorité, l'abbé Duhamel en tête, s'opposèrent à ce que le trésor fit aucun frais pour ce procès, n'entendant pas être responsable des irrégularités qui s'étaient déjà produites et de celles qui pourraient subvenir.

Les opposants étaient, outre le curé, J.-B. Grandin père, J.-B.-Pierre Grandin fils, Lejeune, J.-B.-Parfait Grandin et Hayet. La majorité se composait de : Godet père, Capplet, Joseph Flavigny, Pierre Dugard, Moïse Duruflé, Jacques-Pierre Grandin, Michel Grandin et Joseph Godet fils ; soit six contre le procès et huit pour.

La raison qui, probablement, poussait Louis-

Robert Grandin à ne point accepter les fonctions de trésorier, était l'état de ses affaires ; car il fut mis en faillite quelques mois après. Le droit de forgage qu'il possédait, eut pour acquéreur Pierre-Charles-Nicolas Bourdon, fabricant.

Les dragons de Lorraine étaient revenus à Elbeuf le 20 juin 1779 et y séjournèrent jusqu'au 18 août suivant.

Le prince de Lambesc, mestre de camp et propriétaire du régiment, M. de Frimont, lieutenant-colonel, logèrent au château, et les autres officiers chez les principaux habitants.

L'état-major se composait des sieurs du Trésor, major ; du Verger, quartier maître trésorier, Beloscar, porte-guidon ; Guittet, porte-guidon réformé ; Ramboz, chirurgien-major ; Carignon, adjudant, etc.

Les officiers des trois compagnies étaient les sieurs de Verlaye, de Belbèze et de la Chassagne, capitaines-commandants ; de Montesquiou, de Joussineau, le prince de Vaudemont, capitaines en second ; ce dernier logea au château ; Spindeler, Adrien et d'Arribat, premiers lieutenants, de Doncourt, du Bouillon, le chevalier de Doncourt, lieutenants en second ; de Sône, de Barjac, Grangier, de Charrin, de Coq-Armé et Dandelarre, sous-lieutenants.

Les officiers à la suite du régiment étaient : le chevalier d'Epinal ; Dulac, de la Tour et de Saint-Julien, capitaines réformés ; de Vezin et de Boisseuil, sous-lieutenants ; de Belleigle, de Bussy et de Vassal, dont les grades ne sont pas indiqués sur l'état où nous trouvons ces renseignements.

C'est probablement à un repas d'officiers du

régiment fait au compte de la ville que se rapporte le mémoire suivant, acquitté sur l'avis de Mathieu Quesné, maire. Il porte la date du 30 juin 1779 et fut présenté par un nommé Bouchery :

Un fameux coq vierge........	5 l.	»» s.
Un ragoût de 8 pigeons garnis de rideau................	3	15
Un canneton gras...........	3	10
Une salade.................	»	12
Un plat de belles poires de Cresane......................	1	4
Deux compottes de poires et de pommes..................	2	8
Un fromage et des noix......	»	10
Du pain....................	1	10
Cinq bouteilles de vin.......	8	»»
Les couverts...............	1	10

Les dépenses de dragons que la ville dut acquitter après leur séjour, s'élevèrent à 1.887 livres plus 8 sols pour livre ; de sorte que le budget municipal, qui se serait soldé en boni, se trouva en déficit de 1.059 livres.

Henri-Charles-Marie Le Roy, curé de Saint-Herbland de Rouen, membre de l'Académie des Sciences, Belles-Lettres et Arts de Rouen, prédicateur du roi, etc., né à Elbeuf, le 16 décembre 1720, mourut à Rouen, le 11 juin 1779. On a de lui : « *Oraison de Jacques III*, fils de Jacques II, roi d'Angleterre, d'Ecosse et d'Irlande, décédé à Rome, le 1er janvier 1766, prononcée dans l'église des Dames religieuses angloises de Rouen, pendant le service solennel qu'ont fait célébrer pour le repos de son âme, MM. les Anglois et Irlandois établis en cette ville » (1756, in-4º de 32 pages). *Ora-*

son funèbre de Marie Leczinska, reine de France (1768, in-4º). *Eloge abrégé de Louis XV* (1774, in-12). Une traduction en vers du *Paradis perdu*, de Milton (1775, 2 vol. in-8º).

Le 23 juin, Ch. Michel-J.-B.-Louis Grandin, fabricant, prit à fieffe, moyennant 100 livres par an, trois vergées de terrain sur lesquelles était un petit bâtiment, sises au « quai de la Brigaudière », bornées par la rivière et le preneur.

Au nombre des pensionnaires des Ursulines, de janvier à juillet 1779, se trouvaient : Mlles du Fay, de Bellemare, du Bourg, de la Hellotière, de l'Ouraille, de Bolhard (Bosc-le-Hard?), de la Vallée, du Chemin, de Varangeville, de Hardivilliers, de Tibermont, des Loges, de Grainville, du Catillon, de Montgoubert, etc. ; Mmes de Bariville, fille de la marquise de Boniface ; de Corval et sa femme de chambre ; Confery, de Caux, de Montuchon. Nous y trouvons aussi Mlle Langlois, dont la pension était payée par M. de Varvanne. Très peu de pensionnaires étaient d'Elbeuf.

Dans la séance du corps municipal, tenue le 16 juillet, Mathieu Quesné, maire, exposa qu'il avait remarqué le long d'un mur de la ville, une ouverture de sept à huit pieds de large, à l'extrémité de la propriété de Pierre Maille jeune, et qu'ayant mandé celui-ci, il lui avait donné lecture de l'article 17 de l'arrêt du Conseil du roi sur l'administration de la ville d'Elbeuf, ainsi conçu : « Il ne pourra être donné de permission d'ouvrir des portes dans les murs de la ville, ny rien changer auxdits murs sans que les officiers municipaux y aient été autorisés par Sa Majesté ».

A quoi Maille répondit qu'il se proposait de

faire boucher cette ouverture d'une porte à deux battants, il s'obligeait à la faire condamner jusqu'à ce qu'il ait obtenu la permission de l'ouvrir. Mais que, depuis, Maille l'avait laissée ouverte, prétextant que cela lui était nécessaire pour le passage de ses fumiers, ce que le maire considérait comme une contravention.

Le corps municipal donna raison au maire et décida que Maille serait sommé de condamner la porte, ce qui fut fait le lendemain.

Maille réclama, et dans une séance suivante, François Dupont, échevin, déclara qu'il n'était pas d'avis que cette porte fut barrée, attendu qu'il ne voyait pas de contravention dans la construction d'une porte de six pieds là où il en existait une de trois pieds avant le règlement du roi. Cet avis fut partagé par plusieurs autres membres de la municipalité, mais non par la majorité.

Pierre Maille ne se tint point pour battu. Il adressa une requête à Bertin, ministre secrétaire d'Etat, le 18 août, dans laquelle, entre autres choses, il exposa qu'il était propriétaire d'une maison à usage de fabrique, située dans la Grande-Rue d'Elbeuf — aujourd'hui rue Saint-Jean — derrière laquelle était un jardin aboutissant sur une prairie, dont il était séparé par un fossé profond et une haie vive qui en faisaient la clôture. — Ce fossé et cette haie s'étendaient sur une partie du côté occidental du chemin auquel a succédé la rue de Seine actuelle.

Pierre Maille observa au ministre que le roi avait cru, en défendant de ne rien changer aux murailles de la ville, qu'Elbeuf était entouré et fermé de murs, comme Louviers,

Pont-de-l'Arche et autres, dont les murs appartenaient incontestablement au roi et dans lesquels nul ne pouvait faire d'ouverture sans sa permission.

« Mais, ajouta-t-il, la ville d'Elbeuf n'a jamais été fermée ainsi. Des murs de moellons, de bauge, des haies d'épine font la clôture des terrains des particuliers et aussi celle de la ville et particulièrement de celui du suppliant, qui n'a jamais été fermé que par une haie vive ».

Maille terminait en disant qu'il n'avait pas contrevenu au règlement ; qu'il n'avait pu faire de changement aux murs de la ville, puisqu'il n'en existait point, et enfin qu'une porte de six pieds en remplacement d'une de trois, dans une haie, était une novation si légère, qu'il n'y avait qu'une surveillance aussi sévère que celle des officiers municipaux qui ait pu s'en apercevoir.

Le ministre renvoya cette requête au corps de ville pour y répondre.

Le maire et les échevins opposèrent qu'avant l'arrêt du Conseil d'État de novembre 1776, la municipalité d'Elbeuf avaient réclamé de l'intendant de la généralité de Rouen contre les prétentions de ceux qui voulaient faire des ouvertures dans l'enceinte de la ville, et que jamais sa conduite n'avait été taxée de surveillance sévère.

« Si cependant l'enceinte se trouve percée de quelques portes particulières, ajouta la municipalité, c'est parce que plusieurs n'ont été ouvertes qu'en faveur d'anciens régisseurs des droits de la ville, avant la création des maire et échevins ; que d'autres ont pu être tolérées, parce que le terrain de chacun de ces particuliers, clos et fermé de murs, ne peut donner aucun accès à la fraude ; parce qu'enfin les propriétaires, pour la plupart, n'ont ouvert que des portes de deux à trois pieds, dont ils usent seuls et personnellement, sans en confier les clefs à des domestiques ni à des journaliers, toujours suspects.

« Le terrain du sieur Maille, au contraire, n'est aucunement clos de murs ; il avoisine d'ailleurs un cul-de-sac ; profond — la cour Padelle actuellement rue Jacquard — qui débouche dans la ville...

« De l'aveu même du sieur Maille, la serrure d'une grande porte qui est au fond du cul-de-sac, pour le service de son jardin, s'est souvent trouvée forcée par des fraudeurs qui, nocturnement, ont fait de son jardin un passage... »

Alors Maille offrit de faire surélever une petite portion de mur, de faire construire une guérite pour y placer un homme avec un chien, afin d'empêcher la fraude.

Mais le corps municipal ne vit dans cette proposition que l'aveu, par Maille, que son terrain était accessible et servait de passage à un commerce préjudiciable aux intérêts de la ville

Le solliciteur ne fut pas écouté davantage, et il dut rétablir sa clôture telle qu'elle était auparavant. Il lui fut enjoint, en outre, de tenir sa porte fermée et de n'en confier la clef à personne.

Mais onze ans plus tard, la ville ayant aboli ses octrois, il eut alors, comme ses voisins, toute liberté de sortie sur la prairie.

Jean Charles-Prosper Durand, greffier de la haute justice et du bureau de l'Hôtel-de-Ville autorisé des maire et échevins par délibération du 1er juin précédent, donna à loyer pour six années « les boues, pailles et fumiers de la ville, à la charge pour le preneur d'avoir un banneau attelé de deux chevaux, dont le premier portera, au col, une sonnette pour se faire entendre du public ; de mettre sur le collier des chevaux en gros caractères : Ville d'Elbeuf », de faire concorder l'enlèvage des fumiers avec les jours indiqués par le bailli pour le balayage des rues, qui d'après l'arrêté du 18 janvier 1773, devait se faire quatre fois par semaine, les lundi, mercredi et vendredi à neuf heures du matin, et le samedi à cinq heures du soir en hiver et à sept heures en été. Ce bail fut consenti, en outre, pour le prix de 81 livres par an : ce prix était trois fois plus élevé que celui de l'adjudication de 1771.

La foudre tomba, le 30 juillet, sur la maison de Nicolas Martin dit Maringuet, cultivateur à Elbeuf, et l'incendia. Le 2 août, le maire Quesné proposa de faire une quête dans la ville au profit de l'incendié, qui avait perdu dans le sinistre tout ce qu'il possédait, espérant que les aumônes seraient suffisantes pour lui donner le moyen de reconstruire sa maison. A l'unanimité, cette proposition fut acceptée, et la quête commença dès le lendemain.

Il était d'usage de faire une souscription publique en pareil cas. Le plus souvent, trois ou quatre officiers municipaux étaient désignés à cet effet ; ils se faisaient accompagner ou plutôt accompagnaient chacun une dame quêteuse, et toutes les maisons de la ville étaient visitées. Les sommes recueillies variaient entre 2.000 et 5.000 livres.

Le 31, Jean-François-Gaspard Legrix, marchand de laine et laboureur à Pont-Audemer, et François Lemercier, marchand, paroisse Saint-Jean, informés que Pierre François-Louis Lemercier, aussi marchand à Elbeuf, fils du précédent, était sur le point de se rendre adjudicataire, à titre de ferme, des abbayes de Bonport et de Lire, dont le prix était environ de 59.000 livres pour la première et de 60.000 livres pour la seconde, déclarèrent se rendre, tant envers le roi et l'économe général des économats qu'en tous autres, garant de Lemercier fils ; Lemercier père par la maison où était l'auberge du *Gros Raisin*, et d'autres biens sis à Elbeuf et à Saint-Didier,

Jacques-Nicolas Le Roy, curé de Condé-sur-Iton, est mentionné avec son frère, Mathieu-Constant Le Roy, fabricant à Elbeuf, dans un contrat de fieffe daté du 23 août.

Le 8 septembre, le notaire d'Elbeuf, réquisitionné par un habitant de Boscroger, se rendit en cette paroisse pour enregistrer une délibération qu'allait prendre la confrérie de charité. Là, Charles Hébert, curé, observa qu'aux termes d'une sentence rendue à Pont-de-l'Arche, le 11 août précédent, les anciens échevins et frères non servants ne devaient point avoir voix délibératrice ; ces derniers prétendaient le contraire. Le curé se retira, disant n'avoir point le temps de présider l'assemblée, et refusa de signer sa réponse. La confrérie procéda à une nouvelle élection de ses membres et nomma deux frères pour recevoir les anciens comptes.

Par contrat passé à Rouen, le 21, Philippe Thomas de Godart d'Anthiéville, chevalier, lieutenant-colonel d'infanterie, lieutenant pour le roi des ville et citadelle de Nancy, chevalier de Saint-Louis, céda une propriété qu'il avait acquise après la saisie et vente des biens de Jean-Nicolas Lefebvre, ancien maire. L'acquéreur fut Guillaume-Nicolas Morel, procureur au bailliage de Rouen.

A cette époque, Mathieu Rouvin, d'Elbeuf, était négociant à Lisbonne; Jean-Louis Maille, avocat, était son procureur.

Le 28, Henri Delarue, fabricant, trésorier de Saint-Jean, bailla à loyer les 600 chaises de cette église, moyennant 753 livres par an.

Ce même jour, les époux Joachim Buhot périrent par accident dans la Seine.

Le 19 octobre, François-Ferdinand-David Langlois, chevalier, seigneur patron de Criquebeuf-la-Campagne, d'Autheuil, etc., seigneur de Limbeuf et du Busc-Richard en partie, ancien capitaine d'infanterie, chevalier de Saint-Louis, conseiller au Parlement, et Marie-Anne-Françoise-Emilie Bourdon, sa femme, fille et unique héritière de Jacques Bourdon, conseiller au bailliage de Rouen, vendirent une ferme sise rue Notre-Dame à Elbeuf, bornée « au levant par une ancienne ruelle bouchée à cause du tarif », plus une masure sise au même lieu bornée « au couchant par la ruelle supprimée, au levant la Noë ou rivière de la fontaine du Sud, d'un bout la ruelle descendant à la rivière et d'autre bout un ravin ».

Mᵉ Lingois, notaire, se rendit à Saint-Pierre-des-Cercueils, le dimanche 21 novembre, pour faire lecture, à la sortie de la messe paroissiale, du contrat de vente du fief de Porpinché, quart de haubert, sis à Saint-Pierre, avec extensions sur Saint-Nicolas et Thuit-Signol, auquel étaient attachés les droits de basse justice, de « tor et ver » (taureau et verrat), etc. Le prix de vente avait été fixé à 10.000 livres. Le vendeur était Louis-Emery de Rocquigny, chevalier, seigneur et patron de Crasville-la-Roquefort, Porpinché, etc ; l'acheteur Gabriel-César Lambert, écuyer, sieur de Frondeville, lieutenant pour le roi à Lisieux.

Le 7 décembre, au prétoire d'Elbeuf, devant Houzard de la Potterie, conseiller du roi, président en l'élection de Pont-de l'Arche, assisté d'Adrien Caron, greffier en chef de l'élection, et de Nicolas Jolly, procureur du roi en la même élection, en présence de Mathieu Quesné, maire ; Jacques Quesné, Louis-Robert Flavigny et Louis Delarue, échevins, la perception des octrois et deniers communaux d'Elbeuf fut adjugée à Jean-Prosper Durand, secrétaire de la ville, moyennant la somme de 1.750 livres par an.

François Dupont et Jacques Delacroix devant cesser leurs fonctions d'échevins au premier jour de l'année suivante, le maire, dans la réunion du corps de ville du 14 décembre, proposa de leur donner des successeurs pour deux années. Le scrutin donna la majorité à Louis-Robert Flavigny et à Louis Delarue.

Une élection de trois notables, devant entrer en fonctions au 1er janvier également, eut pour résultat la nomination de Parfait Grandin, Auguste Grandin et Bernard Delarue.

En cette même année, on élargit le cimetière Saint-Etienne qui, alors encore, entourait l'église. A cet effet, on coupa la montagne, devant le grand portail. On en retira beaucoup d'argile et, au-dessous, une certaine quantité de pierres semblables à celles dont l'édifice est bâti. Ce cimetière s'étendait alors jusque dans le jardin presbytéral, qui fut pris à ses dépens. après l'ouverture d'un champ des morts sur le versant de la côte Saint-Auct.

Louis-Nicolas Flavigny, administrateur de de l'hospice reçut du « père Dallet » pour le garder jusqu'à la fin de ses jours, une somme nette et totale de 1.340 livres, en faveur de l'établissement. Le donateur ne vécut que dix-huit mois.

En 1779 également, la fabrique de la paroisse de Martot rendit aveu à Charles-Eugène de Lorraine, duc d'Elbeuf, pour un pièce de terre relevant de sa seigneurie de Criquebeuf-sur-Seine.

FIN DU TOME V

TABLE DES GRAVURES

DU TOME V

1. Château d'Harcourt. . . . . au titre
2. Plan du château de la Londe. . . p. 77
3. Château de la Saussaye. . . . . . p. 150
4. Ancienne carte du gouvernement de Pont-de-l'Arche. . . . . p. 183
5. Restitution d'une vue de Pompéï. . p. 209
6. Le vieil Elbeuf (Anciennes maisons de la rue Saint-Jean). . . . . p. 492
7. « Frérie » de la Charité de St-Etienne p. 323
8. Un meuble Louis XV, de l'église Saint-Etienne. . . . . p. 328
9. Calvaire de l'ancienne porte de Paris (transporté dans le cimetière Saint-Jean). p. 360
10. « Frérie » de la Charité de St-Jean. p. 402
11. Tour de l'église Saint-Jean. . . . p. 492
12. Eglise de Saint-Cyr-la-Campagne. p. 553

Nota. — *Cette table servira d'avis au relieur.*

TABLE DES MATIÈRES

DU TOME V

I. (1737). — Henri de Lorraine, duc d'Elbeuf *(suite)*. — Règlement pour les teinturiers en laines et en étoffes de laine. — Les bois de teinture. — Grève des foulonniers. — Etat de la manufacture d'Elbeuf. — Le droit royal de confirmation des privilèges : résistance des fabricants elbeuviens ; saisie de draps par le fisc. p. 1

II. (1738-1739). — Henri de Lorraine *(suite)*. — Expériences de teinture. — La bibliothèque du procureur fiscal. — Une disette ; sage mesure prise par les fabricants. — Les boulangers d'Elbeuf contre ceux du dehors. — Faits divers. p. 39

III. (1740-1741). — Henri de Lorraine *(suite)*. — Mesures de police. — Plaintes sur la qualité des draps. — Travaux de voirie. — Nouvelle inondation. — Inventaire d'une fabrique de tapisseries. — Mort des deux curés d'Elbeuf. — Première organisation d'un service contre les incendies. — Encore la veuve Le Comte. p. 56

IV. (1742-1744). — Henri de Lorraine *(suite)*. Travaux aux portes d'Elbeuf. — Menus faits. — Plusieurs auberges elbeuviennes. — Saisie de draps. — Une lettre du ministre Orry — Fondation d'une Manufacture royale de flanelles à Elbeuf. — Le bras Main. . . . . p. 75

V. (1745-1746). — Henri de Lorraine *(suite)*.
— Offices d'inspecteurs de la Manufacture. —
Premiers perfectionnements aux métiers à tisser.
— Mesures de police. — La confrérie du Sacré-
Cœur, à Saint-Jean. — Terrible ravine ; nombreux dégâts. — Prédicateurs en mission à Elbeuf.
— Un ancien registre de la Manufacture de tapisseries. . . . . p. 95

VI. (1747-1748). — Henri de Lorraine *(suite)*.
— Le cardage et le filage de la laine. — Fabrication de siamoises. — Prospérité de la Manufacture d'Elbeuf ; les laines font défaut. — Mort
du prince Henri. — Inventaires de ses châteaux
d'Elbeuf et de la Saussaye ; curieux détails. —
Inhumation du duc. — Mœurs et caractère du
défunt. . . . . p. 115

VII. (1748-1749). — Le prince Emmanuel, duc
d'Elbeuf. — Ses libéralités et sa gêne. — Il vend
la seigneurie de la Saussaye et la baronnie de
Routot. — Affaires de la Manufacture. — Louis XV
en Normandie. — Vente du château d'Elbeuf. —
Une double évasion de la prison ducale. p. 145

VIII. (1750). — Emmanuel de Lorraine *(suite)*.
— Les draps dits de « basse taille ». — Les premières machines à retordre : opposition contre le
retordage. — La rue du Moulin-Saint-Jean. —
Procès entre les perruquiers. — Importance des
paroisses avoisinant Elbeuf et montant de leur
taille. . . . . p. 167

IX (1751-1752). — Emmanuel de Lorraine
(suite). — Les barbiers sont érigés en communauté. — Défense aux fabricants de faire tisser
par des femmes. — Introduction des navettes
anglaises. — Une crise commerciale. — Les
offices de receveurs et de contrôleurs. — Vente
du duché d'Elbeuf au comte de Brionne ; curieux
détails. — Foi et hommage pour le duché. — Un
mot sur les ruines d'Herculanum. . . . p. 185

X. (1753-1754). — Emmanuel et Louis de Lor raine, ducs d'Elbeuf. — Encore les barbiers-perruquiers. — Les forces des tondeurs de draps. Questions ouvrières. — Les poinçons, les marques et le bureau de contrôle. — L'octroi sur les laines. — Règlement pour les fabricants de cardes. — Autres affaires de la Manufacture — Le procès Poulain.. . . . . p. 210

XI. (1755-1756). — Emmanuel et Louis-Charles de Lorraine (suite). — Les laines d'Espagne. — Suppression de l'octroi sur les laines. — Les taxes de remplacement. — Donation du curé Persac à l'hôpital. — Tentative de filage mécanique. — Les cardes des ouvriers. — Les draps « chats ». — Les déchets de fabrique. — Les draps pour la maréchaussée. — Les émouleurs de forces. . . . . p. 241

XII. (1757-1758). — Emmanuel et Louis-Charles de Lorraine (suite). — Réadmission de tous candidats à la maîtrise drapière. — Deux assassinats. - Construction du quai d'Elbeuf. — Fabrication d'espagnolettes. - Les jetons de la Manufacture. — L'hôpital est déchargé de l'octroi. — Premiers essais de tondage mécanique. p. 269

XIII. — (1759-1761). — Emmanuel et Louis-Charles de Lorraine (suite). — Un nouveau bailli. — Don gratuit au roi. — Faits divers. — Les trente-six barbaneurs d'Orival et le marquis de la Londe ; curieux détails. — Mort de Louis-Charles de Lorraine. . . . . : p. 292

XIV. (1762-1763). — Emmanuel de Lorraine (suite), la comtesse de Brionne et le prince de Lambesc. — Travaux à l'église Saint-Jean. — Nouveaux statuts de la Charité de Saint-Etienne. — Mort d'Emmanuel-Maurice, duc d'Elbeuf. — Revente du château de la rue Saint-Etienne. — Inventaire du mobilier de ce château. . p. 313

XV. (1764-1765). — La comtesse de Brionne et

le prince de Lambesc *(suite)*. — Les bouchers contre le receveur de l'octroi. — Le château d'Elbeuf clamé par madame de Brionne. — Les 500 jetons de la Manufacfure de draps. — Le Glayeul et ses sources. — Erection d'une croix-chapelle place du Calvaire. — Encore les billets de congé. . . . . p. 340

XVI. — (1766-1768). — La comtesse de Brionne et le prince de Lambesc *(suite)*. — L'ouvrage de Duhamel du Monceau. — Le greffe du bailliage. — Les déchets des fabrique. — Affaires de justice. — Nouvelle famine. — Encore la fierte de saint Romain. — Les Flavigny-Gosset. — Baux pour l'abbaye du Bec-Hellouin. . . . . p. 368

XVII. (1769-1770). — La comtesse de Brionne et le prince de Lambesc *(suite)*. — Faits divers. — Nicolas Lefebvre, premier maire d'Elbeuf. — Remontrances de la Manufacture au ministre. — Elbeuf et Louviers contre les voleurs de déchets. — Hommage à Nicolas Bourdon. — La fabrique s'adresse à Madame de Brionne. — Baisse des affaires. — Nouvelle lettre au ministre. — Mort du bailli. — Elbeuf devient ville. . . . p. 393

XVIII. (1771-1772). — La comtesse de Brionne et le prince de Lambesc *(suite)*. — Toujours les vols de déchets. — Plaintes des officiers d'Elbeuf. — Comment on obtenait la protection des puissants. — Le maire J.-N. Lefebvre et Madame de Brionne. — Un brevet de maître drapier. — Les plans terriers des bourgeoisies de Saint-Jean et de Saint-Etienne. . . . . p. 429

XIX. (1772-1774. — Le prince de Lambesc, duc d'Elbeuf *(suite)*. — Charles Le Roy, 2ᵉ maire de la ville. — Les vingtièmes. — Travaux considérables à l'église Sᵗ-Jean. — Mesures d'hygiène. — Grave accident à Saint-Jean ; nouveaux détails sur les travaux. — Don de Jean Poulain. p. 464

XX. (1775-1776). — Le prince de Lambesc *(suite)*. — Les offices municipaux. — La ville rentre dans son octroi. — Dépenses municipales. — Le paupérisme. — Suppression des jurandes. — Jean-Louis Maille, avocat, 3ᵉ maire d'Elbeuf. — L'affaire Roussel ; intéressant mémoire ; histoire de l'organisation municipale et des impôts communaux. — Un questionnaire de Turgot. — Plan d'administration pour la ville. . . . p. 493

XXI. (1777-1778). — Le prince de Lambesc *(suite)*. — Suppression de la garenne de Cléon. — Une mort mystérieuse. — Le duc d'Elbeuf impose un règlement aux chanoines de la Saussaye. — Comptes de l'hôpital. — Caractère des Elbeuviens. — Les dragons de Lorraine à Elbeuf. . . . . p. 535

XXII. (1779). — Le prince de Lambesc *(suite)*. — Pierre-Mathieu Quesné, 4ᵉ maire d'Elbeuf. — Projet de création d'une maison de ville et d'une caserne pour la maréchaussée ; lettres patentes du roi. — Ouverture de la rue Poulain. — Conflit au trésor de Saint-Etienne. — Autres lettres du roi ; suppression des manufactures royales. — Nouvelle garnison de dragons. — Pierre Maille et les murs d'enceinte d'Elbeuf. . . . . p. 560

Table des gravures. . . . . p. 587

FIN DE LA TABLE

Elbeuf. — Imprimerie H. SAINT-DENIS.

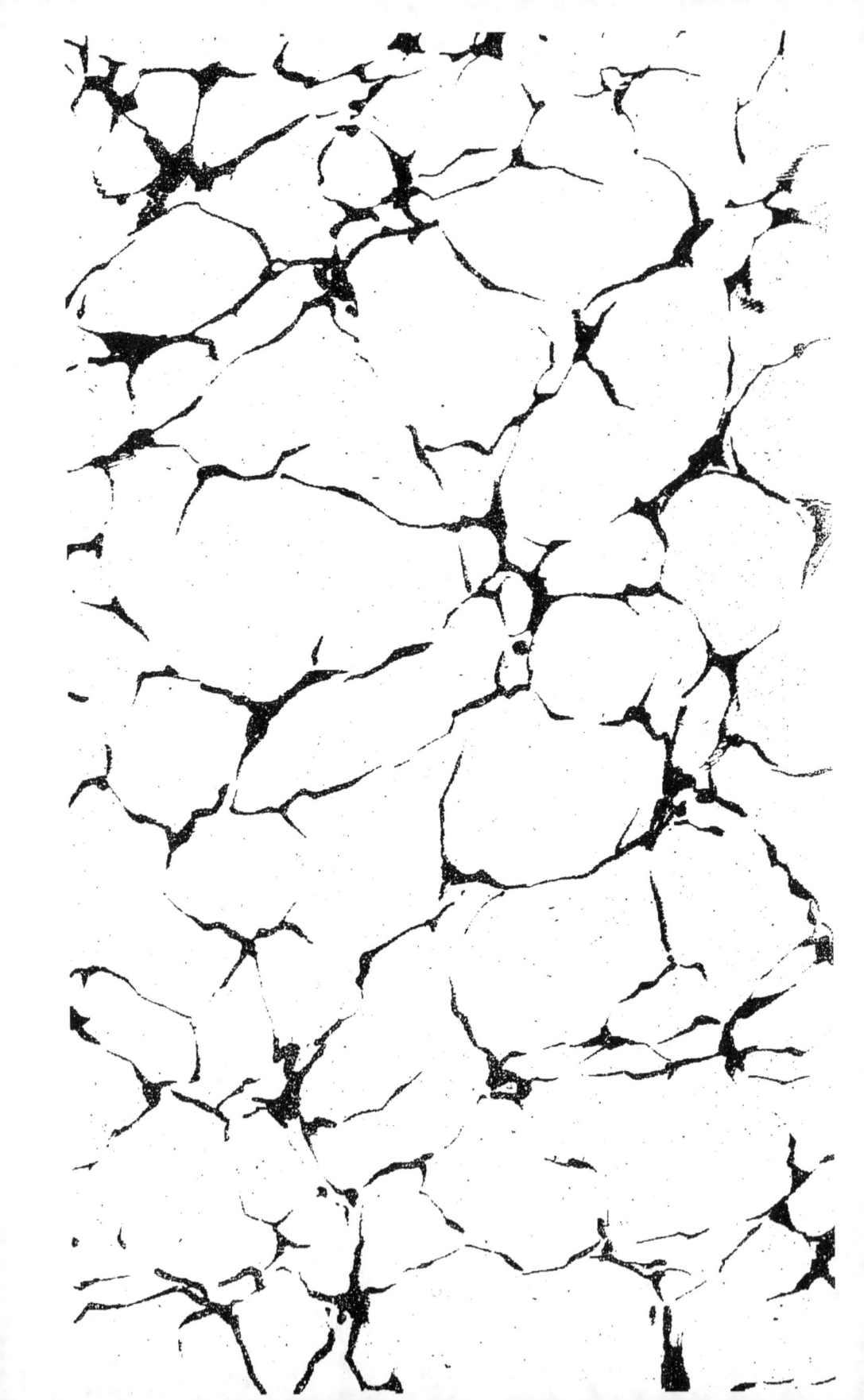

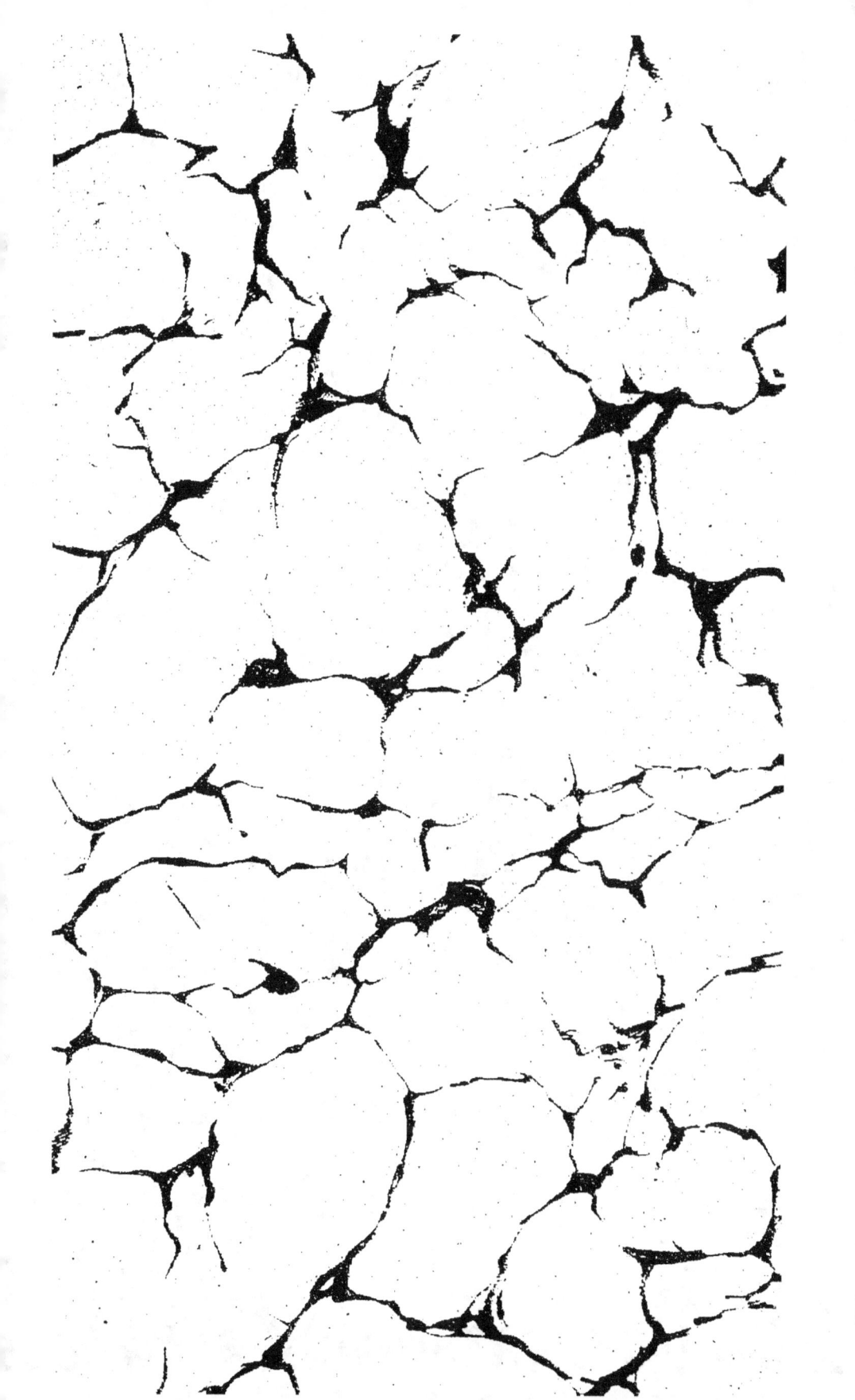

www.ingramcontent.com/pod-product-compliance
Lightning Source LLC
Chambersburg PA
CBHW051317230426
43668CB00010B/1053